Kinderbibel

Eckart zur Nieden

Kinderbibel

mit Illustrationen von
Ingrid und Dieter Schubert

R. BROCKHAUS VERLAG WUPPERTAL

2., erweiterte Auflage 2001

Umschlaggestaltung: Die Werber, Düsseldorf
Umschlaggrafik und Textillustrationen:
I. und D. Schubert, Amsterdam
Satz: OLD-Satz digital, Neckarsteinach
Druck und Bindung: EGEDSA, Spanien

R. Brockhaus Verlag Wuppertal
ISBN 3-417-24676-8

INHALT

Altes Testament

Wie alles anfing

Am Anfang

Ganz am Anfang war Gott da. Sonst nichts. Es gab überhaupt nichts zu sehen. Es gab ja auch keinen, der es hätte sehen können, nur Gott.

Da machte Gott den Himmel und die Erde. All die glühenden Sterne im weiten Weltall schuf er. Er sagte einfach: »Es soll viel Platz da sein für alle meine Sterne« – und es war viel Platz da. Er sagte: »Es soll Stoffe geben, aus denen ich die Welt zusammensetzen will« – und da waren alle Stoffe: schwere Metalle wie Gold oder Blei, leichte Gase, die überall umherschwebten, und viele andere. Er sagte: »Es soll Kräfte und Bewegungen geben« – und da waren Kräfte, zum Beispiel die Kraft, die alle Dinge nach unten fallen lässt. Und die Himmelskörper bewegten sich umeinander und drehten sich um sich selbst, manche flogen auseinander, andere zogen sich gegenseitig an.

Mitten in dem Tanz von großen und kleinen, heißen und kalten Sternen machte Gott die Erde. Aber sie sah noch nicht so aus wie heute. Es war einfach eine große Kugel. Auf ihrer Oberfläche war nur Lehm und Wasser. Sonst nichts.

Gott sagte: »Es soll hell werden.« Da schien die Sonne auf die Erde. Jedenfalls auf die eine Seite der Kugel. Aber Gott ließ die Kugel sich drehen. Da war es auf jeder Stelle der Erde mal hell und mal dunkel. Die Zeit, in der es hell war, nannte Gott Tag, und die dunkle Zeit nannte er Nacht.

Als das alles fertig war, da war für Gott auch ein Tag vergangen.

Als Nächstes ordnete Gott auf der Erde das nebelige und matschige Durcheinander von Erde und Wasser und Luft. Er sorgte dafür, dass das meiste Wasser unten auf der Erde war. Ein Teil aber war oben am Himmel, nämlich in den Wolken. Die Wolken sollten überallhin Regen bringen. Zwischen den Wolken schien natürlich auch immer wieder die Sonne. Dadurch wurde das Wasser warm, verdunstete, stieg auf und bildete neue Wolken, wenn die alten sich aufgelöst hatten.

Als das alles so eingerichtet war, wie Gott es sich vorgestellt hatte, war für ihn wieder ein Tag vergangen.

Am dritten Tag ließ Gott durch Erdbeben und Vulkane und andere gewaltige Kräfte Berge entstehen. Er wollte nicht, dass überall ein bisschen Wasser war, sondern ließ das Wasser sich an einigen Stellen sammeln, nämlich in den Meeren, und an anderen Stellen abfließen, nämlich vom festen Land. Auf dem Land gab es das Wasser jetzt nur in Bächen, Flüssen und Seen. Und im Regen, der die Pflanzen wachsen ließ. Und die wuchsen auch, als Gott es so befahl: »Aus der Erde sollen Gräser und Kräuter wachsen, Büsche und Bäume. Alle Pflanzen sollen

Früchte tragen und Samen, damit immer wieder neue Pflanzen wachsen, wenn die alten absterben.«

War das auf einmal eine bunte Welt! Wo es vorher nur braun und grau ausgesehen hatte, strahlte nun alles in frischem Grün. Dazwischen leuchteten gelbe, rote oder blaue Früchte. Und erst die Blüten! In allen Farben schmückten sich die Wiesen und die Büsche.

Da waren samtweiche Blätter und stachelige Kaktusstämme, große Kokosnüsse und kleine Haselnüsse, saure Stachelbeeren und süße Kirschen, giftige Fliegenpilze und essbare Steinpilze, mächtige Eichen und winzige Gräser, wunderschöne Orchideen und bescheidene Gänseblümchen.

Natürlich hießen die noch nicht Gänseblümchen, denn es gab ja noch keine Gänse. Es gab auch keine Menschen, die über die weichen Blätter streichen, die Nüsse knacken, die Pilze essen, die Früchte genießen oder die Blüten bewundern konnten. Das war schade, aber Gott hatte ja vor, auch noch Tiere und Menschen zu schaffen, alle zu ihrer Zeit.

Jetzt war nur Gott da, um die bunte Vielfalt zu bewundern. »Alles, was ich geschaffen habe, ist sehr gut«, sagte er und freute sich. So ging der dritte Tag der Schöpfung zu Ende.

1. Mose 1,1-13

Wie die Tiere auf die Erde kamen

Als für Gott der vierte Tag kam, nahm er sich vor, die Zeit zu ordnen. All die Nebel verzogen sich, so dass nicht nur die Sonne auf die Erde schien, sondern auch nachts der Mond und die Sterne. Die Sonne bestimmte nun, wie lange es Tag war, und wenn sie untergegangen war, wurden die anderen Himmelskörper sichtbar. So war es nachts nicht ganz so finster, und außerdem teilte der Mond auch die Zeit in Monate ein. Und an den Sternen war zu sehen, dass die Erde sich nicht nur um sich selbst drehte, sondern auch um die Sonne. Ein Jahr brauchte sie dazu. Das Jahr hatte eine warme und eine kalte Hälfte, wie der Tag eine helle und eine dunkle.

So hatte nun alles seine Ordnung. Gott fand es sehr gut und war zufrieden, als sein vierter Tag zu Ende ging.

Ja, alles war sehr gut, aber es fehlte noch etwas. Gott wollte die Vielfalt noch größer machen, es sollte noch mehr Leben auf der Erde sein. Und da erdachte er die Tiere. Er beschloss, im Meer und in den Flüssen und Seen anzufangen. »Alles Wasser soll voll von Tieren sein«, befahl er, »große und kleine, in vielen Formen, dass es nur so wimmelt.« So kam es auch. Riesengroße Wale und gefräßige Haie waren da und winzig kleine Fische. Riesenkraken mit ihren Furcht einflößenden Armen, die kleinen fünfzackigen Seesterne, die Rochen, flach wie ein Pfannkuchen, und die geringelten Seeschnecken, Schwertfische, Sägefische, einfarbig graue und grell bunte Meerestiere und durchsichtige Quallen, seltsam geformte Seepferdchen und unzählige Arten von Muscheln. All das machte Gott und noch viel mehr, so viel, dass man es gar nicht alles aufzählen kann.

Dann erdachte Gott Tiere, die auch durch die Luft fliegen konnten. Er schuf Vögel mit starken Flügeln, die groß genug waren, um die Tiere in der Luft zu halten. Dazu erfand er die Federn, die leicht und doch stark waren. Bald flatterten große und kleine Tiere durch die Luft, Adler und Albatrosse, aber auch Spatzen und Zaunkönige.

Gott sagte ihnen, dass sie sich vermehren sollten. Männchen und Weibchen sollten zusammen Kinder bekommen. Die kleinen Vögel schlüpften aus Eiern, die die Mütter in ihre Nester legten.

»So ist es gut«, sagte Gott. »Wenn nun alle Fische und anderen Tiere im Wasser und alle Vögel Junge bekommen, dann füllen sie bald alle Meere, und überall am Himmel werden Tiere zu sehen sein, die fliegen können. So will ich es auch haben.«

Dann war für Gott der fünfte Tag beendet.

Nun regte sich überall auf der Erdkugel Leben, und Gott freute sich daran. Nein – nicht überall! Auf der festen Erde gab es noch keine Tiere. Zwar setzten sich manchmal die Vögel auf Steine oder Bäume, aber Gott dachte: Ich will noch viel mehr Leben schaffen, das die ganze feste Erde füllen soll.

So schuf er alle Tiere, die auf der Erde leben: Pferde und Katzen, Löwen und Zebras, Schlangen und Würmer, Kühe und Ziegen, Elefanten und Mäuse, Ameisen und Heuschrecken und viele, viele andere. Es war ein unglaubliches Gewimmel!

Gott ließ sich für jedes Tier etwas Neues einfallen: Manche bewegten sich auf Beinen, manche auf winzigen Härchen (nämlich die Raupen), manche krochen auf dem Bauch. Die Spinnen hatten acht Beine, die Insekten sechs, die meisten Tiere hatten vier, und die Kängurus kamen mit zweien aus. Manche waren riesengroß, wie zum Beispiel die Saurier, und manche waren winzig klein, zum Beispiel die Flöhe.

Einige lebten teils auf der Erde und teils im Wasser, wie etwa die Meeresschildkröten, andere waren zwar Landtiere, aber sie konnten sich in fliegende Tiere verwandeln, wie die Raupen, die zu Schmetterlingen wurden. Die meisten waren am Tag wach und schliefen nachts, manche schliefen aber am Tag und wurden in der Nacht munter, wie die Eulen und die Fledermäuse.

Gott betrachtete alle Tiere, die er ins Leben gerufen hatte. Wirklich gut waren sie ihm gelungen. Und riesengroß war seine Freude!

1. Mose 1,14-25

Gott schafft einen Menschen

Es war wunderschön geworden auf der Erde. Aber Gott war noch nicht ganz zufrieden. »Ich möchte einen Menschen machen«, sagte er. »Er soll aussehen, als wenn er eines von den Tieren wäre. Ein bisschen anders natürlich, aber er soll sich auch auf Beinen bewegen, mit Augen gucken und mit Ohren hören, er soll die Samen und Blätter von Pflanzen essen, als wenn er ein Tier wäre. Aber er soll doch ganz anders sein, mir selbst ähnlich. Er soll denken können, denn ich kann denken, und das braucht er, damit er die Welt verstehen kann. Er soll viel Fantasie haben und Neues erschaffen können, so wie ich. Er soll reden können. Er soll vor allem mir vertrauen und mich lieb haben können. Dann werden wir Freunde sein.«

So geschah es auch. Erst war der Mensch nichts Besonderes, als Gott ihn aus der Erde machte. Aber dann blies ihm der Schöpfer seinen Atem ein. Da kam etwas von dem Leben Gottes in ihn.

Jetzt konnte der Mensch nicht nur gehen und essen und schlafen, wie alle Tiere, er konnte auch denken. Er konnte über sich selbst nachdenken und über die Welt um ihn her. Er konnte sich freuen und lachen, er konnte traurig sein und weinen, er konnte nicht nur sich an Vergangenes erinnern, wie das manche Tiere können, sondern auch überlegen, wie wohl die Zukunft aussehen würde.

Er konnte alles beobachten und verstehen und kleine Erfindungen machen, die ihm nützlich waren. Und er konnte über seinen Schöpfer nachdenken und über sich selbst. Das tat er auch, und er fand, dass Gott ihn wohl lieb haben musste, und freute sich darüber.

Gott machte für den Menschen einen Garten. Sehr groß war der und wunderschön. An den Seiten wurde der Garten von vier Flüssen begrenzt. In diesem Paradies war so angenehmes Wetter, dass alle Pflanzen und Tiere sich wohl fühlten. Warm war es und nie zu trocken oder zu nass. Trotzdem gab es Arbeit im Garten, und es war die Aufgabe des Menschen, ihn zu pflegen. Das war aber keine unangenehme Arbeit für ihn, sondern machte ihm Spaß. Gott hatte ihm ja Kraft und Verstand und Fantasie gegeben, und der Mensch fand es schön, das alles einzusetzen, um seine Welt zu erhalten.

Dann ließ Gott alle Tiere zu dem Menschen kommen und sagte ihm, dass er ihnen Namen geben sollte. Das machte dem Menschen erst recht Spaß. Zu dem großen Tier mit dem langen Schlauch am Kopf sagte er Elefant, zu der großen, gelben Katze mit den vielen Haaren um den Kopf sagte er Löwe, zu dem kleinen Vogel mit der roten Kehle sagte er Rotkehlchen, zu dem kleinen, grauen Vierbeiner mit dünnem Schwanz sagte er Maus, und wenn so eine Maus noch große Flügel hatte, nannte er sie Fledermaus. So ging es weiter, bis alle Tiere einen Namen hatten.

Und wie hieß der Mensch selbst? Er hieß Adam, denn die Erde, aus der Gott ihn gemacht hatte, war eine Art rotbrauner Lehm. Und in der Sprache, die damals gesprochen wurde, heißt »rote Erde« »Adam«. Adam hieß also sozusagen »ein Roter«, so wie wir manchmal »ein Schwarzer« sagen, wenn wir einen Menschen mit dunkler Hautfarbe meinen.

Adam war richtig stolz, als er allen Tieren einen Namen gegeben hatte. Aber er war auch ein bisschen traurig. Denn es war ihm dabei etwas aufgefallen: Bei den Tieren gab es immer Männchen und Weibchen. Aber er selbst war ein Mann – ohne Frau.

Als Adam sich hinlegte, um sich von seiner Arbeit auszuruhen, dachte er darüber nach. Gott hatte ihm schon so viel Gutes geschenkt. Er hatte ihn sicher sehr lieb. Deshalb wusste Gott bestimmt auch, dass er sich trotz der vielen Tiere um ihn herum allein fühlte.

Über diesen Gedanken fiel Adam in einen tiefen Schlaf.

1. Mose 1,27-2,20

Eva

Lange und tief schlief Adam.

Dann weckte ihn die helle, warme Sonne. Er richtete sich auf und rieb sich die Augen.

Er sah sich um – und rieb sich gleich noch einmal erstaunt die Augen. Vor ihm stand ein Mensch. So ähnlich wie er selbst, nur ein bisschen anders.

Das musste die Frau sein, die er sich gewünscht hatte! Gott musste sie wohl geschaffen haben, während er schlief.

Sofort sah Adam: Die ist von meiner Art, die ist von mir genommen. Nicht wie die Tiere aus dem Nichts geschaffen. Sie gehört zu mir! Es ist meine Frau!

Adam sah die Frau an, und sie gefiel ihm sehr. Wie schön, dass Gott sie mir gegeben hat!, dachte er. Ich werde immer mit ihr zusammen sein. Das wird mich glücklich machen. Und sie sicher auch.

Gott beobachtete das und war zufrieden. Nicht nur, weil ihm Eva genauso gut gelungen war wie Adam, sondern auch, weil die beiden sich verstanden und lieb hatten. So sollte es auch sein.

Da dachte Gott: Es ist genug, was ich geschaffen habe. Der sechste Tag ging zu Ende, und es war alles so, wie es der Schöpfer geplant hatte.

Als dann der siebte Tag kam, ruhte

Adam nannte seine Frau Eva, das heißt »Leben«. Dann nahm er sie bei der Hand und führte sie durch den großen Garten, und beide bestaunten alles, was Gott gemacht hatte. Adam und Eva waren nackt, aber sie froren nicht, und sie schämten sich auch nicht. Sie hatten nichts zu verbergen.

Gott sich aus. Er machte nichts Neues mehr. Warum auch? Es war ja alles da.

Das Leben auf der Erde würde nun weitergehen. Aus den Samen der Pflanzen würden immer neue entstehen. Die Tiere und die Menschen würden Kinder bekommen, die würden groß werden und wieder Kinder haben und so weiter. Es war alles wirklich großartig ausgedacht.

Gott genoss den Feiertag. Er betrachtete die Welt und freute sich. Und er besuchte auch die Menschen. Manchmal ging er im Garten spazieren und redete mit Adam und Eva.

Dabei sagte er ihnen auch, sie sollten es halten wie er: Sechs Tage sollten sie arbeiten, die Felder bestellen, ernten, Mahlzeiten zubereiten und vieles andere. Aber am siebten Tag sollten sie sich ausruhen. Sie sollten neue Kräfte sammeln und Schönes miteinander erleben und sich Zeit nehmen, über sich selbst und über Gott nachzudenken.

So taten es die Menschen auch. Sie lebten ohne Ärger und Sorgen, pflegten den Garten und freuten sich über alles, was Gott geschaffen hatte. Sie streiften viel umher und entdeckten immer wieder etwas Neues.

Nur in der Mitte des Gartens, da waren sie vorsichtig. Da standen zwei Bäume, die anders waren als die übrigen. Sie hatten ihren Namen auch nicht von Adam bekommen. Gott selbst hatte gesagt, wie sie heißen sollten, und er hatte den Menschen verboten, von ihren Früchten zu essen.

Die Namen dieser Bäume waren auch so merkwürdig, dass Adam sie sicher nicht erfunden hätte. Sie hießen nicht Eiche oder Buche oder Tanne oder so ähnlich. Der eine hieß »Baum des Lebens« und der andere »Baum der Erkenntnis von Gut und Böse«.

Seltsame Namen. Die Namen und das Geheimnis dieser Bäume bewirkten, dass die Menschen öfter als nötig in ihre Nähe kamen und sie betrachteten. Aber sie trauten sich doch nicht, nah heranzugehen.

Wenn die beiden Menschen mal wieder neugierig geguckt hatten, sagten sie: »Komm, gehen wir wieder! Warum soll Gott nicht ein Geheimnis haben! Lass uns über die weiche Wiese laufen oder in der Sonne liegen oder auf eine Palme klettern und eine Kokosnuss essen oder im Teich baden.« Irgend so etwas taten sie dann auch immer und waren glücklich.

1. Mose 2,15-25

Die Schlange

Einmal ging Eva allein durch den Garten und kam zum »Baum der Erkenntnis von Gut und Böse«. Ihr Herz klopfte, als sie davor stand, weil es so ein geheimnisvoller Baum war.

Auf einmal sprach sie jemand an: »Eva!« Sie erschrak. Wer redete da mit ihr?

Da sah sie auf dem Baum eine Schlange.

Die zischte: »Sollte Gott wirklich gesagt haben, dass ihr von keinem Baum im Garten Früchte essen dürft?«

»Das hat er nicht gesagt«, antwortete Eva. »Wir dürfen von allen Bäumen im Garten die Früchte essen, nur nicht von diesem Baum. Denn dann müssen wir sterben.«

»Ihr werdet keineswegs sterben«, sagte die Schlange. »Das hat Gott nur so gesagt, damit ihr euch auch ja nicht daran vergreift. Das will er nämlich unbedingt verhindern. Denn er weiß, wenn ihr davon esst, werdet ihr viel mehr erkennen, als ihr jetzt erkennt. Ihr werdet sein wie Gott und wissen, was Gut und Böse ist.«

Dann verschwand die Schlange.

Eva stand lange vor dem Baum und überlegte. Sie sah, wie schön die Früchte leuchteten. Je länger sie guckte, desto mehr lief ihr das Wasser im Mund zusammen. Außerdem fand sie es sehr spannend, sich vorzustellen, sie könnte etwas essen, das klug machte. Sicher, Gott hatte es verboten. Aber wenn er es nun wirklich bloß verboten hatte, damit die Menschen dumm blieben? Sie wollte aber klug werden! Was es zu wissen gab, wollte sie auch wissen!

Vorsichtig berührte sie eine der Früchte. Nichts geschah. Dann pflückte sie die Frucht. Auch jetzt passierte nichts Schlimmes. Nun biss sie kräftig hinein. Sie fiel nicht tot um! Die Frucht schmeckte sogar gut.

In diesem Moment trat Adam zu ihr. »Iss mit mir, Adam«, sagte sie. »Ich habe von der verbotenen Frucht gegessen. Und wie du siehst, lebe ich noch!«

Adam zögerte nicht lange und aß auch.

Keiner von beiden starb. Jedenfalls nicht gleich. Aber etwas veränderte sich sofort: Sie bemerkten plötzlich, dass sie nackt waren, und sie schämten sich voreinander. Sie nahmen große Blätter und machten sich davon Röcke. Sie wussten sich also zu helfen, aber trotzdem waren sie irgendwie unzufrieden. Betreten standen sie da und hatten ein Gefühl, das sie bis dahin noch gar nicht gekannt hatten: ein schlechtes Gewissen.

Am Abend kam Gott in den Garten. Adam und Eva hörten seine Schritte und versteckten sich hinter Bäumen und Sträuchern. Sie hatten Angst vor Gott. Früher war er ihr Freund gewesen, aber jetzt hatten sie auf einmal Angst. Und sie schämten sich auch vor Gott, weil sie nackt waren.

Sie wussten: Wir haben gesündigt. Wir haben etwas getan, von dem wir wussten, dass Gott es nicht will.

Nein, getötet hatte ihre Sünde sie nicht sofort. Aber etwas sehr Schönes und Heiles hatten sie kaputtgemacht.

Gott kam näher. Jetzt rief er laut: »Adam, wo bist du?« Er rief nicht deshalb, weil er Adam sonst nicht gefunden hätte. Gott sieht alle und alles. Aber er rief, weil Adam und Eva wissen sollten: Gott sucht sie. Auch wenn auf die Sünde Strafe folgt, sollen die Menschen wissen: Gott lässt sie nicht allein.

1. Mose 3,1-9

Die Menschen müssen das Paradies verlassen

»Adam, wo bist du?«, rief Gott. Warum versteckten sich die Menschen? Warum musste er sie rufen? Warum kamen sie nicht wie bisher voller Liebe und Vertrauen zu ihm? Etwas zwischen ihm und den Menschen war zerbrochen.

»Hier!«, rief Adam. Und schon als er rief, merkte er: Es war ein dummer Gedanke, mich vor Gott hinter einem Strauch verstecken zu wollen. »Ich hörte dich kommen. Da fürchtete ich mich, denn ich bin nackt. Darum habe ich mich versteckt.«

»Wer hat dir gesagt, dass du nackt bist?«, fragte ihn Gott. »Die Tiere haben doch auch keine Kleidung an, und es stört sie nicht. Und du hast dich bisher auch nicht geschämt. Auf einmal schämst du dich. Nicht wahr, du hast von dem Baum gegessen, von dem du nicht essen durftest.«

Adam wagte nicht, Gott anzusehen. Leise sagte er: »Die Frau, die du mir gegeben hast, hat mir eine Frucht angeboten. Und da ... da habe ich auch gegessen.«

Gott fragte Eva, die sich ängstlich hinter ihrem Mann hielt: »Warum hast du das getan?«

»Die Schlange hat mich betrogen und falsche Versprechungen gemacht«, verteidigte sich Eva. »Ich bin auf sie hereingefallen.«

Die Menschen sahen, dass Gott sehr zornig war. Voller Angst erwarteten sie seine Strafe.

Gott wandte sich aber zuerst zur Seite und sprach zu der Schlange: »Verflucht sollst du sein, weil du das getan hast! Für alle Zeiten werden die Menschen deine Feinde sein. Aber einer wird dich besiegen.«

Adam und Eva verstanden nicht, was sie da hörten. Denn sie wussten noch nicht: Später würde Gott einen Retter schicken, um das Böse zu besiegen.

Nun wissen sie, was Gut und Böse ist, dachte Gott. Sie wollen sein wie ich, aber sie sind nicht stark genug, um dem Bösen zu widerstehen. Deshalb will ich nicht, dass sie auch noch vom Baum des Lebens essen.

»Ihr müsst den Garten verlassen«, sagte er jetzt zu Adam und Eva. »Du, Eva, wirst dir Kinder wünschen, aber nur unter Schmerzen wirst du sie bekommen. Und du, Adam, wirst schwer arbeiten müssen, damit ihr zu essen habt. Auf deinen Äckern werden Dornen und Disteln wachsen, und du wirst dich ein Leben lang mühen, bis du stirbst. Dann wird dein Körper wieder zur Erde zerfallen, denn du bist aus Erde gemacht.«

Gott machte den Menschen noch Kleidung von Fellen und zog sie ihnen an, ehe sie das Paradies verlassen mussten. So sorgte Gott für seine Menschen, auch wenn sie jetzt nicht mehr in seiner Nähe lebten.

Aber vor dem Eingang des Gartens stand von nun an ein Engel mit einem feurigen, blitzenden Schwert.

1. Mose 3,10-24

Kain und Abel

Die Sünde hatte alles anders gemacht. Die schöne Zeit im Paradies, wo Adam und Eva angenehm leben konnten und wo Gott sie immer wieder besuchte, war vorbei.

Sicher, das Leben war nicht nur Quälerei. Manchmal, wenn Adam

abends nach der Arbeit vor seiner Hütte saß und sich ausruhte, fand er das Leben auch schön. Neben ihm saß Eva und hatte den jüngsten Sohn, Abel, auf dem Schoß. Der ältere, Kain, tollte um die Hütte herum. Dann freute sich Adam. Aber diese Freude war nicht zu vergleichen mit dem großen Glück, das er verloren hatte.

Bald waren die Söhne von Adam und Eva nicht mehr klein, und Adam sagte: »Das ist wohl so von Gott geplant, dass die Kinder erwachsen und von ihren Eltern unabhängig werden. Darum sollt ihr, Kain und Abel, lernen, wie man sich selbst versorgt. Kain, du bist kräftig genug für die Landarbeit. Ich werde dir beibringen, wie man den Acker bestellt. Du bist klug und geschickt und wirst bald mehr können und bessere Ernten haben als ich. Und du, Abel, liebst die Tiere. Dir werde ich zeigen, wie man Schafe und Ziegen hütet und was man alles beachten muss, damit sie gesund bleiben und sich vermehren.«

Die beiden Söhne waren damit einverstanden. Schnell begriffen sie alles, was Adam ihnen zeigte, und konnten es bald besser als er.

Und noch etwas brachte Adam ihnen bei: Gott immer zu danken. Sie konnten Gott zwar nicht sehen, wie ihre Eltern damals im Paradies, aber sie konnten doch mit ihm reden. Beten nannten sie das. Und sie konnten sich bemühen, so zu leben, wie es Gott gefiel.

Als dann Kain zum ersten Mal im Herbst eine große, gute Ernte eingebracht hatte und als Abel seine Herde zählte und feststellte, dass sie sich sehr vergrößert hatte, da waren sie beide fröhlich. Sie wollten Gott danken. Wie sie es bei ihrem Vater gesehen hatten, bauten sie aus Feldsteinen jeder einen Altar, legten Feldfrüchte und Fleisch darauf und verbrannten ihre Gaben. Damit wollten sie zeigen, dass sie Gott gern etwas schenken wollten. Sie konnten ja Gott nicht zum Essen einladen. Sie dachten aber: Wenn wir es verbrennen, steigt der Rauch zu Gott in den Himmel. Dann merkt er, dass wir ihm danken wollen.

Abel, der jüngere Bruder, wurde dabei richtig fröhlich. Er hatte Gott von Herzen lieb und meinte es auch ganz ehrlich mit seinem Dankopfer. Bei Kain aber war das anders. Er dachte immerzu: Wie schade, dass die Früchte, die mir so viel Mühe gemacht haben, nun verbrennen. Nicht mehr an Gott, sondern nur an sich dachte er auf einmal. Da wurde er ganz unglücklich. Als er dann sah, dass sein Bruder so froh wurde, machte ihn das neidisch. Das verstärkte seinen Ärger noch.

Später, als das Opfer verbrannt war und beide nach Hause gingen, sprach Kain mit Abel kein Wort. Aber innerlich kochte er vor Wut.

Da sprach Gott zu Kain: »Warum ärgerst du dich so? Und warum guckst du immer nur finster nach unten? Weißt du, Kain, wenn du mein Freund bist, dann kannst du frei und offen in die Welt schauen. Wenn du aber nicht mein Freund sein willst, dann lauert die Sünde vor deiner Tür und will dich beherrschen. Es soll aber umgekehrt sein: Du sollst die Sünde beherrschen.«

Aber Kain war zu wütend, um auf Gottes Warnung zu hören. Die Sünde beherrschte ihn schon, und er tat nichts dagegen. Er ließ seine Stimme ganz harmlos klingen und sagte zu seinem Bruder: »Komm, wir gehen ein Stück dort hinüber aufs Feld.« Abel ahnte nichts Böses und kam mit. Da nahm Kain einen Felsbrocken und schlug seinem Bruder von hinten auf den Kopf, so dass er tot umfiel.

Da lag Abel nun auf der Erde. Jetzt erst merkte Kain, wozu ihn seine Eifersucht und sein Zorn getrieben hatten.

»Was hast du getan?« Es war Gott, der zu ihm redete. »Das Blut deines Bruders schreit zu mir von der Erde! Zur Strafe sollst du von zu Hause wegziehen in ein fremdes Land. Du sollst immer auf der Flucht sein und nie zur Ruhe kommen. Auf dem Acker sollst du noch mehr Arbeit haben als bisher und doch kaum satt werden. Ich selbst werde dafür sorgen, dass niemand deine Tat rächt. Aber du wirst ein elendes Leben führen.«

So ging Kain fort, verließ den Ort, an dem Gott zu ihm gesprochen hatte, und zog weit nach Osten.

1. Mose 4,1-6

Noah

Viele, viele Jahre waren vergangen. Wenn Gott auf die Erde blickte, sah er, dass sich inzwischen vieles verändert hatte. Überall zwischen den Wüsten, den großen Steppen und den Wäldern sah er Ackerflächen. Da hatten sich Menschen niedergelassen und mit viel Mühe das Land urbar gemacht.

Wo es sehr trocken war, konnte Gott von oben lange, gerade Linien sehen. Das waren Kanäle, mit denen die Menschen Wasser aus den Flüssen auf ihre Felder leiteten. Ja, es war mit viel Arbeit verbunden, auf der Erde zu leben. Die Menschen mussten sich sehr abmühen, von früh bis spät, von der Jugend an bis ins hohe Alter, und sie mussten sich auch sehr viele neue Ideen einfallen lassen, um genug Nahrung zu bekommen.

Als immer mehr Menschen in den fruchtbaren Gegenden wohnen wollten, entdeckten einige, dass man auch im trockenen Land leben kann, wenn man nur viel unterwegs ist. Sie bauten sich keine Hütten, sondern Zelte, die sie leicht mitnehmen konnten. Wenn ihre Herden an einer Stelle das Gras abgefressen hatten, zogen sie einfach weiter. Andere lernten, feste Häuser aus Stein zu bauen, manchmal sogar mit mehreren Stockwerken übereinander.

Die Menschen waren erfinderisch: Sie erfanden nützliche Dinge, wie Werkzeuge, und schöne Dinge, wie Musikinstrumente, aber sie erfanden auch Waffen. Die brauchten sie leider nicht nur, um sich gegen wilde Tiere zu wehren. Die Menschen kämpften auch gegeneinander, weil sie von Neid, Hass und Eifersucht erfüllt waren. Von Gott und von allem, was am Anfang der Welt passiert war, hatten die Menschen nur noch eine ungefähre Ahnung.

Nur einige wenige, die treu an Gott glaubten, versuchten alles in Erinnerung zu behalten und möglichst genau an die Nachkommen weiterzugeben. Die meisten hatten kein besonderes Interesse daran. War es nicht so, dass Gott sie aus dem Paradies vertrieben hatte? Dass er sie gezwungen hatte, mit Mühe und Schweiß für sich selbst zu sorgen? Dann wollten sie mit Gott nichts mehr zu tun haben und sich auf ihre eigenen Kräfte und ihr eigenes Können verlassen. Sie dachten nicht daran, dass auch das Können der Menschen von Gott kommt, dass er die Jahreszeiten eingerichtet hat, dass er Getreide und Früchte wachsen lässt und Regen, Sonnenschein und Wind schickt, um die Erde zu erhalten.

Gott sah das alles. Dass die Menschen sich mit Geschick in der Welt zurechtfanden und viel Neues erdachten, das freute ihn. Dass sie aber weder ihren Schöpfer noch einander lieb hatten, das machte ihn sehr traurig und zornig. Deshalb beschloss er, alles Leben auf der Erde zu vertilgen, um dem Bösen ein Ende zu setzen.

Da sah Gott einen Menschen, der anders war als die anderen: Noah.

Noah betete immer zu Gott, opferte, um seinen Dank zu zeigen, und erzählte alles, was er über Gott wusste, seinen Söhnen und seinen Schwiegertöchtern.

Eines Tages passierte etwas sehr Merkwürdiges. Noah hörte die Stimme Gottes.

»Ich werde eine große Flut schicken«, sagte Gott. »Die Menschen sind böse, aber dich und deine Familie will ich retten, um mit euch einen neuen Anfang zu machen. Deshalb sollst du ein Schiff bauen. Hör gut zu und mach es genau so, wie ich es sage. Nimm Tannenholz und mache es mit Teer wasserdicht, von innen und außen. Das Schiff soll riesengroß sein, hundert Meter lang, zwanzig Meter breit und zehn Meter hoch. Innen soll es drei Stockwerke haben. Weil es nicht ein bestimmtes Ziel anfahren soll, braucht es kein Segel und kein Steuer, es muss auch nicht vorn und hinten spitz sein. Eher wie ein Kasten. An der Seite sollst du eine Tür machen, die sich dicht verschließen lässt, und oben ein ganz kleines Fenster.«

»Aber Herr«, antwortete Noah, »ich brauche für meine Familie nicht so einen großen Kasten! Willst du doch noch andere ...?«

»Von den Menschen sollst nur du mit deiner Familie gerettet werden«, antwortete Gott. »Aber du sollst Tiere mitnehmen; von jeder Art, die auf der Erde lebt, ein Paar. Sie werden Junge bekommen, die die Erde neu mit Leben erfüllen werden. Nimm also von allen Vögeln und allen vierfüßigen Tieren, von allen Würmern und Käfern, von großen und kleinen Tieren jeweils ein Paar mit in deine Arche. Und denke daran, auch Futter für die vielen Tiere und Nahrung für euch Menschen mitzunehmen.«

Dann schwieg Gott.

Das ist wirklich ein merkwürdiger Befehl, dachte Noah. Wenn ich nicht genau wüsste, dass Gott es gesagt hat...

Gleich ging er mit seinen Söhnen an die Arbeit. Sie verkauften ihr Land und vieles von ihrem Vieh. Von dem Geld kauften sie riesige Mengen Holz.

Dann begann Noah zu bauen. Aus den dicksten Stämmen machte er erst einmal ein festes Gerüst. Dann setzte er die dünneren Stämme dazwischen. Alles wurde mit Holzzapfen und mit Stricken aus Hanf fest verbunden.

Natürlich dauerte das sehr lange. Mehrere Jahre brauchte er, bis man erkennen konnte, was es eigentlich werden sollte.

Immer wieder kamen Leute vorbei. Am Anfang fragten sie noch, ob sich Noah einen Palast bauen wollte, oder eine riesige Scheune. Aber nachdem Noah es ihnen gesagt hatte, lachten sie nur noch. Es sprach sich schnell herum, dass Noah ein Schiff baute.

»Ein Schiff! Mitten auf dem Land!«, spotteten sie. »Wie willst du den schweren Kasten denn zum Meer bringen?«

»Das Wasser wird hierher kommen, und dann schwimmt er«, antwortete Noah.

»Hierher? Du bist verrückt, Noah!«

»Gott wird eine große Flut schicken, um alle zu vernichten, die Böses tun und denken.«

Die Leute lachten und lachten und schlugen sich auf die Schenkel. Aber sie machten trotzdem mit Noah Geschäfte. Warum soll man nicht auch bei einem Spinner Geld verdienen, indem man ihm Holz und Teer, Trockenfleisch und Obst und vieles andere verkauft!

Als der riesige Kasten fertig war, musste Noah ihn wasserdicht machen. Dazu nahm er so etwas Ähnliches wie Erdöl, dickflüssigen, schwarzen Teer, den man an manchen Stellen aus der Erde holte. Wenn man ihn über dem Feuer heiß machte, wurde er dünnflüssig, so dass man ihn gut verarbeiten konnte. Es war eine Menge Arbeit, das ganze Schiff damit anzustreichen.

Noahs Söhne und Schwiegertöchter waren nicht immer begeistert bei der Sache, besonders wenn die Vorübergehenden spotteten. Aber sie glaubten, dass ihr Vater die Stimme Gottes wirklich gehört hatte. Und darum blieben sie treu dabei, auch wenn es manchmal schwer wurde.

Dann endlich war die Arche fertig. Noah ging langsam um sie herum, kletterte drinnen noch einmal über alle Balken und kontrollierte jeden Winkel. Dann ging er zu einem Hügel, wo er das ganze Riesenschiff mit einem Blick sehen konnte, und betete: »Herr, Gott, da steht es nun, wie du befohlen hast. Und was jetzt?«

1. Mose 4,17-6,22

Die große Flut

Gott sprach zu Noah: »Geh jetzt mit deiner Familie in die Arche und nimm die Tiere mit, so wie ich es dir gesagt habe. In einer Woche will ich die große Flut schicken. Vierzig Tage und vierzig Nächte lang soll es in Strömen regnen, bis die ganze Erde von Wasser bedeckt ist.«

Da begann Noah mit seinen Söhnen, die Tiere zur Arche zu treiben, zwei Tiere von jeder Art: einen Hengst und eine Stute, einen Erpel und eine Ente, einen Maikäfer mit seiner Frau, einen Rehbock und ein Reh, einen Zaunkönig und eine Zaunkönigin, einen Ochsen und eine Kuh, ein Adlermännchen und ein Adlerweibchen und so weiter. Es war ein ziemliches Gewimmel um die Arche herum.

Noah öffnete die riesige Klappe, die die Eingangstür verschloss. Wenn man sie herunterklappte, konnte sie als Rampe dienen, über die man in die Arche kam.

Noah stand oben neben dem Tor. Sem, sein ältester Sohn, führte mit seiner Frau drinnen die Tiere nach Noahs Anweisung in die Käfige, die für sie vorgesehen waren. Seine beiden jüngeren Söhne, Ham und Japhet, trieben die Tiere herauf. Die lauten Treiberrufe und die Befehle Noahs mischten sich mit dem Brüllen, Bellen, Blöken, Krähen, Meckern, Quietschen, Muhen, Quaken, Winseln, Wiehern und Kreischen der Tiere und mit dem donnernden Trommeln der Hufe auf der Rampe und den Schiffsböden.

Noah brauchte keine Angst zu haben vor den wilden Tieren, die da dicht an ihm vorbeikamen. Sie taten ihm nichts. Es war ein bisschen wie im Paradies. Er kraulte den Löwen am Hals, klatschte dem Nilpferd auf den dicken

Hintern und half der Vogelspinne über einen dicken Balken.

Dann waren alle Tiere in der Arche. Noah machte noch einen Rundgang und achtete darauf, ob alles an Ort und Stelle war: ob der scharfe Raubtiergeruch der Tiger nicht zu sehr den Gazellen in die Nase stach, ob das Trompeten der Elefanten nicht die Hasen erschrecken konnte und ob nicht die Gefahr bestand, dass die Wasserbüffel, ohne es zu merken, auf die Marienkäfer traten. Dann kontrollierte er noch einmal, ob das Futter richtig gelagert war und ob genug von allem dalag.

Noah war zufrieden. Er zog mit seinen Söhnen die Rampe hoch. Es war dunkel in der Arche. Durch das kleine Fenster drang nur wenig Licht. Ein bisschen unheimlich war ihm schon.

Gott war auch zufrieden. So hatte er es sich vorgestellt. Er selbst verschloss den Kasten von außen.

Der siebte Tag ging dem Ende entgegen. Die Söhne sagten zu Noah: »Und wenn nun gar keine Flut kommt, Vater? Stell dir vor, wir hätten das alles umsonst gebaut und müssten nach einigen Tagen wieder hinausklettern! Wie würden dann erst die Leute lachen!«

»Redet nicht solch einen Unsinn«, ermahnte sie Noah. »Den Leuten wird das Lachen vergehen – und euch der Zweifel. Was Gott sagt, das tut er auch.«

Und dann hörten sie den Regen. Erst waren es nur wenige Tropfen, dann rauschte es, schließlich goss es wie aus Kübeln. Stunden, Tage.

Nach einigen Tagen merkten sie an den glucksenden Geräuschen, dass das Wasser außen an ihrer Arche hochstieg. Alles war dicht, kein Tropfen kam herein. Und dann spürten sie, wie die Arche anfing, sich zu bewegen. Schließlich begann sie, richtig auf der Flut zu schaukeln. Sie schwammen.

Vierzig Tage lang regnete es. In dem dunklen Kasten kam den acht Menschen die Zeit schrecklich lang vor. Gut, dass sie wenigstens viel zu tun hatten, weil sie die Tiere versorgen mussten.

Plötzlich horchten alle auf, Menschen und Tiere. Was war das? Eine erschreckende Stille! Der Regen hatte aufgehört! Vierzig Tage lang, bei Tag und bei Nacht, war dieses Geräusch in ihren Ohren gewesen. Nun erschraken sie richtig, als es nicht mehr da war. Aber natürlich schwamm ihr Kasten immer noch. Wasser bedeckte die ganze Erde und selbst die höchsten Berge.

Nach hundertfünfzig Tagen erst beschloss Gott, das Wasser wieder ablaufen zu lassen. Aber das dauerte auch noch einige Zeit.

Die Menschen in der Arche merkten noch nichts davon. Sie wurden ungeduldig. Ein halbes Jahr schwammen sie nun schon herum, ohne etwas zu sehen, ohne zu wissen, wo sie waren und wie lange es noch dauern würde.

»Geduldet euch«, sagte Noah. »Gott hat bisher so gut für uns gesorgt, er wird auch weiter für uns sorgen.«

1. Mose 7,1-8,3

Was der Regenbogen verspricht

Trübsinn herrschte in der Arche. Die Menschen und Tiere waren schon so lange in diesem dunklen, schaukelnden, stinkenden Kasten eingeschlossen, dass sie ganz schwermütig wurden. Nur Noah versuchte, seine Familie immer wieder aufzurichten: »Haltet durch! Es kann nicht mehr lange dauern.«

»Das sagst du schon seit vielen Wochen«, antworteten die Söhne.

Aber Noah ließ sich nicht beirren. »Habt Geduld«, sagte er immer wieder. »Gott denkt an uns!«

Was blieb ihnen auch anderes übrig, als zu warten! Stumpfsinnig verrichteten sie ihre tägliche Arbeit.

Da – was war das? Ein Ruck ging durch das Schiff! Es musste irgendwo angestoßen sein!

»Land!«, rief Japhet und kam durch das ganze Schiff gerannt, so dass die Gänse erschreckt zur Seite stoben und die Schwalben aufflatterten, als er an ihrem Gehege vorbeikam.

Alle strahlten. Vorbei war ihr Trübsinn. Wenn schon wieder irgendwo Land herausguckte, dann konnte es ja nicht mehr unendlich lange dauern. Nun krachte es wieder. Alle hielten sich fest und lauschten. Selbst die Tiere schienen zu merken, dass etwas Besonderes passierte.

Auf einmal knirschte es unter ihren Füßen. Und dann – ja, dann lag der Kasten still. Das Schaukeln hörte auf! Ihre Arche hatte auf festem Land aufgesetzt.

Dies war der siebzehnte Tag im siebten Monat nach Beginn der Flut, und das Land, auf dem die Arche aufgesetzt hatte, war der Berg Ararat. Aber das wusste Noah noch nicht. Noch war rundum alles voll Wasser. Durch das kleine Fenster ließ sich nichts entdecken, und die Tür konnten sie wegen des Wassers nicht öffnen.

Obwohl die Familie immer ungeduldiger wurde, wartete Noah, bis zehn Monate vorbei waren. Dann ging er nach oben, öffnete das Fenster und ließ einen Raben hinausfliegen.

»Warum machst du das?«, fragte seine Frau. »Wenn der Rabe wiederkommt, weiß ich, dass er draußen noch nicht leben kann«, antwortete Noah.

Er kam nicht wieder. Alle freuten sich. Noah sagte: »Der Rabe ist ein genügsamer Vogel. Er kann lange fliegen und auf dem kleinsten Felsen ausruhen. Ich werde eine Taube fliegen lassen.«

Die Taube flog hinaus, aber nach kurzer Zeit kam sie wieder. »Es scheint noch zu viel Wasser zu geben«, meinte Noah, »wir sollten noch eine Woche warten.«

Nach weiteren sieben Tagen ließ Noah wieder eine Taube hinaus. Gespannt warteten die acht Menschen, ob sie zurückkehren würde. Sie warteten lange. Dann gingen sie wieder an ihre Arbeit. Nur Noah blieb am Fenster. Am Abend flatterte etwas herein – es war ihre Taube! Sie hatte das Blatt eines Olivenbaums im Schnabel!

Alle kamen herbeigelaufen. Es gab wieder Bäume draußen! Jetzt wollten sie aber hinaus!

»Nein, wir müssen ganz sicher sein!«, sagte Noah. »Wir warten noch eine Woche.«

Als Noah nach weiteren sieben Tagen noch einmal eine Taube fliegen ließ, kam sie nicht wieder.

Nun war es soweit: Die vier Männer brachen das Dach der Arche auf und sahen hinaus. Kein Wasser war mehr da. Von ihrem hohen Berg hatten sie einen guten Ausblick. Nur ganz weit entfernt sahen sie ein Meer. Aber das war sicher schon immer da gewesen. Sonst war das Land trocken.

Zugegeben, es sah nicht sehr schön aus. Die Flut hatte überall Spuren hinterlassen. Aber hier und da standen noch Bäume, und auf den ebenen Flächen zeigte sich schon wieder erstes Grün. So kümmerlich es auch noch aussah – den Überlebenden der Flut schien es ein Paradies.

Sie öffneten die große Klappe an ihrer Arche und ließen alle Tiere hinaus. Deren Freude war unbeschreiblich. Die Elefanten trompeteten, die Ziegen sprangen höher, als sie selbst waren, die Schwalben sausten vor Vergnügen immer haarscharf über Noahs Kopf hinweg, und selbst das Heulen der Hyänen hörte sich fast nach Lachen an.

Noahs Familie atmete auf. Sie umarmten sich alle und konnten ihr Glück kaum fassen. Noah baute für Gott einen Altar und betete mit seiner ganzen Familie, um Gott zu danken.

Als sie nach ihrem Gebet aufschauten, sahen sie einen wunderschönen, leuchtend bunten Regenbogen. Und Gott sagte: »Ich werde nie mehr eine Flut kommen lassen, die die ganze Erde bedeckt. Ihr sollt viele Nachkommen haben, und auch ihnen wird mein Versprechen gelten. Haltet euch an meine Gebote! Und zum Zeichen, dass es nicht noch einmal eine solche Flut geben soll, habe ich diesen Bogen gemacht. Er soll immer am Himmel stehen, wenn der Regen abzieht und die Sonne wieder durchbricht. Wenn ihr ihn seht, denkt daran, was ich euch versprochen habe. Solange die Erde besteht, wird es immer Saat und Ernte geben, Frost und Hitze, Sommer und Winter, Tag und Nacht.«

1. Mose 8,4-9,17

Der große Turm von Babel

Viele reiche und wichtige Männer standen um den Mann im Arbeitskittel herum. »Nun fang an!«, sagten sie. »Zeig uns deine Erfindung. Wir sind riesig gespannt, wie du die festen Steine machst.« »Alle gleich groß!«, staunte einer. »Das muss das Bauen ja ganz leicht machen!« Ein anderer sagte: »Und man muss nicht mehr jeden einzelnen Stein mühsam aus dem Berg brechen und stundenlang bearbeiten. Teure Meißel spart man sich dann auch.«

»Seht her!«, sagte der Mann in der Arbeitskleidung. »Ich mische einfach Lehm, den es hier in großer Menge gibt, mit etwas Stroh. Das macht den Stein fester. Das streiche ich in diese hölzerne Form.« Er tat es vor den Augen der Leute, kippte die Form um

und legte den viereckigen Klumpen zum Trocknen in die Sonne. Da lagen schon viele davon.

»Wenn die Klumpen etwas getrocknet sind, kommen sie in den Ofen. Da drüben hat mein Sohn gerade eine Ladung Steine fertig gebrannt. Sie sind jetzt fest und hart wie Fels. Vorsicht, nicht anfassen, sie sind noch heiß!«

Die wichtigen Leute waren begeistert. »Damit können wir alles bauen, was wir wollen.« »Ja, Paläste, Mauern, Türme!« »Großartig!«

»Aber wir wollen nicht alles Mögliche machen, sondern eine große Sache!«, sagte einer. »Ein riesiges Bauwerk, das alle Welt bestaunt. Wenn wir einmal gestorben sind, werden unsere Nachkommen noch sagen: Seht, was für ein Bau! Diese Männer haben Großartiges geleistet!«

»Gute Idee«, sagte ein anderer. »Am besten, wir bauen einen hohen Turm. So hoch, dass die Spitze in den Himmel ragt, wo Gott ist. Dann sind wir genauso hoch wie er!«

»Und genauso groß!«, meinte ein Dritter. »Dann unterscheidet uns nicht mehr viel von Gott. Diese neue Erfindung macht uns fast allmächtig!«

So und so ähnlich sprachen sie alle. Nicht nur die reichen und wichtigen Leute, sondern auch das Volk. Oft, wenn die Menschen etwas Neues erfinden, meinen sie, Gott sei jetzt überflüssig geworden.

Sie begannen zu bauen. Auf einem riesigen, viereckigen Grundstück in der großen Stadt Babel mauerten sie das Fundament.

Es dauerte länger, als sie anfangs in ihrer Begeisterung gedacht hatten. Aber sie bauten und bauten. Jahrelang brannten sie Steine und mauerten sie aufeinander.

Der Turm wuchs in schwindelnde Höhen. Von überall kamen Leute und staunten. Und weil in keiner anderen Stadt je so etwas Großartiges gesehen worden war, wurden die Besucher neidisch. Dann sagten die Leute von Babel: »Ihr braucht nicht neidisch zu sein. Ihr könnt mithelfen. Dann ist es nicht nur unser, sondern auch euer Turm. Wir gehören doch alle zusammen. Der Turm ist das Zeichen für unsere Einheit. Er ist ein Beweis dafür, dass wir alles können, wenn wir uns nur einig sind. Kommt, macht mit!«

Immer mehr Leute ließen sich von der Begeisterung anstecken. Sie arbeiteten und sangen dabei ihre Parolen, zum Beispiel: »Gemeinsam sind wir stark, stärker als Gott«, oder: »Wir sind ein großes Volk, wir bauen einen großen Turm, wir machen uns einen großen Namen, niemand ist größer als wir.«

Was dachte Gott wohl, als er das alles sah und hörte? Ein bisschen schmunzelte Gott. Er fand es lächerlich, dass die Menschen mit einem Turm in den Himmel wollten. Er war aber auch traurig. Würden die Menschen denn nie lernen, dass Gott viel größer ist als alles, was sie sich vorstellen können? Dass er alle liebt, egal, ob sie etwas Großartiges geleistet haben oder nicht?

Gott hatte ja versprochen, keine Flut mehr zu schicken. Er ließ auch nicht den Turm umfallen, was für ihn eine Kleinigkeit gewesen wäre. Er verwirrte nur ihre Sprache.

Bis dahin hatten alle die gleiche Sprache gesprochen. Auf einmal aber konnten sie sich nicht mehr verstehen.

Wenn ein Vorarbeiter befahl: »Steine hochziehen!«, dann wussten die Männer an den Seilen nicht, was er meinte, und ließen die Steine herunter. Wenn die Architekten den Steinemachern sagten, was sie brauchten, bekamen sie immer etwas anderes geliefert, als sie bestellt hatten. Immer wieder wurde zurückgefragt, und trotzdem verstand keiner den anderen. Das ärgerte alle, sie beschimpften einander, warfen schließlich ihr Werkzeug hin und verließen wütend die Baustelle.

Es war aus mit der Einheit. Und mit dem Stolz und dem großen Namen auch.

Die Leute zogen weg aus Babel. Wenn man sich nicht verständigen konnte – was sollten sie dann noch hier? Dann wollten sie lieber wieder zu ihren Schafherden in die Berge oder Steppe gehen, wo sie hergekommen waren.

Der Turm wurde nie fertig. Noch viele Jahrhunderte stand die Bauruine da, nicht als Zeichen für die Allmacht der Menschen, sondern als Zeichen ihrer Dummheit.

Gott sah das alles und schmunzelte wieder. Aber er war auch traurig. Ob die Menschen nun lernen würden, den großen Gott anzubeten?

1. Mose 11,1-19

Das große Versprechen

Abraham zieht in ein fremdes Land

Abraham wusste es sofort: Es ist Gott, der zu mir gesprochen hat! Ganz deutlich hatte der alte Mann es gehört: Er sollte seine Heimat und seine Verwandten verlassen und in ein fernes Land ziehen. Wohin? Das wusste er noch nicht. Gott würde es ihm zeigen.

Abraham war reich. Er besaß eine große Schafherde und viele Kamele und Esel. All die Tiere nahm er jetzt und machte sich mit seiner Frau Sara und seinem Neffen Lot auf den Weg. Natürlich zogen auch viele Knechte mit, denn allein hätte er die Herden nicht treiben können.

Es war eine lange und mühsame Reise, von einem Weideplatz zum nächsten.

Schließlich kamen sie in ein Land, das Kanaan hieß. Es war eine hügelige Gegend zwischen einem Fluss, dem Jordan, im Osten und dem Meer im Westen.

Hier hörte Abraham noch einmal ganz deutlich Gottes Stimme: »Dieses Land will ich deinen Nachkommen geben.« Abraham freute sich. Jetzt bin ich also am Ziel, Kanaan ist das Land, in das ich ziehen sollte!

Er baute einen Altar aus Steinen und brachte Gott ein Opfer. Dass Gott von Nachkommen gesprochen hatte, machte ihn allerdings auch traurig. Abraham und Sara hatten nämlich keine Kinder.

Aber Gott kann sich doch nicht geirrt haben, dachte der alte Mann. Er weiß doch, dass wir kinderlos sind!

Seltsame Worte waren das, über die Abraham noch oft nachdachte. Dabei hatte er hier in Kanaan auch ganz andere Sorgen: Die besten Weideplätze waren von den Bewohnern des Landes besetzt. Nur hier und da war für seine Schafe und Ziegen noch Platz.

Der reichte aber nicht, denn die Herden waren sehr groß geworden. Lot, sein Neffe, hatte auch eigene Herden. Und für so viele Tiere gab es nicht genug Weiden.

Eines Tages sagte Abraham zu Lot: »Es ist nicht gut, wenn unsere Hirten sich immer um Weideplätze und Wasser streiten. Am Ende sind wir zwei es noch, die sich streiten. Darum mache ich dir einen Vorschlag: Wir trennen uns. Mit einer kleineren Herde ist es einfacher, einen Platz zu finden. Such du dir eine Gegend aus, wo du hinziehen willst. Ich ziehe dann in eine andere Richtung.«

Damit war Lot einverstanden. Von einer Anhöhe aus konnte er weit über das Land sehen. Dort unten am Jordan und am Toten Meer schien der Boden sehr fruchtbar zu sein. Da gab es zwei kleine Städte, die hießen Sodom und Gomorra. In ihrer Nähe siedelte Lot sich an.

Abraham blieb dagegen im gebirgigen Teil Kanaans. Dort hatte er inzwischen mit einigen Leuten Freund-

schaft geschlossen, die dort wohnten und die viel Land und Vieh besaßen.

Abraham besaß ja selbst kein Land. Er war hier nur geduldet. Aber Gott tröstete ihn: »Schau dich um, Abraham, in alle Himmelsrichtungen. Alles Land, das du siehst, wird einmal deinen Nachkommen gehören. Sie sollen so zahlreich werden wie die Staubkörner auf der Erde.«

Da freute sich Abraham.

Immer, wenn seine Herden irgendwo gegrast hatten, zog er mit seinen Zelten ein Stück weiter. Und jedesmal, wenn er an einen neuen Weideplatz kam, dachte er: Auch hier sollen einmal die Enkel meiner Enkel und alle späteren Nachkommen zu Hause sein.

Einmal saß Abraham im Schatten eines Baumes vor seinem Zelt und döste vor sich hin. Die Sonne brannte vom Himmel. Es war die heiße Mittagszeit, in der alle Leute sich ausruhten. Abraham machte die Augen etwas auf. Da sah er in der flimmernden Hitze drei Männer von ferne auf sich zukommen.

Als sie näher kamen, richtete er sich langsam auf. Das waren keine Knechte, auch nicht seine Freunde. Wer konnten die drei nur sein? Auf jeden Fall wollte er sie empfangen, wie die Regeln der Gastfreundschaft es verlangten.

Abraham sprang schnell auf und rief ins Zelt: »Sara, mach ein gutes Essen! Wir bekommen Besuch.«

Dann lief er den drei Männern entgegen. Als er vor ihnen stand, verbeugte er sich tief und sagte: »Es würde mich ehren, wenn ihr als meine Gäste bei mir bliebt! Ihr könnt bei mir essen und trinken und euch im Schatten des Baumes etwas ausruhen.«

»Das nehmen wir gerne an«, sagte einer der Männer. Sie folgten Abraham und ließen sich unter dem Baum nieder. Eine Dienerin kam mit einer Wasserschüssel und wusch ihnen die Füße. Abraham gab seine Anweisungen an Sara und die Knechte und bot den Fremden etwas zu trinken an. Festlich war das Essen, zu dem Sara sie dann einlud: Ein Knecht hatte extra ein Kalb geschlachtet, und Sara hatte Kuchen gebacken. Die drei Männer aßen, und Abraham stand daneben und bediente sie.

Als sie fertig gegessen hatten, fragte einer der Männer: »Wo ist Sara, deine Frau?«

»Drinnen im Zelt«, antwortete Abraham.

»Nach einem Jahr werde ich wiederkommen«, sagte der Mann. »Dann wird Sara einen Sohn haben.«

Das hörte Sara im Zelt. Sie lachte leise. »Ich und ein Kind bekommen! Ich bin doch längst zu alt dafür! Was reden die Männer da draußen denn für Unsinn!«

»Warum lacht Sara?«, fragte der eine der Männer. »Warum denkt sie, wenn sie schon als junge Frau keine Kinder bekommen hat, bekommt sie als alte Frau erst recht keine? Rechnet sie nicht mit Gott? Weiß sie nicht, dass Gott nichts unmöglich ist?«

Die Männer brachen auf. »Ich begleite euch noch ein Stück«, sagte Abraham.

Nachdem sie eine ziemliche Strecke schweigend nebeneinander hergegangen waren, sagte der eine der Männer: »Du, Abraham, sollst zu einem großen Volk werden. Du sollst deine Nachkommen lehren, Gottes Gebote zu halten, und Gott wird dich segnen und durch dich noch viele andere.«

Da wusste Abraham, dass Gott selbst sein Gast gewesen war.

1. Mose 12,19; 13

Abrahams Söhne

Es war Nacht. Abraham saß vor seinem Zelt. Drinnen brannten Lampen, man konnte sie durch die Zeltwände schimmern sehen. Bewegung war im Zelt, leise Stimmen waren zu hören.

Hier draußen aber war es ruhig. Nur die Dienerin war eben mit einem leeren Krug aus dem Zelt gekommen, zum Brunnen geeilt und wieder hineingehastet.

So eine stille, klare Nacht wie heute, dachte Abraham, so eine Nacht war es auch damals, vor vielen Jahren. Aber auch damals war ich schon ein alter Mann. Ich betete: »Woran soll ich denn sehen, Gott, dass du mich segnest? Ich habe ja keine Kinder!« Und Gott antwortete mir: »Sieh zum Sternenhimmel hinauf. So zahlreich wie die Sterne werden deine Nachkommen sein.« Ich habe ihm geglaubt, damals. Niemand sonst hat es geglaubt. Aber ich habe nicht gezweifelt, dass Gott sein Versprechen hält. Auch wenn es mir nicht leicht fiel.

Und jetzt ... jetzt erwartet Sara ihr Kind. Mein Kind. Kann es ein deutlicheres Zeichen dafür geben, dass Gott mich liebt?

Hundert Jahre bin ich nun alt, dachte Abraham, und Sara ist neunzig. Da ist es kein Wunder, dass sie gelacht hat, als die Fremden vor einem Jahr sagten, sie werde ein Kind bekommen. Nun wird sie wieder lachen. Aber es wird kein spöttisches Lachen sein, sondern ein frohes Lachen.

Abraham sah wieder zu den Sternen empor und wollte Gott danken. Aber sein Herz war so voll, dass er keine Worte fand.

Da – was war das für ein Geräusch? Es kam aus dem Zelt. Abraham setzte sich aufrecht und spitzte seine alten Ohren.

Da war es wieder, klar und deutlich: der Schrei eines Babys. Abraham sank zurück, sah zum Himmel auf und fand wieder keine Worte, um seinen Dank auszusprechen.

»Abraham!«, sprach eine leise Stimme ihn an. Eine Dienerin stand im Zelteingang und lächelte.

Der alte Mann sprang auf, so schnell seine hundertjährigen Beine es zuließen, trat zu der Frau und sah sie fragend an.

»Du hast einen Sohn«, sagte sie.

Langsam ging er ins Zelt hinein und schämte sich nicht, dass ihm dicke Tränen der Freude über die Backen liefen.

Ja, Abraham und Sara hatten wirklich Grund, dankbar zu sein. Gott hatte sie

in ein fruchtbares Land geführt, und ihr Sohn Isaak war nun ihr größtes Glück.

So zufrieden hätte Sara sein können! Und dennoch – es gab etwas, das sie nicht in Ruhe ließ.

Eines Tages setzte sie sich neben ihren Mann und sagte: »Ich habe einen Wunsch, den du mir erfüllen musst, Abraham.«

»Gerne, Sara, wenn ich kann.«

»Du kannst es«, fuhr Sara fort. »Wenn Isaak nicht geboren worden wäre, dann hätte doch Ismael alles geerbt, was dir gehört, nicht wahr? Ismael, der Sohn meiner ägyptischen Dienerin Hagar.«

»Ja«, bestätigte Abraham. »Er ist ja auch mein Sohn, nur nicht deiner. Du selbst hast vor einigen Jahren nicht mehr geglaubt, dass du noch ein Kind bekommen würdest, und gesagt, Hagar sollte ein Kind von mir haben ...«

»Ich weiß!«, sagte Sara bitter. »Schick sie weg! Jetzt, wo ich einen Sohn habe, will ich sie nicht mehr sehen.«

Abraham war traurig, dass seine Frau so etwas forderte. Es tat ihm weh, dass sie so unbarmherzig war. Aber schließlich war ja wirklich Isaak und nicht Ismael der Sohn, den Gott versprochen hatte.

Hagar bekam ein Wassergefäß, das aus einem gesäuberten Tiermagen hergestellt war, und reichlich Brot. Dann nahm sie ihren Sohn Ismael an der Hand und ging fort.

Irgendwo in der Gegend finde ich sicher andere Leute, bei denen ich arbeiten kann, dachte sie.

Sie suchte nach dem nächsten Dorf, aber sie fand es nicht. Nachdem die beiden lange gewandert waren und Ismael nicht mehr weiter konnte, merkte Hagar: Sie hatten sich verirrt.

Eine Stunde suchten sie noch. Aber überall waren nur Sand und Steine. Sie mussten wohl ganz in die Wüste geraten sein.

»Ich habe Durst«, stöhnte Ismael.

»Ich kann dir nicht helfen. Es ist kein Tropfen mehr da.« Hagar sah zum Himmel hinauf, von wo die Sonne glühend heiß herunterbrannte. »Setz dich in den Schatten des Dornenstrauches.« Aber Ismael konnte nicht mehr so weit gehen. Da trug seine Mutter ihn und legte ihn in den Schatten, der viel zu klein war, um den Jungen vor der Sonne zu schützen.

Eine Weile sah sie weinend auf ihr Kind hinunter. Dann ging sie langsam und mit schweren Schritten ein Stück zur Seite. »Ich kann es nicht mit ansehen«, stieß sie hervor. »Ich kann es nicht mit ansehen, wie mein Kind stirbt. Es zerreißt mir das Herz!«

Irgendwo fiel sie nieder, selbst dem Verdursten nah, legte den Kopf in den heißen Sand und weinte laut.

Was war das?

Jemand sprach mit ihr! Aber sie hatte doch weit und breit niemanden gesehen!

»Hagar!«, rief die Stimme.

Sie richtete sich auf und wischte sich die Tränen von den Augen. Niemand war zu sehen. Die Stimme kam von oben. Vielleicht sprach Gott mit ihr, oder ein Engel?

»Fürchte dich nicht«, sagte die Stimme. »Gott hat die Not des Jungen gesehen und deine Not. Steh auf und nimm ihn bei der Hand. Dort drüben findet ihr Wasser.«

Hagar schaute sich um. Tatsächlich, da war eine Vertiefung im Boden, in der sich Wasser gesammelt hatte. Warum hatte sie das vorher nicht gesehen? Oder war es vielleicht noch gar nicht da gewesen?

Schnell trug sie ihr Kind hinüber und ließ es trinken. Dann trank sie selbst und füllte ihren Wassersack.

»Sei nicht traurig, Hagar!«, sagte die Stimme. »Nicht nur aus Isaak soll ein großes Volk werden, sondern auch aus Ismael.«

Ich bin nicht allein, wusste Hagar jetzt. Sara, meine frühere Herrin, hat mich verstoßen. Aber Gott meint es gut. Das ist viel wichtiger.

Ismael wurde später ein berühmter Bogenschütze. Er heiratete eine Frau aus Ägypten und hatte viele Kinder.

So sah Hagar, als sie alt geworden war, dass sich erfüllte, was Gott versprochen hatte. Da erinnerte sie sich an früher und dachte: Ich habe zwar in Abrahams Familie nicht nur Gutes erlebt. Aber das macht nichts, denn ich habe dort den lebendigen Gott kennen gelernt.

1. Mose 21

Muss Isaak sterben?

Isaak war kaum wach zu kriegen. Erst nach langem Rütteln schlug er die Augen auf. »Steh auf, mein Sohn«, sagte sein Vater leise. »Aber warum denn, Vater?«, fragte Isaak verschlafen. »Es ist ja noch nicht einmal hell!«

Aber da war Abraham schon weg. Noch ganz benommen vom Schlaf, zog Isaak sich an und trat vor das Zelt. Er sah, wie sein Vater gerade den Esel sattelte. Zwei Knechte waren bei ihm. Der eine trug Holz herbei und machte mit Riemen zwei Bündel, die er rechts und links am Sattel befestigte. Der andere füllte vom Feuer, auf dem gestern Abend gekocht worden war, Glut in einen bronzenen Topf. Abraham holte noch etwas zu essen und zu trinken und lud es dem Esel auf.

Dann winkte er wortlos seinen Sohn herbei, und die kleine Gruppe setzte sich in Bewegung.

Es war ein langer Weg. Vom Sonnenaufgang bis zum späten Abend wanderten sie, und nur selten machten sie eine kurze Pause. Isaak taten die Füße weh.

Er war furchtbar neugierig, wohin sie denn eigentlich unterwegs waren. Aber er fragte nicht. Sicher hat es einen bestimmten Grund, warum mein Vater es mir noch nicht sagt, dachte er.

Tatsächlich, Abraham hatte einen Grund, das Ziel zu verschweigen. Gott hatte zu ihm gesprochen. Etwas so Furchtbares, dass Abraham es nicht fassen konnte. Er hatte ihm befohlen, auf einen bestimmten Berg zu gehen und dort seinen Sohn Isaak auf einem Altar zu opfern.

Bei manchen Nachbarvölkern kam es vor, dass den Göttern Kinder geopfert wurden. Aber genau das verabscheute Gott. Er wollte deshalb auch nicht, dass Isaak wirklich sterben sollte. Aber er wollte sehen, ob Abraham bereit war zu tun, was Gott sagte, auch wenn er es nicht verstand.

Nur wusste Abraham das nicht. Er dachte, er müsste seinen lieben Isaak wirklich hergeben. Das machte ihn sehr, sehr traurig. Aber so schwer es ihm auch fiel – er wollte doch tun, was Gott sagte.

Am zweiten Tag wanderten die vier Leute mit ihrem Esel wieder bis zum Abend. Es war eine schweigsame Gesellschaft. Abraham blickte vor sich auf den Weg, das Gesicht unbeweglich wie Stein. Isaak merkte, wie bedrückt sein Vater war, und traute sich nicht zu fragen. Und die Knechte hatten erst recht keinen Mut, das Schweigen zu brechen.

Als sie am dritten Tag neue Glut aus dem Lagerfeuer in den Topf gefüllt hatten und wieder ein Stück gegangen waren, blieb Abraham plötzlich stehen. Vor sich sah er den Berg auftauchen, zu dem Gott ihn geschickt hatte.

»Bleibt ihr mit dem Esel hier«, sagte er zu den Knechten. »Der Junge und ich gehen allein weiter. Wenn wir angebetet haben, werden wir wieder hierher zurückkommen.«

Das sagte er laut. Leise dachte er: Vielleicht komme ich alleine zurück. Vielleicht will Gott Isaak aber auch

retten. Weshalb hat er mich nur hierher geschickt!

Dann lud er Isaak das Holz auf und trug selbst den Feuertopf. Als sie endlich allein waren, konnte Isaak seine Neugier nicht mehr zügeln. »Vater, hier ist Holz und Feuer«, sagte er. »Bestimmt willst du Gott ein Opfer bringen. Aber wo ist das Schaf, das dazugehört?«

Abraham brachte fast kein Wort hervor. Er hatte das Gefühl, seine Kehle werde ihm zugeschnürt. »Mein Sohn«, presste er mühsam heraus, »Gott wird selbst für das Schaf zum Brandopfer sorgen.«

Als sie auf dem Berg angekommen waren, suchten sie Steine zusammen. Abraham schichtete sie aufeinander, bis sie einen großen Altar bildeten.

Dann fesselte er Isaak und legte ihn oben auf den Altar. Isaak sah seinen Vater mit großen Augen an. Das konnte doch nicht sein, dass sein Vater ihn opfern wollte, wie die fremden Völker das mit ihren Kindern taten! Abraham hob tatsächlich das Messer!

In diesem Augenblick war eine Stimme vom Himmel zu hören: »Abraham! Abraham!«

Der alte Mann hielt in der Bewegung inne, die Hand mit dem Messer noch hoch über dem Jungen. »Ja, Herr?«

»Tu dem Jungen nichts!«, sagte die Stimme. »Denn jetzt habe ich gesehen, dass du mir gehorsam bist und dass du sogar deinen Sohn für mich opfern würdest.«

Da fiel Abraham ein Stein vom Herzen. Überglücklich sank er vor dem Altar auf die Knie. Mit zitternden Händen löste er Isaak die Fesseln. Der stand auf, und die beiden umarmten sich. Sie weinten, aber nicht, weil sie traurig waren, sondern weil sie sich so freuten.

Sie hörten ein Blöken, ganz in der Nähe. Als sie hinsahen, bemerkten sie einen Schafbock, der sich mit seinen Hörnern im Gebüsch verfangen hatte. Den opferten sie nun auf dem Altar. Es stimmte also tatsächlich, was Abraham vorher gesagt hatte: Gott hatte sich selbst ein Schaf zum Opfer ausgesucht.

Als sie vom Berg wieder hinunterstiegen, waren sie froh und erleichtert. Aber weder Abraham noch Isaak sprachen ein Wort. Isaak sprang nicht fröhlich umher, sondern fasste seinen Vater an der Hand. Beide dachten darüber nach, was es heißt, einen Menschen zu lieben, und was es heißt, Gott zu lieben. Und darüber, dass nichts größer ist als die Liebe Gottes zu den Menschen, auch wenn es manchmal nicht so scheint.

1. Mose 22,1-19

Das Mädchen am Brunnen

»Elieser!«, rief Abraham, der sich nicht weit von seinem Zelt in den Schatten eines Baumes gesetzt hatte. »Elieser!«

Es war ein heißer Tag gewesen und ein sehr trauriger Tag für Abraham. Sara war gestorben, und zusammen mit Isaak hatte er sie heute in einer Höhle begraben.

»Ich bin nun sehr alt«, begann Abraham, als Elieser vor ihm stand, »und es wird Zeit, dass Isaak heiratet. Ich möchte aber nicht, dass er eine Frau von hier nimmt, weil die Bewohner dieser Gegend den lebendigen Gott nicht kennen. Ich möchte aber auch nicht, dass Isaak in unsere alte Heimat reist. Er soll hier bleiben, in dem Land, das Gott mir versprochen hat. Darum sollst du in das Zweistromland reisen und eine Frau für Isaak suchen.«

»Aber Abraham!«, wehrte Elieser ab. »Das ist eine schwere Aufgabe! Wie soll ich denn eine geeignete Frau finden! Und was ist, wenn sie nicht mit mir kommen will?«

»Gott wird es gelingen lassen, Elieser«, sagte Abraham. »Deshalb schwöre mir, dass du dich an das halten wirst, was ich dir sage.«

Das tat der treue Knecht. Und schon am nächsten Tag machte er sich auf den Weg.

Nach einer langen Reise kam er mit der kleinen Karawane vor der Stadt Haran an.

»Das ist die Stadt, aus der Abraham kommt«, rief er über die Schulter den anderen Knechten zu. Dann ließ er sein Kamel niederknien und stieg ab. Seine Begleiter taten es ihm nach.

Vor sich sahen sie einen Brunnen. Elieser ging ein paar Stufen in eine kleine Mulde hinunter, bis er am Rand des Brunnens stand, und schaute hinein. Er war nicht sehr tief, aber man brauchte ein Gefäß, um zu schöpfen. Einige Schritte entfernt gab es auch eine Viehtränke. Das war nichts anderes als eine Bodenrinne, die mit Steinen ausgelegt war. Jetzt war sie trocken, denn das Wasser musste erst aus dem Brunnen hineingegossen werden.

Die Männer lagerten sich neben den Kamelen. Elieser setzte sich an den Rand des Brunnens. Es war Abend, und er nahm an, dass bald die Frauen aus der Stadt herauskommen würden, um Wasser zu holen.

Wie finde ich nur die richtige Frau für Isaak?, überlegte Elieser. Das ist wirklich eine schwere Aufgabe, die mein Herr mir da übertragen hat. Gott wird es gelingen lassen, hat Abraham gesagt. Aber wie? Ich müsste die Frau an etwas erkennen können ...! Ich will Gott um ein Zeichen bitten!

Elieser betete: »Herr Gott, du Gott Abrahams, lass bitte gelingen, wozu ich hier bin. Sei freundlich zu meinem Herrn. Wenn jetzt gleich die Frauen und Mädchen aus der Stadt kommen, um Wasser zu schöpfen, dann will ich sie bitten, dass sie mich trinken lassen. Wenn dann ein Mädchen sagt: Trinke, und deinen Kamelen will ich auch Wasser geben, dann werde ich daran erkennen, dass sie die richtige Frau für Isaak ist.«

Als er sein Gebet beendet hatte und aufschaute, kam gerade eine junge Frau heran. Auf der Schulter trug sie einen großen Krug. Sie grüßte freundlich zu Elieser herüber und bückte sich, um zu schöpfen. Elieser sah, dass sie sehr schön war.

Er sprang auf und ging zu ihr hin.

»Bitte, lass mich aus deinem Krug trinken«, sprach er sie an.

Das Mädchen hatte den Krug schon auf der Schulter, nahm ihn aber gleich wieder herunter. »Gern«, sagte sie, »trinke nur!« Elieser stillte seinen Durst.

Dann bemerkte das Mädchen die zehn Kamele, die bei der Tränke lagerten, in der kein Wasser war. »Ich will deinen Tieren auch zu trinken geben«, sagte sie eifrig, ging zu der Bodenrinne und goss den Rest Wasser aus ihrem Krug hinein. Dann schöpfte sie gleich neues Wasser und trug es zur Tränke. Die Kamele kamen und tranken.

Nun sind Kamele ja Tiere, die in der Wüste lange Zeit ohne Wasser auskommen, weil sie auf Vorrat trinken können. Aber wenn sie dann Wasser bekommen, saufen sie auch gleich sehr viel. Das Mädchen musste also viele Male hin- und herlaufen, bis die Kamele endlich genug hatten.

Elieser ließ sie arbeiten und sah nur zu. Aber nicht aus Faulheit und auch nicht nur, weil es damals üblich war, dass Frauen solche Arbeit machten. Er wollte einfach sehen, ob das Zeichen, das er von Gott erbeten hatte, sich auch ganz erfüllte.

Das Mädchen war fröhlich bei der Arbeit, bis alle Tiere ihren Durst gestillt hatten. Und beim Zusehen wurde auch Elieser immer fröhlicher. Es war ganz klar: Gott hatte ihm gezeigt, dass dieses Mädchen Isaaks Frau werden sollte.

Als sie den letzten Krug füllte, den sie dann mit in die Stadt nehmen wollte, holte Elieser einen goldenen Haarreifen und zwei goldene Armreifen aus seinem Gepäck. »Das ist für dich«, sagte er und streifte ihr die Ringe über. »Vielen Dank für deine Hilfe!«

Das Mädchen war völlig überrascht. Was für kostbare Geschenke! Elieser fuhr fort: »Aber nun sag mir: Wer bist du?«

»Ich heiße Rebekka. Unsere Familie wohnt dort in der Stadt, im Haus meines Urgroßvaters Nahor.«

Nahor! Das war Abrahams Bruder! Bestimmt wurde in dieser Familie der lebendige Gott angebetet!

»Können wir bei euch übernachten?«, fragte Elieser. »Bestimmt«, antwortete Rebekka. »Ich will meinen Bruder fragen.« Und dann lief sie los, so schnell, dass Wasser aus ihrem Krug schwappte und ihr Kleid nass wurde.

Elieser kniete neben dem Brunnen nieder und betete. »Ich lobe dich, du Gott meines Herrn Abraham. Du hast mich geradewegs hierhergeführt, und daran sehe ich, wie treu und gut du zu deinen Dienern bist.«

1. Mose 24,10-28

Rebekka wird Isaaks Frau

»Wo bleibst du denn so lange?«, rief Laban seiner Schwester entgegen, als sie in den Hof gerannt kam. »Wir warten …« Er stockte. Was blitzte da so? Laban kam näher.

»Gold! Rebekka! Woher hast du das? Das ist ja ein kleines Vermögen wert!«

Atemlos erzählte Rebekka, was sie erlebt hatte.

»Warum hast du diesen Mann nicht gleich eingeladen! Wenn er so reich ist, dass er solche Geschenke machen kann!« Schnell befahl Laban den Knechten, in den Ställen für zehn Kamele Platz zu machen und ein festliches Abendessen zuzubereiten. Dann rannte er hinaus zum Brunnen.

Die fremden Männer standen immer noch da. Laban begrüßte Elieser: »Du bist ein Mann, den Gott segnet. Also sei uns willkommen. Warum bleibt ihr hier draußen? Mein Vater und ich würden uns freuen, wenn ihr über Nacht zu uns kämt.«

Dann führte er die kleine Karawane zur Stadt und in seinen Hof. Man wies ihnen eine Schlafstätte zu, versorgte die Tiere, gab den Männern Wasser, damit sie sich nach der langen Reise waschen konnten, und lud sie zum Essen ein. Es war eine lange Tafel, mit allerlei guten Sachen darauf. Als alle sich gesetzt hatten, stand Elieser auf. Alle Gespräche verstummten.

»Ehe ich auch nur einen einzigen Bissen esse, will ich erzählen, weshalb ich eigentlich hier bin«, begann er. »Euer Großvater und Urgroßvater Nahor hatte, wie ihr alle wisst, einen

Bruder mit Namen Abraham. Der zog mit seinem Vater fort.«

»Richtig«, unterbrach Rebekkas Vater, »ich erinnere mich, dass davon oft erzählt wurde. Es muss schon sehr lange her sein. Aber woher weißt du das? Wir haben nie gehört, was aus unseren Verwandten geworden ist.«

Elieser fuhr fort: »Abraham lebt noch. Er ist sehr, sehr alt. Ich bin sein Knecht. Er ist ein reicher Mann geworden, mit riesigen Herden und vielen Knechten. Gott hat ihn gesegnet, aber lange Zeit hat er keine Kinder gehabt. Doch schließlich hat Gott sein Gebet erhört. Seine Frau Sara, die inzwischen gestorben ist, bekam einen Sohn, Isaak. Er ist nun ein junger Mann. Gott hat Abraham versprochen, dass seine Nachkommen einmal das Land besitzen werden, in dem er jetzt noch ein Ausländer ist. Das ist im Süden und Westen von hier, direkt vor dem großen Meer. Es ist ein fruchtbares und gutes Land.«

»Das ganze Land soll der Familie einmal gehören?«, fragte Laban erstaunt.

»Ja, das ganze Land sollen seine Nachkommen besitzen. Nur – außer Isaak hat Abraham noch keine Nachkommen. Und Isaak ist noch unverheiratet. Abraham möchte aber nicht, dass er eine Frau aus dem Land Kanaan nimmt. Seine Schwiegertochter soll von hier sein, aus seiner alten Heimat, ein Mädchen, das nicht Götzen anbetet, sondern den lebendigen Gott kennt. Deshalb schickte er mich, um nach einer Frau für ihn zu suchen.«

Und dann erzählte Elieser, wie er Gott um ein Zeichen gebeten hatte und dass er sich nun sicher sei, in Rebekka die Richtige gefunden zu haben.

»Das muss Gott so geführt haben«, sagten die Gastgeber. Alle waren sich einig. Die Eltern fragten Rebekka: »Willst du mit diesem Mann ziehen, um Isaak zu heiraten?«

»Ja«, sagte Rebekka, »das will ich.«

Viele Tage lang hatte Isaak auf dem Feld nach der kleinen Karawane Ausschau gehalten. Endlich waren Elieser und die anderen Knechte zurückgekehrt – mit Rebekka, die Isaak schon bald lieb gewann.

Bald darauf wurde im Süden Kanaans Hochzeit gefeiert.

Es wurde ein großartiges Fest, von dem man in der Gegend noch lange sprach.

Dann begann der Alltag. Rebekka wurde eine gute Hausfrau, oder besser gesagt: eine gute Zeltfrau. Denn noch immer lebten sie in keinem festen Haus, weil sie mit ihren Viehherden weiterziehen mussten, sobald das Gras abgefressen war.

Eine Sache gab es, die Isaak und seine Frau bedrückte: Wie damals Sara, so bekam auch Rebekka lange kein Kind.

Dann geschah noch etwas, das sie traurig machte: Abraham starb. Er war ja schon sehr alt, doch er hätte so gern noch erlebt, dass er Großvater wurde. Das war nun nicht mehr möglich. Aber dass seine Enkel geboren würden, daran zweifelte er selbst auf dem Sterbelager nicht. Gott hatte es ja versprochen.

Es dauerte noch einige Jahre, bis Gott das Gebet von Isaak und Rebekka erhörte.

Eines Tages sagte Rebekka zu ihrem Mann: »Ich glaube, wir bekommen ein Kind.« Das stimmte, aber es stimmte nicht ganz. Sie sollten nämlich nicht ein Kind bekommen, sondern gleich zwei.

Als einige Zeit vergangen war, strampelten die Zwillinge so heftig in Rebekkas Bauch, dass man denken konnte, sie würden sich streiten. Das machte Rebekka Sorgen. Sie betete, und Gott sagte zu ihr: »Die zwei Jungen, die du zur Welt bringen wirst, werden beide Väter großer Völker werden. Sie werden sich streiten. Das Volk, das von dem Älteren abstammt, wird dem anderen dienen.«

Seltsame Sätze waren das. Was hatte Gott mit ihr und ihren Söhnen vor?

Dann war es soweit. Die Zwillinge wurden geboren. Der eine, der ein bisschen älter war, hatte eine raue Haut und war schon ziemlich kräftig. Der jüngere war etwas kleiner und hielt seinen Bruder an der Ferse fest.

Aber diese Dinge beachteten nur die Mutter und der Vater. Die Leute, die zu Besuch kamen, um die Babys anzuschauen, fragten nur: »Wer ist denn der ältere von den beiden, der dann einmal der Erbe sein wird?«

»Dieser kräftige Junge ist der zuerst Geborene«, antwortete Isaak. »Er heißt Esau, sein Bruder heißt Jakob.«

Dann nickten die Besucher und freuten sich und dankten Gott, dass er Rebekka und Isaak nach so langem Warten nun gleich zwei Kinder geschenkt hatte.

1. Mose 24,29-67; 25,19-26

Esau und Jakob machen ein Geschäft

Viele Jahre vergingen. Aus den kleinen Zwillingen in den Windeln waren zwei freche Jungen geworden und schließlich zwei erwachsene junge Männer.

Das war aber auch schon das einzige, was die beiden gemeinsam hatten. Sonst waren sie so unterschiedlich, wie zwei Brüder nur sein können.

Esau, der ältere, war ein wilder Kerl. Er hatte überall Haare auf der Haut, war stark und liebte Abenteuer. Gern zog er mit Pfeil und Bogen über die Hügel und durch die Wälder und jagte. Oft blieb er tagelang weg, manchmal sogar Wochen. Wenn er zurückkam, hatte er fast immer ein Tier dabei, das er mit seinem Pfeil erlegt hatte. Das briet er dann am Spieß über dem Feuer und würzte es mit Kräutern, die er in Feld und Flur selbst gesammelt hatte.

Sein Vater Isaak aß diese Braten besonders gern. Sie schmeckten so herrlich nach Wildnis. Aber vielleicht aß er sie auch darum gern, weil sie von Esau kamen. Denn Esau war sein Liebling.

Jakob war Rebekkas Liebling. Er war nicht so ungestüm und abenteuerlustig wie sein Bruder. Er wusste, wie man sich zu benehmen hatte, unterhielt sich gern und war ordentlich angezogen. Meistens war er zu Hause bei den Zelten und half bei der täglichen Arbeit.

Nicht dass Jakob schwach gewesen wäre. Er war ein kräftiger Mann.

Aber so ein Raufbold wie sein Bruder war er nicht und wollte es auch nicht sein.

Eigentlich war es unnötig, dass die Knechte immer wieder überlegten und miteinander tuschelten, wer denn besser geeignet sei, Isaaks Erbe zu werden: der Draufgänger Esau oder der ordentliche Jakob. Es stand ja längst fest. Esau war der Ältere. Er war zwar nur wenige Augenblicke älter, aber damit war es dennoch entschieden. Es war eben üblich, dass der Ältere auch der Erbe war.

Und außerdem stand fest, dass der Vater vor seinem Tod nur einen der Söhne segnen würde. Dieser Segen bedeutete Gesundheit, Kraft und Wachstum für die Familie, die Knechte und die Mägde, die Tiere und alles andere, wofür der Sohn nun Verantwortung übernahm. Er bedeutet vor allem aber auch, dass Gott diesem Sohn immer besonders nahe sein würde. Ganz sicher würde Isaak Esau segnen.

Das ärgerte Jakob. Er wäre gern der Erbe gewesen. Nicht nur, weil er all die Herden besitzen wollte. Es lag ihm auch an dem Segen Gottes. Esau dagegen machte sich wegen des Segens keine Gedanken. Ihn beschäftigte nur die Jagd.

Eines Tages war Esau wieder unterwegs, und Jakob half seiner Mutter. Im Freien brannte ein Feuer, darauf kochte er eine gute Linsensuppe. Fleisch war drin und Gemüse und allerlei Gewürze. Schon von weitem roch es nach gutem Essen.

Da kam Esau. Müde schlich er heran, ganz verbrannt von der Sonne. Tagelang hatte er gejagt und dabei kaum etwas gegessen. Jetzt war er furchtbar hungrig. Außerdem ärgerte er sich, dass er nichts geschossen hatte.

Esau blieb stehen, sah und roch das gute Essen, warf seine Waffen auf die Erde und knurrte: »Gib mir was von deinem Essen.«

Da hatte Jakob ganz plötzlich eine Idee. Das war eine gute Gelegenheit! Ohne lange zu überlegen, sagte er: »Verkaufe mir dafür die Rechte, die du hast, weil du als Erster geboren bist!«

Esau brummte nur: »Meinetwegen! Was nützen mir diese Rechte. Sterben müssen wir alle eines Tages.«

»Schwöre mir, dass du mir die Rechte verkaufst.«

Esau griff schon nach einer Schüssel. »Ja, ja, ich schwöre es. Und nun gib her!«

Jakob schöpfte ihm von seinem Eintopf in die Schüssel, gab ihm Brot dazu und etwas zu trinken. Heimlich lachte er sich ins Fäustchen. Der erste Schritt war getan. Jetzt musste er die Dinge nur noch so lenken, dass sein Vater ihn und nicht Esau segnete.

1. Mose 25,27-34

Jakobs Betrug

Isaak war sehr alt geworden. Er konnte nur noch im Bett liegen. Außerdem hatte sein Augenlicht immer mehr nachgelassen, und nun war er blind.

Das machte ihn natürlich sehr traurig. Er konnte zwar noch sagen, was seine Knechte tun sollten, aber er konnte selbst nichts mehr tun. Und bevor er eine Entscheidung traf, musste er sich immer erst berichten lassen, um was es überhaupt ging.

So geht das nicht weiter, dachte Isaak. Ich werde meinen Sohn Esau segnen mit dem besonderen Segen, den der Vater seinem erstgeborenen Sohn gibt, und dann soll er die Verantwortung übernehmen. Dann ist er das Familienoberhaupt.

Isaak rief Esau zu sich. »Ich werde bald sterben, mein Sohn«, sagte er. »Darum will ich dich segnen und dir alles übergeben. Wir wollen ein kleines Fest daraus machen. Darum nimm Bogen und Köcher und jage ein Tier. Das bereitest du so, wie ich es gerne habe, und bringst es mir. Dann bekommst du meinen Segen.«

Esau sagte niemandem etwas, als er seine Jagdwaffen nahm und davonging.

Aber Rebekka, seine Mutter, hatte Isaaks Worte durch die dünne Zeltwand gehört. Sie bekam einen Schreck. Ihr Mann wollte Esau segnen! Dabei hatte Gott ihr doch gesagt, dass Jakob der Gesegnete sein würde! Außerdem war Jakob ihr Lieblingssohn … Was sollte sie tun?

Da kam ihr eine Idee. Sie lief zu Jakob und erzählte ihm, was sie beim Lauschen erfahren hatte. Dann sagte sie leise: »Hole mir zwei junge Schafböcke und schlachte sie. Dann brate ich sie so, wie es Esau immer macht und wie sie deinem Vater am besten

schmecken. Das Essen trägst du dann zu ihm und tust so, als wenn du Esau wärst. Dann wird dein Vater dich segnen.«

»Aber … aber, das geht doch nicht, Mutter!«, stammelte Jakob. »Er wird mich an meiner glatten Haut erkennen. Und wenn er merkt, dass ich ihn betrügen wollte, wird er mich verfluchen, statt mich zu segnen.«

»Lass das meine Sorge sein! Mir fällt schon etwas ein. Geh nur und hole die Schafböcke!«

Es dauerte fast einen halben Tag, bis alles zubereitet war.

Dann holte Rebekka das Festgewand von Esau und gab es Jakob. Der zog es an. Rebekka nahm Stücke vom Fell der Schafe und band sie ihm um die Arme und den Hals, wo die nackte Haut aus dem Gewand herausguckte.

Jakob war aufgeregt. Aber er versuchte, ganz ruhig zu gehen und mit tiefer Stimme zu sprechen, damit sie wie Esaus Stimme klang. Dann nahm er das Essen und ging ins Zelt seines Vaters.

»Hier bin ich, Vater«, sagte er.

Isaak hob seinen Kopf etwas vom Lager: »Wer ist da?«

Jakob schluckte und log: »Ich bin Esau, dein erstgeborener Sohn. Ich habe getan, was du mir gesagt hast. Komm, iss von meinem Wildbraten, und dann segne mich.«

»Aber das ist doch erst einen halben Tag her. Wie kommt es, dass du so schnell Jagdglück hattest?«, fragte Isaak erstaunt. »Du musstest den Braten doch auch noch zubereiten.«

Was sollte Jakob sagen? Einmal hatte er gelogen, nun konnte er nicht mehr zurück. »Der … der Herr, dein Gott, hat es so gefügt, dass ich gleich am Morgen ein Tier erlegen konnte.«

Aber Isaak war misstrauisch. Esaus Stimme klang heute so merkwürdig. »Komm her, mein Sohn, ich will dich berühren«, sagte er.

Angstschweiß trat Jakob auf die Stirn. Wenn sein Vater jetzt den Betrug bemerkte?

Isaak befühlte seinen Sohn, aber seine Hände reichten nur bis dahin, wo das Schaffell war. »Merkwürdig«, sagte er dabei, »die Stimme klingt wie die von Jakob, aber die Arme sind die von Esau. Sag es mir ganz ehrlich: Bist du Esau?«

»Ja sicher!«, antwortete Jakob. »Ich bin Esau!«

Da sagte Isaak: »Dann will ich jetzt von deinem Braten essen.«

Jakob tischte ihm neben seinem Lager Braten, Brot und Wein auf. Isaak aß und trank und merkte nicht, dass es Lammfleisch war.

Als er gegessen hatte, sagte er: »Komm her, mein Sohn, und gib mir einen Kuss!« Das tat Jakob. Da roch Isaak die Kleider Esaus, und das beseitigte seine letzten Zweifel.

»Du riechst wie das weite Land da draußen, das Gott uns versprochen hat, mein Sohn. Komm, knie dich nieder!«

Als Jakob vor seinem Lager kniete, legte sein Vater ihm die Hände auf den Kopf. Dann sagte er feierlich: »Gott gebe dir immer Korn und Vieh und Wein in Fülle. Andere Völker sollen dir untertan sein, und sogar dein Bruder soll dir dienen. Verflucht soll sein, wer dir flucht. Gesegnet soll sein, wer dich segnet.«

Als Isaak den Segen gesprochen hatte, stand Jakob schnell auf und trug die Essensreste aus dem Zelt. Er war froh, dass alles geklappt hatte, aber sein schlechtes Gewissen plagte ihn.

Er hatte kaum das Zelt seines Vaters verlassen, da kam Esau von der Jagd. Er machte sich viel Mühe, den Braten gut zuzubereiten. Als er damit fertig war und zu seinem Vater hineinging, schlich sich Jakob von hinten an das Zelt, um zu hören, was drinnen vorging.

»Hier bin ich, Vater«, sagte Esau, »und ich habe dein Essen zubereitet. Du kannst mich segnen.«

Isaak bekam einen fürchterlichen Schrecken: »Was? Wer war denn eben bei mir? Wen habe ich gesegnet?«

Nun kam alles heraus.

»Jetzt hat mich Jakob zum zweiten Mal betrogen!«, schrie Esau. »Erst um die Rechte, die ein Erstgeborener hat, und nun um den väterlichen Segen! Kannst du mich nicht auch noch segnen, Vater?«

»Nein, mein Sohn«, antwortete Isaak voller Trauer. »Den Segen, den Gott dem Erstgeborenen verspricht, kann ich nur einmal sprechen. Ich will dich auch segnen, aber du wirst nicht der Erste von euch beiden sein.«

Niemand hätte gedacht, dass Esau weinen könnte. Aber Jakob hörte deutlich, dass er weinte.

1. Mose 27,1-40

Jakob muss fliehen

»Nun sag schon, was du zu sagen hast!«, forderte Rebekka den Knecht auf. Der schaute sich nach allen Seiten um und flüsterte dann: »Versprichst du mir, dass es niemand erfährt? Besonders Esau darf nicht wissen, was ich dir gesagt habe!«

»Ich verspreche es. Und nun erzähl endlich!«

»Also, manchmal sitzt Esau abends noch lange mit Freunden zusammen. Dann trinkt er viel und erzählt mehr, als er eigentlich erzählen wollte. Und da habe ich neulich gehört, was er vorhat. Esau will seinen Bruder töten, weil er maßlos zornig auf ihn ist. Er will damit aber warten, bis Isaak gestorben ist.«

Rebekkas Gesicht wurde ganz bleich. Als sie sich von ihrem Schreck etwas erholt hatte, sagte sie leise zu dem Knecht: »Niemand erfährt, was du mir gesagt hast. Ich lasse mir etwas einfallen. Geh jetzt und schick Jakob zu mir!«

Jakob kam, und seine Mutter erzählte ihm alles. »Du musst fliehen«, sagte sie. »Ich will nicht an einem Tag beide Söhne verlieren, den einen, weil er tot ist, und den andern, weil er zum Brudermörder wurde. Flieh zu meinem Bruder Laban in die alte Heimat deines Großvaters Abraham. Wenn du einige Jahre fort bist, wird sich der Zorn deines Bruders legen. Dann schicke ich dir einen Boten, und du kannst zurückkommen.«

»Das wird wohl der einzige Ausweg sein«, nickte Jakob. »Aber wenn ich

einfach verschwinde, wird mein Vater mich suchen lassen.«

»Lass das meine Sorge sein«, antwortete seine Mutter.

Einige Zeit verging. Rebekka hatte nun nur noch für Isaak und Jakob zu sorgen. Esau hatte nämlich geheiratet und wohnte in seinem eigenen Zelt. Ja, er hatte sogar zweimal geheiratet. Das gab es damals öfters, dass ein Mann mehrere Frauen heiratete. Seine beiden Frauen waren aus den Dörfern in der Nähe ihres Lagerplatzes. Sie wussten nichts von Gott. Das machte Isaak und Rebekka traurig. Außerdem stritten sie sich immer und vertrugen sich auch mit Rebekka nicht.

Bei einer passenden Gelegenheit sagte Rebekka zu Isaak: »Du weißt, welchen Ärger ich mit meinen zwei Schwiegertöchtern habe. So etwas soll sich bei Jakob nicht wiederholen. Ich will nicht, dass er sich eine Frau von hier nimmt – oder sogar zwei!«

Das sah Isaak ein. Er dachte daran, dass seine Frau ja aus der alten Heimat seines Vaters gekommen war. Warum sollte das für Jakob nicht auch gut sein? Wenn er nun schon der Haupterbe war und den besonderen Segen bekommen hatte, dann sollte dieser Segen auch nicht durch eine Frau gefährdet werden, die Gott nicht kannte.

Isaak rief Jakob zu sich: »Jakob, mein Sohn, nimm dir nicht eine Frau aus diesem Land. Zieh in das Zweistromland, wo deine Mutter her ist und mein Vater. Da wirst du eine Frau finden. Gott segne dich!«

Das ist gut, dachte Jakob. Jetzt schickt mich sogar mein Vater selbst fort, und ich kann vor Esau fliehen, ohne dass es wie eine Flucht aussieht. Schnell packte er alles zusammen, was er für die Reise brauchte.

Am nächsten Morgen verabschiedete er sich von seinen Eltern und allen, die bei ihnen wohnten, stieg auf sein Kamel und ritt los.

Ob ich wohl jemals wieder hierher zurückkomme?, fragte sich Jakob. Er schaute sich immer wieder um und dachte daran, was Gott seinem Großvater Abraham und seinem Vater Isaak versprochen hatte. Ihre Nachkommen sollten einmal dieses Land besitzen. Ob das seine Nachkommen sein würden oder die von Esau? Er war ja nun der besonders Gesegnete. Aber er hatte es durch Betrug erreicht. Esau war eigentlich der Ältere. Und jetzt würde er sicherlich auch bei Isaaks Tod dessen ganzen Besitz übernehmen, während Jakob weit weg war.

Es wurde Abend. Jakob stieg ab, band sein Kamel an, aß etwas von seinen Vorräten und legte sich schlafen. Da er kein Kissen hatte, legte er den Kopf auf einen dicken Stein. Bald war er eingeschlafen.

Da träumte er. Er sah eine Leiter, die von der Erde bis in den Himmel reichte. Auf ihr stiegen Engel hinauf und hinunter. Oben stand Gott. Der sagte zu ihm: »Ich bin der Gott, der schon mit Abraham und mit Isaak geredet hat. Das Land, auf dem du liegst, will ich dir und deinen Nachkommen geben. Es sollen sehr viele werden. Und durch sie sollen alle Völker auf der Erde gesegnet werden.

Ich will mit dir gehen, Jakob, und dich behüten.«

Da wachte Jakob auf. Das war sicher mehr als nur ein Traum, dachte er. Gott selbst ist an diesem Ort! Er hat zu mir gesprochen! Er nahm den Stein, auf dem er mit dem Kopf gelegen hatte, und richtete ihn auf. Von dem Öl aus seinem Reisevorrat goss er etwas darüber, so, wie man es bei einem Altar machte.

Dann betete er: »Gott, wenn du mich behütest auf meiner langen, gefährlichen Reise, mir immer gibst, was ich zum Leben brauche, und mich gesund wieder zurückbringst, dann sollst du mein Herr sein. Bei diesem Stein werde ich dich anbeten und dir den zehnten Teil von allem geben, was mir gehört.«

Dann stieg er auf sein Kamel und ritt fröhlich davon.

1. Mose 27,41-28,22

Jakob verliebt sich

Lautes Blöken erfüllte die Luft. Viele Schafe, so viele, dass man sie kaum zählen konnte, drängten sich zusammen. Die Hirten standen beieinander und unterhielten sich.

Langsam mühte sich ein fremder Mann durch die Schafherde. Sein Kamel hatte er etwas entfernt im Schatten eines Baumes gelassen.

»Seid ihr aus der Stadt da hinten?«, sprach der Fremde die Hirten an. Er redete mit einem merkwürdigen Dialekt, aber verstehen konnten sie ihn. Sie musterten den Mann zurückhaltend, aber auch neugierig, und nickten.

»Wohnt da, wo man die Zelte sieht, ein Mann, der Laban heißt?«, fragte der Fremde.

»Ja«, antworteten die Hirten. »Siehst du das Mädchen dort, das eine große Schafherde hierher treibt? Das ist Rahel, Labans jüngere Tochter.«

Da wusste Jakob, dass er am Ziel seiner Reise angekommen war. Still dankte er Gott.

»Geht es Laban und seiner Familie gut?«, fragte er die Männer.

»Ja, es geht ihnen gut.«

Eine Weile schwiegen sie. Alle schauten in die Ferne zu dem Mädchen, das langsam mit seinen Tieren näher kam.

Der Mann sprach die Hirten noch einmal an: »Es ist doch noch nicht Abend. Warum tränkt ihr nicht eure Schafe und führt sie wieder auf die Weide?«

»Wir müssen warten, bis Rahel da ist«, antworteten sie. »Erst wenn alle Herden zusammen sind, wälzen wir gemeinsam den dicken Stein weg, der auf der Brunnenöffnung liegt. Wir tränken die Schafe und verdecken den Brunnen wieder. Allein kann keiner den Stein wegschieben. Er sorgt dafür, dass kein Dreck in den Brunnen fällt und dass das Wasser nicht verdunstet.«

Einige Zeit mussten sie noch warten. Dann hatte Rahel die Gruppe erreicht. Wunderschön war sie, das sah Jakob sofort. Zu erkennen gab er sich noch nicht.

Voller Eifer lief er zu dem Brunnen, stemmte sich gegen den großen Stein und wälzte ihn ganz allein zur Seite. Dann schöpfte er Wasser in die Tränke, so dass Rahels Schafe ihren Durst löschen konnten.

Rahel stand daneben und wunderte sich. Als alle Schafe getrunken hatten und die anderen Hirten ihre Herden herantrieben, sagte sie zu dem Fremden: »Warum tust du das?«

»Vor vielen Jahren ist deine Tante Rebekka von hier fortgegangen, um im Land Kanaan zu heiraten«, antwortete Jakob. »Du warst damals noch nicht geboren.«

»Ich weiß, mein Vater Laban hat davon erzählt. Aber wer bist du?«

»Ich bin Rebekkas Sohn. Jakob ist mein Name.«

»Was? Wirklich?«, freute sich Rahel. »Mein Cousin also? Sei uns willkommen!« Und dann umarmten sie sich.

Jakob war überglücklich. Er hatte seine Verwandten gefunden. Und dieses Mädchen gehörte zu ihnen!

Er schaute ihr begeistert nach, als sie nun ihre Schafe sich selbst überließ, ihr Gewand zusammenraffte und auf nackten Füßen durch den Sand zur Stadt rannte, um alles ihrem Vater zu erzählen.

Die anderen Hirten waren inzwischen mit dem Tränken ihrer Tiere fertig. Jakob half ihnen, den Brunnen wieder zu verschließen, und dann trieben sie ihre Herden fort.

Während Jakob nach Rahels Schafen sah, erblickte er einen Mann, der auf ihn zulief. Das musste Laban sein!

»Bist du der Sohn meiner Schwester Rebekka?«, rief er schon von weitem.

»Ja, ich bin Jakob, Isaaks und Rebekkas Sohn!«, lachte der, lief seinem Onkel entgegen und fiel ihm in die Arme.

»Was bin ich froh, den Sohn meiner Schwester zu sehen! Du musst mir so viel erzählen!«, sagte Laban. »Aber nicht hier draußen. Komm in mein Haus, sei mein Gast! Die Schafe lassen wir hier, ich schicke gleich jemanden, der sie in den Pferch treibt. Komm mit!«

In Labans Haus herrschte große Freude. Ein festliches Essen wurde aufgetischt, und Jakob musste ausführlich erzählen. Dass sein Vater Isaak alt und blind war, aber Rebekka noch gesund, berichtete er. Dass er der jüngere von zwei Brüdern war, von Zwillingen. Dass er aber den Segen seines Vaters hatte und der eigentliche Erbe werden sollte.

»Warum?«, fragten seine Verwandten. »Wenn du doch der Jüngere bist!«

Da erzählte Jakob offen von seinem Betrug. Er schämte sich, aber er hatte sich vorgenommen, seine Verwandten nicht auch noch zu belügen.

»Das war nicht gut«, brummte Laban.

»Ich weiß«, antwortete Jakob. »Mein Bruder ist natürlich jetzt zornig auf mich. Darum schickt mich meine Mutter Rebekka zu dir. Ich soll hier bleiben, bis Esaus Zorn sich gelegt hat.«

»Du kannst gern hier bleiben und mir bei der Arbeit helfen. Schließlich sind wir ja verwandt. Aber sag mir, Jakob, war dein alter, blinder Vater denn mit der Reise einverstanden?«

»Er ist es sogar, der mich geschickt hat!«, antwortete Jakob. »Ich soll mir hier eine Frau suchen.« Er wurde ein wenig rot und warf einen schnellen Blick zu Rahel hinüber. Laban beobachtete es und dachte sich sein Teil.

Als ein Monat vergangen war, sagte Laban zu seinem Neffen: »Ich habe dich beobachtet, Jakob. Du arbeitest fleißig und geschickt. Ich will dich ja nicht ausnützen. Darum sollst du nicht nur für Unterkunft und Verpflegung arbeiten. Was wäre wohl deiner Meinung nach ein gerechter Lohn?«

Auch Jakob hatte sich darüber schon Gedanken gemacht, aber es fiel ihm nun doch etwas schwer, offen zu sagen, was er sich überlegt hatte: »Du weißt, Laban ... man muss ja einen Brautpreis an den Vater der Frau zahlen, die man heiraten möchte. Weißt du, ich ... ich möchte gerne Rahel heiraten. Wärst du damit einverstanden, dass ich sieben Jahre bei dir arbeite – und das ist dann mein Brautpreis?«

Laban nickte lächelnd. »Gern. Ich gebe meine Tochter lieber dir zur Frau als einem Fremden.« Und leise dachte er: Wenn Jakob den Segen des Erstgeborenen empfangen hat, dann kann das auch für Rahel nur gut sein!

Obwohl er wusste, dass er noch sieben Jahre arbeiten und warten musste, war Jakobs Freude unermesslich. So froh war er, dass ihm diese Jahre viel kürzer erschienen als die anderen Jahre seines Lebens. Er gewann Rahel immer lieber – und sie ihn auch.

1. Mose 29,1-20

Zwei Hochzeiten und ein neuer Name

Im Hof herrschte geschäftiges Treiben. Männer schlachteten die gemästeten Kälber und brauten Bier, einige Frauen buken Feigenkuchen und stellten Süßspeisen aus Pistazien und Honig her, andere nähten neue Festkleider. Auch das Haus, in dem Jakob und Rahel wohnen sollten, musste noch eingerichtet werden.

Und dann gab es da noch Vorbereitungen, von denen die beiden nichts wissen durften …

Der langersehnte Tag war da. Laban führte die Braut zu Jakob. Sie war, wie es Sitte war, ganz verschleiert, so dass Jakob nichts von ihr sehen konnte.

Erst am Morgen nach dem Fest durfte er sie sehen. Als sie den Schleier ablegte, war Jakob starr vor Schrecken: Es war gar nicht Rahel, die er geheiratet hatte! Es war ihre Schwester Lea!

Da überkam ihn ein heftiger Zorn. Er rannte zu Laban. »Was soll das?«, rief Jakob. »Ich hab dir doch nicht sieben Jahre für Lea gedient, sondern für Rahel! Du hast mich betrogen!«

»Das ist wahr«, grinste Laban. »Aber denk daran, dass du deinen Vater auch betrogen hast! Übrigens ist Lea auch eine gute Frau.«

»Ich habe gar nichts gegen Lea!«, brüllte Jakob wütend. »Aber ich liebe sie nicht! Ich liebe Rahel!«

Laban zuckte mit den Schultern. »Weißt du, es ist bei uns nicht üblich, dass man ein junges Mädchen vor seiner älteren Schwester verheiratet.«

Jakob sank auf die Erde und weinte. Er spürte eine fürchterliche Enttäuschung. Jetzt erst merkte er, wie schrecklich es war, betrogen zu werden.

Laban legte ihm die Hand auf die Schulter. »Beruhige dich, Jakob. Ich weiß eine Lösung.« Jakob hob den Kopf und blickte seinen Schwiegervater finster an. »Du heiratest Rahel auch noch. Viele Männer haben doch mehrere Frauen. Und dein Bruder Esau hat ja auch zwei Frauen geheiratet, wie du mir erzählt hast. Allerdings musst du mir für Rahel noch einmal sieben Jahre dienen.«

»Ich will nicht noch mal sieben Jahre warten!«, stieß Jakob hervor.

»Das brauchst du auch nicht!«, beruhigte ihn Laban. »Du kannst sie schon in einer Woche heiraten, wenn das Fest vorbei ist. Die Dienstjahre als Brautpreis leistest du dann hinterher ab.«

Damit war Jakob einverstanden. Zähneknirschend zwar, aber froh, dass Laban überhaupt mit sich reden ließ.

Nach einer Woche wurde noch einmal Hochzeit gefeiert. Diesmal gab es keine Enttäuschung. Jakob heiratete wirklich seine geliebte Rahel.

Eine Enttäuschung aber war das Familienleben, das Jakob nun führte. Die beiden Schwestern verstanden sich nicht. Das war ja auch verständlich, denn Lea fühlte sich zurückgesetzt, weil Jakob Rahel mehr liebte.
So gab es immer wieder Streit.

Sieben weitere Jahre arbeitete Jakob nun für seinen Schwiegervater. Auch als diese Zeit vorbei war, blieb er noch

einige Jahre bei ihm. Jetzt arbeitete er aber nicht mehr für den Brautpreis, sondern wurde selbst Besitzer vieler Herden von Rindern, Schafen und Ziegen.

Schließlich waren seine Herden größer als die von Laban. Dazu hatte er Esel und Kamele. Er war ein reicher Mann.

Und noch etwas hatte er: zwölf Kinder. Elf Söhne und eine Tochter waren ihm geboren worden. Eigentlich hätte er zufrieden sein können. Aber er merkte, dass Laban und seine Söhne ihm den Reichtum nicht gönnten.

Deshalb entschloss er sich, mit seiner Familie und seinem ganzen Besitz heimlich Laban zu verlassen und in seine Heimat zurückzureisen. Er fürchtete nämlich, sein Schwiegervater würde sie nicht ziehen lassen, wenn er von ihrem Plan wüsste.

Als Laban während der Schafschur mit seinen Söhnen einmal für mehrere Tage bei den Herden war, nutzte Jakob die Gelegenheit. Er nahm alles, was ihm gehörte, und machte sich auf den Weg nach Kanaan.

Auf der langen Reise wurden alle froh. Es ging in das Land, das Gott Abrahams Nachkommen versprochen hatte!

Nur eine Schwierigkeit gab es da noch ... Wie würde Esau sie empfangen?

Jakob winkte zwei Knechte herbei: »Reitet voraus zu meinem Bruder Esau!«, befahl er ihnen. »Sagt ihm, dass ich mehr als zwanzig Jahre bei Laban war, dem Bruder unserer Mutter, und dass ich eine Familie habe und reich geworden bin. Er soll mir nicht mehr böse sein!«

Bald schon mussten die Knechte Jakob berichten, dass Esau vierhundert Männer um sich gesammelt hatte und Jakob entgegenzog.

Jakob wurde bleich vor Schreck. Was sollte er nun tun? Wenn Esau in böser Absicht kam, war es um Jakob geschehen. Fliehen konnte er nicht – mit den riesigen Herden, den Frauen und den vielen Kindern war er nicht schnell genug. Und um sich zu verteidigen, hatte er nicht genug Männer.

Zunächst einmal teilte er seine Herden in zwei Lager und schickte die eine Hälfte voraus.

»Wenn Esau eine Gruppe überfällt, dann weiß ich, dass er mir noch böse ist. Dann kann die andere Gruppe wenigstens fliehen«, erklärte er seinen Söhnen.

Jakob ging mit der ersten Hälfte seiner Herde voraus. Als es Abend geworden war, stellte er Wachen auf. Aber die würden nichts nützen, wenn Esau ihn wirklich überfallen wollte.

Dann ging Jakob ein Stück vom Lager weg und betete: »Gott, ich bin es gar nicht wert, dass du gut zu mir bist. Ich bin ein Betrüger. Aber du bist trotzdem gut zu mir. Darum hilf mir doch bitte, dass Esau mich nicht totschlägt samt den Frauen und Kindern. Du hast ja versprochen, dass du meinen Nachkommen dieses Land geben willst.«

Dann legte Jakob sich schlafen.

Am nächsten Morgen ließ er seine Knechte von jeder Herde die besten Tiere aussuchen. Einige Knechte schickte er mit dreißig Kamelen seinem Bruder entgegen. »Wenn Esau euch fragt, wer ihr seid, dann sagt ihm: Wir sind Knechte Jakobs und sollen seinem Bruder Esau diese Kamele als Geschenk bringen.«

Nachdem die Ersten losgezogen waren, schickte Jakob andere Knechte mit zweihundert Schafen und dem gleichen Befehl los. Nach einer Weile folgten Ziegen, Kühe und Esel, immer mit einigem Abstand.

Jakob dachte sich nämlich: Wenn Esau immer neue Geschenke erhält, wird er mir nicht mehr böse sein, bis ich ihm selbst begegne.

Es war Abend, als er alle seine Boten mit den Tieren losgeschickt hatte, und Esau war immer noch nicht gekommen.

Alle legten sich zum Schlafen nieder. Aber mitten in der Nacht stand Jakob auf und führte die Herden und seine Familie über das kleine Flüsschen, das im Tal floss. Er blieb allein am Ufer zurück.

Auf einmal war da ein Mann. Der hielt Jakob fest, und es kam zu einem Ringkampf. Erst dachte Jakob, der Mann wäre ein Spion Esaus. Aber je länger der Ringkampf dauerte, desto mehr ahnte er: Er kämpfte gar nicht mit einem Menschen. War es ein Engel? War es Gott selbst?

Der Unbekannte schlug Jakob auf die Hüfte. Da konnte er nicht mehr weiterringen, aber er hielt den Fremden fest.

»Lass mich gehen«, sagte der, »denn die Sonne geht gleich auf.« Aber Jakob ließ ihn nicht los. »Erst musst du mich segnen.«

»Wie heißt du?«, fragte der Mann.

»Jakob.«

»Von jetzt an sollst du Israel heißen, das bedeutet: Gotteskämpfer.«

»Und wie heißt du?«, fragte Jakob. Aber der andere sagte nur: »Warum fragst du, wie ich heiße?« Und dann segnete er ihn.

Als die Sonne im Osten aufging, war der Mann verschwunden. Langsam stand Jakob auf und watete durch den kleinen Fluss. Er hinkte, weil ihm die Hüfte wehtat.

Trotzdem hatte er bald seine Familie und die Herden eingeholt. Gerade als er ankam, sah er von weitem viele Männer kommen. Es war Esau mit seinen Knechten.

Mit klopfendem Herzen ging Jakob ihm entgegen und warf sich dabei zum Zeichen der Demut siebenmal auf die Erde. Esau aber kam gelaufen, half ihm hoch, umarmte ihn und sagte: »Jakob! Ich bin so froh, dich wieder zu sehen!«

Da fiel Jakob ein Stein vom Herzen. Esau war ihm nicht mehr böse! Beide weinten vor Freude.

1. Mose 29,21-33,4

Josef, der Träumer

Der Lieblingssohn

»So war das, als wir in dieses Land kamen«, sagte der alte Mann zu dem Jungen, der neben ihm saß. Der Junge schaute ihn fragend an. »Und was war dann, Vater?«

»Dann hat Gott uns gesegnet, und unsere Herden wurden noch größer. Dein Großvater Isaak ist gestorben. Deine älteren Brüder haben geheiratet. Und dann, als der jüngste, Josef, schon so groß war wie du jetzt, oder noch etwas größer ...«

»Da wurde ich geboren!«, unterbrach der Junge.

»Richtig, Benjamin, da wurdest du geboren. Aber es war eine schwere Geburt, und deine Mutter Rahel ist dabei gestorben.«

Der Junge schmiegte sich an seinen Vater und sagte: »Du bist darüber sehr traurig, nicht wahr?« Der alte Mann nickte nur. Benjamin fuhr fort: »Ist das der Grund, weshalb du Josef und mich besonders lieb hast?«

»Ja«, antwortete Jakob, »ihr beide seid die einzigen Kinder von Rahel, der Frau, die ich besonders lieb hatte.« Dann sah er auf, um zu prüfen, wo die Sonne stand. Sie war erst eine Handbreit über dem Horizont. »Geh und rufe Josef«, sagte er zu Benjamin.

Der sprang auf und lief davon.

Nach einiger Zeit kam er zurück, gefolgt von seinem Bruder.

»Du hast mich rufen lassen, Vater?« Josef hatte sein schönes, buntes Gewand an, das Benjamin schon immer bewundert hatte. Es war ein kostbares Stück, mit purpurrot gefärbten Ärmeln und kunstvollen Stickereien. Viel Geld hatte Jakob für den Stoff bezahlt, und einige Dienerinnen hatten lange daran gearbeitet.

Jakob freute sich immer, wenn er Josef sah. »Ich habe eine Aufgabe für dich, mein Sohn. Von deinen älteren Brüdern, die unsere Schafe bei Sichem hüten, habe ich schon lange nichts mehr gehört. Ich mache mir Sorgen um sie. Geh du zu ihnen und sieh nach, ob es ihnen gut geht. Aber komm bald wieder zurück und berichte mir!«

»Gut, Vater. Ich hole mir nur schnell einen Wasserschlauch und etwas zu essen.« Als Josef schon fast im Haus verschwunden war – Jakobs Familie wohnte jetzt nicht mehr in einem Zelt, sondern in einem festen Haus –, da rief ihn sein Vater noch einmal.

»Was ist, Vater?«

»Sprich nicht so hochmütig mit deinen Brüdern, hörst du?«, ermahnte ihn Jakob. »Sie ärgern sich immer über dich. Erst neulich haben sie sich bei mir beschwert.«

Josef sagte nichts dazu, und kurze Zeit später war er auf dem Weg.

Als sein Bruder fort war, fragte Benjamin: »Vater, was ist ›hochmütig‹?«

Jakob schwieg eine Weile und überlegte, wie er es dem Jungen erklären könnte. Dann sagte er: »Josef ist ein bisschen stolz, weißt du. Vielleicht, weil er weiß, dass ich ihn besonders gern habe, so wie dich auch. Vielleicht hätte ich ihm dieses neue Gewand gar nicht schenken sollen.«

»Aber ich finde das Gewand schön.«

Jakob nickte. »Eben! Aber die anderen haben keins, und darum sind sie neidisch. Wenn ich gewusst hätte, dass ihm die Träume so in den Kopf steigen ...«

Benjamin fragte: »Welche Träume denn, Vater?« Der alte Mann murmelte: »Du musst nicht alles wissen, Benjamin. Du bist noch zu klein dafür.«

Aber so leicht gab Benjamin nicht auf. »Ach bitte, Vater, erzähl es mir! Bitte!«

Jakob sah ihn an, strich ihm über die schwarzen Locken und sagte: »Na, meinetwegen. Also, dein Bruder Josef hat einmal geträumt, er wäre mit seinen Brüdern auf dem Feld, um die gemähten Weizenhalme zu Garben zu binden. Da hätten sich die Garben der anderen alle vor seinen Garben verbeugt. Und ein anderes Mal träumte er, Sonne, Mond und elf Sterne hätten sich vor einem zwölften Stern verbeugt, und das war seiner. Er meint, die Träume hätte Gott ihm geschickt. Sie würden bedeuten, dass Vater und Mutter und Brüder sich einmal alle vor ihm verbeugen würden. Aber das ist natürlich Unsinn!«

Benjamin meinte: »Es hat sicher nichts zu bedeuten. Ich träume auch manchmal Unsinn.«

»Das Schlimme ist nur«, meinte Jakob, »dass Josef diese Träume ernst nimmt. Das ärgert seine Brüder natürlich.«

Eine Weile schwiegen die beiden. Dann sagte Jakob: »Wer weiß, vielleicht hat Gott ja wirklich noch etwas Besonderes mit Josef vor. Aber das dürfte ihn nicht überheblich machen. Merk dir eins, Benjamin: Dass wir Gott kennen und dass er zu uns redet, soll uns nicht stolz machen, sondern dankbar!«

Benjamin nickte ernst.

Josef schritt inzwischen kräftig aus und ahnte nichts von den Sorgen, die sich sein Vater machte. Als die Nacht hereinbrach, legte er sich zum Schlafen unter einen Baum. Hier in der Nähe hatte sein Vater vor vielen Jahren die Himmelsleiter gesehen und den Stein aufgerichtet. Wenn ich doch auch Engel sehen und Gottes Stimme hören könnte, dachte Josef beim Einschlafen. Statt dessen soll ich zu meinen dummen Brüdern und dem noch dümmeren Vieh ...

1. Mose 37,1-17

Josef wird verkauft

Vieh hüten war eine langweilige Arbeit, fanden die Brüder. Sicher, manchmal gab es auch gefährliche Situationen, wenn zum Beispiel ein Raubtier kam. Aber meistens war alles ruhig, und die jungen Männer beobachteten nur die grasenden Schafe und Ziegen.

»Da kommt jemand!«, sagte plötzlich Simeon. »Direkt auf uns zu.«

Alle schauten in die Richtung, in die er wies. Einer sagte: »Seht doch das bunte Gewand! Das wird Josef sein!«

Das Wort Josef brauchte nur ausgesprochen zu werden, schon stieg ihnen vor Ärger das Blut in den Kopf. Sie konnten diesen Angeber und Liebling ihres Vaters einfach nicht ausstehen.

»Am liebsten würde ich ihn umbringen«, stieß einer zwischen den Zähnen hervor. Ein anderer sagte: »Warum tun wir es nicht?« Und ein Dritter: »Die Gelegenheit ist günstig. Unser Vater ist weit weg.«

Ruben, der Älteste, erschrak. »Das könnt ihr doch nicht machen! Schließlich ist er unser Bruder!«

Aber die anderen steigerten sich immer mehr in ihren Hass hinein.

Ruben merkte, dass er sie nicht mehr überzeugen konnte. Er musste sich etwas anderes überlegen, um Josef zu retten.

In der Nähe gab es eine Zisterne. Das ist eine Grube, in der sich das Regenwasser sammelt, mit dem man dann die Herden tränken kann. Es war aber zur Zeit kein Wasser in der Zisterne, denn es hatte lange nicht geregnet.

Ruben deutete auf die Zisterne. »Da werfen wir ihn hinein! Dann kann er jammern und um sein Leben betteln, bis ihm sein Stolz vergangen ist.«

Das hielten auch die anderen für eine gute Idee. Dabei hatte Ruben den Vorschlag nur gemacht, weil er Josef in der Nacht heimlich wieder aus der Grube ziehen und nach Hause schicken wollte.

Inzwischen hatte Josef seine Brüder erreicht. Er rief ihnen einen Gruß zu und wollte gerade erklären, weshalb er kam, da sah er ihre finsteren, mordgierigen Gesichter. Die Worte blieben ihm im Halse stecken.

Schon fielen sie über ihn her. »Du Angeber!«, schrien sie. »Will der Lieblingssohn wieder für seinen Vater spionieren?« »Der Träumer besucht uns!«

Dann schlugen sie ihn und zogen ihm das teure Gewand aus. Sie zerrten ihn zu der Grube und stießen ihn hinunter.

Josef schlug hart unten auf. Er blickte nach oben und sah die gehässigen, hohnlachenden Gesichter seiner Brüder über dem Zisternenrand. Er konnte es kaum glauben. Das taten sie ihm, ihrem Bruder!

Als die Gesichter verschwunden waren und die Stimmen sich immer weiter entfernten, versuchte Josef, aus der Grube hinauszuklettern. Aber immer, wenn er sich irgendwo festhalten wollte, löste sich die trockene Erde und rieselte herunter. Ohne einen festen Halt würde er es nie schaffen!

Er gab es auf. Mutlos hockte er sich auf den Boden der Zisterne und begann zu weinen. Und ganz allmählich begann er zu ahnen, dass er selbst vielleicht nicht ganz unschuldig an seiner Lage war.

Etwas abseits von der Grube saßen die Brüder zusammen und aßen. Einige hatten ein schlechtes Gewissen,

aber sie wollten es sich nicht anmerken lassen. Andere waren zufrieden.

Ruben sagte: »Ich mache jetzt mal eine Runde um die Herden und sehe nach dem Rechten.« Dann sind in der Nacht die anderen dran, dachte er, und ich kann hier bleiben und Josef heimlich herausholen.

Die Brüder ahnten nichts von seinen Plänen. Sie nickten nur, und Ruben ging los.

Einige Zeit später sahen sie in der Ferne eine Karawane. Wenn sie nicht noch die Richtung wechselte, musste sie ganz in ihrer Nähe vorbeikommen.

Juda sprang auf: »Ich habe eine Idee! Was haben wir davon, wenn wir Josef töten? Dann sind wir ihn zwar los, aber das ist auch alles. Wenn wir ihn aber als Sklaven verkaufen, bekommen wir noch Geld. Außerdem brauchen wir dann nicht zu Brudermördern zu werden. Und wenn er weit weg von hier als Sklave lebt, sehen wir ihn auch nie wieder.«

Die anderen waren einverstanden. »Die Karawane da drüben zieht nach Süden. Ihr Ziel ist sicher Ägypten. Das wäre weit genug weg.« Als sie sicher sein konnten, dass sie gesehen wurden, begannen sie zu winken.

Die Leute auf ihren Kamelen lenkten die Tiere zu ihnen herüber. »Was wollt ihr?«, riefen sie schon von weitem.

Juda lief ihnen entgegen: »Wir wollen euch einen Sklaven verkaufen. Es ist ein hübscher junger Mann, siebzehn Jahre alt, gesund und kräftig. Ihr könnt ihn in Ägypten zu einem hohen Preis weiterverkaufen und guten Gewinn machen.«

»Lasst sehen«, sagte der Anführer und stieg ab.

Sie warfen Josef ein Seil hinunter und zogen ihn heraus. »Sagen wir ...«, murmelte der Karawanenführer und musterte den jungen Mann. »Sagen wir zwanzig Silberstücke.«

Damit waren die Brüder einverstanden. Sie nahmen das Geld in Empfang, und Josef wurde an ein Kamel gebunden. So musste er den weiten Weg hinter der Karawane herlaufen.

Als Ruben von den Herden zurückkam, ging er zuerst zur Zisterne, um nach Josef zu sehen. Sie war leer. Hatten die Brüder, während er fort war, Josef doch umgebracht? Voller Angst rannte er zu ihnen.

»Wir haben einen guten Tausch gemacht!«, rief ihm gleich einer entgegen. »Zwanzig Silberstücke hat uns dieser Angeber eingebracht!« Dann erzählten sie von der Karawane und ihrem Handel.

Ruben war entsetzt. Er, der Älteste, trug die Verantwortung für seine jüngeren Brüder. Wenn er doch bloß bei ihnen und vor allem bei Josef geblieben wäre! Wie sollte er jetzt vor seinen Vater treten?

1. Mose 37,18-35

Josef kommt zu Potifar

In tiefer Sorge saß Jakob vor seinem Haus, legte immer wieder die Hand über die Augen und schaute nach Norden. Wo blieb nur Josef?

Da – bewegte sich dort nicht etwas? Zwei winzige schwarze Gestalten auf einem Bergrücken. Ob das zwei seiner Söhne waren? Es dauerte ihm zu lange zu warten, bis er sie besser erkennen konnte. Hastig nahm er seinen Stock und ging ihnen entgegen.

Als er nahe genug herangekommen war, erkannte er tatsächlich zwei seiner Söhne. »Wo ist Josef? Ist Josef nicht bei euch?«, rief er ihnen entgegen.

»Josef?«, fragten sie und stellten sich ahnungslos. »Ist er denn nicht hier? Er war doch zu Hause geblieben, als wir fortgingen!«

Jakob wurde bleich vor Schreck. Seine Knie zitterten, und einer der Söhne sprang herbei, um ihn zu stützen.

Der andere holte Josefs Kleid hervor. Die Brüder hatten ein Schaf geschlachtet und mit dem Blut das Gewand bespritzt.

»Sieh mal, Vater«, sagte er heuchlerisch, »dieses Gewand haben wir gefunden. Es ist ganz blutig. Der es getragen hat, muss wohl von einem wilden Tier zerrissen worden sein. Ob das vielleicht Josefs Gewand ist?«

Jakob sah es an, erkannte es und fiel schluchzend zu Boden. Die beiden Brüder mussten ihn zwischen sich nehmen, um ihn nach Hause zu bringen. Dort zog sich Jakob in ein Zimmer zurück, weinte laut und wollte niemanden sehen. Verwandte kamen und wollten ihn trösten, auch seine Söhne kamen mit den Herden zurück, aber Jakob vergrub sich in seinem Schmerz und wollte sich nicht trösten lassen.

Während Jakob in Kanaan trauerte, kam Josef in Ägypten an. Man brachte ihn auf einen Sklavenmarkt. Es dauerte nicht lange, da kam ein reich gekleideter Mann und zahlte einen guten Preis für ihn.

»Komm mit«, sagte der reiche Mann. Aber Josef verstand ihn nicht. So musste sich der Mann mit Zeichen verständlich machen. Die beiden gingen aus der Stadt hinaus und kamen vor eine große Villa. Sehr vornehm sah sie aus, schon außen reich geschmückt. Josef wurde in ein Nebengebäude geführt, wo die Sklaven untergebracht waren.

Schon bald gewöhnte sich Josef an das Leben in Ägypten. Er musste alle Arbeiten machen, die man ihm zuteilte. Manchmal half er in der Küche, ein anderes Mal musste er im Garten arbeiten, ein drittes Mal die Pferde pflegen. Er war sehr geschickt, und alles gelang ihm gut.

Die Erlebnisse der letzten Wochen hatten Josef verändert. Er war nicht mehr stolz auf das, was er konnte, sondern betete zu Gott, dass er seine Arbeit gelingen ließ. Hier war er nicht mehr der Lieblingssohn eines reichen Vaters, sondern ein ganz gewöhnlicher Sklave.

Inzwischen hatte er von den anderen Sklaven schon einige Wörter und Sätze in der ägyptischen Sprache gelernt. So konnte er ganz gut verstehen, was sie ihm erklärten: Sein Herr hieß Potifar. Er war ein ganz hoher Beamter des Königs. Zwei Aufgaben hatte Potifar am Königshof: Er war der Oberste Befehlshaber der Leibwache, und er war Chef über die königliche Schatzkammer.

Eines Tages wurde Josef in das große Haus gerufen. Da saß Potifar und sah ihn eine Weile an. Dann sagte er: »Man sagt mir, Josef, dass du unsere Sprache schon ganz gut verstehst.«

»Das Wichtigste kann ich verstehen, Herr«, antwortete Josef etwas mühsam.

Potifar sprach weiter: »Man sagt mir auch, dass du ungewöhnlich geschickt bist. Egal was du tust – alles gelingt dir.«

Josef erwiderte: »Bei meiner Arbeit bitte ich Gott um Hilfe. Er segnet mich.«

»Nun«, meinte Potifar nachdenklich, »woran das liegt, ist mir egal. Und woran du glaubst, ist mir auch egal. Aber es ist mir nicht egal, wie die Arbeit in meinem Haus getan wird. Darum habe ich beschlossen, dass du der Oberste der Sklaven sein sollst. Alles, was im Haus, im Garten, im Stall und in der Landwirtschaft geschieht, soll von dir verwaltet werden. Traust du dir das zu?«

»Wenn Gott mir hilft«, sagte Josef verblüfft.

»Gut«, nickte Potifar, »wir probieren es für ein paar Wochen aus. Wenn dir dann auch alles so gut gelingt wie bisher, soll es so bleiben.«

Und tatsächlich: Potifars Erwartungen wurden noch übertroffen. Was Josef in die Hand nahm, gelang, die Leute arbeiteten gerne, wenn er ihnen die Befehle gab, das Haus strahlte vor Sauberkeit, der Garten wurde immer schöner, sogar die Ernten von Obst und Getreide wurden deutlich besser, und das Vieh blieb gesund.

Manchmal kamen vornehme Gäste in Potifars Haus, die staunten und lobten Potifar. Der sagte dann immer lachend: »Lobt nicht mich! Ich bin ja die meiste Zeit nicht zu Hause, weil ich dem König diene. Lobt meinen Hausverwalter! Er ist zwar nur ein Sklave und auch noch sehr jung, aber ihm verdanke ich das alles.«

Wenn Josef dann den vornehmen Leuten vorgestellt wurde, schämte er sich, weil er nicht so gut Ägyptisch sprechen konnte. Wenn er dann gelobt wurde, sagte er immer: »Lobt Gott, der dieses Haus segnet.« Aber er freute sich natürlich über das Lob und darüber, dass Gott auch hier im fremden Land bei ihm war.

1. Mose 37,31-36; 39,1-6

Josef muss ins Gefängnis

Potifar war ein guter Herr. Leider war er selten da.

Seine Frau aber war eine schlechte Herrin. Das bekam Josef bald zu spüren.

Einmal war Josef im Haus beschäftigt, da kam Potifars Frau und stellte sich dicht neben ihn. »Du bist ein schöner junger Mann, Josef!«, sagte sie schmeichelnd. »Du gefällst mir!«

Josef wusste nicht, was er darauf sagen sollte, und ging einen Schritt zurück.

»Zier dich doch nicht so«, sagte die Frau leise, »schmuse doch ein bisschen mit mir!«

Josef bekam einen roten Kopf und sagte: »Aber ... aber das darf ich doch nicht! Was würde dein Mann dazu sagen?«

»Mein Mann ist nicht da!«, flüsterte Potifars Frau und wollte sich wieder an Josef herandrängen.

Der antwortete: »Nein! Dein Mann vertraut mir völlig. Über allen Besitz, über das Geld und über die Sklaven kann ich verfügen – da werde ich ihn doch nicht ausgerechnet mit seiner Frau betrügen!«

»Aber Josef! Wir hier in Ägypten sind da nicht so streng!«

Josef ging schnell weg und sagte noch in der Tür: »Es wäre ein großes Unrecht – gegen meinen Herrn Potifar und gegen den Herrn im Himmel.«

In den nächsten Tagen passierte immer wieder etwas Ähnliches. Josef versuchte es zwar so einzurichten, dass er nicht allein ins Haus kam, wenn seine Herrin da war. Aber sie führte diese Gelegenheiten extra herbei. Sie trug ihm bestimmte Arbeiten im Haus auf und schickte alle anderen fort.

Einmal wurde sie so zudringlich, dass Josef sich kaum mehr wehren konnte. Sie hielt ihn an seinem Gewand fest und flüsterte: »Küss mich doch!« Was sollte Josef tun? Er konnte seine Herrin doch nicht schlagen! So befreite er sich aus ihrem Griff, ließ das Gewand in ihren Händen, schlüpfte heraus und rannte davon.

Jetzt wurde die Frau wütend. Plötzlich hasste sie Josef, weil er nicht tat, was sie wollte. Sie schrie, dass es überall zu hören war.

Alle Sklaven, die im Garten und im Hof arbeiteten, liefen ins Haus. Da kam ihnen Josef entgegengerannt, nur mit seiner Unterwäsche bekleidet.

»Er hat mich überfallen!«, schrie die Frau. »Josef wollte sich an mich heranmachen. Er hat versucht, mich zu küssen. Ich habe mich aber gewehrt und laut geschrien. Da ist er schnell davongerannt. Seht hier, das ist sein Obergewand. Er hat es bei mir vergessen. Fangt ihn und sperrt ihn ein!«

Da liefen alle Diener hinaus. Sie sahen Josef, packten ihn, schlugen ihn und sperrten ihn in eine kleine Kammer.

Am Abend kam Potifar. Die gleiche Geschichte, die seine Frau schon den Dienern erzählt hatte, erzählte sie jetzt auch ihrem Mann.

Der wurde sehr zornig. Er ließ Josef holen, gab Befehl, ihn auszupeitschen, und warf ihm vor, ihn betrogen zu haben.

Josef versuchte zwar zu sagen, dass er unschuldig sei, aber niemand wollte es hören. Und selbst wenn er die ganze Wahrheit hätte erzählen können, er hätte damit alles nur noch schlimmer gemacht. Denn Potifar glaubte sowieso seiner Frau und hätte Josef noch zusätzlich bestraft, weil er seine Herrin beschuldigte.

Schließlich wurde Josef in das Gefängnis gebracht, in dem auch die Gefangenen des Königs festgehalten wurden. Da steckte man ihn in ein dreckiges, kaltes Loch, in das kaum ein Sonnenstrahl fiel. Ungeziefer krabbelte überall herum, er musste auf dem Fußboden schlafen und bekam nur Wasser und wenig Brot.

Da saß er nun, enttäuscht und mutlos wie damals in der Zisterne. Diesmal konnte er sich damit trösten, dass er nichts Böses getan hatte. Aber was half ihm das? Potifar würde sich einen neuen Hausverwalter suchen und ihn bald vergessen. Und überhaupt würde sich in diesem fremden Land kein Mensch darum scheren, ob ein hebräischer Sklave im Gefängnis saß oder nicht.

Nein!, sagte Josef laut zu sich selbst. Ich will den Mut nicht aufgeben. Gott weiß, dass ich hier im Gefängnis sitze, und er vergisst mich nicht.

1. Mose 39,7-20

Josef deutet Träume

Was Josef tat, gelang ihm – auch im Gefängnis. Die Arbeiten, zu denen er gezwungen wurde, führte er gut und schnell aus. Er war nicht mürrisch und widerwillig wie die meisten anderen Gefangenen, und Gott ließ alles gelingen, was er in die Hand nahm.

Der Gefängnisaufseher merkte das, so wie es Potifar damals gemerkt hatte. Er machte Josef zum Obersten der Gefangenen, der den anderen zu befehlen hatte. Und wie schon bei Potifar, so klappte auch im Gefängnis nun alles viel besser. Die Zellen wurden gesäubert, das Ungeziefer erschlagen, Essen und Trinken wurden gerecht verteilt, es gab kaum noch Streit, und alle Häftlinge waren trotz ihrer schlechten Lage gesund.

Der Aufseher beobachtete das, staunte und machte es sich gemütlich. Er brauchte sich fast um nichts mehr zu kümmern, das machte alles dieser junge Mann, der Josef hieß.

Eines Tages wurde Josef zum Aufseher gerufen.

»Josef«, sagte der, »ich habe eine besondere Aufgabe für dich. Zwei hohe Beamte des Königs sind hergebracht worden. Der König hat sich über sie geärgert, ich weiß noch nicht einmal, warum. Die kann ich natürlich nicht in die kleinen kahlen Zellen sperren, denn sie sind zwar Gefangene, aber immerhin vornehme Leute. Darum habe ich sie in meinem eigenen Haus hier innerhalb der Gefängnismauern untergebracht. Du sollst sie bedienen, wenn sie einen Wunsch haben. Denn sie sind zwar Gefangene, aber immerhin vornehme … Ich glaube, das sagte ich schon. Also benimm dich anständig ihnen gegenüber!«

Josef versprach es und tat es auch. Er sprach oft mit den beiden und versuchte, sie zu trösten.

Dabei erfuhr er, dass der eine der Mundschenk des Königs war. Das war der Mann, der für die Getränke am Hof zu sorgen hatte. Im ganzen Land ließ er nach dem besten Wein suchen. Und bei den Mahlzeiten musste er immer etwas davon probieren, damit der König sicher sein konnte, dass der Wein nicht vergiftet war.

Der andere war der oberste Bäcker. Er beaufsichtigte die Hofbäckereien und musste sich immer neue, wohlschmeckende Rezepte ausdenken und das Gebackene dem König vorsetzen.

Eines Morgens brachte Josef den zwei gefangenen Beamten ihr Frühstück. »Guten Morgen!«, rief er fröhlich. »Ich bringe etwas zu essen. Es ist zwar nicht so gut wie am Königshof, aber lasst es euch trotzdem gut schmecken.«

Als Antwort hörte er nur ein mürrisches Knurren.

»Nanu!«, sagte Josef, während er den Tisch deckte. »Schlecht gelaunt heute Morgen?«

Der Mundschenk antwortete: »Wir haben Kummer.«

»Das ist nicht verwunderlich, hier in der Gefangenschaft«, meinte Josef. »Darf ich wissen, was euch bedrückt?«

Die beiden Männer erzählten abwechselnd: »Wir haben geträumt. Jeder einen anderen Traum, aber ähnlich.«

»So ein Traum, weißt du, wo man das Gefühl hat, der hat was zu bedeuten.«

»Aber niemand ist da, der uns die Bedeutung erklären kann.«

»Vielleicht ...«, Josef zögerte. »Vielleicht kann ich euch helfen ... wenn Gott mir die Bedeutung zeigt. Erzählt doch mal!«

Da begann der Mundschenk: »Ich träumte, vor mir stand ein Weinstock, der hatte drei Reben. Ich konnte beobachten, wie er schnell grün wurde und blühte und wie an den Reben Trauben wuchsen. Ich hatte den goldenen Becher des Königs in meiner Hand, pflückte die Trauben und presste den Saft in den Becher.«

Josef brauchte sich nicht lange zu besinnen. »Die drei Trauben bedeuten drei Tage«, sagte er. »Nach dieser Zeit wirst du aus dem Gefängnis geholt und wieder als Mundschenk eingesetzt.«

»Bist du sicher?«, strahlte der Mann.

Josef nickte. »Gott hat mir klar gemacht, was der Traum bedeutet. Aber wenn ich dich auch etwas bitten darf: Wenn du wieder am Königshof bist, lege doch ein gutes Wort für mich ein. Ich bin nämlich hier, obwohl ich völlig unschuldig bin.«

Der oberste Bäcker unterbrach ihn: »Die Deutung gefällt mir! Hör zu, junger Mann, ich will dir auch meinen Traum erzählen. Ich trug drei Körbe mit feinen Backwaren auf dem Kopf. Die standen aufeinander, und der oberste war offen. Da kamen Vögel und fraßen den oberen Korb ganz leer.«

Josef sah den Bäcker traurig und sorgenvoll an und wollte nicht so recht mit der Sprache heraus. Aber der Mann drängte ihn. Schließlich sagte Josef: »Nach drei Tagen wirst du hier herausgeholt und getötet.«

Der Beamte erschrak. Dann brüllte er: »Was redest du da für einen Unsinn! Glaub bloß nicht, du hättest hier über Tod und Leben zu entscheiden!«

Aber tatsächlich kam es so, wie Josef gesagt hatte. Nach drei Tagen wurde der Bäcker hingerichtet. Der Mundschenk aber kam wieder an den Hof, und der König war freundlich zu ihm. Da freute er sich natürlich ... so sehr, dass er ganz vergaß, worum Josef ihn gebeten hatte.

1. Mose 39,21-40,23

Die Träume des Pharao

Es war Nacht. In einem großen Raum brannte eine kleine, goldene Öllampe. Ihr Schein war zwar nur schwach, aber trotzdem blitzte und blinkte es überall. Goldene und silberne Schmuckstücke standen herum, zum Teil mit funkelnden Diamanten besetzt. Die strahlend weiß gestrichenen Wände waren mit Ornamenten in vielen Farben verziert. Der kühle Nachtwind, der durch die offenen Fenster hereinwehte, ließ die Vorhänge aus kostbarem, gefärbtem Tuch sich leicht bewegen.

An der einen Seite des Raumes stand ein prächtiges, großes Bett. Aus schwarzem Ebenholz war es, das von fernen Ländern gebracht worden war, verziert mit weißem Elfenbein.

In so einem vornehmen Schlafzimmer lässt sich gut schlafen, sollte man meinen. Aber der Mann in dem prachtvollen Bett wälzte sich unruhig hin und her. Es war der König von Ägypten, der Pharao. So nannte man hier die Könige.

Der Pharao hatte einen schlechten Traum. Er sah aus dem Nil, dem riesigen Strom Ägyptens, sieben Kühe heraussteigen. Sie waren gesund und wohlgenährt und grasten friedlich am Ufer. Da stiegen sieben andere Kühe aus dem Nil heraus, die waren so mager, dass man ihre Knochen zählen konnte, und erschreckend hässlich. Die mageren Kühe fraßen die fetten einfach auf. Aber komischerweise wurden sie nicht dicker dabei.

Als der König das träumte, war er so entsetzt, dass er aufwachte. Er stand auf, ging sorgenvoll im Zimmer auf und ab, so dass das Ölflämmchen flackerte, und trat dann ans Fenster.

Nichts Besonderes war zu sehen und zu hören. Die Sterne standen ruhig am Himmel und beleuchteten die friedliche Stadt. Vom Hof unten klangen leise die Schritte der Wachen herauf, die dort ihre Runden machten, und das Klirren ihrer Waffen. In der Ferne bellte ein Hund.

Der Pharao wurde etwas ruhiger. Er legte sich wieder hin und schlief ein. Da träumte er noch einmal.

Diesmal sah er einen Weizenhalm, aus dem wuchsen sieben Ähren heraus. Sie waren lang und dick und voller guter Körner. Auf einmal aber waren da sieben dünne Ähren, wie die, die manchmal auf den Feldern Ägyptens durch den heißen Wüstenwind verdorrten. Es waren keine Körner in ihnen, und darum sahen sie ganz dünn und braun aus. Die dünnen Ähren verschlangen die dicken. Es war schrecklich anzusehen.

Da wachte der König wieder auf, schweißgebadet und voll innerer Unruhe. Er ging erneut auf und ab, aber diesmal konnte er nicht wieder zur Ruhe kommen. Er war sicher, dass ihm mit den zwei Träumen etwas gesagt werden sollte. Aber was?

Er grübelte unentwegt, aber es fiel ihm nichts ein. Als im Osten die Sonne ihre ersten Strahlen flach über das Land schickte, saß der Pharao immer noch auf dem Rand seines schönen Bettes, das Gesicht in den Händen und die Ellenbogen auf den Knien.

Dann stand er auf und rief laut. Ein Diener kam. Noch während der die Kleidung ordnete, rief der Pharao einen zweiten Diener. Der sollte alle klugen Männer im Land, die sich auf Träume verstanden, so schnell wie möglich in den Palast rufen.

Einige Stunden später waren die gebildeten Leute alle im Thronsaal versammelt. Der war noch prächtiger als das königliche Schlafzimmer. An der einen Seite führten mehrere Marmorstufen zu einem erhöhten Podest. Darauf stand der vergoldete Thron. Auf ihm saß der Pharao in kostbaren Kleidern. Rechts und links standen Diener, die ihm mit Palmwedeln Luft zufächelten, denn es war heiß geworden.

Der König erzählte seine Träume, und er schloss: »Wer von euch kann mir sagen, was das bedeutet?«

Stille breitete sich im Saal aus. Die einen traten von einem Fuß auf den anderen, einige legten die Stirn in angestrengte Falten, die Dritten schauten grübelnd zur Saaldecke hinauf, die Vierten berieten sich flüsternd mit ihren Kollegen.

»Nun?«, rief der König und sprang auf. »Weiß keiner eine Antwort? Raus, ihr Dummköpfe! Alle raus! Ich will euch nicht mehr sehen!« Die Gelehrten waren froh, dass sie bei dem Zorn des Königs noch so glimpflich davongekommen waren, und verließen eilig den Palast.

Niedergeschlagen sank der Pharao auf seinen Thronsessel zurück.

Da trat sein Mundschenk vor. »Entschuldige, wenn ich dich störe, Majestät«, sagte er, »aber ich wüsste Rat.«

Erstaunt und erfreut sah der König auf. Da erzählte der Mundschenk ihm von dem jungen Sklaven, den er im Gefängnis kennen gelernt hatte. »Vielleicht kann dieser Josef auch deine Träume erklären«, schloss er.

»Nun, was zögert ihr noch? Bringt ihn her! Aber schnell!« Der König sah schon wieder viel hoffnungsvoller aus.

Während die Boten davonrannten, sagte er zu seinem Mundschenk: »Erzähl mir mehr von dem jungen Mann.«

»Er gehört zu den Hebräern, dem kleinen Volk, das irgendwo im Bergland von Kanaan lebt«, begann der Beamte. »Da weiden sie ihre Viehherden. Viel Kultur haben sie nicht. Aber dieser Josef ist intelligent und gebildet, ein freundlicher junger Mann.«

»Und woher hat er die Fähigkeit, Träume zu deuten?«

»Er spricht immer von seinem Gott. Der hilft ihm, sagt er. Und wenn man mit ihm zusammen ist, hat man den Eindruck, dass das wirklich stimmt.«

»Meint er den Sonnengott, von dem wir Pharaonen abstammen?«, fragte der König. »Nein«, erwiderte der Mundschenk, »er behauptet sogar, andere Götter als seinen gebe es nicht. Nimm es ihm nicht übel, Majestät, er weiß es eben nicht besser. Er sagt, es gebe nur einen Gott, und der habe die Welt geschaffen.«

Der Pharao schüttelte den Kopf. »Merkwürdig, was die fremden Sklaven für Ideen mitbringen. Nun gut, wollen wir mal sehen, ob sein Gott eine Antwort für mich hat.«

1. Mose 41,1-14

Josef wird Wesir des Pharao

»Josef! Josef!«, rief der Aufseher. »Komm schnell her! Ganz schnell!« So eilig war es dem Mann noch nie gewesen, also musste es wohl wichtig sein. Josef lief in sein Haus.

Da standen lauter Männer in gepflegter Kleidung, die machten sich alle gleich ganz hektisch an die Arbeit, kaum dass Josef bei ihnen stand. Einer riss ihm sein Gewand herunter, der Nächste stellte eine Schüssel vor ihn hin und forderte ihn auf, sich schnell zu waschen, der Dritte begann, ihm an den Haaren und am Bart herumzuschneiden, und der Vierte hielt ihm verschiedene Gewänder an, um zu sehen, welches passte.

Verblüfft ließ Josef das alles mit sich geschehen. Schließlich erlaubte er sich die Frage: »Was ist denn eigentlich los?«

»Du sollst zum König kommen!«, antwortete der Aufseher und war selbst ganz aufgeregt. »Wegen seiner Träume.«

»Zum Pharao? Was denn für Träume?«

»Der König hat gehört, du könntest Träume deuten«, sagte einer der eifrigen Diener.

Ach so, der Mundschenk, dachte Josef. »Nur Gott kann das, nicht ich! Nur wenn er es mir …«, fing er an zu erklären.

»Deine Ideen von Gott und so weiter sind jetzt nicht so wichtig! Wichtig ist, wie du dich benimmst, wenn du in den Thronsaal kommst. Hör genau zu! An der Eingangstür neigst du dich dreimal ganz tief, fast bis auf den Boden. Dann bleibst du stehen, bis du einen Wink bekommst, dass du näher treten darfst. Wenn du …«

»Fertig!«, sagte der Mann, der Josefs Füße und Fingernägel gesäubert hatte, und schnürte ihm die neuen Sandalen zu. »Wenn du zum Thron gehst, geh mit langsamen Schritten und blicke vor dich auf den Boden, zum Zeichen der Bescheidenheit, nicht in das Gesicht des Pha…«

»Fertig!«, sagte der Schneider und tat einen letzten Stich am unteren Saum.

»… und sprich den Pharao mit ›Majestät‹ an, du kannst auch ›erhabener Pharao‹ sagen. Aber fang nicht von dir aus zu sprechen an, sondern warte, bis du gefragt wirst. Und wenn …«

»Fertig!«, sagte der Friseur und stutzte ein letztes vorstehendes Härchen.

»… und wenn du redest, sprich laut und deutlich, und fass dich kurz! Vor allem sei höflich. Dass du ja nicht … Aber das erkläre ich dir unterwegs. Los, die Kutsche wartet draußen!«

Es dauerte nicht lange, da stand Josef im Thronsaal. Die ganzen Vorbereitungen hatten ihn mehr aufgeregt als die Begegnung mit dem König selbst. Er vergaß alles, was man ihm eingeschärft hatte. Aber der Pharao schien das gar nicht zu bemerken. Er war sehr bedrückt und sagte gleich: »Komm her, junger Mann! Ich höre, du kannst Träume deuten. Ich hatte einen Traum, den niemand mir erklären kann.«

»Ich kann es auch nicht, aber Gott wird mir die Deutung sagen«, antwortete Josef.

Und dann erzählte der Pharao alles, was er geträumt hatte.

Josef nickte. »Beide Träume bedeuten dasselbe«, sagte er. »Die sieben fetten Kühe, die du gesehen hast, und die vollen Ähren bedeuten sieben Jahre, in denen es Ägypten gut geht. Die mageren Kühe und die verdorrten Ähren weisen auf sieben Hungerjahre hin, die danach kommen sollen. Sie werden so schlimm sein, dass man bald vergessen haben wird, wie gut es dem Land vorher ging. Dass du zweimal geträumt hast, obwohl beide Träume dasselbe sagen sollen, macht klar, dass es ganz bestimmt geschieht und zwar sehr bald!«

Im Thronsaal herrschte Schweigen. Der König sah sehr ernst aus. Nach einer Weile sagte er: »Ist nichts an dem Elend zu ändern, das über unser Land kommen soll?«

»Doch!«, antwortete Josef. »Es wird zwar so kommen, aber du kannst dich darauf vorbereiten. Ich schlage vor, du setzt einen klugen Mann ein als Minister für Vorräte. Der soll in den sieben Jahren mit reichen Ernten alle Überschüsse aufkaufen und große Vorräte anlegen. Wenn dann die dürren Zeiten kommen, wird genug zu essen da sein.«

Der Pharao fand den Vorschlag ausgezeichnet. Sogar seine Minister, die um den Thron standen, murmelten zustimmend. Der König stand auf und sagte: »Der Geist Gottes ist in dir! Darum können wir gar keinen besseren Mann finden als dich, der das alles in die Hand nimmt. Ich ernenne dich hiermit zu meinem Wesir. Du kannst alles so regeln, wie es diese große Aufgabe verlangt. Jeder muss dir gehorchen. Nur ich selbst bin noch höher gestellt als du.«

Die Minister rundum schauten etwas betreten, vielleicht auch etwas neidisch, aber sie sagten nichts. Sie mussten zugeben, dass sie keine bessere Lösung wussten.

»Die Amtskette!«, rief der König, und als einer der Diener eine schwere goldene Kette brachte, nahm der Pharao sie und hängte sie Josef um. Dann zog er noch einen wunderschönen Ring mit einem kostbaren Edelstein vom Finger und steckte ihn Josef an. »Fahre mit meiner zweiten königlichen Kutsche durchs Land und befiehl, dass alles so getan wird, wie du vorgeschlagen hast!«, sagte der Pharao. »Ich wünsche dir viel Glück. Und wenn jemand sich deinen Befehlen widersetzt, lass es mich wissen, damit ich meine Soldaten schicke.« Dann schaute er lächelnd den jungen Mann an, der so verdutzt vor ihm stand, dass er kein Wort herausbrachte. »Aber Soldaten werden wohl nicht nötig sein«, fügte der Pharao hinzu. »Wenn dein Gott dir so hilft wie bei der Deutung meiner Träume, dann muss dir auch dieses Vorhaben gelingen.«

»Das stimmt«, sagte Josef. »Ich danke dir für dein Vertrauen, erhabener Pharao. Ich werde mir Mühe geben, alles gut zu machen. Und ich bin sicher, Gott wird es gelingen lassen. Denn nun erkenne ich, dass er mich den ganzen schweren Weg bis hierher geführt hat, um durch mich die Menschen in diesem Land vom Hungertod zu retten.«

Josef verbeugte sich und ging hinaus, um seine wichtige Arbeit sofort aufzunehmen. Ein bisschen komisch kam es ihm aber doch vor, dass sich alle Leute im Saal, bei denen er vorbeikam, tief verneigten.

1. Mose 41,14-44

Die große Hungersnot

In allen Städten des großen Landes Ägypten gab es Vorratshäuser. Die hatten frühere Könige gebaut.

Aber wenn der neue Wesir in eine Stadt kam und die Vorratshäuser besichtigte, sagte er meistens: »Das reicht nicht, es müssen noch mehr Vorratshäuser gebaut werden. Sehr groß sollen sie sein, doppelt so groß wie die alten. Mit vielen Zwischenböden und Luftlöchern an den Seiten. Der warme Wüstenwind muss durchblasen können, damit das Getreide trocken bleibt und nicht fault.«

Die Leute konnten nur mit den Köpfen schüttelten. Womit sollten denn so riesige Lager gefüllt werden? Und wozu überhaupt? Aber niemand wagte zu widersprechen.

In jeder Stadt setzte Josef Beamte ein, die Getreide kaufen und die Vorräte bewachen sollten.

Als dann die Erntezeit kam, trauten die Leute ihren Augen kaum. So viel Getreide hatten sie noch nie geerntet. Es waren unglaubliche Mengen. Selbst wenn sie alle ihre eigenen Scheunen damit füllten, blieb noch viel übrig. Das brachten sie in die Städte. Die Beamten kauften alles und lagerten es in den Vorratshäusern.

Immer mal wieder tauchte der neue Wesir des Pharao auf. Jetzt spotteten die Leute nicht mehr über ihn, sondern fragten, woher er wohl gewusst hatte, dass es so eine reiche Ernte geben würde.

Josef kontrollierte, ob auch überall der festgesetzte Preis bezahlt wurde, ob die Beamten alles richtig verwalteten und ob die Vorräte an den dafür vorgesehenen Stellen gelagert wurden. Sie sollten nicht mit den Ernten des nächsten Jahres vermischt werden, damit man, wenn die Hungersnot kam, die ältesten Vorräte zuerst verkaufen konnte.

Am Ende der Erntezeit war endlich alle Arbeit getan. Die Bauern waren zufrieden. Der König auch. Er rief Josef zu sich und sagte: »Im ersten Jahr ist alles so gekommen, wie du es gesagt hast. Und du hast gut vorgesorgt. Ich bin sehr zufrieden mit dir.«

»Ich danke dir für das Lob, erhabener Pharao«, antwortete Josef.

Der König fuhr fort: »Du bist nun dreißig Jahre alt. Da wäre es eigentlich Zeit, dass du heiratest. Als Sklave hattest du nicht das Recht, dir eine Frau zu suchen, aber jetzt will ich selbst dir eine Braut vorschlagen. Sie ist die Tochter eines obersten Priesters, eine hübsche, vornehme junge Frau. Du kannst sie heute Abend bei einem Fest kennen lernen.«

»Ich danke dir, erhabener Pharao«, sagte Josef. Er sagte es allerdings leiser,

denn er war nicht so glücklich bei dem Gedanken, vielleicht eine Frau heiraten zu sollen, die er gar nicht mochte. Aber wenn es der Wille des Pharao war, dann durfte er nicht widersprechen.

Alle Sorge erwies sich aber als unbegründet. Asenat, so hieß das Mädchen, gefiel ihm auf den ersten Blick. Auch sie gewann Josef lieb und fragte ihn viel über seinen Gott. Sie hatte ja erlebt, dass Josefs Gott wirklich mächtig war, und wollte nun ihn anbeten statt der Götter ihres Vaters. Noch bevor die nächste Erntezeit begann, wurde ein großartiges Hochzeitsfest gefeiert.

Die neue Ernte übertraf fast noch die vom vorigen Jahr. Jetzt sahen alle, wie gut es gewesen war, so große Vorratshäuser zu errichten. An einigen wurde sogar noch gebaut.

So vergingen sieben Jahre, Jahre des Wohlstands und des Überflusses. In die Lagerhallen wurde so ungeheuer viel Getreide gebracht, dass die Beamten es aufgaben, die genauen Mengen zu notieren. Sie wogen nicht mehr, sie schätzten nur noch.

Auch in der Familie hatte Josef Grund, sich zu freuen: Seine Frau bekam zwei Söhne. Den Ersten nannte er Manasse und den zweiten Ephraim. Seit er selbst Kinder hatte, fühlte Josef sich nicht mehr als Fremder in diesem Land, und der Gedanke an seine Familie im fernen Kanaan machte ihn nicht mehr so traurig.

Im achten Jahr wurde plötzlich alles ganz anders. Auf den Feldern wuchs fast überhaupt nichts. Bald waren die Vorräte verbraucht, die die Leute in ihren eigenen Scheunen hatten. Die Ersten kamen zu den Beamten und wollten Getreide kaufen. Auf Josefs Befehl hin wurde aber zunächst nur sehr wenig verkauft. Es war zwar noch sehr viel da, aber Josef wusste ja, dass die Hungersnot noch sechs weitere Jahre dauern würde.

Im nächsten Jahr wurde es noch viel schlimmer. Die Felder boten ein Bild des Jammers. Nur wenige spärliche Hälmchen guckten aus der Erde, braun und dürr und ohne Körner in den Ähren. Das Vieh gab keine Milch mehr, weil es keine Weide hatte, und musste geschlachtet werden.

Viele versammelten sich vor dem Königspalast und riefen: »Pharao, hilf uns! Wir verhungern!« Der Pharao trat auf den Balkon und rief den Leuten zu: »Geht zu Josef! Er trägt die Verantwortung. Tut, was er euch sagt!«

Da ließ Josef die Kornhäuser öffnen. Jeder, der wollte, konnte Getreide kaufen. Aber er mahnte die Leute, sparsam damit umzugehen. Die Trockenheit würde noch lange dauern.

Auch in den umliegenden Ländern gab es schlechte Ernten. Als die Leute hörten, dass es in Ägypten Vorräte gab, kamen sie von weither gereist, um Getreide zu kaufen.

Die Ägypter mussten nun bescheidener leben. Aber manche Eltern sagten, wenn sie das Fladenbrot an ihre Kinder verteilten: »Es ist nicht leicht, so eisern sparen zu müssen. Aber denkt daran: Ohne Josef und seinen Gott wären wir schon verhungert.«

1. Mose 41,45-57

Josefs Brüder kommen nach Ägypten

Eine lange Eselskarawane zog die Straße entlang. Plötzlich sprengten ihr bewaffnete Reiter entgegen.

»Wo wollt ihr hin?«, fragte der Offizier an der Spitze der Reiter.

Die Leute, die neben den ersten Eseln hergingen, drehten sich um und riefen: »Ruben, Simeon, Juda – sprecht ihr für uns! Ihr Söhne Jakobs seid die größte Gruppe in unserer Karawane.«

Die Gerufenen kamen herbei.

»Wo wollt ihr hin?«, wiederholte der Offizier seine Frage. Er sprach Ägyptisch, und einer seiner Leute übersetzte es.

Ruben antwortete: »Wir wollen in Ägypten Getreide kaufen. Es herrscht eine schreckliche Hungersnot bei uns. Wir haben gehört, hier gibt es große Vorräte.«

»Aber die werden nicht im Krämerladen verkauft. Sie sind unter staatlicher Aufsicht. Ihr müsst erst zum Wesir des Pharao und um Erlaubnis fragen. Ich glaube kaum, dass ihr sie bekommt.«

»Bitte, Herr«, antwortete Ruben, als der Übersetzer ausgesprochen hatte, »denke an unsere hungernden Frauen und Kinder und führe uns zu diesem Mann!«

Der Offizier sah sie von oben herab an und überlegte einen Moment. Dann stieß er verächtlich hervor: »Kanaanäer! Hebräer! Stinkende Viehzüchter! Na, meinetwegen – folgt mir!«

Es war noch ein ziemlich weiter Weg, bis sie eine große Stadt erreichten. Man brachte sie in einen großen Hof. Dort konnten sie ihre Tiere unterstellen und versorgen. Als Ruben gerade seinen Esel abschirrte, stieß ihn der Offizier an, der sie hergebracht hatte, und deutete zum Eingang des Hofes. Dort stand ein Mann, kerzengerade und Ehrfurcht gebietend. Und was für ein prachtvolles Gewand er trug!

Ruben brauchte nicht zu warten, bis ihm die Worte des Offiziers übersetzt wurden. Er sah auch so, wer das war: der Wesir des Pharaos, der zweitmächtigste Mann in Ägypten.

Aber etwas anderes sah er nicht: dass dieser Mann Josef war, sein Bruder!

Ruben winkte seinen Brüdern, und gemeinsam gingen sie zum Wesir. Dort warfen sie sich auf die Erde nieder und sagten: »Erbarme dich, Herr, und verkaufe uns Getreide! Wir wollen es gut bezahlen!«

Ein Diener übersetzte ihre Worte, aber Josef hatte sie bereits verstanden und – er erkannte seine Brüder!

Vor Überraschung wurde ihm ganz heiß im Kopf. Seine Brüder! Mit diesen Männern hatte er, als er noch ein Kind war, gespielt! Und diese Männer hatten ihn in die Sklaverei verkauft! Sollte er noch wütend auf sie sein? Sollte er sich freuen? So viele Gefühle stürzten auf ihn ein, dass er unfähig war, ein einziges Wort zu sagen. Er schaute nur die zehn Männer an, die da vor ihm auf dem Boden lagen und nicht aufzuschauen wagten, bevor der mächtige Fremde sie nicht angesprochen hatte. Und je länger die Antwort des Wesirs auf sich warten ließ, desto ängstlicher wurden sie.

Sie erkennen mich nicht, dachte Josef. Das ist kein Wunder, ich trage eine ägyptische Haartracht, bin anders gekleidet und spreche anders. Sie sehen noch so aus wie damals, nur älter.

Da fasste Josef einen Plan. Ich will sehen, ob sie sich wenigstens in ihrem Herzen geändert haben, dachte er. Ich will sie in Angst versetzen und sehen, ob sie das an ihre böse Tat erinnert. Und ob sie ihnen Leid tut.

Er gab seiner Stimme einen strengen Klang und sagte auf Ägyptisch: »Ihr seid Spione! Ihr wollt nur das Land auskundschaften, um uns dann zu überfallen!«

»Nein, nein!«, riefen die Brüder entsetzt und beugten sich noch tiefer, so dass Josef an den Traum dachte, den er damals hatte: Die Garben der Brüder verbeugten sich vor seiner Garbe. »Wir sind alle Söhne eines Vaters. Zwölf Brüder waren wir. Einer ist nicht mehr da, und der jüngste ist zu Hause geblieben.«

»Gut«, sagte Josef, »daran will ich prüfen, ob ihr die Wahrheit sagt. Ihr bleibt hier als Gefangene. Einen von euch sendet nach Hause, der soll den jüngsten Bruder holen. Wenn der kommt, könnt ihr Getreide kaufen und nach Hause ziehen. Kommt er nicht, habt ihr gelogen und seid Spione.«

Drei Tage saßen nun die Brüder im Gefängnis. Sie konnten sich nicht entschließen, auf die Forderung des Wesirs einzugehen. Ob ihr Vater Jakob Benjamin überhaupt mit nach Ägypten ziehen lassen würde?

Da kam Josef zu ihnen. »Ich habe es mir anders überlegt«, ließ er durch den Übersetzer sagen. »Ihr könnt alle gehen und euren jüngsten Bruder holen. Nur einer muss als Pfand zurückbleiben.«

»Es bleibt uns wohl nichts anderes übrig«, sagte Simeon zu seinen Brüdern, »wir müssen darauf eingehen!«

»Ich weiß auch, warum wir in diese schreckliche Lage gekommen sind«, meinte Juda. »Gott straft uns, weil wir Josef verkauft und Jakob belogen haben.« »Hab ich's euch nicht damals schon gesagt?«, bestätigte Ruben. »Das haben wir nun davon!«

Sie ahnten nicht, dass der Wesir, der dabeistand, jedes Wort verstand. Josef konnte seine Gefühle kaum noch beherrschen. Schnell ging er in einen Nebenraum, um weinen zu können, ohne dass seine Brüder ihn sahen.

Als er seine Tränen abgewischt hatte, kam er wieder zurück. Er zeigte auf Simeon und befahl, ihn zu fesseln. Den anderen winkte er, dass sie das Gefängnis verlassen und ihre gefüllten Getreidesäcke nehmen könnten.

Dann gab er leise einem seiner Diener einen Befehl.

1. Mose 42,1-24

Eine zweite Reise und ein seltsames Gastmahl

Gerade hatten die Brüder sich in einer Herberge, die am Weg lag, zu Tisch gesetzt, da sprang die Tür auf.

Gad stürzte herein, schreckensbleich im Gesicht. Wortlos legte er einen Lederbeutel auf den Tisch.

Die anderen schauten erst den Beutel an, dann ihren Bruder. »Was ist das?«

»Mein Geldbeutel!«, stieß Gad hervor. »Ich habe ihn mit dem Geld für mein Getreide dem ägyptischen Beamten gegeben.«

»Und wieso liegt er dann hier?«

»Das frage ich mich eben«, antwortete Gad mit zitternder Stimme. »Er war oben in meinem Weizensack. Ich habe ihn gerade gefunden, als ich vor dem Haus den Tieren Futter geben wollte und den Sack öffnete.«

»Wie ist denn das möglich?«, fragte Levi. »Ein Irrtum vielleicht?«

»Wisst ihr, was das bedeutet?« Gad setzte sich.

»Natürlich!«, stöhnte Ruben. »Wir können nicht zum Wesir zurück. Er wird denken, wir wären Diebe!«

»Aber wir müssen doch hin! Wegen Simeon.«

Entsetzt blickten sie einander an. »Womit haben wir das verdient?«, murmelte einer. Ja, womit?, dachten alle. Und alle ahnten die Antwort. Aber sie wollten lieber nicht darüber nachdenken.

Einige Tage später kamen sie zu Hause an. Jetzt mussten sie ihrem alten Vater alles erzählen, was passiert war.

»Nein!«, rief Jakob. »Niemals gebe ich euch Benjamin mit! Josef ist nicht mehr da, Simeon ist gefangen, und nun wollt ihr mir auch noch Benjamin wegnehmen! Das lasse ich nicht zu!«

»Wir bringen ihn doch wieder zurück, Vater!« versuchte Ruben Jakob zu beruhigen. »Er soll ja nur der Beweis dafür sein, dass wir die Wahrheit gesagt haben!«

»Warum habt ihr denn dem Wesir überhaupt gesagt, dass ihr noch einen jüngeren Bruder habt!«, jammerte Jakob.

»Aber Vater! Wir wussten doch nicht, dass er uns daraus einen Strick drehen würde. Er fragte eben genau nach unserer Familie, und da haben wir alles erzählt.«

In diesem Moment kam einer der Brüder angerannt und rief: »Mein Geld! Es ist auch im Sack!«

Alle sahen in ihren Getreidesäcken nach – und alle fanden ihr Geld wieder!

Was nun?

Niemand wusste Rat. Tage und Wochen vergingen, ohne dass sie eine Idee hatten, die alle überzeugte. Immer wenn sie der Frau und den Kindern Simeons begegneten, gab es ihnen einen Stich. Ihr Bruder wartete im Gefängnis darauf, dass sie ihn befreiten. Aber sie wussten nicht wie. Es war schrecklich.

Nach einigen Monaten war alles aufgegessen, was sie aus Ägypten mitgebracht hatten. Der Hunger wurde unerträglich.

»Geht wieder nach Ägypten und kauft Getreide, damit wir nicht verhungern«, befahl Jakob.

»Nur, wenn du uns Benjamin mitgibst!«, antwortete Juda. »Der Wesir hat uns ausdrücklich gesagt: Kommt nur nicht wieder ohne euren jüngsten Bruder.«

Jakob schüttelte den grau gewordenen Kopf. Aber Juda sagte: »Ich bürge für ihn, Vater! Ich will die Schuld auf mich nehmen, wenn ihm etwas zustoßen sollte. Aber es wird ihm nichts zustoßen. Ich passe gut auf ihn auf! Bitte, lass uns gehen, Vater! Wir verhungern sonst alle!«

Schweren Herzens willigte Jakob ein. Alle waren erleichtert. Aber zum Jubeln gab es wirklich keinen Grund.

»Nehmt Geschenke mit für den mächtigen Mann«, riet ihnen Jakob. »Honig und Nüsse am besten, und wohlriechendes Harz, das lieben sie in Ägypten. Und nehmt auch das Geld wieder mit, das fälschlicherweise in euren Säcken war.«

Nach einer Nacht, in der sie vor Aufregung und Sorge kaum schlafen konnten, standen die Brüder früh auf, luden alles auf ihre mager gewordenen Esel, verabschiedeten sich und zogen los.

Aber wieder kam alles ganz anders, als sie es sich vorgestellt hatten.

Sie waren kaum in der großen ägyptischen Stadt angekommen, da wurden sie auch schon in das Privathaus des Wesirs geführt.

Das war den Brüdern unheimlich. »Höre uns an, Herr«, bat Ruben den Diener, der sie führte. »Wir wissen nicht, warum wir in dieses vornehme Haus gebracht werden. Aber vorher wollen wir noch sagen, dass wohl durch ein Versehen beim letzten Mal unser Geld in den Getreidesäcken war. Wir haben es natürlich wieder mitgebracht.«

»Macht euch keine Sorgen«, sagte der Verwalter, »euer Gott hat es gut mit euch gemeint.« Dann winkte er einem Knecht. »Versorge die Esel unserer Gäste. Gib ihnen reichlich Futter und Wasser.«

Er führte die zehn Brüder in einen Raum, wo sie sich nach der langen Reise waschen konnten. Dann verschwand er kurz und kam mit Simeon wieder.

»Simeon!« Alle umarmten sich und waren froh, einander gesund wieder zu sehen.

Was der Hausverwalter jetzt sagte, war noch merkwürdiger als alles Bisherige: »Mein Herr hat angeordnet, dass ein gutes Mittagessen vorbereitet werden soll. Er kommt auch dazu. Ihr seid seine Gäste.«

Die Brüder sahen sich mit großen Augen an.

Sie wurden in einen großen Saal geführt, in dem viele Tische festlich gedeckt waren. Sie bekamen großen Appetit, als sie das sahen, aber so richtig freuen konnten sie sich nicht auf das Essen. Was mag es nur für einen Grund haben, dass der Wesir des Pharao ausgerechnet uns zum Essen einlädt? überlegten sie.

Der hohe Herr trat zur Tür herein. Sofort knieten sich die elf Brüder nieder und verbeugten sich bis auf den Boden. Ohne aufzusehen, schoben sie ihm ihre Geschenke hin. Sie schämten sich richtig, denn in diesem prachtvollen Haus kamen ihnen ihre Krüge mit Honig und ihre Fläschchen mit Riechstoffen ziemlich schäbig vor.

»Ich danke euch«, ließ der Wesir durch seinen Dolmetscher sagen,

»aber nun erhebt euch und nehmt Platz. Geht es eurem Vater noch gut? Und das ist wohl euer jüngster Bruder, von dem ihr mir erzählt habt?«

Die elf beantworteten alle Fragen und wunderten sich, dass der Wesir plötzlich hinauslief. Sie konnten ja nicht ahnen, dass er weinen musste und es vor ihnen verbergen wollte.

Inzwischen wiesen Diener ihnen ihre Plätze an. Als sie alle saßen, blickten sie die Reihe entlang und wunderten sich, dass sie genau nach Alter geordnet waren. Woher wussten wohl die Ägypter so genau, in welcher Reihenfolge sie geboren waren?

Als der Hausherr wieder da war, wurde das Essen aufgetragen. Alle bekamen reichlich, aber Benjamin bekam von allem das Fünffache. Das hatte Josef heimlich angeordnet, weil er sich so freute, seinen Bruder wieder zu sehen, den er besonders gern hatte.

Die Brüder verloren bald ihre Angst. Den ganzen Nachmittag aßen und tranken sie, lachten und unterhielten sich und wunderten sich über die Neugier, mit der der Wesir alle möglichen Einzelheiten von Kanaan und ihrer Familie wissen wollte.

Als am nächsten Morgen die Sonne aufging, war die Karawane schon auf dem Heimweg. Simeon war wieder bei ihnen, und Getreide hatten sie auch – wie glücklich würde Jakob sein, wenn er sie zu Hause willkommen hieß!

1. Mose 42,25-43,34

Der Bruder

Eine Staubwolke umhüllte die Brüder, die neben ihren Eseln herliefen. Bewaffnete Reiter galoppierten an die Spitze der Karawane und versperrten ihr den Weg.

»Warum habt ihr den Wesir bestohlen?«, brüllte der Anführer der Reiter. »Er hat euch zum Essen eingeladen, und ihr schämt euch nicht, einen silbernen Becher mitgehen zu lassen!«

»Aber Herr!«, wehrte Ruben ab. »Niemals würden wir stehlen. Durchsuche unser Gepäck! Wenn du den Becher bei einem von uns findest, kannst du den Dieb als Gefangenen mitnehmen.«

Alle hoben ihre Säcke von den Rücken der Esel und öffneten sie. Und da – ihre Augen weiteten sich vor Schreck – aus Benjamins Sack fiel der silberne Becher heraus!

Dass Josef selbst angeordnet hatte, den Becher in Benjamins Getreidesack zu stecken – wie sollten sie das ahnen? Ein letztes Mal wollte Josef die Brüder auf die Probe stellen.

Während die Bewaffneten sie laut beschimpften, mussten die Brüder alles zusammenpacken und sich wieder auf den Weg zum Wesir machen.

Der war noch in seinem Haus und stellte sich sehr zornig, als er von dem Diebstahl hörte. Die Brüder warfen sich demütig auf die Erde.

»Der Jüngste, der, bei dem der Becher gefunden wurde, soll mir zur Strafe als Sklave dienen«, verkündete Josef das Urteil.

Da fasste sich Juda ein Herz: »Erlaube mir eine Bitte, Herr. Ich habe meinem Vater für seinen jüngsten Sohn gebürgt. Wenn er nicht nach Hause kommt, stirbt unser Vater vor Kummer. Darum bitte ich dich: Lass ihn ziehen und behalte mich dafür als Sklaven!«

Jetzt war sich Josef endlich sicher, dass die Brüder aus ihrem Fehler gelernt hatten. Statt einen Bruder zum Sklaven zu machen, so wie ihn damals, wollten sie nun lieber selbst Sklave werden, um ihn zu retten. Sie waren doch nicht mehr die alten, Gott hatte etwas in ihren Herzen verändert.

Josef schickte die ägyptischen Diener, die bei ihm waren, hinaus. Zum Erstaunen der Brüder fing er nun laut an zu weinen. Als er sich wieder etwas beruhigt hatte, sagte er in hebräischer Sprache: »Ich bin euer Bruder Josef!«

Die elf Männer standen wie angewurzelt vor dem Wesir des Pharao und begriffen zunächst überhaupt nicht, was er sagte. Es dauerte eine ganze Weile, bis sie in der Lage waren zu überlegen, was dieser Satz bedeutete. Dieser mächtige Mann, der sie alle in der Hand hatte, der fast ganz Ägypten in der Hand hatte – er war der, mit dem sie früher im Sand gespielt hatten, auf den sie dann neidisch wurden, weil ihr Vater ihn besonders liebte, und den sie schließlich als Sklaven verkauften? Das konnte doch nicht wahr sein! Aber er sprach hebräisch. Das Alter stimmte auch, und wenn man sich statt des gepflegten ägyptischen Bartes einen Vollbart vorstellte, und überhaupt, die Augen …

»Lebt mein Vater noch?«, fragte Josef, nur um etwas zu sagen, denn das hatten sie ihm ja am Tag zuvor schon erzählt. Aber er bekam keine Antwort. Die elf starrten ihn an, als hätten sie ihn noch nie gesehen, und brachten kein Wort heraus.

»Kommt, lasst euch umarmen!«, sagte Josef und machte ein paar Schritte auf sie zu. »Ich bin es wirklich: euer Bruder, den ihr in die Sklaverei verkauft habt!« Und als sie sich immer noch nicht von der Stelle rührten, fügte er hinzu: »Habt keine Angst, dass ich euch noch böse bin. Denn es ist inzwischen ganz klar, dass Gott mich vor euch hergeschickt hat, um euch und noch viele andere vor dem Hungertod zu retten. Wir alle hätten die Katastrophe sonst nicht überlebt. Die Dürre hat ja erst vor zwei Jahren angefangen, und sieben Jahre soll sie dauern. Seit ihr hierher gekommen seid, weiß ich, dass Gott das alles so geplant hat.«

Noch immer rührte sich keiner der Brüder. Mit offenem Mund hörten sie Josef zu. Allmählich fingen sie zwar an zu begreifen, was der Mann, also was ihr Bruder da sagte. Und es leuchtete ihnen auch ein, dass Gott alles so geplant haben könnte. Aber das bedeutete ja nicht, dass ihre Schuld keine Schuld mehr war. Ihr Bruder, dem sie so viel Böses angetan hatten, und der nun so mächtig war, der musste sich doch jetzt an ihnen rächen! Jeder würde das tun!

Weil sie immer noch nicht reagierten, redete Josef weiter: »Zieht wieder zurück und grüßt meinen Vater ganz herzlich von mir. Sagt ihm, er soll mit der ganzen Familie, mit Knechten und Vieh herunterkommen nach Ägypten. In der Landschaft Goschen ist genug freies Land, dort könnt ihr euch ansiedeln. Dann kann ich selbst dafür sorgen, dass ihr nicht verhungert. Beeilt euch, ehe die Dürre noch schlimmer wird! Noch fünf Jahre lang wird es keine Ernten geben! Und erzählt meinem Vater alles, was ihr hier gesehen habt, und dass ich ein mächtiger Mann geworden bin!«

Schließlich breitete Josef die Arme aus und rief: »Benjamin! Erkennst du mich denn nicht, Josef, deinen Bruder?«

Da lief Benjamin in seine Arme, und beide weinten vor Freude. Der Bann war gebrochen. Einer nach dem anderen fiel Josef in die Arme. Jetzt erst konnten sie es fassen, und langsam fiel auch die Angst von ihnen ab, dass Josef sie doch noch bestrafen könnte. Immer größer und ausgelassener wurde ihre Freude.

Josef gab Befehl, Braten und Brot, Gemüse, Wein und Obst aufzutischen. Gemeinsam feierten sie stundenlang, lachten und weinten, tauschten ihre Erlebnisse aus den letzten Jahren aus und erzählten von den alten Zeiten, als sie noch Jungen gewesen waren.

Dann kam ein Bote, der Josef zum Pharao bestellte. Als der Wesir vor seinem Herrn stand, sagte der: »Ich habe gehört, dass deine Brüder gekommen sind und dass ihr euch versöhnt habt.

Ich freue mich mit euch. Sage ihnen, ich lade ihre Familien ein, sich in meinem Land niederzulassen, solange die Hungersnot dauert, und auch noch länger, wenn sie wollen.«

»Ich danke dir, erhabener Pharao«, antwortete Josef.

Der König fuhr fort: »Du weißt, Josef, dass die Ägypter die Hebräer nicht besonders mögen. Aber du bist auch ein Hebräer, und wir haben dir so viel zu verdanken. Und wenn deine Familie in der Landschaft Goschen wohnt, wo nur wenige Ägypter leben, dann wird es wohl kaum Schwierigkeiten geben. Ich stelle dir Wagen zur Verfügung, die deine Brüder mit nach Kanaan nehmen können, damit dein alter Vater nicht reiten oder laufen muss und damit er seinen Besitz mit herbringen kann. Sie sollen nicht traurig sein, wenn sie etwas zurücklassen müssen. Ich will es ihnen ersetzen!«

Josef verbeugte sich: »Du bist sehr freundlich zu mir, mein König. Ich werde mich beeilen, deine Befehle auszuführen.«

Am Tag darauf setzte sich eine Karawane in Bewegung, viel, viel prächtiger als die, die in Kanaan losgezogen war. Die mageren Esel, mit denen sie gekommen waren, ließen sie gleich in Ägypten. Doppelt so viele Esel, aber wohlgenährte, nahmen sie allein als Geschenk Josefs an seinen Vater mit, dazu Kamele und von Pferden gezogene zweirädrige Wagen. Jeder hatte als Geschenk ein Festgewand bekommen, viel prächtiger als jenes, das Josef damals trug, als er noch zu Hause war. Benjamin bekam sogar fünf Gewänder und dreihundert Silberstücke, weil Josef ihn besonders liebte.

»Seid aber nicht neidisch auf Benjamin, wie damals auf mich«, ermahnte sie Josef. »Überhaupt, streitet euch nicht unterwegs! Habt einander lieb und vergebt euch, so wie Gott es tut.«

Noch lange blickte Josef der Karawane nach, solange, wie er Benjamin winken sehen konnte.

1. Mose 44,1-45,24

Der Weg durch die Wüste

Ein Baby wird versteckt

Eine lange, lange Zeit war vergangen. Viele hundert Jahre lebten die Nachkommen Jakobs nun schon in Ägypten. Weil Jakob damals von dem unbekannten Mann »Israel« genannt worden war, nannten sie sich auch »Kinder Israels« oder einfach »Israeliten«. Von den Ägyptern wurden sie »Hebräer« genannt.

Sie waren jetzt nicht mehr nur eine große Familie, sondern ein richtiges Volk. Aber sie hatten nicht vergessen, wie alles angefangen hatte. Immer wieder erzählten die Eltern ihren Kindern und Enkeln die Geschichten von Abraham und Isaak, von Jakob und Josef. Und von Gott erzählten sie, der ein großes Versprechen gegeben hatte.

So war den Israeliten noch sehr gut bekannt, warum sie hier in Ägypten lebten, wo sie eigentlich gar nicht hingehörten. Aber die Ägypter wussten es nicht mehr. Dass es mal einen Wesir gegeben hatte, der Josef hieß, war völlig vergessen. Die Israeliten in der Landschaft Goschen waren für sie nur Ausländer, über die sie sich ärgerten.

Einmal besprach sich der Pharao, der jetzt regierte, mit seinen Ministern. »Mir sind die Israeliten ein Dorn im Auge«, sagte der König. »Wenn ihr Volk weiter so wächst, können sie für uns zu einer Bedrohung werden. Nehmen wir mal an, ein Krieg bricht aus. Dann könnten sie sich auf die Seite unserer Feinde schlagen und uns großen Schaden zufügen.«

Die Minister hatten sich bereits einen Plan zurechtgelegt: »Erhabener Pharao, wir empfehlen dir, die Israeliten zur Zwangsarbeit zu verpflichten. Du willst doch neue Städte bauen. Da wären sie uns als billige Arbeitskräfte willkommen. Und wenn diese Arbeit zu schwer für sie ist und sie etwa dabei sterben würden … nun ja, das wäre uns auch nicht unrecht.«

Der Pharao ging auf ihren Vorschlag ein.

Von nun an mussten die Männer aus dem Volk Israel von morgens bis abends Sklavenarbeit leisten. Die einen mussten in den feuchten Sümpfen Schilf schneiden, bis sie Fieber bekamen. Die Nächsten mussten Lehm stechen und zu Ziegelfabriken tragen, bis sie erschöpft zusammenbrachen. Andere mussten aus Lehm und Schilf eine Masse kneten, in Formen streichen und im Ofen brennen, bis sie fast vor Hitze umkamen. Und wieder andere bauten aus den Ziegeln Häuser, Türme und Stadtmauern. Überall standen ägyptische Aufseher mit Peitschen hinter ihnen und trieben sie zur Arbeit an.

Lohn bekamen sie für das alles nicht. Sie lebten weiterhin von der Viehzucht, die jetzt ihre Frauen und Kinder in Goschen betrieben.

Aber was sich der Pharao davon versprochen hatte, traf nicht ein.

Die Israeliten wurden nicht weniger, sondern immer zahlreicher. Je mehr die Ägypter taten, um das Volk klein zu halten, desto größer wurde es. Es war ihnen richtig unheimlich. Sie konnten es sich nicht erklären, denn sie wussten ja nicht, dass Gott versprochen hatte, Jakobs Nachkommen in Ägypten zu einem großen Volk zu machen.

Da dachte sich der Pharao etwas ganz Grausames aus. Er befahl, dass alle israelitischen Jungen gleich nach der Geburt umgebracht werden sollten. Nur die neugeborenen Mädchen durften am Leben bleiben. Wehren konnten sich die Israeliten dagegen nicht. Aber natürlich versuchten sie, die Geburt eines Jungen geheim zu halten.

»Eines Tages wird es passieren«, murmelte ein Mann aus dem Volk Israel leise. »Es kann nicht mehr lange gut gehen. Bald kann der Kleine so laut schreien, dass man es auf der Straße hört.«

Die Frau hatte Tränen in den Augen. »Ich glaube, ich sterbe vor Kummer, wenn die ägyptischen Soldaten meinen kleinen Sohn finden und töten.«

Der Mann ging in die Ecke, wo das Baby lag, und betrachtete es nachdenklich.

»Weck ihn nur nicht auf!«, flüsterte die Frau. »Und sag Mirjam nichts davon, dass es eigentlich keine Hoffnung gibt, ihn zu retten. Aaron ist ja erst drei Jahre alt, aber Mirjam ist schon so groß, dass sie alles versteht. Es wäre furchtbar für sie.«

»Ich werde Mirjam gar nicht sehen, denn ich muss gleich gehen. Wenn ich morgen früh bei Sonnenaufgang nicht bei meiner Arbeit bin, werde ich bestraft.«

Er umarmte seine Frau und küsste sie. Dann wischte er ihr die Tränen ab und sagte: »Wir wollen Gott vertrauen.«

Seine Frau nickte nur. Sagen konnte sie nichts. Sie brachte ihren Mann an die Haustür, schaute vorsichtig hinaus, küsste ihn noch mal zum Abschied und verschloss hinter ihm die Tür.

In dieser Nacht lag die Frau lange wach. Sie musste etwas unternehmen! Sie wollte nicht warten, bis die Soldaten ihren Sohn aufspürten! Endlich hatte sie eine Idee: Sie musste das Kind außerhalb des Hauses verstecken, im Freien! Da waren nicht so viele Leute. Wenn er dann schrie, war vielleicht niemand da, der es hörte. Alle paar Stunden wollte sie hingehen und den Kleinen versorgen. Ja, das war die beste Lösung!

Und wenn er doch entdeckt werden sollte, dann wusste ja niemand, wessen Kind er war. Dann wäre es zwar schrecklich, wenn sie ihn töteten, aber sie könnten wenigstens nicht die Familie bestrafen.

Aber wo sollte sie ihr Kind verstecken? Das Land in der Nähe ihres Dorfes war flach, und hinter den wenigen niedrigen Sträuchern ein Kind zu verbergen, war unmöglich. Aber da hatte sie noch eine Idee, eine Idee, die auf den ersten Blick ganz verrückt erschien: Sie wollte ihr Kind im Wasser verstecken!

Als es hell wurde, weckte die Frau ihre Tochter Mirjam. »Ich habe eine gute Idee, wie wir dein Brüderchen schützen können«, flüsterte sie. »Aber du musst mir dabei helfen.«

Mirjam war im Nu wach. »Wie denn?«

»Hier hast du ein Messer. Verletze dich nicht damit. Lauf zum Nil und hole mir Schilfrohr. Einen Arm voll. Und beeil dich!«

Das Mädchen rannte los. Die Mutter ging in den Ort zu einem Händler. Sie kaufte klebriges, schwarzes Pech, das man eigentlich zum Abdichten des Daches gegen den Regen brauchte. Als sie damit zu Hause ankam, dauerte es nicht mehr lange, bis Mirjam das Schilf brachte.

Oft hatte die Mutter schon Körbe geflochten. Jetzt aber flocht sie ein längliches Kästchen, so groß, dass ihr Baby gut hineinpasste. Es sah wie eine kleine Wiege aus. Mirjam half ihr dabei, so gut sie konnte, während Aaron zusah.

Als das Körbchen fertig war, verschmierten sie es von innen und außen mit Pech. Nun sah es zwar hässlich aus, aber es war wasserdicht.

Die Mutter nahm das Baby von seinem Lager. Es wachte auf und fing leise an zu weinen. Sie stillte es und legte es in das Körbchen, sorgfältig mit Windeln umwickelt.

Dann nahm sie den kleinen Kasten und ging mit Mirjam zum Nil. Niemand beobachtete sie. Am Ufer suchten sie eine geeignete Stelle. Schließlich stellte die Mutter das Kästchen mitten im Schilf ins Wasser. Es ging nicht unter, konnte aber auch nicht wegschwimmen.

»So«, sagte sie zu Mirjam, »du bleibst hier in der Nähe und passt auf, dass dem Kind nichts passiert. Wenn

Leute kommen, versteckst du dich, oder du tust so, als würdest du hier spielen. Vor dem Essen komme ich wieder, um ihn zu stillen. Meinst du, du kannst so lange hier allein bleiben?«

»Bestimmt«, sagte Mirjam, obwohl sie merkte, dass sie Angst bekam. Aber sie war auch stolz, dass sie etwas tun konnte, um ihren kleinen Bruder vor den Soldaten des Pharao zu retten.

Die Mutter nahm Mirjam in die Arme. »Wir sind nicht allein«, sagte sie. »Gott sieht uns, und er sieht auch das Baby im Versteck.«

2. Mose 1,1-2,4

Eine Prinzessin am Nil

Mirjam erschrak. Sie hörte das Trappeln von Pferdehufen und das Rasseln von Wagenrädern. Schnell versteckte sie sich hinter der Uferböschung.

Bald darauf schaute sie vorsichtig über den Rand. Die Wagen hielten in einiger Entfernung, wo der Boden trocken und fest war. Jetzt stiegen Leute aus. Dass die Ägypter auch ausgerechnet hierher kommen mussten, wo das Körbchen mit ihrem kleinen Bruder zwischen dem Schilf im Wasser schwamm! Dabei hatte seine Mutter extra eine ganz einsame Stelle des Nilufers ausgesucht!

Ein paar Tage lang war es nun schon gut gegangen. Mirjam hatte aufgepasst, und mehrmals am Tag war die Mutter gekommen, um das Baby zu stillen. Am Ufer war nie jemand zu sehen gewesen. Nur in der Mitte des breiten Flusses fuhren immer mal Schiffe vorbei, auch Ruderboote oder größere Kähne. Dann hatte Mirjam einfach so getan, als spielte sie am Ufer, und niemand hatte sie beachtet oder auch nur gesehen.

Jetzt konnte sie erkennen, dass es alles Frauen waren, die aus den Wagen stiegen. Sie kamen genau hierher, wo sie sich versteckte.

Vorne ging eine ganz vornehm gekleidete junge Frau. Das musste die Tochter des Pharao sein. Sie ging gerade und stolz wie eine Prinzessin und trug auch so kostbare Gewänder und so wertvollen Schmuck, dass es eigentlich niemand anderes sein konnte.

Anscheinend wollte sie hier baden. Sie begann sich auszuziehen. Die anderen Frauen, wohl ihre Dienerinnen, halfen ihr dabei.

Langsam stieg die vornehme Frau ins Wasser, ließ sich von ihm tragen und rief den Dienerinnen immer wieder fröhlich etwas zu. Die schauten zu, lachten und schwatzten, und einige gingen auch bis zu den Knien ins Wasser.

Mirjam beobachtete, wie die Prinzessin immer näher an die Stelle kam, wo das Kästchen mit ihrem kleinen Bruder schwamm. Hoffentlich entdeckt sie es nicht, dachte Mirjam zitternd. Das Herz klopfte ihr bis zum Hals.

Aber – da war es schon passiert! Die Prinzessin blieb im Wasser stehen, das ihr bis zur Hüfte reichte, und schaute genau hin.

»Was ist denn das?«, rief sie. »Ein schwarzes Ding mitten im Schilf. Eine von euch soll es mir herausholen!«

Eine Dienerin raffte ihr Kleid hoch und watete durchs Wasser. Mirjam blieb fast das Herz stehen. Die Prinzessin schwamm ans Ufer und wartete auf die Dienerin mit ihrem Fund.

Die kam und stellte das Körbchen vor der Prinzessin ab. Sie öffneten den Deckel, der das Baby vor der Sonne schützen sollte, der aber auch genug Luft zum Atmen durchließ.

»Ach, wie süß!«, riefen die Frauen, nachdem sie erst einmal vor Überraschung gar nichts gesagt hatten. »Wie kommt denn ein Baby hier in den Fluss?«, fragte eine der Dienerinnen.

»Das ist sicher ein hebräisches Kind«, meinte die Prinzessin. »Die Mutter wollte es wohl vor den Soldaten meines Vaters verstecken.«

»Was machen wir mit ihm?«, fragte eine andere Dienerin.

Die Tochter des Pharao fasste sofort einen Entschluss: »Auf keinen Fall übergeben wir es den Soldaten. Ich will nicht, dass dieses Kind getötet wird! Am liebsten ... aber das geht ja nicht ... am liebsten würde ich es behalten und als mein Kind aufziehen. Das arme Baby!«

Auf einmal stand da ein kleines Mädchen.

»Wo kommst du denn her?«, fragte die Prinzessin.

Mirjam stotterte: »Ich ... ich habe hier in der Nähe gespielt.«

»Und da warst du neugierig, als die Wagen vorfuhren, stimmt's?«

Mirjam nickte. »Ich dachte ... mit dem Kind ... ich meine, das braucht doch Milch, nicht wahr?«

»Natürlich«, meinte die Prinzessin. »Ich kann es leider nicht stillen.«

»Ich weiß was«, sagte Mirjam. »Da in dem Dorf gibt es eine ... da gibt es verschiedene Mütter, die vor kurzem Kinder geboren haben und die sie stillen. Soll ich eine von ihnen rufen?«

»Ja, tu das!«, nickte die Prinzessin und begann sich anzuziehen.

Mirjam rannte, so schnell sie konnte, nach Hause. Atemlos erzählte sie ihrer Mutter alles. »Gott hat unser Gebet erhört«, sagte die Mutter strahlend. Dann liefen sie zusammen hinaus.

»Nimm dieses Kind mit nach Hause und versorge es«, befahl ihr die Prinzessin. »Ich werde es dir auch bezahlen. Wenn es groß genug ist, bringst du es mir, dann will ich es als meinen Sohn annehmen.«

Die Mutter war so glücklich, dass sie kein Wort herausbrachte. Sie nickte nur.

Die Prinzessin küsste den Kleinen, sagte: »Auf Wiedersehen, mein Sohn!«, und ging zu ihrem Wagen. Die Dienerinnen folgten ihr.

Die Mutter küsste ihn auch und sagte leise: »Willkommen, mein Sohn.«

Als Mirjam ihn auch noch küsste, war ihm das zu viel, und er begann zu weinen.

»Schrei nur«, sagte die Mutter lachend. »Jetzt kann dir niemand mehr etwas tun!«

2. Mose 2,5-9

Mose muss fliehen

Es war für den kleinen Jungen nicht leicht, sich an alles zu gewöhnen: fremde Menschen, eine andere Sprache, eine völlig andere Umgebung. Vor ein paar Wochen hatte seine Mutter ihn hier in den Palast des Pharao gebracht. Sogar einen neuen Namen hatte er jetzt. Die Prinzessin nannte ihn Mose.

Bald lernte Mose, wie man als Ägypter aß, sich kleidete und sich gegenüber vornehmen Herrschaften benahm. Es dauerte auch nicht lange, da konnte er sich gut in der ägyptischen Sprache ausdrücken.

Als er noch ein bisschen größer war, kamen kluge Leute in den Palast, die gaben ihm Unterricht. Er lernte noch andere Sprachen, und er versuchte, sich die vielen komplizierten Schriftzeichen der Ägypter einzuprägen. Rechnen konnte er bald auch ganz gut, und die Lehrer erzählten ihm alles über die lange Geschichte des ägyptischen Volkes und seiner Könige.

Schließlich wurde Mose ein junger Mann. Da bekam er noch anderen Unterricht: Er lernte reiten und einen Wagen lenken, er übte sich im Speerwerfen und konnte bald mit dem Pfeil sicher ein entferntes Ziel treffen. Nebenher wurde er mit den Regierungsgeschäften vertraut, schrieb Briefe, wickelte Geschäfte ab und durfte dabei sein, wenn die Vertreter fremder Länder an den Königshof kamen.

Die Prinzessin hatte ihn gern und freute sich über alles, was er lernte. Er hatte sie auch gern, aber er wurde doch traurig, wenn er an seine richtige Mutter dachte. Immer wenn es möglich war, besuchte er sie und seinen Vater, seine Schwester Mirjam und seinen Bruder Aaron.

Es bedrückte Mose, wenn er vom Palast kam und durch die Dörfer der Israeliten ging. Es ist einfach nicht richtig, dachte er, dass die Ägypter es so gut haben und dass mein Volk so ärmlich leben muss. Sie arbeiten von früh bis spät, verhungern fast und können doch nicht über sich selbst bestimmen.

Und dann dachte er: Ob das Volk Israel nicht das Land verlassen sollte? Schließlich ist Kanaan das Land, das Gott uns versprochen hat, und nicht Ägypten. Aber wer soll die versklavten Israeliten anführen, wenn ich es nicht tue? Keiner ist so gebildet wie ich und versteht so viel von Politik. Aber nein, das würde ich nie schaffen, das ist überhaupt unmöglich!

Dennoch – der Gedanke ging ihm nicht aus dem Kopf.

Eines Tages beobachtete er, wie ein Israelit eine schwere Last schleppen musste. Ein Ägypter trieb ihn mit der Peitsche an. Da brach der Israelit zusammen. Der Ägypter wollte ihn weitertreiben und schlug ihn mit der Peitsche.

Mose war so wütend darüber, dass er sich schnell umsah, ob ihn keiner sehen konnte, hinlief und den Ägypter totschlug.

Erst als der Mann dalag, wurde ihm klar, was er getan hatte. Der Israelit sah ihn erschrocken an, ließ seine Last

liegen und rannte, ohne ein Wort zu sagen, davon.

Mose beeilte sich, den Toten im Sand zu begraben und ging dann nach Hause in den Palast, als wenn nichts geschehen wäre. Aber in seinem Gewissen wusste er wohl, dass er Unrecht getan hatte.

Am nächsten Tag beobachtete er zwei Hebräer, die sich stritten. Er ging hin und sagte zu dem, der im Unrecht war: »Lass ihn in Ruhe! Wir Hebräer sollten uns nicht noch untereinander streiten!«

Da antwortete der: »Was geht dich das an? Wer hat dich denn zum Richter über uns gesetzt? Willst du mich vielleicht auch töten, wie du gestern den Ägypter getötet hast?«

Mose wurde bleich vor Schreck. Wie ist das nur so schnell bekannt geworden?, dachte er. Wenn der Pharao erfährt, dass ich einen Ägypter ermordet habe, wird er mich vor Gericht stellen und mit dem Tod bestrafen. Ich muss fliehen!

Er kehrte gar nicht mehr in den Palast zurück, sondern lief davon, nur mit dem ausgerüstet, was er bei sich hatte. Und er tat gut daran, denn der Pharao hatte schon von dem Mord gehört und ließ ihn suchen.

Voller Angst, aber auch traurig und enttäuscht über sich selbst, lief Mose tagelang, bis er in ein Land kam, das Midian hieß.

Nur Sand und Steine gab es hier, und ab und zu ein paar Zelte in der Nähe einer Wasserstelle.

Mose war so verschwitzt und durstig, dass er gleich den ganzen Kopf in das Wasser steckte, als er endlich einen Brunnen erreicht hatte. Gierig schlürfte er, bis er sich erschöpft neben dem

Brunnen niederfallen ließ, um neue Kräfte zu sammeln.

Er sah kaum auf, als einige junge Frauen kamen, um ihre Schafherde zu tränken. Sie schöpften mit einem Eimer aus dem Brunnen und gossen das Wasser in die Rinne, um die sich die Schafe drängten.

Eine Weile ging das so, da näherte sich eine andere Schafherde, größer als die erste. Sie wurde nicht von Frauen, sondern von Männern gehütet. Als die herangekommen waren, riefen sie den Frauen zu: »Weg mit euch! Jetzt sind wir dran!« Sie traten nach den Schafen der Frauen, die noch gar nicht mit Saufen fertig waren, und führten ihre eigenen Schafe zur Tränke.

Mose beobachtete es und wurde wütend. Das war ungerecht von diesen Männern! Er sprang auf und lief hin. »Die Frauen waren zuerst hier!« rief er. »Macht, dass ihr wegkommt!«

Er blitzte sie so zornig an, dass die Hirten erschrocken zurückwichen, während Mose ihre Schafe vertrieb. Gleich kamen die Tiere der Frauen wieder heran.

Mose nahm den Eimer und schöpfte weiter Wasser in die Tränke. Es dauerte eine Weile, dann hatten die Schafe genug. Die Hirten sahen aus der Ferne zu.

Auch die Frauen sahen nur staunend zu. Das hatten sie noch nie erlebt, dass ein Fremder sich so für sie einsetzte.

Mose gab einer der Frauen den Eimer zurück. »Vielen Dank«, sagte sie etwas verlegen und lächelte. Die anderen nickten und lächelten auch. Mose lächelte zurück und dachte: Sie scheinen Schwestern zu sein, so ähnlich sehen sie sich.

Dann setzte er sich wieder hin und beobachtete, wie sie ihre Schafe nach Hause trieben und wie die Hirten kamen und ihre Herden tränkten.

Die Frauen waren tatsächlich Schwestern, sieben Töchter eines Mannes, der Jitro hieß.

»Ihr seid ja so früh wieder zurück!«, rief Jitro seinen Töchtern zu. »Haben euch heute nicht die Hirten vertrieben, die sonst immer kommen?«

»Sie wollten es«, antwortete Zippora, die älteste Tochter. »Aber da war ein Mann aus Ägypten, der hat sie vertrieben und auch für unsere Schafe das Wasser geschöpft.«

»Ja – und?«, fragte Jitro. »Wo ist er? Sagt bloß, ihr habt ihn da draußen sitzen lassen!«

Schnell schickte der Vater Zippora zurück an den Brunnen, um den Fremden einzuladen.

Nicht lange danach saß Mose in Jitros Zelt beim Essen. Seine Gastgeber wunderten sich, wie hungrig er war und dass er nicht einmal sagen konnte, wohin er eigentlich unterwegs war.

Jitro merkte, dass der Fremde nicht gern über seine Geschichte reden wollte, und fragte nicht weiter. Aber er machte ihm ein Angebot: »Wenn du möchtest, kannst du gern länger hier bleiben. Ich würde mich freuen. Ich habe keine Söhne und auch keine Knechte. Ein kräftiger junger Mann wäre mir sehr willkommen.«

So kam es, dass Mose statt in einem prächtigen Königspalast fortan in einem Zelt in Midian wohnte. Er heiratete bald Zippora, hütete die Herde seines Schwiegervaters, bekam einen Sohn und begann, Ägypten zu vergessen. Sogar an sein eigenes Volk dachte er kaum noch.

Aber Gott hatte die Israeliten nicht vergessen. Er sah ihr Elend, er hörte ihre Gebete, und er beschloss, ihnen zu helfen. Und zwar durch Mose.

2. Mose 2,10-15

Der brennende Dornbusch

Auf der Suche nach Weideplätzen zog Mose oft weit weg von Jitros Zelten. Einmal kam er mit den Schafen in eine felsige Gegend, in der sich ein mächtiger Berg erhob, der Sinai. Hier wuchs nur wenig Gras, und Mose wollte die Tiere weitertreiben.

Plötzlich blieb er stehen. Was war das? Da brannte ein Dornbusch!

Wer konnte ihn in dieser einsamen Gegend angezündet haben? Seltsam. Mose schaute lange zu, und da entdeckte er etwas noch Seltsameres: Der Busch brannte zwar lichterloh, aber er verbrannte nicht. Normalerweise hätte das trockene Gehölz in wenigen Augenblicken verbrannt sein müssen.

Erstaunt trat Mose näher. Das musste er genauer untersuchen. Da hörte er auf einmal eine laute Stimme: »Mose! Mose!«

»Ja ... hier bin ich«, stieß Mose erschreckt hervor.

Die Stimme sagte: »Ziehe deine Schuhe aus. Denn der Ort, auf dem du stehst, ist heiliges Land.«

Mose war ganz verwirrt, aber schnell zog er seine Schuhe von den Füßen.

»Ich bin der Gott, der zu Abraham, Isaak und Jakob gesprochen hat«, hörte er. Da bekam er einen noch größeren Schreck, denn er hatte gehört, dass ein Mensch, der den heiligen Gott sehe, sterben müsse. Schnell zog er sich einen Teil seines Gewandes über den Kopf, um Gott nicht sehen zu müssen.

Jetzt sprach die Stimme weiter: »Ich habe die Klagen der Israeliten in Ägypten gehört und ihr Elend gesehen. Darum habe ich beschlossen, sie zu befreien. Ich will sie in das Land Kanaan führen, ein Land, in dem Milch und Honig fließt. In Ägypten werden die Israeliten so furchtbar unterdrückt. Darum sollst du hingehen und sie von dort wegführen.«

»Ich?« Mose glaubte nicht richtig gehört zu haben. »Aber Herr, ich doch nicht! Ich bin ein armer Schafhirte in der Wüste, und das ist eine riesige Aufgabe!«

»Ich werde mit dir sein!«, sagte Gott. »Du wirst sehen: Wenn ihr ausgezogen seid und an den Sinai kommt, werdet ihr mir hier ein Opfer bringen. Dann werdet ihr erkennen, dass ich es war, der euch aus Ägypten geführt hat.«

Mose erwiderte: »Aber wenn ich zu meinem Volk komme und sage, der Gott Abrahams hat mich gesandt,

dann werden sie fragen: Wie heißt er? In Ägypten haben alle Götter Namen. Du heißt nur einfach ›Gott‹. Was soll ich sagen, wenn sie nach deinem Namen fragen?«

»Ich brauche keinen Namen wie die ägyptischen Götter«, kam die Antwort aus dem brennenden Dornbusch. »Ich bin ja der einzige Gott, der Gott Abrahams, Isaaks und Jakobs. Aber ich will dir trotzdem einen Namen sagen, bei dem ihr mich nennen könnt: ›Ich werde sein, der ich sein werde‹« – das heißt in der hebräischen Sprache »Jahwe«. Mose sollte also den Israeliten sagen: Jahwe hat mich geschickt.

Aber Mose hatte Angst. Ja, früher, da war er noch jung und stolz gewesen. Da hätte er sich so eine Aufgabe vielleicht zugetraut. Aber damals war alles schief gegangen. Warum sollte es jetzt einfacher sein, wo er schon so viele Jahre gar nicht mehr bei seinem Volk lebte? Wenn Gott ihn damals beauftragt hätte ..., aber jetzt – nein, das war vorbei.

»Herr«, sagte er, »die Israeliten werden mir gar nicht glauben, dass du mich geschickt hast.«

Gott antwortete: »Ich zeige dir, woran sie erkennen können, dass ich mit dir geredet habe. Wirf den Hirtenstab, den du in der Hand hast, weit von dir!«

Mose wunderte sich über diesen Befehl, aber er tat es. Da bewegte sich der Stock und wand sich zwischen den Steinen hindurch – er war zu einer Schlange geworden. Ängstlich sprang Mose zurück.

Da sagte Gott: »Fass die Schlange am Schwanz!«

Mose hatte schon manches Mal in der Wüste mit Schlangen zu tun gehabt. Man musste sie, wenn überhaupt, direkt hinter dem Kopf fassen. Aber mit klopfendem Herzen tat er, was Gott ihm gesagt hatte. Ein schneller Griff – da war die Schlange gerade und fest und wieder zum Hirtenstab in seiner Hand geworden.

»Steck deine Hand unter das Gewand!«, befahl Gott. Als Mose es tat, wurde sie ganz weiß, wie von einer Hautkrankheit. Als er sie auf Gottes Weisung noch einmal hineinsteckte, war sie wieder wie vorher.

»Es stimmt, Herr, dass die Israeliten erstaunt sein werden, wenn sie das sehen. Aber du weißt, ich bin nicht sehr redegewandt. Und vor meinem Volk und vor dem Pharao muss man gut reden können.«

»Ich habe doch die Menschen und ihre Sprache geschaffen«, sagte Gott. »Es ist für mich nicht schwer, dir die richtigen Worte in den Mund zu legen.«

Aber Mose sträubte sich noch immer. »Gott, sende doch einen anderen!«

Da wurde Gott zornig. »Nein, Mose, du sollst es tun! Wenn du Angst vor dem Reden hast, nimm deinen Bruder Aaron zu Hilfe, der kann es besser. Aber du sollst mein Bote sein und Israel in die Freiheit führen!«

Da ging Mose los, um zu tun, was Gott ihm aufgetragen hatte.

2. Mose 3,1-4,17

Israel wird noch schwerer bedrückt

»Wir sind eine Abordnung der Hebräer und wollen den König sprechen«, sagte Aaron zu der Wache am Tor.

Neben ihm standen Mose, der nach Ägypten zurückgekehrt war, und die Oberhäupter der großen israelitischen Familien.

Sie mussten lange warten, aber dann wurden sie doch hineingelassen. Mose kannte sich hier im Palast noch gut aus. Aber von den Menschen, an denen sie vorbeigingen, kannte er niemanden mehr. Und ihn erkannte auch keiner.

»Eine Abordnung der Hebräer?«, fragte der Pharao, als sie in den Thronsaal kamen. Auch den Pharao, der jetzt regierte, kannte Mose nicht mehr. »Seit wann schickt euer Volk denn Abordnungen?«

»Wir haben dir etwas mitzuteilen von Jahwe, dem Gott unseres Volkes Israel«, begann Aaron. »Er lässt dir sagen: Erlaube meinem Volk, dass es drei Tagereisen weit in die Wüste zieht und da ein Fest feiert und mir ein Opfer bringt!«

Der Pharao brach in schallendes Gelächter aus. »Wer lässt mir das sagen? Der Gott Israels? Den kenne ich nicht, und ich habe auch keinen Grund, auf ihn zu hören. Ihr glaubt doch nicht im Ernst, dass ich euer Volk ziehen lasse!«

»Bitte, lass uns gehen!«, sagte Aaron noch einmal mit Nachdruck.

Da verfinsterte sich das Gesicht des Königs plötzlich. Eben hatte er noch spöttisch gelacht, jetzt wurde er wütend und schrie: »Ihr wollt nur eure Leute von der Arbeit abhalten! Aber das lasse ich nicht zu! Im Gegenteil, ich werde euch noch härtere Arbeit auferlegen! Ihr habt wohl noch zu viel Zeit, dass ihr über Feste nachdenken könnt!«

Dann winkte er seinen Minister für hebräische Angelegenheiten herbei, der in der Nähe stand und zuhörte. »Welche Arbeit tun die Hebräer eigentlich?«, fragte er ihn.

»Sie stellen vor allen Dingen Ziegelsteine her. Dort, wo es Lehmboden gibt, müssen sie graben und den Lehm mit Häcksel vermischen, mit kleinen Stücken von Stroh. Die Masse streichen sie in eine Form und brennen sie hart. Eine ganz bestimmte Zahl von Ziegelsteinen müssen sie am Tag schaffen, sonst werden sie ausgepeitscht.«

»Und woher kriegen sie das Stroh?«, fragte der Pharao.

»Das holen wir von unseren Bauern und liefern es ihnen«, antwortete der Minister.

»Das hört ab heute auf!«, befahl der Pharao streng. »Die Hebräer sollen sich selbst ihr Stroh besorgen. Aber sie sollen die gleiche Menge Ziegel herstellen wie bisher!«

Aaron erlaubte sich einen Einwand: »Erhabener Pharao, die Israeliten haben kein Stroh, weil sie Viehzüchter sind und kein Getreide anbauen. Wie sollen sie …«

»Dann sollen sie es eben im ganzen Land zusammensuchen!«, brüllte der Pharao. »Kein Wort mehr darüber!

Ich habe es befohlen, und dabei bleibt es! Ihr seid entlassen!«

Es begann eine schreckliche Zeit. Natürlich konnten die Israeliten die Arbeit nicht schaffen. Immer wieder wurden sie ausgepeitscht. Die Ägypter hatten einige Israeliten als Aufseher über die anderen eingesetzt. Die waren nun besonders schlimm dran, denn sie sollten ja ihre eigenen Leute antreiben. Das konnten sie nicht, und darum wurden sie schwer bestraft.

Die Aufseher gingen zum Pharao und baten ihn, er solle ihnen doch wenigstens wieder Stroh liefern lassen. Aber der brüllte nur: »Ihr seid faul! Von wegen – in die Wüste gehen und ein Fest feiern! An die Arbeit mit euch!«

Als die Aufseher der Israeliten niedergedrückt aus dem Palast kamen, standen Mose und Aaron da. Sie wollten wissen, was die Aufseher erreicht hatten. Aber die ließen ihre ganze Wut an den Brüdern aus: »Das habt ihr nun von euren verrückten Ideen! Ihr wolltet Israel befreien! Und was ist jetzt? Es geht uns schlechter als vorher! Gott wird uns helfen, habt ihr gesagt. Und wo ist seine Hilfe jetzt? Er sollte euch bestrafen!« Ohne eine Antwort abzuwarten, gingen sie davon.

Mose zog sich an eine einsame Stelle zurück, wo er ungestört beten konnte. »Warum lässt du das zu, Herr?«, sagte er bitter. »Du wolltest doch das Volk befreien, aber es muss immer mehr erleiden! Und mir machen sie Vorwürfe! Ach Herr, hättest du mich doch nicht hierher geschickt, sondern mich in der Wüste bei meinen Schafen gelassen!«

Gott antwortete Mose: »Hab nur Geduld! Du wirst sehen, was ich mit dem Pharao vorhabe. Er soll gezwungen werden, euch freizulassen. Ja, ich werde sogar dafür sorgen, dass er euch wegschickt, weil er euch unbedingt loswerden will. Hab nur Geduld!«

2. Mose 5,1-6,1

Passa

»Was machst du da?«, fragten die Kinder.

»Das seht ihr doch«, antwortete der Vater. »Ich streiche Blut von dem geschlachteten Lamm an die Türpfosten.«

»Aber warum tust du das?«

»Gott hat es befohlen.«

»Aber warum hat Gott es befohlen?«

»Das weiß ich nicht«, antwortete der Vater. »Jedenfalls nicht so genau. Aber es soll uns retten. Besonders dich, meinen ältesten Sohn.«

»Mich?«, fragte der größte Junge. Der Vater nickte, strich seinem Sohn über den Kopf und machte sich wieder an die Arbeit.

So oder so ähnlich unterhielten sich an diesem Abend viele Väter der israelitischen Familien mit ihren Kindern. Man konnte es schon sehen, wenn man nur die Dorfstraße entlangblickte: Überall hatten die Väter Pflanzenbüschel in der Hand. Die tauchten sie in Töpfe mit Blut und strichen damit die Türpfosten an.

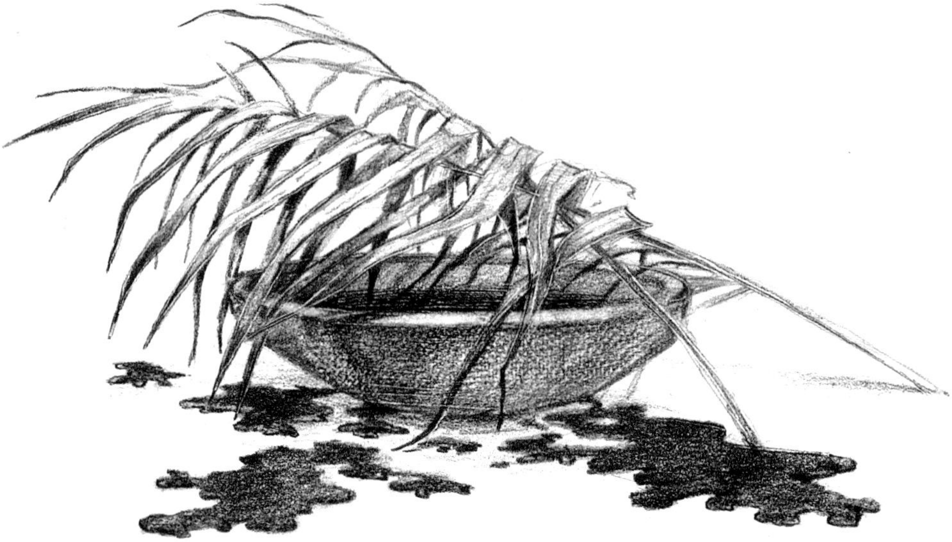

»So«, sagte der Vater, und alle anderen Väter sagten es so ähnlich. »Jetzt geht alle ins Haus. Und niemand darf es bis morgen früh verlassen. Hört ihr? Das ist ganz wichtig!«

Allen war unheimlich zumute. Sie drängten sich drinnen um den Tisch. Es roch gut. Über dem Feuer briet Fleisch.

»Ehe ihr euch zum Essen niederlasst, ist noch etwas anderes zu tun«, sagte der Vater. »Mose hat es uns genau gesagt. Jeder zieht sich jetzt so an, als wenn er eine lange Wanderung vor sich hätte. Zieht eure Reisekleider an, und wer barfuß ist, soll Schuhe anziehen.«

Alle liefen auseinander und suchten ihre Sachen zusammen. Die Kleinen hatten einen riesigen Spaß dabei, aber die Großen schüttelten die Köpfe und wunderten sich über diese merkwürdigen Anordnungen.

Dann saßen sie gemeinsam am Tisch. Einige hatten sogar einen Wanderstab bei sich.

Das Fleisch wurde aufgetragen. Aber es schmeckte den Kindern nicht gut, denn es war mit bitteren Kräutern gewürzt. »So bitter wie diese Kräuter war unsere Zwangsarbeit in Ägypten«, sagte der Vater, aber die Kinder sahen ihn nur verständnislos an. Dazu gab es Brot, aber auch das war anders als sonst.

»Warum schmeckt das Brot so … so fade?«, fragte eins der größeren Kinder.

Die Mutter antwortete: »Es ist kein Sauerteig drin!«

»Hast du den vergessen?«, fragten die Kleinen.

»Nein«, antwortete der Vater, »Mose hat gesagt, wir sollen Brot ohne Sauerteig backen. Damit zeigen wir, dass wir reisefertig sind. Denn wenn man auf einer langen Wanderung ist, kann man ja kein Brot backen, das so vorbereitet werden muss, wie Brot aus Sauerteig.«

Sie aßen und tranken und dankten Gott für die Gaben. Dann wurden die Kinder ins Bett geschickt. Viele Väter und Mütter nahmen an diesem Abend ihren ältesten Sohn noch einmal besonders in den Arm.

Und wo die Väter alt waren und der älteste Sohn schon erwachsen, da gab es noch lange Gespräche, immer wieder einmal unterbrochen von einem scheuen Blick zur Tür.

Schließlich legten sich aber auch die Erwachsenen schlafen. Doch sie schliefen unruhig und wachten am nächsten Morgen früh auf. Mancher Vater und manche Mutter schaute auf die schlafenden Kinder und horchte auf ihren Atem.

Endlich ging die Sonne auf. Vorsichtig wurden überall bei den Häusern der Israeliten die Türen geöffnet. Da standen die Männer und Frauen zwischen den blutbeschmierten Pfosten und grüßten sich wortlos über die Straße hinweg.

Ob es so gekommen ist, wie Mose gesagt hat?, dachten sie alle. Aber sie sagten nichts. Sie warteten nur.

Da – ein Schrei erklang aus dem Haus eines Ägypters, der in der Nähe wohnte. Er stürzte auf die Straße. »Mein Sohn!«, schrie er. »Mein Sohn ist tot!«

Bald waren alle Leute wach.

Da kam auch schon ein Bote geritten. Es war ein Israelit. »Es ist alles so gekommen, wie Gott es gesagt hat!«, rief er schon von weitem. »In jedem Haus der Ägypter ist der älteste Sohn gestorben. Es ist ein furchtbares Geschrei im ganzen Land! Auch der Sohn des Pharao ist gestorben. Jetzt hat Gott bewiesen, dass er sich nicht länger vom König hinhalten lässt!«

»Warum hat der Pharao nur nicht früher auf Gott gehört! So viel Unglück hat Gott ihm schon geschickt, Ungeziefer und Krankheiten!«, fragten die einen.

»Ja, aber der Pharao wollte uns nicht ziehen lassen. Jetzt musste Gott so deutlich mit ihm reden«, antworteten die anderen.

»Was sollen wir jetzt tun?«

»Ihr seid ja schon zum Wandern fertig angezogen«, sagte der Bote. »Nehmt alles, was ihr besitzt, und geht zu dem vereinbarten Treffpunkt. Ich muss schnell weiter und im nächsten Ort Bescheid sagen!«

Der Reiter preschte davon. Die Leute gingen in ihre Häuser, um alles, was sie mitnehmen konnten, zusammenzupacken. Und die Väter nahmen ihren ältesten Sohn bei der Hand, zeigten auf das Blut neben und über der Tür und sagten: »Das war das Zeichen, dass hier Israeliten wohnen. Das Blut hat dich vor dem Gericht Gottes gerettet, mein Sohn!«

Erstaunt und noch nachträglich erschrocken sahen die Söhne ihre Väter an. »Aber wusste denn Gott nicht auch ohne das Blut, dass wir sein Volk sind?«

Darauf wussten die Väter keine Antwort. Sie ahnten ja nicht, dass dieses Zeichen einmal für alle Menschen wichtig werden sollte.

2. Mose 11,1-12,33

Durchs Schilfmeer

Es war kein Irrtum: Pharao kam mit seinem Heer immer näher!

Als die Israeliten fortgezogen waren, hatte er sich schon bald geärgert, dass er es ihnen erlaubt hatte. Besonders Leid tat ihm, dass er, der große Pharao, sich damit dem Willen der verachteten Hebräer gebeugt hatte.

Aber das konnte er ja wieder in Ordnung bringen! Wozu hatte er schließlich seine schnellen Kampfwagen! Das waren die modernsten, die es überhaupt gab. Zweirädrige Wagen, von schnellen Pferden gezogen, auf denen neben den Wagenlenkern Bogenschützen standen. Mit ihnen würde er die Israeliten in wenigen Stunden einholen. Denn die konnten mit ihren Kindern und alten Leuten, mit Traglasten und Viehherden noch nicht sehr weit sein.

Wenn ich sie erreicht habe, werde ich sie zurücktreiben und schwer bestrafen. Wer sich zur Wehr setzt, wird getötet, hatte er sich geschworen.

Jetzt schaute alles Volk gebannt auf die herandonnernden Wagen. Man konnte schon einzelne Soldaten auf den Wagen erkennen. In der Mitte fuhr der Pharao selbst in einem besonders prächtigen Wagen mit rassigen weißen Pferden davor.

Einige Leute schrien vor Angst, andere schwiegen bedrückt, manche Kinder weinten und klammerten sich an ihre Eltern. Wutentbrannt drängten sich Männer und Frauen an Mose heran und machten ihm Vorwürfe.

Hinter ihnen die Armee der Ägypter, vor ihnen das Schilfmeer – es gab keinen Ausweg! Hier in der Wüste würde ihr Traum von der Freiheit bald schon ein schreckliches Ende finden.

Da geschah etwas Merkwürdiges. Tagsüber wurden sie immer von einer Wolke begleitet, die ihnen den Weg wies. In der Nacht zeigte ihnen dann eine Feuersäule, dass Gott bei ihnen war. Und jetzt erhob sich die Wolke, die vor ihnen gestanden hatte, und wanderte auf die andere Seite. Nun stand sie zwischen den Israeliten und dem ägyptischen Heer.

Inzwischen war es fast dunkel geworden. Die Ägypter sahen plötzlich in der Abenddämmerung vor sich eine dichte Wolkenwand. So etwas gab es hier selten, und es war ihnen unheimlich. Sie trauten sich nicht, in den Nebel hineinzufahren, und hielten ihre Pferde an.

»Wir warten!«, befahl der Pharao. »Sie können uns ja nicht entkommen, denn vor ihnen ist das Schilfmeer. Wenn die Wolke sich verzogen hat, fallen wir über sie her.«

So dunkel die Wolke auf der Seite der Ägypter aussah, so hell leuchtete sie auf der Seite der Israeliten. Ein wenig Angst war ihnen schon genommen. Aber was sollten sie jetzt tun?

Sie stießen sich gegenseitig an und zeigten zu Mose hinüber. Der stand am Ufer des Schilfmeeres und hob seinen Stab über das Wasser. Es entstand ein Brausen, Wind kam auf, immer stärker und stärker wurde er. Die Leute hielten alles fest, was weggeweht werden konnte, und blickten staunend auf das Meer hinaus. Direkt vor ihnen blies der Wind so stark, dass das Wasser zur Seite gedrängt wurde. Es entstand ein breiter Streifen mitten im Schilfmeer, bei dem schon der Boden sichtbar wurde. Schließlich lag vor ihnen eine richtige Furt, an deren Seiten sich das Wasser zu einer hohen Wand staute, nur durch den Sturm festgehalten.

Jetzt winkte Mose. Wollte er etwa da durchgehen? Tatsächlich – er nahm sein Bündel auf und marschierte als erster auf dem feuchten Meeresgrund.

Gott hatte ein Wunder getan! Die Israeliten fassten neuen Mut. Eine Familie nach der anderen nahm ihre Habe und folgte Mose.

Als die Wolke sich langsam vor den Ägyptern hob, trieben sie ihre Pferde zur Eile an und erreichten schon bald das Ufer des Schilfmeeres. Aber die Hebräer waren nicht mehr da!

»Wo sind sie hin?«, schrie der Pharao wütend.

»Sieh da, Pharao!« Ein Offizier deutete auf die Straße, die mitten durchs Meer führte. Kein Mensch und kein Tier war mehr zu sehen, aber es war klar, dass die Israeliten durchs Meer gezogen sein mussten.

»Hinterher!«, brüllte der König gegen den Sturm an. Er winkte, und sein Wagenlenker trieb die Pferde an. Bald schon begannen sich die Räder in den Schlamm einzugraben, aber verbissen trieb der Pharao seine Armee weiter voran.

Inzwischen war eben das letzte Lämmchen von der langsamsten Herde am anderen Ufer aus dem Schilf heraus auf trockenes Land gesprungen. Gerade ging die Sonne auf. Da wandte sich Mose wieder dem Meer zu und hob seinen Stab darüber. Sofort hörte der Wind auf zu blasen, und das Wasser stürzte wieder zurück.

Als es hell geworden war, blickten die Israeliten gebannt zurück auf das Meer, durch das sie eben noch gezogen waren. Von den Ägyptern war nichts mehr zu sehen. Nur ein paar Holzteile von den Kampfwagen schwammen auf dem Wasser.

Lauter Jubel brach aus. Mirjam schlug die Trommel, und Mose sang ein Lied, so wie es ihm gerade einfiel. Er sang immer eine Zeile vor, und die anderen sangen nach. »Gott ist meine Stärke, mein Danklied und meine Rettung«, sang er. »Ich will ihn immer loben.«

2. Mose 14,1-15,21

Gott versorgt sein Volk

Das Land, wo Milch und Honig fließt – ganz sicher, das war Kanaan, das Land, aus dem Josef als Sklave nach

Ägypten verkauft worden war. Aber um dorthin zu kommen, mussten die Israeliten durch die Wüste ziehen.

Drei Tage waren sie nun schon unterwegs, seit sie das Schilfmeer hinter sich gelassen hatten. Es war heiß, die Wasservorräte waren verbraucht, und alle hatten Durst.

Da sahen sie in der Ferne Büsche. Ob die auf eine Oase hinwiesen?

Ein paar junge Leute liefen hin, um nachzusehen. Tatsächlich, da war ein kleiner Teich.

Doch kaum hatte einer den ersten Schluck getrunken, spuckte er das Wasser auch schon wieder aus. Auch einige andere, die inzwischen die Wasserstelle erreicht hatten, probierten es vorsichtig – es war bitter. Man konnte es nicht trinken.

Alle waren furchtbar enttäuscht. »Wir brauchen Wasser, sonst verdursten wir und unser Vieh!«

»Ich werde Gott um Wasser bitten«, sagte Mose. Er zog sich zurück, um zu beten. Da sah er vor sich ein trockenes Stück Holz liegen. Er nahm es, ging zurück zu dem Teich und warf es hinein.

»Nun probiert!«, forderte er die umstehenden Leute auf. Die schüttelten die Köpfe. Sie hatten doch eben erst probiert. Warum sollte sich etwas geändert haben? Aber weil Mose es gesagt hatte, tauchten einige doch einen Finger ins Wasser und leckten vorsichtig daran.

Das Wasser war genießbar! Überhaupt nicht bitter! Jetzt drängten sich alle heran und wollten ihren Durst löschen. Aaron und Moses Diener Josua mussten für Ordnung sorgen, damit alle Menschen und Tiere an die Reihe kamen. Zum Schluss war sogar noch genug Wasser vorhanden, um es in Gefäße abzufüllen.

Genügend Wasser zu finden, war die eine Sorge. Aber es gab noch eine andere: Die vielen Leute mussten auch etwas zu essen haben.

Mose und Aaron rechneten. Das Brot, das sie mitgenommen hatten, war fast aufgegessen. Ein paar Schafe waren schon geschlachtet worden. Natürlich gab es noch Vieh. Aber sie durften ja nicht alles schlachten, sonst konnten sie später keine Herden mehr züchten. Was war zu tun? Es fiel ihnen nichts ein.

Als sie nach einigen Tagen, die sie an der Oase verbracht hatten, weiterzogen, wurde der Hunger immer größer. Die Kinder konnten nicht mehr laufen, und auch die Erwachsenen waren fast zu schwach, um noch voranzukommen.

Schließlich traten einige Männer vor Mose und Aaron hin und ließen ihrem Ärger freien Lauf. »Warum hast du uns überhaupt aus Ägypten geführt? Da hatten wir täglich unser Fleisch im Topf und Brot genug. Aber jetzt müssen wir hier in der Wüste verhungern!«

»Ich weiß auch keine Lösung«, sagte Mose. »Ich kann nur darauf vertrauen, dass Gott uns hilft.«

»Dann wird es aber höchste Zeit, dass er das tut! Sonst kommt seine Hilfe zu spät, weil wir alle verhungert sind!«

Mose ging in sein Zelt und betete. Nach einer Weile kam er wieder

heraus und sagte zu Aaron: »Ruf das ganze Volk an den Rand des Lagers!«

Als alle versammelt waren, erschien die Wolke wieder. Alle merkten, dass Gott aus der Wolke redete, aber sie konnten nichts verstehen. Nur Mose verstand, was Gott ihm sagte.

Dann sprach Mose zu dem Volk: »Gott wird euch zu essen geben. Heute Abend werdet ihr Fleisch bekommen und morgen früh Brot. Vertraut ihm nur!«

Die Leute waren beeindruckt, aber Sorgen machten sie sich trotzdem noch. Wie sollte hier, mitten in der Wüste, auf einmal Fleisch für alle da sein?

Als es Abend wurde, schreckten sie plötzlich auf. Die ganze Luft war erfüllt von lautem Kreischen und Flattern. Ein großer Vogelschwarm flog über das Lager und ließ sich nach und nach zwischen den Zelten nieder.

Bei einbrechender Dunkelheit brannten überall kleine Lagerfeuer, über denen an Spießen Wachteln gebraten wurden.

Am nächsten Morgen kam sehr früh ein Mädchen zu seiner Mutter gerannt. »Sieh mal, Mutter, was wir gefunden haben! Es schmeckt gut!« Es öffnete die Faust. Auf seiner Handfläche lagen kleine, helle Kügelchen.

»Es schmeckt?«, fragte die Mutter zweifelnd. »Bist du sicher, dass man es essen kann?«

»Natürlich! Viele Kinder haben davon gegessen. Keiner hat Bauchschmerzen bekommen. Ich auch nicht.«

Inzwischen waren noch andere Erwachsene herbeigekommen.

»Vielleicht ist es das Brot, das Gott uns versprochen hat«, sagte einer und hielt seine Nase über die Hand des Kindes, um daran zu riechen. »Wie schmeckt es denn?«

Das Mädchen überlegte: »Es schmeckt wie … wie Waffeln. Wie Brot, das mit Honig gesüßt ist.«

Jetzt kam Mose herbei. »Dies ist das Brot, das uns Gott versprochen hat. Ihr könnt alle hinausgehen und es auflesen. Es ist genug da, dass jeder einen Krug füllen kann.«

Schnell verbreitete sich die Nachricht im Lager, dass Gott ihnen Brot vom Himmel hatte fallen lassen. Alle nahmen Krüge und liefen in die Wüste hinaus, um es einzusammeln.

Bald hatte sich auch ein Name für das neue Nahrungsmittel gefunden: Manna. Das klang so ähnlich wie die Frage: »Was ist das?« auf Hebräisch.

Einige Israeliten sammelten besonders viel von dem Manna ein. Falls es morgen doch nichts Neues geben würde, wollten sie wenigstens einen Vorrat für einige Tage angelegt haben.

Aber zu Hause stellten sie erstaunt fest, dass sie gar nicht mehr hatten als die anderen. Gott wollte, dass sie lernten, ihm jeden Tag neu zu vertrauen.

2. Mose 15,22-16,18

Die Israeliten müssen kämpfen

Zwei junge Männer kamen eilig herbeigerannt. »Mose, Mose!«, riefen sie schon von weitem. Mose kam schnell aus seinem Zelt. Außer Atem blieben die beiden vor ihm stehen.

»Du hast uns vorausgeschickt, um die Gegend zu erkunden.Und da haben wir es gesehen – ein großes Heer. Sie kommen auf uns zu!«

»Das müssen die Amalekiter sein«, sagte Mose. »Ich kenne sie noch von der Zeit, als ich hier in der Gegend wohnte. Es sind wilde Krieger, die von dem leben, was sie erbeuten. Wenn sie uns entdecken, werden sie uns sofort überfallen und ausplündern.«

»Was tun wir?«, fragten entsetzt alle, die um ihn herumstanden. »Können wir uns gegen sie wehren? Wie viele sind es?«

»Es werden etwa so viele Männer sein wie bei uns«, schätzten die beiden Späher.

»Aber wenn es Krieger sind, dann können sie kämpfen«, meinte Aaron. »Unsere Männer aber haben ihr Leben lang nichts anderes getan, als Schafe zu hüten und Ziegel zu brennen.«

Josua, der Diener und Freund Moses, schaute sorgenvoll in die Runde: »Außerdem sind wir nicht gut bewaffnet. Wir haben nur ein paar gute Schwerter, Spieße und Bogen. Wir müssen uns mit anderen Sachen behelfen.«

»Beratet nicht so lange!«, mahnte Mose. »Die Feinde können bald hier sein. Josua, du stellst schnell aus den waffenfähigen Männern ein Heer auf. Am besten lässt du die Männer aus einer Familie immer eine Abteilung bilden. Aaron und ich sind zu alt, um noch zu kämpfen. Aber wir werden etwas anderes tun, was jetzt genauso wichtig ist. Wir werden mit meinem alten Freund Hur auf den Hügel dort gehen und zu Gott beten. Dort könnt ihr uns sehen, und vielleicht gibt euch das Mut. Macht schnell!«

Josua traf seine Anordnungen. Frauen, Kinder und alte Leute mussten sich zurückziehen. Manche taten das weinend und in großer Angst. Nur die kleinen Kinder fürchteten sich nicht, weil sie sich unter einer Schlacht nichts vorstellen konnten. Die unter den Alten und den Frauen, die immer zu Gott beteten und ihm vertrauten, versuchten, den anderen Mut zuzusprechen.

Alle Männer, die kämpfen konnten, suchten sich Waffen. Da sah man einige mit einer scharfen Sense, andere mit einem schweren Holz als Keule oder einer Zeltstange als Spieß und einem großen Messer, wie man es für die Schafschur brauchte, im Gürtel. Einige hatten aber auch Äxte, und manche sogar richtige Schwerter, die sie in Ägypten gekauft hatten.

Da standen sie nun, von Josua nur in aller Eile auf den Kampf vorbereitet, und warteten auf die Feinde. Zwar versuchten die meisten, es sich nicht anmerken zu lassen, aber alle hatten Angst. Sie hatten noch nie gekämpft. Verstohlen schauten sie zu dem Hügel hinüber, wo Mose stand und mit erhobenen Armen betete. Wenn Gott ihnen nicht half, hatten sie keine Chance!

Da kamen sie!

In breiter Front stürmten die Amalekiter über einen flachen Hügel. Es war ein beeindruckendes Heer. Ihre Waffen blitzten in der Sonne.

Auf der Höhe hielten die Amalekiter. Sie mussten erst die Aufstellung der Feinde genau betrachten und einen Plan machen.

Josua rief: »Wir warten, bis sie angreifen. Habt keine Angst! Gott ist mit uns!«

Es dauerte auch nicht lange, da stürmten die Amalekiter auf sie zu. Es gab ein wildes Schlagen und Fechten. Schwerter trafen klirrend auf Äxte, Keulen trafen mit dumpfem Schlag auf Schilde.

Der Kampflärm drang bis zu Mose auf den Hügel. Der betete mit hoch erhobenen Händen: »Herr, unser Gott, bewahre doch dein Volk. Du hast uns sicher nicht aus Ägypten geführt und vor dem Verhungern und Verdursten gerettet, damit uns diese Krieger umbringen!«

»Unsere Leute drängen die Amalekiter zurück!«, rief Aaron.

Mose schaute hinunter. Tatsächlich – die Feinde zogen sich zurück. Mose ließ die Arme sinken.

In dem Moment gewannen die Amalekiter wieder die Oberhand. Sie drangen vor. »Hilf uns, Gott!«, rief Mose und hob die Hände erneut. Und während er betete, beobachteten die beiden anderen Männer, wie der Widerstand der Israeliten stärker wurde und sie die Feinde wieder zurückzudrängen begannen.

»Immer, wenn du betest, siegen unsere Leute!«, stellte Hur fest. »Wenn du aufhörst, siegen die anderen. Bete weiter, Mose!«

Mose schrie zu Gott. Die beiden bemerkten, dass er seine Arme nicht mehr hochhalten konnte, weil die Schlacht so lange dauerte. Da wälzten sie einen Stein heran, auf den Mose sich setzen konnte. Sie stellten sich rechts und links neben ihn und hielten seine Arme.

Eine Weile noch tobte der Kampf. Aber die Amalekiter wichen immer

schneller zurück. Schließlich machten sie kehrt und flohen, so schnell sie konnten, in die Wüste.

Die Israeliten verfolgten sie nicht weiter. Sie eilten zu ihren Frauen und Kindern zurück, umarmten sie, jubelten und tanzten. Dann blickten sie zu dem Hügel hinauf.

Mose hielt immer noch mit Hilfe von Aaron und Hur die Arme in die Höhe. Aber er betete nicht mehr um Hilfe, sondern er dankte Gott.

2. Mose 17,8-13

Die Zehn Gebote

Die Israeliten hatten den Sinai erreicht. An diesem gewaltigen Berg hatte Gott zu Mose aus dem brennenden Dornbusch geredet. Jetzt stand hier Zelt an Zelt in Sand und Geröll.

»Bleibt hier!«, sagte Mose zum Volk. »An diesem Ort ist Gott uns besonders nahe. Ich will auf den Berg steigen und auf ihn hören.«

Es war ein schwieriger Aufstieg in dem schroffen Gebirgsmassiv. Höher und höher mühte sich der alte Mann. Da hörte er, wie ihn die Stimme Gottes vom Berg herab anrief: »Mose, sage dem Volk Israel, was ich dir jetzt sage: Ihr habt alle gesehen, wie ich euch geholfen und hierher gebracht habe, wie ein Adler seine Jungen auf seinen Flügeln trägt. Nun will ich mit euch einen Bund schließen. Wenn ihr meine Gebote haltet und mir treu bleibt, dann sollt ihr mehr als alle anderen Völker mein Volk sein. Ich habe die Erde und alle Völker, die auf ihr leben, geschaffen. Aber ihr sollt in ganz besonderer Weise zu mir gehören. Ihr sollt ein heiliges Volk sein.«

Gott wollte einen Bund mit dem Volk Israel schließen, so ähnlich wie der Bund, den zwei Liebende eingehen, wenn sie heiraten.

Langsam und ganz in Gedanken versunken stieg Mose vom Berg herab. Als er im Lager ankam, rief er die verantwortlichen Männer der Familien zusammen und erzählte ihnen, was Gott gesagt hatte. »Wollt ihr diesen Bund mit Gott schließen?«, fragte er. »Wollt ihr euch nach seinem Willen richten und sein heiliges Volk sein? Überlegt es euch gut!«

»Ja, das wollen wir!«, hörte Mose von überall. »Natürlich. Wir gehören zu Gott. Wir schließen den Bund!«

Da stieg Mose wieder auf den Berg. »Heiliger Gott!«, betete er. »Das Volk will den Bund mit dir schließen. Sie wollen dein Volk sein und deine Gebote halten.«

Da sprach Gott zu Mose: »Ich werde dir meine Gebote sagen. In zwei Tagen werde ich so auf diesem Berg erscheinen, dass ganz Israel hören und sehen kann, dass ich es bin, der mit dir spricht. Bereitet euch auf diesen Tag vor wie auf ein großes Fest.«

Als an dem Tag, von dem Gott gesprochen hatte, die Sonne aufging, entstand auf einmal um den Berg Sinai herum eine dichte Wolke. In der Wolke blitzte es, und der Donner grollte laut über das Lager hin. Gleichzeitig

war ein langer, lauter Ton zu hören, so, als würde eine riesige Posaune geblasen.

Die Israeliten erschraken. Aber als Mose ihnen Mut machte, trauten sie sich, näher an den Berg heranzugehen. Er rauchte wie ein Vulkan und zitterte wie bei einem Erdbeben.

Da hörten sie alle die Stimme Gottes, die Mose und Aaron auf den Berg rief.

Und das sind die Zehn Gebote, die Gott an diesem Tag durch Mose seinem Volk gab:

»Ich bin der Herr, dein Gott. Ich habe dich aus der Sklaverei in Ägypten geführt. Darum sollst du keine anderen Götter haben. Du sollst nur mich anbeten.

Mache dir kein Götzenbild. Gott ist mit nichts zu vergleichen. Wenn du selbst gemachte Götzenbilder anbetest und ihnen opferst, als wenn sie Gott wären, werde ich dich bestrafen, und sogar deine Kinder und Enkel werden darunter zu leiden haben. Dabei will ich dir doch viel lieber Gutes tun und barmherzig sein. Und das werde ich auch, wenn ihr mich liebt und meine Gebote haltet.

Du sollst den Namen Gottes nicht in böser Absicht nennen oder ihn verachten, sondern ihn mit Ehrfurcht aussprechen.

Der siebte Tag der Woche soll ein Feiertag sein. So wie Gott in sechs Tagen die Welt schuf und sich dann ausruhte, sollst du auch an sechs Tagen arbeiten und am siebten Tag ruhen.

Du sollst deinen Vater und deine Mutter ehren.

Du sollst nicht töten.

Du sollst nicht ehebrechen.

Du sollst nicht stehlen.

Du sollst nichts Falsches über einen anderen sagen.

Du sollst nicht haben wollen, was einem anderen gehört, weder sein Haus, noch seine Frau, seine Knechte, sein Vieh oder sonst etwas.«

Gott nannte noch viele andere Dinge, die sein Volk beachten sollte. Aber eigentlich war alles, was für das Leben der Menschen mit Gott und miteinander wichtig war, in den Zehn Geboten schon enthalten.

Diese Gebote sollten die Israeliten immer vor Augen haben. Deshalb schrieb Gott selbst sie auf zwei Tafeln aus Stein und gab sie Mose und seinem Knecht Josua.

2. Mose 19 und 20; 31,18

Das Stierbild aus Gold

»Wann kommt denn Mose endlich wieder?«, fragten die Leute Aaron ungeduldig. »Schon ein paar Wochen ist er mit Josua wieder auf dem Sinai!«

Andere riefen: »Das geht doch nicht, dass einer ein großes Volk führen will und so lange nicht da ist!«

Aaron wollte sie beruhigen. »Gott führt doch eigentlich das Volk, nicht Mose!«

»Ha, ha!«, rief einer höhnisch. »Dass ich nicht lache! Gott führt das Volk! Wir können ihn ja noch nicht einmal sehen! Ihr habt uns eine Grenze gezogen, damit wir nicht näher an den Berg herankommen. Und nur du, Josua und Mose dürfen dort hinauf.«

Ein anderer rief: »Überhaupt: Mose, Mose, Mose – immer wieder nur er. Wir wollen auch Gott sehen!«

»Aber Gott kann man nicht sehen!«, rief Aaron. »Auch Mose hat ihn nicht gesehen.«

»Das ist es ja, was uns ärgert!«, schrie einer. »Wir wollen einen Gott, den wir sehen können! Alle Völker haben Götter, die man sehen kann!«

»Aber ihr könnt doch nicht ...!« Was Aaron noch sagen wollte, ging in dem allgemeinen Tumult unter. Die Leute schrien und schüttelten drohend die Fäuste gegen ihn. Es war, als wären sie plötzlich alle verrückt geworden. »Mach uns einen Gott!«, brüllten sie. »Einen sichtbaren Gott!«

»Und einen, vor dem wir nicht Angst haben müssen, weil es um ihn herum blitzt und donnert!«

»Ja, einen Gott, der uns nicht vorschreibt, was wir tun sollen, sondern der sich nach unseren Wünschen richtet!«

Das Geschrei wurde so laut, dass Aaron Angst bekam. »Gut! Ich mache, was ihr wollt!«, rief er.

Augenblicklich wurde es still. Aaron wusste, dass er gegen Gottes Gebote verstieß, wenn er tat, was das Volk wollte. Aber er fand nicht den Mut, sich ihm entgegenzustellen.

»Dazu brauche ich Gold!«, sagte er. Er dachte, wenn er Gold von ihnen verlangte, würden sie es sich vielleicht anders überlegen. »Wenn ich kein Gold habe, kann ich euch auch kein Götzenbild machen!«

Aber er hatte sich geirrt. Die Leute jubelten laut und nahmen alle ihren Schmuck ab: Ohrringe, Fingerringe, Halsketten, Armreifen, Kleiderspangen und Broschen. Alles wurde nach vorn gereicht, einiges wurde auch geworfen und landete vor Aarons Füßen. Schnell war ein ziemlicher Haufen Gold da.

Jetzt konnte er erst recht nicht mehr zurück.

Ein Feuer wurde angezündet und mit Blasebälgen ganz heiß gemacht. Als viel helle Glut da war, warf Aaron die Schmuckstücke hinein. Sie schmolzen schnell. Als das Gold weich war, holte er es mit eisernen Werkzeugen heraus und formte daraus einen Stier.

Aaron wusste, dass manche Völker sich ihren Gott so vorstellten. Der Stier ließ an Kraft und Fruchtbarkeit denken. Da würden die Israeliten sicher auch keine Schwierigkeiten haben, den goldenen Stier als ihren Gott anzuerkennen.

Besonders schön war das Götzenbild nicht gelungen. Aaron war ja kein Künstler. Aber das störte die Israeliten nicht. Als die Figur kalt geworden war und Aaron sie dem Volk zeigte, jubelten alle: »Das ist unser Gott! Dieser Gott hat uns aus Ägypten geführt!«

Aaron schichtete Steine aufeinander, so dass ein Altar entstand, stellte den goldenen Stier darauf und sagte: »Morgen feiern wir ein Fest für unseren Gott!«

»Hör mal!«, sagte Josua, als er mit Mose vom Berg kam, und blieb stehen.

»Aus dem Lager hört man laute Stimmen. – Das ist ja so laut, als wäre es Kriegsgeschrei!«

»So schreit man nicht nach einem Sieg und auch nicht nach einer Niederlage«, antwortete Mose. »So jubelt man beim Tanz.«

Beim Tanz?, wunderte sich Josua, aber er sagte nichts. Wortlos kletterten sie weiter hinunter, nur etwas schneller als vorher.

Schließlich erreichten sie das Lager. Als Mose nah bei den Feiernden stand, verstummte plötzlich der Gesang. Die Tanzenden blieben stehen, und eine peinliche Stille breitete sich aus.

Mit einem Blick erfasste Mose, was geschehen war. Da drüben stand ein Altar, darauf ein goldenes Stierbild. Aaron stand verlegen und erschrocken neben dem Götzenbild und wagte nicht, seinen Bruder anzusehen.

»Ihr Sünder! Ihr gottlosen Leute!«, rief Mose voller Zorn. Tränen der Wut und der Trauer standen ihm in den Augen. »Ihr seid es nicht wert, dass Gott zu euch spricht! Heute wisst ihr schon nicht mehr, was ihr erst vor ein paar Tagen versprochen habt! Ihr tretet Gottes Gebote mit Füßen!« Dabei hob er die Steintafeln hoch über den Kopf und schmetterte sie auf einen Felsen, dass sie krachend in tausend Stücke sprangen.

»Entfacht das Schmelzfeuer wieder!«, befahl er. »Und dann werft das Götzenbild ins Feuer!«

Als das Gold zusammengeschmolzen war, ließ Mose es mit einer Feile in lauter winzige Späne zerkleinern. Die streute er ins Wasser und ließ die Israeliten davon trinken.

Am nächsten Morgen sagte Mose: »Ihr habt eine große Schuld auf euch geladen. Aber ich will wieder auf den Berg steigen und Gott bitten, dass er euch vergibt. Vielleicht hat er noch einmal Geduld mit euch.«

Wieder stieg Mose auf den Sinai. »Ach Herr, die Sünde des Volkes ist so groß«, betete er. »Bitte vergib sie ihm dennoch! Wenn du das nicht kannst, wenn du sie vernichten willst, dann vernichte auch mich, denn ich gehöre zu ihnen.«

»Ich strafe nur den, der gesündigt hat«, antwortete Gott Mose. »Aber ich will Israel nicht vernichten. Geht und nehmt das Land ein, das ich Abraham, Isaak und Jakob versprochen habe. Ich selbst aber werde nicht mitgehen.«

»Herr«, betete Mose, »wenn du nicht mitgehst, will ich das Volk auch nicht führen! Was sind wir denn ohne dich!«

»Ich liebe dich, Mose«, war Gottes Antwort, »darum erhöre ich auch dieses Gebet. Ich vergebe dem Volk seine Sünde, und ich werde mit euch in das versprochene Land ziehen.«

2. Mose 32,1-14

Wo Gott nahe ist

»Was machst du da?«, fragte Josua.

Mose saß mit Hammer und Meißel vor einem Felsstück und spaltete eine große Platte heraus. »Gott hat mir gesagt, dass ich Tafeln aus Stein machen soll wie die, die ich im Zorn zerschmettert habe. Er will selbst noch einmal die Zehn Gebote hineinschreiben.«

Als Mose fertig war, nahm er die Steinplatten und stieg wieder auf den Berg hinauf.

Aaron und Josua und die anderen warteten. Ihre Geduld wurde auf eine harte Probe gestellt, denn Mose blieb vierzig Tage auf dem Sinai. Sie wussten, dass er nichts zu essen und zu trinken bei sich hatte. Vielleicht war er schon verhungert oder verdurstet? Aber sie wagten nicht, etwas zu unternehmen, und warteten nur.

Endlich kam Mose zurück. Er hatte die steinernen Tafeln bei sich, auf denen jetzt die Zehn Gebote standen. Aber das Besondere, das allen sofort auffiel, war etwas anderes: Moses Gesicht glänzte hell, als wäre in seinem Inneren ein Licht, das nach außen schien. Während der langen Zeit, in der er ganz nah bei Gott gewesen war, war etwas von Gottes Licht auf ihn übergegangen.

Den Israeliten war das unheimlich. So etwas hatten sie noch nie gesehen. Es kam ihnen nicht nur überwältigend schön vor, sondern machte ihnen auch Angst. Es zeigte ihnen deutlich, wie weit sie selbst von Gott entfernt lebten.

Als Aaron ihm gesagt hatte, dass sein Gesicht leuchtete, hängte Mose sich einen Schleier davor.

Nur wenn er betete, nahm er ihn ab. Sobald er aber wieder unter Menschen trat, zog er den Schleier vor sein Gesicht. Erst allmählich wurde das Leuchten weniger und verschwand schließlich ganz.

Eines Tages sagte Mose zu Hur: »Bitte, schick deinen Enkel Bezalel zu mir. Er ist ein Künstler, der viele Fähigkeiten hat: Er kann Metall gießen und hämmern, Edelsteine schleifen und Holz schnitzen. Gott hat ihm diese Begabungen geschenkt, denn er soll das Heiligtum machen. Es wird ein besonderer Ort sein, an dem Gott bei seinem Volk Israel wohnt.«

Lange besprach Mose mit Bezalel alles, was Gott ihm in den vierzig Tagen aufgetragen hatte. Dann erklärten sie gemeinsam den jungen Männern, die in der näheren und weiteren Umgebung nach dem Material suchen sollten, was sie brauchten. Das waren vor allem Pflanzen, um Tuch zu färben, und Akazienholz, um Möbel zu schreinern. Schließlich konnte sich Bezalel an die Arbeit machen. Andere halfen ihm natürlich. Zuerst machten sie einen großen Zaun, der um den heiligen Platz stehen sollte. Er durfte nicht aus Latten sein, durch die man sehen konnte, sondern aus gespannten Tüchern. In der Mitte des viereckigen Platzes wurde das heilige Zelt errichtet.

Mose forderte alle Israeliten auf, Gold, Silber und Edelsteine zu opfern. Das taten sie nun noch eifriger, als sie für das Götzenbild geopfert hatten.

Mit dem Gold wurden die Zeltstangen und die Möbel im heiligen Zelt überzogen. Edelsteine als Schmuck und feines Leinen verarbeiteten die Frauen für die Gewänder, die die Priester beim Opfer tragen sollten.

Und dann begann Bezalel mit der wichtigsten Arbeit: Für das Innere des heiligen Zeltes machte er einen Kasten, in dem die Tafeln mit den Zehn Geboten aufbewahrt wurden, einen Thron mit Engelsgestalten rechts und links, einen kleinen Tisch und einen Altar, auf dem Rauchopfer verbrannt werden sollten. Alles war aus Akazienholz und mit reinem Gold überzogen, schön verziert und sorgfältig gearbeitet. Der Leuchter aber, der dabeistand, war ganz aus Gold.

Das heilige Zelt, der Zaun und alle Geräte waren so gemacht, dass man sie in kleine Teile zerlegen konnte. Die Israeliten hatten ja noch einen weiten Weg vor sich und sollten das Heiligtum von Ort zu Ort mit sich ziehen lassen.

Als alle Arbeiten abgeschlossen waren, berief Mose eine große Versammlung ein.

»Ihr wisst, dass unser Volk in zwölf Stämme eingeteilt ist, weil Jakob zwölf Söhne hatte. Wenn wir in das Land kommen werden, das Gott uns versprochen hat, soll jeder Stamm ein Gebiet bekommen, in dem er wohnen kann. Nur bei den Nachkommen von Jakobs Sohn Levi soll es anders sein. Die Leviten, die Männer aus dem Stamm Levi, sollen allein für den Gottesdienst da sein. Sie sollen nicht als Bauern arbeiten, darum brauchen sie auch kein Land. Ihre Aufgabe ist es, Gott im Heiligtum zu dienen. Damit sie auch genug zum Leben haben, sollen sie einen Teil der Opfer bekommen, die ihr in das Zelt bringt. Von heute an wollen wir Gott in diesem Heiligtum anbeten und ihm opfern. Unser oberster Priester wird Aaron sein.«

Es war ein großes Fest, als Aaron zum Priester geweiht und der erste Gottesdienst im heiligen Zelt gefeiert wurde.

Die Wolke, die ihnen den Weg bis hierher gezeigt hatte, sank auf das heilige Zelt herab und hüllte es ganz ein. So zeigte Gott, dass er an diesem Ort ganz nah bei den Menschen war.

Als die Israeliten das sahen, freuten sie sich sehr. Gott ließ sie nicht allein, sondern war bei ihnen, obwohl sie gesündigt hatten. Er hatte ihnen vergeben!

Von nun an blieb das Volk an einem Ort, solange wie die Wolke beim heiligen Zelt war. Wenn sie sich aber erhob, zog es weiter. So führte Gott sein Volk.

Und noch oft betete Mose: »Ich danke dir, Gott, dass du mit uns gehst! Wie gut, dass du uns nahe bist!«

2. Mose 34,1-40,38

Die Kundschafter

»Sie kommen! Sie kommen!« Aus allen Zelten traten die Menschen und blickten nach Norden. Tatsächlich – auf den Sanddünen konnte man kleine schwarze Gestalten erkennen, die sich dem Lager näherten.

Vierzig Tage war es her, dass Mose die Kundschafter ausgesandt hatte. Zwölf Mann waren es, von jedem Stamm Israels einer. Sie sollten das Land erkunden, das ihr Ziel war.

Jetzt kamen sie heran. Die Kinder rannten ihnen entgegen, sprangen um sie herum und begleiteten sie in die Mitte des Lagers. Auch Erwachsene schlossen sich an und kamen von überall her vor Moses Zelt zusammen.

Zwei der Männer trugen eine Stange zwischen sich, an der eine besonders große Weintraube hing. Auch andere Früchte hatten sie mitgebracht. Erschöpft legten sie nun alles vor Mose auf die Erde.

Während die Frauen ihre Männer begrüßten und ihnen etwas zu trinken gaben, sagte Mose: »Ich bin froh, dass ihr wohlbehalten zu uns zurückgekehrt seid. Wenn diese Früchte aus dem Land sind, das uns Gott versprochen hat, dann ist das ein gutes Zeichen.«

»Es ist wirklich ein reiches Land«, antwortete Josua, der den Stamm Ephraim vertreten hatte. »Überhaupt kein Vergleich mit dieser Wüste. Äcker und Wiesen gibt es ...«

»Und sogar Wälder!«, unterbrach ein anderer. »Große Bäume, die dicht beieinander stehen. Das hat es sogar in Ägypten nicht gegeben.«

»Es ist wirklich ein Land, in dem Milch und Honig fließen, wie es in dem alten Sprichwort heißt.« Kaleb war begeistert. »Wo seid ihr denn überall gewesen?«, fragte Mose.

»Vom Gebirge sind wir in die Ebene gewandert, die zum Meer führt. Von dort aus sind wir bis weit nach Norden hinaufgekommen, wo man den hohen Libanon sehen kann mit seinen Zederwäldern. Dort soll sogar manchmal Schnee liegen.«

»Was ist Schnee?«, fragte leise ein Kind seine Mutter. »Das erkläre ich dir nachher«, flüsterte die.

Mose sah die müden Wanderer an. »Ich verstehe, dass ihr erschöpft seid von dem langen Weg. Aber wenn das Land wirklich so wunderbar ist, wie ihr sagt, dann wundere ich mich, dass ihr nicht alle begeistert seid.«

Josua und Kaleb schauten zu Mose, aber die anderen zehn sahen sich an. Nachdem sie eine Weile geschwiegen hatten, sagte einer: »Mose, so schön das Land auch ist – wir können nicht hinein!«

»Was?«

Ein unwilliges Murmeln war zu hören. »Die Völker, die dort wohnen, sind zu groß und zu stark!«, erklärte der Mann. »Wir können sie nicht vertreiben!« Jetzt wagten auch die anderen zu sagen, was sie dachten. »Es wohnt nicht nur ein Volk dort, es sind ganz viele. Das ist doch klar – in so einem guten Land leben doch auch viele Leute. Wir waren dumm, anzunehmen, dass das versprochene Land leer ist und nur auf uns wartet.«

»Wir sind ja wirklich keine Feiglinge, aber gegen die können wir nicht kämpfen. Das sind Riesen! Besonders die Nachkommen Anaks, die in der Gegend von Hebron wohnen, sind große Kerle. Wir kamen uns wie Heuschrecken vor. Und sie haben nur stolz

auf uns herabgeschaut, wenn wir vor ihnen standen!«

»Das ist noch nicht alles! Wenn wir sie vertreiben wollten, müssten wir ja ihre Städte angreifen. Aber die sind von dicken und hohen Mauern geschützt. Wenn man davor steht, meint man, sie reichten bis an den Himmel!«

Da ging ein Aufschrei durch die Menge. Frauen und Männer riefen durcheinander: »Du bist Schuld, Mose! Du hast uns in diese ausweglose Situation gebracht. Du hast uns vorgegaukelt, wir könnten in ein Land ziehen, das in Wirklichkeit uneinnehmbar ist! Am besten, wir wählen einen anderen Anführer und ziehen nach Ägypten zurück!«

Plötzlich wurde das allgemeine Geschrei von einem Ruf übertönt. Kaleb war es, der als Kundschafter für den Stamm Juda mitgezogen war. »Wir können sie besiegen!«, rief er. »Glaubt mir! Und vor allem: Glaubt Gott! Er hat uns dieses Land versprochen. Er wird uns helfen!« Josua stellte sich auf seine Seite. »Lasst euch nicht den Mut nehmen! Sie übertreiben, weil sie solche Angst haben.«

Wütende Rufe unterbrachen Josua und Kaleb. Dann flogen sogar Steine. In ihrer Enttäuschung und ihrem Ärger wollten die Leute nicht auf die beiden hören. Fast hätten sie sie umgebracht.

Da erschien plötzlich die Wolke Gottes deutlich sichtbar über dem heiligen Zelt. Augenblicklich verstummte die Menge.

Mose eilte in das Heiligtum, um zu hören, was Gott den Israeliten zu sagen hatte. »Weil das Volk mir so wenig vertraut, werde ich es mit der Pest strafen!«

»Bitte, tu das nicht!«, bat Mose. »Vergib ihm doch auch noch diesmal seine Sünde!«

»Gut«, antwortete Gott, »ich werde das Volk nicht vernichten, weil du mich darum gebeten hast. Aber die Leute, die mir immer wieder misstrauen, die werde ich nicht in das versprochene Land kommen lassen! Sie sollen vierzig Jahre weiter durch die Wüste ziehen. Erst wenn niemand mehr lebt von denen, die jetzt älter als zwanzig Jahre sind, soll das Volk das neue Land einnehmen. Nur Josua und Kaleb, die mir vertrauen, werden mit euren Kindern Kanaan erreichen.«

4. Mose 13 und 14

Mose segnet Josua

Jahre vergingen. Noch immer zogen die Israeliten in der Wüste umher, heimatlos, durstig und ohne Schutz vor der Hitze. Das Manna, von dem sie sich immer noch ernährten, konnten sie schon nicht mehr sehen. Anfangs hatte es ihnen ja geschmeckt, aber nachdem sie es nun jahrelang gegessen hatten, sehnten sie sich nach dem Fleisch und Gemüse in Ägypten zurück. Und immer wieder die Suche nach Wasser!

Eines Tages war der Durst unerträglich geworden. Einige Israeliten kamen zu Mose und klagten ihn an, wie sie es nun schon oft getan hatten: »Besorge uns Wasser, Mose! Du hast uns alle hierher geführt! Du bist verantwortlich! Wir verdursten! Unsere Kinder weinen, unser Vieh brüllt und wird bald verenden! Wir wollen Wasser!«

Mose und Aaron gingen in das heilige Zelt und beteten.

Und Gott antwortete ihnen: »Versammelt das ganze Volk vor dem großen Felsen! Und dann sprich zu dem Felsen, er soll euch Wasser geben!«

Eine große Menge erschöpfter Menschen fand sich bald bei dem Felsen ein.

Mose sah in die kraftlosen und feindseligen Gesichter. Er war es selbst leid, diesen täglichen Kampf ums Wasser, diese täglichen Streitereien, diese täglichen Vorwürfe gegen ihn. Hatte er das alles denn für sich getan? Es ging ihm doch um das Volk! Alle durften sich ärgern, aber von ihm erwarteten sie, dass er immer freundlich war. Alle waren kraftlos und müde, aber er, der zu den Ältesten gehörte, musste immer vorangehen. Alle versagten, aber er sollte immer hoffnungsvoll sein und für sie alle glauben und beten. Er konnte nicht mehr! Er war es leid!

»Seht her, ihr Meckerer und ewig Unzufriedenen«, rief Mose. »Wir verschaffen euch Wasser!« Er ging zu dem Felsen und schlug zweimal kräftig mit seinem Stab dagegen. Da schoss in einem dicken Strahl klares, kühles Wasser heraus.

Jubelnd stürzten Junge und Alte darauf zu und balgten sich um die besten Plätze.

Mose und Aaron gingen zurück in das heilige Zelt. Hier hatten sie wenigstens Ruhe!

So meinten sie. Aber sie hatten keine Ruhe. Denn Gott redete mit ihnen. »Ihr solltet zum Felsen sprechen. Aber ihr habt ihn geschlagen, weil ihr schon einmal erlebt habt, dass beim Schlagen Wasser herauskam. Traut ihr mir keine größeren Wunder zu als die, die ihr schon gesehen habt? Ihr solltet mich ehren vor dem Volk. Statt dessen habt ihr gesagt, ihr könntet das Wasser herbeischaffen. Ihr habt mir nicht vertraut. Ihr selbst wolltet etwas tun, damit das Volk wieder auf euch hört. Deshalb sollt ihr das Volk nicht führen, wenn es das versprochene Land einnimmt. Ich will einen anderen Mann berufen, der nach Kanaan voranzieht.«

Einige Zeit später stand das ganze Volk vor dem heiligen Zelt.

Mose trat vor. »Ich bin nun hundertzwanzig Jahre alt, und ich weiß, dass ich bald sterben werde.«

Leises Raunen ging durch die Menge. Mose hob die Hand, und es wurde wieder still. »Gott hat mir gesagt, dass ich den Jordan nicht überschreiten und das versprochene Land nicht betreten werde. Aber ich soll auf einen Berg steigen, von dem aus man über den Jordan blicken und die Berge Kanaans sehen kann. So werde ich wenigstens das Land sehen, das Gott euch geben wird.«

Mose winkte Josua heran. »Blickt nicht zurück, sondern blickt nach vorn!«, sagte er mit lauter Stimme. »Ich habe Gott gefragt, wer das Volk

führen soll, wenn ich nicht mehr lebe. Und er hat Josua zu meinem Nachfolger berufen. Ich sage es euch allen, damit ihr auf sein Wort hört, als wenn es mein Wort wäre.«

Dann legte Mose Josua die Hände auf den Kopf und segnete ihn. »Hab keine Angst, Josua! Du wirst dieses Volk in das Land bringen, das Gott schon Abraham, Isaak und Jakob versprochen hat. Er selbst wird vor euch hergehen. Er wird dich nie verlassen und nie aufhören, dir zu helfen. Hab nur Mut!«

Alle Israeliten gingen wieder in ihre Zelte zurück. An diesem Tag war es merkwürdig still im Lager.

In den nächsten Wochen gab Mose noch vieles, was Gott ihm gesagt hatte, an Josua weiter.

Eines Morgens aber, als Josua in Moses Zelt kam, war sein Lehrer nicht da. Jetzt ist er auf den Berg gegangen, um dort zu sterben, dachte Josua und wurde sehr traurig.

Einige Tage warteten sie noch, dann beklagten die Israeliten einen ganzen Monat lang Moses Tod. Manche hatten Angst, weil sie nicht wussten, wie es ohne ihn weitergehen sollte. Manche dankten Gott, dass er ihnen diesen Mann geschickt hatte.

Es war ein Abend in der Trauerzeit. An einem Lagerfeuer spielte einer der Männer, die Wache hielten, leise auf seiner Harfe. Es klang traurig und doch schön. »Ich habe ein Lied auswendiggelernt«, sagte ein anderer Mann. »Mose selbst hat es gedichtet. Ich könnte es singen, wenn du mich auf deiner Harfe begleitest.«

Der Spieler nickte und schlug die Saiten an. Und dann hörten alle am Feuer Moses Lied.

»Herr, seit Menschengedenken
bist du unsere Zuflucht.
Du, Gott, warst schon,
ehe die Berge entstanden,
schon ehe die Erde und das ganze
Weltall geschaffen wurden.
Und du bleibst für immer.
Du lässt die Menschen sterben,
wenn du ihnen zurufst:
›Kommt wieder zu mir,
ihr Menschenkinder!‹
Tausend Jahre sind für dich
wie ein einziger Tag,
der im Nu vergeht,
wie eine Stunde Schlaf in der Nacht.
Unser Leben ist wie ein Grashalm,
der am Morgen sprießt und blüht
und am Abend schon verwelkt ist.
Lehre uns bedenken,
dass wir sterben müssen,
damit wir klug werden.«

4. Mose 20,1-13; 5. Mose 31 und 34; Psalm 90,1-12

Rahab und die Spione

»Aufmachen! Aufmachen!« Laut riefen die Männer vor der Tür und klopften heftig gegen das Holz.

Es wurde schon dunkel, und Rahab hatte ihr Gasthaus bereits geschlossen. Schnell flüsterte sie ihren beiden Gästen zu: »Kommt hinauf aufs Dach!« Sie stieg ihnen voran die Leiter hinauf. Als die zwei Männer oben waren, gab sie ihnen lautlos Zeichen, dass sie sich flach hinlegen sollten. Dann legte sie das Flachsstroh auf sie, das dort zum Trocknen ausgelegt war. Schnell stieg sie die Leiter wieder hinunter.

Die Männer hämmerten jetzt mit Fäusten an die Tür. »Im Namen des Königs, aufmachen!«

»Ja, ja, ich komme doch«, sagte Rahab und öffnete den Riegel. »Ich habe schon geschlafen«, log sie.

Die Männer zwängten sich an ihr vorbei in den Raum. »Wir sind Soldaten des Königs von Jericho und suchen zwei Männer, Spione des Volkes Israel, die unsere Stadt auskundschaften wollen. Jemand sagte uns, er hätte gesehen, wie sie in dein Haus gingen.«

»Zwei Männer? Ja, die waren hier«, antwortete Rahab ganz ruhig. »Aber als es dunkel wurde und sie fürchteten, dass die Stadttore geschlossen würden, sind sie gegangen. Wenn ihr euch beeilt, könnt ihr sie vielleicht noch einholen. Wenn ich gewusst hätte, dass es Spione sind, hätte ich euch natürlich gerufen.«

Die Männer sahen sich in dem Raum um, schoben Möbel hin und her, suchten im Nebenraum und gingen dann fluchend weg.

Rahab verriegelte die Tür hinter ihnen und stieg auf das flache Dach hinauf. »Kommt heraus, die Soldaten sind weg.«

Die zwei Männer schüttelten das Stroh ab und standen auf. »Wir haben alles mit angehört«, sagten sie. »Warum tust du das? Du weißt doch, dass wir Feinde deines Volkes sind!«

Rahab legte ihren Finger auf den Mund. »Kommt erst mit runter, wo uns niemand sehen und hören kann, dann erkläre ich es euch.«

Sie stiegen vom Dach, und Rahab bot ihnen etwas zu essen und zu trinken an.

»Wir alle haben davon gehört, wie euer Volk durch das Schilfmeer gezogen ist und was ihr alles in der Wüste erlebt habt«, erklärte Rahab. »Und auch, dass ihr verschiedene Völker auf der anderen Seite des Jordan besiegt habt, ist uns natürlich bekannt. Anscheinend ist Gott mit euch. Ich kann mir das alles gar nicht anders erklären. Alle Leute haben vor euch Angst. Die meisten glauben zwar an unsere alten Götter, aber ich bin sicher, dass der Gott, der euch bis hierher gebracht hat, der wahre Gott ist.«

»Und darum hilfst du uns?«, fragten die Spione.

»Ja, weil ich sicher bin, dass euer Gott siegen wird. Ich hoffe nämlich, dass ihr mir auch helft, wenn ihr Jericho einnehmt. Schwört mir, dass mir und meinen Eltern und Geschwistern nichts geschieht, wenn ihr siegen werdet.«

»Das schwören wir dir«, antworteten die Männer. »Aber wie sollen wir wissen, wer zu deiner Familie gehört? – Nimm dieses rote Seil und binde es so an dein Fenster, dass man es schon von weitem sehen kann. Und wenn es zum Kampf um Jericho kommt, dann sollen deine Eltern und Geschwister alle hier in diesem Haus sein. Wenn einer nach draußen geht, können wir ihm nicht helfen. Aber wir versprechen dir, dass keinem etwas geschieht, der im Haus bleibt.«

»Ich verlasse mich auf euch«, sagte Rahab. »Und jetzt zeige ich euch, wie ihr die Stadt verlassen könnt, obwohl die Tore verschlossen sind.«

Rahab führte die beiden Männer zum Fenster, öffnete es und ließ sie hinausblicken. Hier ging es steil in die Tiefe, denn Rahabs Haus war direkt an die Stadtmauer gebaut. Vorsichtig spähten sie hinaus. Aber es war so dunkel, dass sie nichts erkennen konnten und sicher auch von niemandem entdeckt werden würden. Rahab nahm einen Strick, knotete das eine Ende am Fensterrahmen fest und warf das andere hinunter.

»Geht erst ins Gebirge und versteckt euch dort, solange ihr noch gesucht werdet. Nach drei Tagen könnt ihr unbeobachtet über den Jordan setzen.«

»Du denkst wirklich an alles, Rahab. Sicher wärst du ein guter Offizier geworden«, lachten die beiden.

Erst stieg der eine, dann der andere aus dem Fenster und ließ sich vorsichtig an dem Seil hinuntergleiten.

»Und vergesst nicht, was ihr mir versprochen habt!«, erinnerte sie Rahab noch einmal leise. Dann waren beide in der dunklen Tiefe verschwunden.

Josua 2,1-22

Jerichos Mauern fallen

Nachdenklich ging Josua am Ufer des Jordan entlang. Er hatte sich ein Stück vom Lager entfernt, denn er wollte allein sein.

Wenn doch nur Mose noch lebte, dachte er. Eine so gut befestigte Stadt wie Jericho habe ich tatsächlich noch nie gesehen. Wie soll ich einen Plan entwerfen, nach dem wir diese gewaltigen Stadtmauern überwinden können? Ich bin mir so unsicher, ob ich die richtigen Befehle gebe. Es bleibt mir nichts anderes übrig, als Gott um Hilfe zu bitten und ihm zu vertrauen. Eigentlich hat Mose ja auch nichts anderes getan …

Plötzlich wurde Josua aus seinen Gedanken aufgeschreckt. Ein Mann stand vor ihm. Er sah aus wie ein starker Krieger und hatte ein Schwert in der Hand.

Josua legte die Hand an den Griff seines Schwertes. »Gehörst du zu uns oder zu unseren Feinden?«, fragte er.

»Beides nicht«, antwortetete der Mann. »Ich bin ein Engel, der das unsichtbare Heer Gottes führt. Ich bin gekommen, um dir etwas zu sagen.«

Da fiel Josua aus Ehrfurcht vor dem Boten Gottes nieder und sagte: »Was hast du mir zu sagen, Herr?«

Der Engel gab Josua genaue Anweisungen, was er tun sollte, um die Stadt Jericho zu erobern. Sehr seltsam war das, was er sagte, aber Josua prägte es sich gut ein, um in allem Gottes Plan zu folgen.

Als am nächsten Morgen die Sonne aufging, wunderten sich die Wächter auf der Mauer von Jericho über das, was die Israeliten da unten taten. Sie griffen die Stadt nicht an, sondern bildeten einen langen Zug, zu dem auch Frauen und Kinder gehörten. Unübersehbar war die Menschenmenge. Obwohl sie nicht eigentlich wie eine Armee aussah, wurde den Wächtern angst und bange.

Immer mehr Leute kamen auf die Mauer, um das seltsame Schauspiel zu beobachten.

Auch Rahab sah aus ihrem Fenster. Ängstlich prüfte sie, ob das rote Seil auch gut sichtbar aufgehängt war. Ihr Vater und ihre Mutter standen neben ihr.

Jetzt konnte man sehen, wie die israelitischen Soldaten als Erste losmarschierten. In einem großen Bogen gingen sie um die Stadt. Danach folgten sieben Männer in langen, weißen Gewändern, anscheinend Priester. Sie bliesen auf durchbohrten Kuhhörnern, die sich wie Posaunen anhörten. Ihnen folgten andere Priester, die einen großen, vergoldeten Kasten mit Engelfiguren trugen.

Dem feierlichen Zug der Priester folgte das übrige Volk. Frauen und Kinder, Männer, die zu alt waren zum Kämpfen, Kranke, die getragen werden mussten.

So groß die Menschenmenge auch war, man hörte keinen Laut. Nicht einmal die Kinder machten Lärm. Schweigend wanderten sie um die Stadt herum. Nur der durchdringende, klagende Ton der Hörner hing in der Luft.

Den Bewohnern von Jericho war es unheimlich. Eigentlich hatten sie ja nichts zu fürchten. Die Mauer war stark und unüberwindlich. Aber dieser seltsame, schweigende Umzug machte ihnen dennoch Angst. Was hatte er bloß zu bedeuten?

Nachdem die Israeliten um die Stadt herumgewandert waren, zogen sie sich wieder zurück in ihr Lager. Die Leute von Jericho guckten und warteten – aber es geschah nichts weiter. Den ganzen Tag nicht.

Am nächsten Morgen passierte das Gleiche: Ein schweigender Umzug um die Stadt. Als es am dritten und vierten Tag ebenso ging, war es den Leuten von Jericho nicht mehr unheimlich. Sie lachten und spotteten: »Wenn das die Art ist, wie die Israeliten kämpfen, dann sollen sie nur so weitermachen!«

An sechs Tagen zogen die Israeliten um Jericho. Darum sah am siebten Tag kaum noch ein Bewohner der Stadt zu, als der Umzug wieder begann. Aber dann bemerkte doch jemand: Die seltsamen »Belagerer« brachen den Umzug nicht ab, als sie am Ausgangspunkt angekommen waren, sondern gingen weiter, ein zweites Mal herum, ein drittes Mal.

Siebenmal zogen sie schweigend um Jericho. Dann blieben sie stehen. Plötzlich gaben die Hörner einen durchdringenden hohen Ton von sich, ganz lang und anhaltend. Dann rief der Anführer, von dem sie wussten, dass er Josua hieß, seinen Leuten etwas zu. Auf einmal setzte ein ohrenbetäubendes Geschrei ein.

Und in diesem Augenblick begann die Mauer unter ihren Füßen zu zittern. Es war wie bei einem Erdbeben. Stärker und stärker wurde die Erschütterung. Schon brachen dicke Steine polternd aus der Mauer. Einige Leute sprangen schnell herunter, andere drängten sich an den Treppen.

Da hielt das mächtige Gemäuer nicht mehr länger stand. Krachend stürzte es ein.

Sofort stürmten die Krieger der Israeliten heran. Sie stiegen ohne Schwierigkeiten über die Trümmer, fanden kaum Widerstand und hatten im Nu die ganze Stadt erobert.

Zwei Israeliten aber liefen zu der einzigen Stelle, an der die Mauer stehen geblieben war. Wie ein Turm ragte sie hier auf, an den sich ein Haus lehnt. Sie stürmten die Treppe hinauf, holten die Familie heraus, die dort zitternd und staunend alles beobachtet hatte, und brachten sie in Sicherheit.

»Ich danke euch!«, sagte Rahab zu den beiden. »Ihr habt euer Versprechen gehalten.«

»Aber dafür, dass dein Haus noch steht, können wir nichts«, antworteten die Männer. »Dafür kannst du Gott danken, dem du vertraut hast.«

Josua 5,13-6,25

Im versprochenen Land

Gideon

Gideon schaute sich nach allen Seiten um. Von hier aus konnte er weit ins Land sehen. Die Tenne, auf der der Weizen gedroschen wurde, war der höchste Punkt weit und breit. Hier wehte der Wind am stärksten. Wenn man das gedroschene Getreide gegen den Wind warf, flogen die schweren Körner zur Erde, die leichten Spelzen aber wurden vom Wind weggeweht. Ob Gideon hier in Ruhe seinen Weizen dreschen konnte?

Keine feindlichen Kamelreiter waren zu sehen. Sorgfältig suchte Gideon mit den Augen jeden Hügel ab.

Es war ein sehr schönes Land, dieses Land Kanaan. Viele Jahre war es nun her, dass die Israeliten es erobert hatten. Josua war schon lange tot, die zwölf Stämme hatten sich in dem weiten Land verteilt. Sie waren jetzt hier zu Hause. Aber sicher waren sie nicht, denn immer wieder wurden sie von Feinden bedroht.

Ja, wenn es noch jemanden wie Mose oder Josua gäbe! Aber die Israeliten hatten niemanden, der sie führte. Alle anderen Völker hatten Könige, sie nicht. Wenn Feinde kamen, wehrte sich höchstens der Stamm, in dessen Gebiet sie einfielen. Die anderen Stämme erfuhren viel zu spät davon, so dass sie nicht zu Hilfe kommen konnten. Manchmal wollten sie auch nicht helfen. Es war eben keiner da, der allen Befehle geben konnte, auf den alle hörten. Jeder kümmerte sich nur um seine eigenen Angelegenheiten und machte, was er wollte. Ein paar Leute gab es, die waren von allen anerkannt. Zu ihnen ging man, wenn Streitfälle zu entscheiden waren. Darum nannte man sie Richter. Aber mit den Königen der anderen Völker waren sie nicht zu vergleichen.

Wie gut wäre es zum Beispiel jetzt, einen Anführer zu haben, der gegen die Midianiter kämpfen könnte!

Sieben Jahre kamen sie nun schon jedes Jahr zur Erntezeit. Mit einem riesigen Heer durchzogen sie das ganze Land, raubten die Ernte und verbrannten, was sie nicht tragen konnten. Auch Tiere nahmen sie einfach mit, Schafe, Ziegen und Esel. Jeder versuchte, etwas von seiner Ernte in Höhlen zu verstecken. Die Tiere wurden in die Wälder und auf die hohen Berge getrieben, damit die Midianiter sie nicht rauben konnten. So konnten die Israeliten zwar überleben, aber viele hungerten. Und es wurde von Jahr zu Jahr schlimmer.

Jetzt war wieder Erntezeit. Die Midianiter würden sicher bald kommen. Gideon überlegte. Es waren zwar keine Feinde zu sehen, aber wenn sie plötzlich hinter einem Berg auftauchten, konnten sie auf ihren schnellen Kamelen in einer Stunde hier sein. Sie würden ihn auf der hoch gelegenen Tenne schon von weitem sehen, besonders wenn beim Dreschen Staubwolken entstanden. Eine Stunde würde nicht reichen, um den Weizen in Sicherheit zu bringen.

Nein, dachte Gideon, ich kann nicht hier oben dreschen. Es ist zu gefährlich! Ich dresche dort unten in der Mulde, in der der Wein gekeltert wird. Da weht zwar kein Wind, und der Weizen wird unsauber sein. Aber lieber ein paar Spelzen im Brot als überhaupt kein Brot!

Gideon stieg vom Hügel hinunter, holte Getreidegarben aus dem Versteck und lud sie auf seinen Esel. Er selbst nahm noch eine Garbe auf den Rücken und führte sein Tier zur Weinkelter.

Dort machte er sich an die Arbeit. Mit dem Dreschflegel schlug er kräftig auf die Ähren, dass die Körner heraussprangen.

Plötzlich erschrak er. »Gott ist mit dir, du starker Kämpfer!«, sagte eine Stimme hinter ihm.

Gideon fuhr herum und sah einen Mann hinter sich stehen. Da beruhigte sich sein Herzschlag wieder. Wie ein Midianiter sah der Fremde nicht aus. Er sprach auch seine Sprache und hatte keine Waffe bei sich.

»Ach, das ist doch nur ein frommer Wunsch«, sagte Gideon schwer atmend von der Arbeit und stützte sich auf seinen Dreschflegel. »Wenn Gott mit uns ist, warum geht es uns dann so schlecht? Früher, ja, da hat Gott Wunder getan. Davon wird immer erzählt. Aber heute? Gott hat uns verlassen und uns den Midianitern ausgeliefert.«

Der Mann stieg ein Stück zu Gideon in die Kelter hinunter. »Du bist ein kräftiger junger Mann, Gideon. Geh

und befreie Israel von den Midianitern! Ich sende dich!«

Wieso kann er mich senden?, dachte Gideon. Ob dieser Mann vielleicht ein Engel ist, der im Auftrag Gottes zu mir kommt? Laut sagte er: »Ja, ich bin stark. Aber allein kann ich es nicht. Ich brauche ein Heer. Aber welcher Israelit hört schon auf mich, wenn ich zum Kampf aufrufe? Meine Familie ist nicht besonders angesehen, und ich bin auch noch der jüngste von meinen Brüdern!«

»Ich werde mit dir sein«, antwortete der Fremde. »Dann wirst du die Midianiter besiegen, als wenn sie nur ein einziger Mann wären.«

Gideon schaute den Mann zweifelnd an. »Lass mir etwas Zeit, damit ich mich vergewissern kann, dass du der bist, den ich vermute. Bleib hier, bis ich eine Opfergabe geholt habe.«

»Ich warte auf dich!«, nickte der Mann.

So schnell er konnte, lief Gideon nach Hause. Niemand beobachtete ihn, als er ein Opfermahl aus Ziegenfleisch und Brot fertig machte. Das brachte er hinaus zur Tenne. Der Mann war noch da.

»Lege die Gaben dort auf den Felsen!«, sagte er. Das tat Gideon. Da streckte der Fremde den Arm aus und berührte mit der Spitze seines Wanderstabes das Fleisch und das Brot.

In dem Augenblick zischte eine hohe Flamme aus dem Felsen. Gideon zuckte erschreckt zusammen. Er beobachtete, wie das Opfer verbrannte, als wäre es auf dem Holz eines richtigen Altars entzündet worden.

Gideon wollte vor dem Engel niederfallen, aber er war nicht mehr zu sehen.

Da betete Gideon: »Herr Gott, hast du mir wirklich einen Engel geschickt, um mir einen Auftrag zu geben?«

»Hab keine Angst, Gideon«, antwortete Gott ihm. »Friede sei mit dir!«

Gideon ließ sein Getreide liegen und suchte Steine zusammen, um sie zu einem Altar aufzuschichten. Im Kampf gegen die Midianiter sollte dieser Altar ihn daran erinnern, dass es wirklich Gott war, der ihm den Auftrag gegeben hatte.

Richter 6,1-24

Wolle, Tau und ein Zeichen Gottes

»Was sagst du da?«, fragte Gideon den Fremden, der durch den Ort lief. »Die Midianiter sind in unser Land eingebrochen? Hast du sie selbst gesehen?«

»Das nicht. Aber ich habe es von zuverlässigen Leuten gehört. Die Feinde haben sich in der großen Ebene im Norden gesammelt. Es soll ein riesiges Heer sein. Vielleicht hundertzwanzigtausend Männer oder noch mehr.«

»Wie lange sind sie schon da?«, drängte Gideon.

»Ich weiß es nicht. Aber was fragst du so genau? Eines Tages musste es passieren. Sie kommen doch jedes Jahr. Und wir sind sowieso wehrlos!«

»Nein, wir können sie vertreiben!«, sagte Gideon und rannte davon.

Der Fremde sah ihm nach und schüttelte den Kopf.

Kurze Zeit später sprengten Reiter in alle Richtungen davon. Es waren Knechte Gideons. Sie sollten in alle Städte und Dörfer der Umgebung reiten und die Männer, die mitkämpfen wollten, zusammenrufen.

Noch am Abend des gleichen Tages meldeten sich die ersten Männer. Sie waren nicht besonders gut bewaffnet und auch keine geübten Kämpfer. Aber sie wollten mithelfen, endlich die Feinde loszuwerden.

Als am ersten Tag immer mehr Leute kamen, erschrak Gideon plötzlich vor seinem eigenen Mut. Was habe ich mir da nur für eine große Verantwortung aufgeladen!, dachte er. Wenn wir nun besiegt werden?! Alle diese Männer würden dann getötet, oder wenigstens die meisten von ihnen. Und ich wäre schuld daran! Das könnte ich nie ertragen. Vielleicht ist alles ein ganz großer Irrtum, und ich habe mir nur eingebildet, Gott hätte mir diese Aufgabe gegeben.

So kann ich nicht vor die Männer treten, entschied Gideon. Er ging in den Schafstall, um allein zu sein, denn im Haus war viel Betrieb. Hier würde ihn keiner vermuten, hier konnte er in Ruhe nachdenken und beten.

Ich werde Gott um ein ganz klares Zeichen bitten, dachte Gideon. Nur wenn ich mir sicher bin, dass Gott diesen Kampf will, kann ich das Heer führen. In einer Ecke des Stalls lag ein Bündel geschorene Schafswolle. Das brachte Gideon auf einen Gedanken. »Ich werde diese Wolle draußen vor den Stall legen«, betete er. »Herr, lass sie morgen früh durch den Tau ganz nass werden, während der Boden ringsum trocken bleiben soll. Daran will ich erkennen, dass du Israel durch mich retten willst.«

Gideon legte die Wolle vor den Stall. Dann ging er schlafen.

Schon früh am nächsten Morgen stand er auf. Als er vor die Tür trat, sah er an dem trockenen Boden, dass in der Nacht kein Tau gefallen war. Er lief zum Schafstall. Da lag die Wolle. Als er sie hochhob, tropfte schon das Wasser heraus. Er holte eine kleine Schüssel aus dem Stall, hielt die Wolle darüber und drückte sie zusammen. Der Tau füllte die Schüssel bis zum Rand.

»Ich danke dir, mein Gott«, betete Gideon. Er freute sich und bekam neuen Mut.

Den brauchte er auch. Immer größer wurde sein Heer. Gideon lief durch das riesige Lager, teilte die Männer in Gruppen ein, bestimmte Offiziere, die über die Gruppen befehlen sollten, prüfte die Waffen, bestellte Boten, die seine Befehle im Kampf überall hinbringen sollten, vereinbarte Hornsignale, kümmerte sich um Wasser und Nahrung für die vielen tausend Männer und vieles andere. Es gab so viel zu tun, dass er bis zum Abend nicht zur Ruhe kam.

Dann aber, als alles für den Abmarsch am nächsten Tag vorbereitet war, wurde er auf einmal doch wieder unsicher. So viel gab es zu entscheiden! Wenn er nun etwas verkehrt machte? Und ganz bestimmt machte er vieles verkehrt. Er hatte ja keine Erfahrung. Und ausgerechnet er wollte gegen das viel größere Heer der Midianiter kämpfen, das kampferprobt und besser bewaffnet war! Er brauchte noch eine Bestätigung von Gott!

Als die Sonne untergegangen war, betete Gideon: »Sei mir nicht böse, Gott, dass ich noch einmal ein Zeichen von dir erbitte. Aber ich habe Angst. Wenn du mich nicht ganz sicher machst, verlässt mich aller Mut. Ich lege noch einmal die Wolle über Nacht ins Freie. Aber diesmal soll es umgekehrt sein: Die Wolle soll trocken sein und der Boden voller Tau.«

Am nächsten Morgen wachten die vielen tausend Männer fröstelnd auf, denn es war viel Tau gefallen. Sie wunderten sich, dass Gideon so fröhlich durchs Lager lief. Und dass er dabei statt einer Waffe, wie es sich für einen Heerführer gehört, ein Bündel trockener Schafwolle in der Hand hielt.

Richter 6,33-40

Eine ungewöhnliche Schlacht

Ein Mann trat zu Gideon. »Alle Männer sind gezählt worden, Gideon. Wir sind zweiunddreißigtausend.«

»Danke. Die Midianiter sind über hundertzwanzigtausend. Meine Späher haben es mir bestätigt.«

Pura, Gideons Diener, wurde bleich. »Ja, dann ... dann haben wir ja gar keine Chance!«

»Das kommt darauf an, was über Sieg und Niederlage entscheidet«, antwortete Gideon nur. Dann ging er zu seinem Zelt hinüber.

Pura sah ihm verständnislos nach.

Gideon war allein im Zelt. »Herr, du musst uns helfen! Wir sind so wenige ...«, begann er zu beten.

Aber Gott unterbrach ihn: »Nein, Gideon, es sind zu viele! Wenn ihr alle in den Kampf zieht, kann ich euch nicht helfen. Wenn ihr siegt, werdet ihr glauben, dass ihr aus eigener Kraft die Midianiter vertrieben habt. Ich will aber, dass ganz klar wird: Nur durch mein Eingreifen habt ihr gesiegt.«

»Aber Herr, soll ich tatsächlich Männer nach Hause schicken?«

»Ja, schick jeden heim, der Angst hat.«

Da versammelte Gideon das ganze Heer und rief laut: »Männer von Israel! Viele von euch haben sicher Angst vor der Schlacht. Deswegen braucht ihr euch nicht zu schämen, denn es wird tatsächlich ein schwieriger Kampf werden. Alle, die Angst haben, sollen jetzt nach Hause gehen.«

Tausende von Männern sahen sich erstaunt an. Das hatte man noch nie gehört, dass ein Heerführer seine Soldaten nach Hause schickte, wenn sie Angst hatten. Komisch! Warum hatte er sie dann überhaupt erst gerufen?

Aber Angst hatten viele. Blamierten sie sich nicht, wenn sie jetzt gingen? Wer hatte wohl den Mut, seine Angst zuzugeben?

»Ich habe fünf kleine Kinder!«, sagte einer, nahm seinen Spieß und ging. Ein Älterer meinte: »Ich glaube, ich bin für einen langen Kampf nicht mehr geeignet. Sollen die Jüngeren uns verteidigen!« Er schloss sich dem Ersten an.

Ein anderer murrte, als wenn er beleidigt wäre: »Wenn Gideon uns nicht haben will …« Er war aber gar nicht beleidigt, sondern freute sich, gehen zu können. »Wenn so viele gehen, werden unsere Chancen immer geringer! Dann gehe ich auch!«, sagte ein Vierter.

Es wurden immer mehr, die zur Seite traten, ihre Sachen nahmen und davonzogen.

Als endlich Ruhe eingekehrt war, zählten die Offiziere. Nur noch zehntausend Männer standen da.

»Jetzt ruht euch aus, bis es losgeht!«, befahl Gideon. Dann zog er sich wieder in sein Zelt zurück.

Die Männer machten es sich bequem. Sie wunderten sich. Ob Gideon wirklich wusste, was er tat?

Sie wunderten sich noch mehr, als sie bald darauf den Befehl bekamen, zum Bach hinunterzugehen, um zu trinken. Auf der anderen Seite standen Gideon und Pura. Alle, die getrunken hatten und zur Seite traten, mussten bei ihnen vorbeigehen. Gideon rief immer mal wieder einen der Männer heraus und stellte ihn zu einer kleinen Gruppe. Alle anderen gingen ins Lager zurück.

»Warum hast du diese Leute ausgesondert?«, fragte Pura. »Sollen sie nicht mit in den Kampf ziehen?«

»Im Gegenteil«, antwortete Gideon, »diese dreihundert sollen kämpfen. Die anderen neuntausendsiebenhundert können auch nach Hause gehen.«

Pura schüttelte nur den Kopf und murmelte leise: »Wenn er nur nicht völlig den Verstand verliert.« Laut fügte er hinzu: »Kannst du mir denn erklären, was diese dreihundert von den anderen unterscheidet?«

Gideon lächelte: »Hast du's nicht gesehen? Beim Wassertrinken haben sie nur schnell geschlürft, wie die Hunde, ohne sich hinzuknien. Die anderen aber haben sich gekniet und mit der Hand geschöpft.«

»Und daran willst du die erkennen, die in den Kampf drängen und sich darum nicht Zeit genug zum Trinken nehmen?«

»Nein, nein«, antwortete Gideon, »ich erkenne daran nur die, die Gott mir zeigt. Er hat mir gesagt, so sollte ich es machen. Die zehntausend waren Gott auch noch zu viel.«

Als es Nacht war, marschierten die dreihundert Männer in die Nähe des feindlichen Heerlagers. Schon einmal hatte sich Gideon nachts in das feindliche Lager geschlichen. Dabei hatte er dem Gespräch zweier Soldaten gelauscht. »Ich habe geträumt, dass ein Laib Gerstenbrot vom Berg herunterrollte. Es stieß an unser Zelt und riss es ein. Alles wurde verwüstet und zerstört, nur durch das Brot!«

»Der Traum hat eine schreckliche Bedeutung«, hatte der andere Soldat gesagt. »Das Brot ist Gideons Schwert. Das Heer, das er zusammengerufen hat, wird uns besiegen!«

Es war unglaublich, aber die Midianiter hatten Angst vor den Israeliten!

Seit Gideon das wusste, war er noch mutiger geworden.

Jetzt stand er wieder an der Stelle, von der aus man in die Ebene hinuntersehen konnte. Er ließ die Männer anhalten. Alle schauten auf das riesengroße Heer, und es gab wohl keinen unter den dreihundert, dessen Knie nicht zu zittern begannen.

»Hört mir genau zu!«, begann Gideon. »Ich erkläre euch jetzt meinen Plan. Wir können nur siegen, wenn ihr alles genauso macht, wie ich es sage, auch wenn es euch merkwürdig vorkommt. Wir teilen uns in drei Gruppen. Eine geht mit mir direkt hier hinunter. Die Zweite schleicht sich dort links hinüber zu den Kamelen und die Dritte rechts bis an das kleine Wäldchen.

Solange ihr noch in euren Verstecken seid, zündet die Fackeln an und stülpt die Krüge darüber, damit der Schein nicht weit dringt. Ich werde dann ein Hornsignal blasen, das ihr sicher hören könnt. In dem Augenblick blast ihr auch alle in eure Hörner, zerschlagt die Krüge und stürmt mit den Fackeln auf die Feinde zu! Weiß jeder, was er tun soll?«

»Ich habe noch eine Frage, Gideon«, sagte einer. »Wenn wir in der rechten Hand das Horn haben und in der linken Hand die Fackel – womit sollen wir dann das Schwert führen?«

»Das Schwert braucht ihr nicht«, antwortete Gideon. »Ihr werdet durch die Schwerter der Midianiter siegen. Lasst also eure Waffen im Gürtel stecken und zieht sie erst heraus, wenn wir die fliehenden Feinde verfolgen. Aber natürlich dürfen die Midianiter das nicht wissen. Sie sollen denken, ein großes Heer bricht über sie herein. Darum schreit, so laut ihr könnt: Hier ist das Schwert Gottes und das Schwert Gideons!«

Vorsichtig schlichen die drei Gruppen mit je hundert Mann auf verschiedenen Wegen an das Heerlager der Midianiter heran. Niemand von den feindlichen Wachen bemerkte sie.

Gideon wartete, bis er sicher war, dass die anderen Gruppen an den vereinbarten Stellen angekommen waren. Dann gab er leise den Befehl, die Fackeln anzuzünden und die Krüge darüber zu stülpen.

Alles war bereit.

Die hundert Männer setzten ihre Hörner an die Lippen und blickten zu Gideon. Der gab das Zeichen.

Ein ohrenbetäubender Lärm setzte ein. Krachend wurden die Krüge zerbrochen, so dass das Gebüsch plötzlich in gespenstisch flackerndes Licht getaucht war. Die Männer stürmten auf das Lager zu und schrien, so laut sie konnten: »Hier ist das Schwert Gottes und das Schwert Gideons!«

Die Midianiter schreckten aus dem Schlaf. Ihre eigenen Wachen, die natürlich den Angreifern am nächsten gewesen waren, kamen schreiend ins Lager gerannt. Die Midianiter hielen sie für Feinde. Es entstand ein schreckliches Durcheinander. Wenn schon so viele die Hörner bliesen, wie groß musste dann das israelitische Heer sein! Jeder wollte fliehen, und schon bald waren die Wege des Lagers verstopft. Schließlich bahnten sich die

Die Frau blieb stehen. »Ja, ich bin es. Aber sagt nicht Noomi zu mir. Das heißt ›die Glückliche‹. Mein Name passt nicht mehr zu mir. Mit einem Mann und zwei Söhnen bin ich nach Moab gezogen. Allein komme ich wieder. Gott hat es zugelassen. Aber er hat mir auch eine Freude gemacht: Dies ist meine Schwiegertochter Rut. Sie will bei mir bleiben.«

Die Leute auf der Straße begrüßten Noomi und ihre Schwiegertochter herzlich und hießen sie willkommen. »Euer kleines Haus steht noch, Noomi. Wenn ihr es ein bisschen repariert und sauber macht, könnt ihr darin wohnen.«

Für einen Tag waren die zwei Frauen das Stadtgespräch. Aber dann gab es Wichtigeres zu reden und zu tun: Auf den Feldern begann die Ernte. Da waren alle von früh bis spät beschäftigt.

Rut machte sich inzwischen an die Arbeit, reparierte das Dach und sammelte Holz zum Feuermachen. Noomi brachte solange das Innere des Hauses in Ordnung. Und als sie am Abend zusammensaßen, waren beide froh über ihr neues Zuhause.

»Ich mache mir nur Sorgen, wovon wir leben sollen, wenn unsere Vorräte aufgebraucht sind«, sagte Rut.

»Für die nächsten Wochen brauchst du dir da keine Sorgen zu machen«, beruhigte sie Noomi. »Es ist bei uns so Sitte, dass die armen Leute bei der Gerstenernte über die Felder der Reichen gehen dürfen, um die liegen gebliebenen Ähren aufzulesen. Ich kann mich leider nicht mehr gut bücken. Aber du kannst morgen hinter den Schnittern und denen, die die Garben binden, über die Felder gehen. Da fällt immer mal wieder eine Ähre heraus, die du auflesen darfst.«

Am nächsten Morgen war Rut schon früh bei einem großen Gerstenacker. Die Männer schwangen im weiten Bogen die Sicheln. Hinter ihnen rafften Frauen die geschnittenen Halme zusammen und stellten sie zu Garben auf.

Erst traute sich Rut nicht, auf das Feld zu gehen, aber dann kam sie mit einigen Leuten ins Gespräch, und die ermunterten sie, ruhig die herausgefallenen Ähren aufzulesen.

Später am Vormittag beobachtete sie, wie ein vornehm gekleideter Mann kam und sich mit einem der Arbeiter unterhielt. Es war Boas, der Besitzer des Feldes.

»Wer ist die junge Frau?«, fragte Boas den Schnitter.

»Das ist Rut, eine Moabiterin. Du kennst doch Noomi, die vor über zehn Jahren ausgewandert ist?«

»Sie ist sogar mit mir verwandt«, erklärte Boas. »Ich habe schon gehört, dass sie ohne ihren Mann und ihre Söhne wiedergekommen ist.«

»Rut ist ihre Schwiegertochter. Sie scheint sehr fleißig zu sein. Seit heute früh arbeitet sie ohne Pause.«

Boas ging zu Rut. »Ich habe von dir gehört, Rut. Du kannst gern auf meinen Äckern Ähren lesen, und wenn du Durst hast, kannst du ruhig aus den Krügen trinken, die für meine Leute bereitstehen.«

Fliehenden mit der Waffe den Weg. Wie Gideon es vorausgesagt hatte, so kam es: Das feindliche Heer besiegte sich selbst!

Gideon und seine Männer blieben am Rand stehen. Die Midianiter sollten ja nicht sehen, wie wenige sie waren. Erst als der Tumult groß genug war und die ersten Soldaten sich vom Lager entfernten, nahmen die Israeliten die Verfolgung auf.

Solange wie Gideon lebte, kämpften die Midianiter nie wieder gegen Israel.

Richter 7,1-22; 8,28

Eine Familie wandert aus

Vier hagere und völlig erschöpfte Menschen schleppten sich mühsam in das Dorf. Die Leute auf der Straße sahen ihnen neugierig entgegen.

»Guten Tag«, sagte der ältere Mann, und die Zunge klebte ihm vor Durst fast am Gaumen. »Mein Name ist Elimelech. Dies ist Noomi, meine Frau, und dort sind meine beiden Söhne. Habt ihr Arbeit und eine Unterkunft für uns?«

»Arbeit?«, fragte einer. »Ihr seid ja so schwach, dass ihr nicht einmal die Harke oder die Sense tragen könnt!«

»Wenn wir erst einmal gegessen und getrunken haben, werden wir schon wieder zu Kräften kommen und gute Arbeit leisten«, versprach Elimelech.

»Wo kommt ihr denn her?«

»Aus Israel, aus der kleinen Stadt Bethlehem«, antwortete Noomi. »Dort hat es schon jahrelang nicht mehr geregnet. Es gab keine Ernten, und alle Leute hungern. Manche reichen Leute haben noch Vorräte. Aber wir sind arm und wären fast umgekommen.«

»Und da hörten wir, bei euch in Moab gebe es gute Ernten. Deshalb sind wir hergekommen. Bitte gebt uns Arbeit und Brot! Wir wollen nicht viel. Wir wollen nur überleben.« Elimelech schaute die Leute flehend an.

»Eigentlich«, überlegte einer der Moabiter, »eigentlich könntest du bei mir arbeiten, und vielleicht auch einer deiner Söhne.«

»Du könntest meiner Frau im Haushalt helfen und beim Melken«, schlug einer Noomi vor. »Ihr könntet auch alle vier bei uns wohnen.«

»Dann nehme ich den anderen jungen Mann«, meinte ein Dritter.

Elimelech war glücklich. »Gott segne euch, weil ihr so freundlich zu uns seid!«

»Gott?«, fragten die Moabiter. »Welchen Gott meinst du?«

»Es gibt nur einen«, antwortete Elimelech, »den Gott Israels und der ganzen Welt.«

Es dauerte nicht lange, ein paar Wochen nur, da waren die vier zu Kräften gekommen und konnten ihren Gastgebern bei der Arbeit helfen. Ein paar Monate dauerte es, da fühlten sie sich schon fast wie zu Hause in diesem Dorf und kannten alle Leute. Und ein paar Jahre dauerte es, da waren die beiden Söhne mit zwei Moabiterinnen verheiratet.

Fast hatten sie ihr armseliges Leben in Bethlehem schon vergessen, da traf sie ein neues Unglück: Elimelech starb, und kurz darauf starben auch seine beiden Söhne.

Nun lebte nur noch Noomi. Aber sie war nicht ganz allein, denn ihre zwei Schwiegertöchter, Orpa und Rut, wohnten bei ihr.

Die beiden jungen Frauen verstanden sich gut mit Noomi, und die drei Witwen konnten sich gegenseitig in ihrem Leid etwas trösten. Noomi erzählte den beiden von Gott, und gemeinsam beteten sie zu ihm.

Eines Tages aber sagte Noomi zu ihren Schwiegertöchtern: »Ich möchte gern wieder nach Hause, nach Israel. Die Trockenheit soll längst vorbei sein, da ist es für mich besser, wenn ich wieder dort lebe, wo ich herkomme.«

»Nach Hause?«, fragte Orpa. »Wir dachten, du wärst jetzt hier zu Hause!«

»Bitte, versteht mich! Ich bin eine alte Frau und fühle mich nur da zu Hause, wo ich aufgewachsen bin. Meine Söhne sind gestorben, Enkel habe ich keine, da möchte ich die letzten Jahre meines Lebens gern bei den Verwandten verbringen, die in meiner Heimat noch leben.«

Die beiden Frauen waren sehr traurig. Aber sie verstanden natürlich ihre Schwiegermutter. Schon einige Tage später machte sie sich auf den Weg, und die beiden begleiteten sie.

Als sie die Grenze zwischen Moab und Israel erreicht hatten, blieb Noomi stehen. »Nun müsst ihr aber umkehren! Ich danke euch für alle Liebe, die ihr mir gegeben habt. Ihr kennt jetzt den Gott Israels. Er wird euch auch in Moab segnen. Sicher werdet ihr noch einmal heiraten und Kinder bekommen. Geht nun zurück!«

Da weinten die beiden und sagten: »Nein, Noomi, wir haben dich mehr lieb als unsere Familien! Wir wollen bei dir bleiben! Wir wollen auch noch für dich sorgen, wenn du ganz alt bist, denn du bist für uns wie die eigene Mutter!«

Lange redeten sie miteinander. Schließlich gelang es Noomi, Orpa zur Umkehr zu bewegen. Sie küssten und umarmten sich und winkten noch lange, als Orpa fortging.

Rut aber ließ sich nicht überreden zurückzugehen. »Wo du hingehst, will ich auch hingehen«, sagte sie, und Noomi merkte, dass es ihr ernst war. »Dein Volk ist mein Volk, und dein Gott ist mein Gott.«

Rut 1,1-18

Rut und Boas

Auf den Gassen von Bethlehem steckten die Leute die Köpfe zusammen. »Ist das nicht Noomi, die da kommt?«

»Tatsächlich, so sieht sie aus. Wie lange ist das her, dass sie uns verlassen hat? Doch mindestens zehn Jahre!«

»Guten Tag, Noomi! Du bist es doch, nicht wahr?«

Die Frau blieb stehen. »Ja, ich bin es. Aber sagt nicht Noomi zu mir. Das heißt ›die Glückliche‹. Mein Name passt nicht mehr zu mir. Mit einem Mann und zwei Söhnen bin ich nach Moab gezogen. Allein komme ich wieder. Gott hat es zugelassen. Aber er hat mir auch eine Freude gemacht: Dies ist meine Schwiegertochter Rut. Sie will bei mir bleiben.«

Die Leute auf der Straße begrüßten Noomi und ihre Schwiegertochter herzlich und hießen sie willkommen. »Euer kleines Haus steht noch, Noomi. Wenn ihr es ein bisschen repariert und sauber macht, könnt ihr darin wohnen.«

Für einen Tag waren die zwei Frauen das Stadtgespräch. Aber dann gab es Wichtigeres zu reden und zu tun: Auf den Feldern begann die Ernte. Da waren alle von früh bis spät beschäftigt.

Rut machte sich inzwischen an die Arbeit, reparierte das Dach und sammelte Holz zum Feuermachen. Noomi brachte solange das Innere des Hauses in Ordnung. Und als sie am Abend zusammensaßen, waren beide froh über ihr neues Zuhause.

»Ich mache mir nur Sorgen, wovon wir leben sollen, wenn unsere Vorräte aufgebraucht sind«, sagte Rut.

»Für die nächsten Wochen brauchst du dir da keine Sorgen zu machen«, beruhigte sie Noomi. »Es ist bei uns so Sitte, dass die armen Leute bei der Gerstenernte über die Felder der Reichen gehen dürfen, um die liegen gebliebenen Ähren aufzulesen. Ich kann mich leider nicht mehr gut bücken. Aber du kannst morgen hinter den Schnittern und denen, die die Garben binden, über die Felder gehen. Da fällt immer mal wieder eine Ähre heraus, die du auflesen darfst.«

Am nächsten Morgen war Rut schon früh bei einem großen Gerstenacker. Die Männer schwangen im weiten Bogen die Sicheln. Hinter ihnen rafften Frauen die geschnittenen Halme zusammen und stellten sie zu Garben auf.

Erst traute sich Rut nicht, auf das Feld zu gehen, aber dann kam sie mit einigen Leuten ins Gespräch, und die ermunterten sie, ruhig die herausgefallenen Ähren aufzulesen.

Später am Vormittag beobachtete sie, wie ein vornehm gekleideter Mann kam und sich mit einem der Arbeiter unterhielt. Es war Boas, der Besitzer des Feldes.

»Wer ist die junge Frau?«, fragte Boas den Schnitter.

»Das ist Rut, eine Moabiterin. Du kennst doch Noomi, die vor über zehn Jahren ausgewandert ist?«

»Sie ist sogar mit mir verwandt«, erklärte Boas. »Ich habe schon gehört, dass sie ohne ihren Mann und ihre Söhne wiedergekommen ist.«

»Rut ist ihre Schwiegertochter. Sie scheint sehr fleißig zu sein. Seit heute früh arbeitet sie ohne Pause.«

Boas ging zu Rut. »Ich habe von dir gehört, Rut. Du kannst gern auf meinen Äckern Ähren lesen, und wenn du Durst hast, kannst du ruhig aus den Krügen trinken, die für meine Leute bereitstehen.«

Rut kniete nieder, wie es damals üblich war, wenn man jemanden ehren wollte. »Warum bist du so freundlich zu mir, Herr? Ich bin doch eine Fremde!«

»Ich habe gehört, dass du mit deiner Schwiegermutter gekommen bist und ihr Gutes tust«, antwortete Boas. »Du vertraust dem Gott Israels. Er wird dich segnen.« Dann lächelte er. »Und vielleicht kann ich ihm ja ein bisschen dabei helfen.«

Die ganze Erntezeit über lebten Rut und Noomi nun von dem, was Rut auf Boas' Feldern sammelte. Und als die Ernte vorbei war, fasste Boas einen Entschluss …

Die Hochzeit von Rut und Boas wurde ein großes Fest. Schon bald darauf erwartete Rut ein Kind. Das sprach sich schnell herum. Alle Nachbarn kamen zu Noomi und freuten sich mit ihr.

»Dein Mann und deine Söhne sind gestorben, aber Gott schenkt dir nun einen Enkel«, sagten sie. »So tröstet er dich.«

Noomi nickte. »Ja, nach all dem Elend hat Gott mich wirklich reich beschenkt.«

Als die nächste Gerstenernte kam, war Rut mit den Frauen auf dem Feld, um Garben zu binden. Noomi stand auf einer Anhöhe und sah auf die arbeitenden Frauen. Im Arm hielt sie einen kleinen Jungen.

»Siehst du, Obed«, sagte sie zu ihm, obwohl er sie natürlich noch nicht verstehen konnte, »da unten ist deine Mutter. Und das Feld gehört deinem Vater. Und wer von allen am glücklichsten ist, das ist deine Großmutter. Gott segne dich, mein lieber kleiner Enkel!«

Und Gott erhörte Noomis Segenswunsch. Nach vielen Jahren war Obed selbst alt und hatte Enkel. Der Jüngste von ihnen hieß David und wurde später König von Israel.

Wenn Noomi das gewusst hätte! Ob sie ihr Glück hätte fassen können?

Rut 1,19-2,20

Hanna bekommt einen Sohn

Eine kleine Gruppe bewegte sich langsam den steilen Weg hinauf. Vorn ging ein Mann, der ein kleines Schaf auf der Schulter trug. Er unterhielt sich mit einem größeren Jungen. Dann kamen verschiedene Jungen und Mädchen, die teils müde vor sich hinstolperten, teils miteinander spielten. Am Schluss gingen zwei Frauen.

»Sind sie nicht prächtig geraten, meine Kinder?«, sagte die eine Frau. »Kinder sind wirklich ein Geschenk Gottes.«

Die andere antwortete nicht.

»Wenn ich nur wüsste, Hanna, weshalb Gott dir keine Kinder schenkt«, überlegte die erste Frau laut. »Sicher hat es einen Grund, dass ich schon so viele Kinder geboren habe und du keins.«

Hanna antwortete wieder nicht. Sie kämpfte mit den Tränen.

Die andere konnte noch immer nicht den Mund halten. »Ich gebe dir einen Rat, Hanna: Bereue, was du Böses getan hast! Dann wird Gott dich auch so lieben wie mich und dir Kinder schenken.«

Hanna konnte das gehässige Reden Penninas, der zweiten Frau ihres Mannes, nicht mehr länger mit anhören. Sie blieb stehen und ließ die andere weitergehen. Die drehte sich um und rief ihr zu: »Jetzt bist du wohl auch noch beleidigt! Es ist doch nicht meine Schuld, dass Gott dich nicht segnet!« Dann sah sie wieder nach vorn und ging weiter.

Als nach einem langen Tag die Sonne sank, lagerte die Familie neben dem heiligen Zelt, das hier im Gebirge aufgestellt war. Auch andere waren hierher gekommen, um Gott anzubeten und ihm Opfer zu bringen. Die Kinder spielten mit anderen Kindern, und die Erwachsenen unterhielten sich.

Nur Hanna beteiligte sich nicht am Gespräch. Sie saß etwas abseits und weinte leise. Nach einer Weile trat ihr Mann Elkana zu ihr und setzte sich neben sie. »Schau mal, Hanna, dieses gute Stück Fleisch habe ich dir mitgebracht. Es ist das beste Stück, das vom Opferfleisch übrig geblieben ist. Freust du dich nicht?«

Hanna sah ihn aus tränennassen Augen an und sagte nur: »Ich kann nichts essen.«

»Warum weinst du, Hanna?«, fragte ihr Mann. »Bist du wieder traurig, weil du keine Kinder hast? Denk doch daran, wie lieb ich dich habe! Ist dir meine Liebe nicht mehr wert als zehn Söhne?«

Hanna lächelte ihren Mann schwach an. Seine Worte trösteten sie zwar nicht wirklich, aber sie war ihm doch dankbar.

Am nächsten Morgen war der Himmel im Osten erst ein wenig hell geworden, da schlug Hanna schon das Fell zur Seite, mit dem sie sich zugedeckt hatte. Sie stand auf und ging zum heiligen Zelt hinüber.

Alle anderen Pilger schliefen noch. Fast lautlos lief Hanna zwischen ihren Lagerplätzen hindurch. Nur im heiligen Zelt war schon jemand wach. Es war ein Mann, der bereits sehr alt war und nur noch wenig Schlaf brauchte.

Er hieß Eli und war ein Priester. Eli konnte nicht mehr alle Aufgaben eines Priesters übernehmen. Schon seit ein paar Jahren brachte er keine Opfer mehr dar. Das machten jetzt seine beiden Söhne. Aber überall nach dem Rechten sehen, das konnte er noch.

Hanna achtete aber gar nicht auf den alten Priester, der da neben dem Eingang auf einem Stuhl saß. Sie kniete vor dem heiligen Zelt nieder und betete. »Ach Herr, du mächtiger Gott, bitte erbarme dich über mein Elend. Du weißt, wie gern ich ein Kind hätte. Es würde mir zeigen, dass du mich nicht verstoßen hast. Ich verspreche dir, wenn ich einen Sohn bekomme, soll er dir im Heiligtum dienen!«

Lange betete Hanna, aber sie sprach nicht laut, sondern bewegte nur die Lippen.

Eli beobachtete sie. Seltsam benimmt sich diese Frau, dachte er. Am Ende ist sie betrunken! Und das an diesem heiligen Ort!

Er ging zu ihr hinüber: »Hör!«, sprach er sie an. »Es ist eine Frechheit, betrunken ins Heiligtum zu kommen.«

Hanna blickte auf, und Eli konnte die Tränen in ihren Augen sehen. »Nein, mein Herr, ich bin nicht betrunken. Ich bin nur sehr traurig und habe eben mein Herz vor Gott ausgeschüttet.«

Da tat es Eli Leid, dass er sie so angefahren hatte. »Geh nur nach Hause!«, sagte er und legte ihr die Hand auf den Kopf. »Ich weiß nicht, was du von Gott erbeten hast. Aber egal, was es ist: Gott wird deine Bitte erfüllen.«

Elis Worte trösteten Hanna. Sie stand auf und ging zu den anderen zurück.

Als die Familie im nächsten Jahr wieder zum Heiligtum wanderte, war Hanna nicht dabei. Sie konnte nicht mit, denn sie musste bei ihrem kleinen Sohn bleiben. Samuel hatte sie ihn genannt, das heißt »von Gott erhört«.

1. Samuel 1,1-22

Gott ruft Samuel

Wieder einmal saß der alte Priester Eli auf seinem Stuhl neben dem Eingang zum heiligen Zelt und beobachtete die Leute, die anbeten und Opfer bringen wollten.

Da kam eine Frau mit einem kleinen Jungen an der Hand auf ihn zu. »Guten Tag, Eli! Kennst du mich noch?«

Der Priester schüttelte den Kopf.

»Ich bin die Frau, die vor ein paar Jahren hier vor dem Zelt Gott um ein Kind gebeten hat. Ich war ganz verzweifelt damals, aber jetzt bin ich glücklich. Dies ist mein Sohn. Du selbst hast mir damals gesagt, dass Gott mein Gebet erhören würde.«

»Was für eine Freude!«, rief Eli. »Und wie schön, dass du mit dem Jungen zum Heiligtum kommst, jetzt, wo er groß genug ist!«

»Samuel soll hier beim heiligen Zelt leben«, sagte Hanna. »Er soll dir dabei helfen, Gott zu dienen. Das habe ich damals versprochen.«

»Gott segne dich, Samuel«, sagte Eli und streichelte ihm über die langen Haare. »Komm, ich zeige dir eine Ecke im Zelt, wo du dir ein Lager herrichten kannst.«

Bald darauf brachte die Familie ihr Opfer zu den Söhnen Elis – Fleisch, Mehl und Wein.

Während Hanna betete, kam ihr wieder ins Gedächtnis, wie verzweifelt sie an diesem Ort gekniet und wie Gott sie getröstet hatte. Da fing sie an, Gott laut ein Loblied zu singen, so wie es ihr gerade in den Sinn kam:

»Ich freue mich über den Herrn.
Er ist wie ein Fels.
Auf ihn kann man vertrauen.
Die Starken sind für ihn nicht stark
und die Schwachen nicht schwach.
Er macht die Hungernden satt
und die Armen reich.
Er schafft alles Leben
und hat mir ein Kind geschenkt.
Er behütet alle, die sich
zu ihm halten.«

Das ungefähr waren die Worte ihres Liedes. Viele Menschen wandten erstaunt ihre Köpfe zu der Frau, die da sang, und hörten zu. Ihr Mann aber gab ihr einen Kuss und sagte: »Es ist ein schönes Lied, Hanna. Und es sagt genau das, was ich auch denke. Merke dir die Worte gut, zu Hause will ich sie aufschreiben.«

Nun mussten sich Hanna und Elkana von ihrem Sohn verabschieden. Es fiel ihnen nicht leicht. Aber sie waren auch froh, denn hier im Heiligtum würde Samuel Gott immer besonders nahe sein.

Auch Samuel war froh, Eli jetzt helfen zu dürfen. Aber schon nach kurzer Zeit erlebte er eine große Enttäuschung. Er merkte nämlich, dass Elis Söhne böse waren.

Wenn ein Opfertier geschlachtet worden war, schickten sie ihren Diener, der die besten Fleischstücke für sie holen musste. Dann erst durfte der Rest auf dem Altar verbrannt werden. Sie nahmen Gott also etwas weg. Wenn sich ein Pilger dagegen wehren wollte, bedrohten sie ihn.

Eli wusste, was seine Söhne taten. Und er sagte ihnen auch, dass es Unrecht war. Aber er sagte es so freundlich, dass die beiden es gar nicht ernst nahmen.

Samuel konnte es kaum glauben: Im Heiligtum selbst wurde gesündigt! Das erschreckte ihn sehr und machte ihn traurig. Aber er verlor nicht den Mut. »Auch wenn ich hier der Kleinste bin und Elis Söhne mich nur belächeln – ich will so leben, wie es Gott gefällt!«

Eines Abends legte Samuel sich müde auf sein Bett nahe bei der heiligen Truhe und schlief ein. Er hatte viel gearbeitet und gelernt heute. Er hatte geputzt, das Öl in den Lampen erneuert, und Eli hatte ihm von Mose und Josua erzählt.

Plötzlich wurde er wach. Jemand hatte seinen Namen gerufen. »Ja, was

ist?«, rief er. Als niemand antwortete, stand er auf und lief zu Eli hinüber. »Hier bin ich, Eli«, sagte er. »Du hast mich gerufen.«

»Nein«, sagte Eli schläfrig, »ich habe dich nicht gerufen. Leg dich wieder schlafen!«

Seltsam, dachte Samuel, ging zurück und war bald wieder eingeschlafen.

»Samuel!« Der Junge schreckte auf. Schnell lief er zu Eli. »Jetzt hast du mich aber gerufen!«

Eli schüttelte den Kopf. »Ich habe dich nicht gerufen, mein Junge. Schlaf ruhig weiter!«

Es dauerte eine Weile, bis Samuel wieder eingeschlafen war. Da hörte er wieder laut seinen Namen rufen. Ich kann mich doch nicht schon wieder irren, dachte er und lief zu Eli hinüber. »Hier bin ich, Eli! Soll ich dir etwas bringen?«

Da richtete sich der alte Priester auf. »Auch diesmal habe ich nicht nach dir gerufen, Samuel. Aber vielleicht ist es ja Gott selbst, der dir etwas sagen will. Geh jetzt zurück und leg dich wieder hin. Und wenn Gott dich wieder mit Namen ruft, dann antworte: Rede, Herr, dein Knecht hört!«

Samuel ging langsam zurück. Er war sehr aufgeregt. Gott wollte zu ihm reden! Er freute sich, aber er hatte auch ein bisschen Angst. Still legte er sich auf sein Bett und wartete.

Auf einmal war die Stimme wieder da: »Samuel! Samuel!«

Mit leiser, zitternder Stimme antwortete Samuel so, wie Eli es ihm aufgetragen hatte: »Rede, Herr, dein Knecht hört!«

Jetzt sprach Gott zu ihm: »Ich werde etwas tun, das ganz Israel erschrecken wird. Weil Eli gewusst hat, dass seine Söhne Unrecht tun, und sie nicht daran gehindert hat, werde ich ihn bestrafen. Er und seine Söhne werden sterben, und niemand wird übrig bleiben, um den Priesterdienst im Heiligtum zu tun.«

Bis zum Morgen lag Samuel wach. Was er gehört hatte, war so ernst, dass er nicht mehr einschlafen konnte. Er dachte an Eli und daran, wie gern er ihn hatte. Aber es stimmte, Eli hatte sich seinen Söhnen nicht entgegengestellt.

Als die Sonne aufging, öffnete Samuel die Türen am heiligen Zelt, wie er es immer machte. Hoffentlich stellte Eli ihm keine Fragen!

Aber bald schon rief Eli ihn. »Was hat Gott dir in der Nacht gesagt?«, fragte er.

Samuel stotterte ein paar unverständliche Sätze, aber Eli ahnte, dass es um ihn und seine Söhne ging. »Sage mir jedes Wort, Samuel! Sei ehrlich und verschweige mir nichts!«

Da erzählte Samuel alles.

Eli schwieg eine Weile, nickte dann und sagte traurig: »Wenn Gott es gesagt hat, wird es so kommen. Er ist der Herr.«

Nur wenige Jahre später starben Elis Söhne in einem Krieg. Als Eli davon erfuhr, fiel er von seinem Stuhl und war auf der Stelle tot.

Aber Samuel wurde ein Prophet. Er hörte Gottes Stimme und sagte den Israeliten Gottes Worte.

1. Samuel 1,24-4,18

Könige für Israel

Besuch bei Samuel

Viele Jahre schon war Samuel der Mann, durch den Gott die Israeliten leitete. Er war als Richter umhergezogen und hatte überall Streit geschlichtet. Er hatte als Priester im Heiligtum Gott Opfer gebracht. Und er hatte als Prophet das Volk ermahnt, auf Gott zu hören und seine Gebote zu halten.

Nun war Samuel alt geworden und konnte nicht mehr so viel umherziehen. Manchmal schickte er seine Söhne, um Recht zu sprechen. Aber die ließen sich bestechen. Sie gaben einfach dem Recht, der ihnen Geld schenkte. Samuel merkte, dass es so nicht weitergehen konnte, und das Volk merkte es auch.

Eines Tages kam eine Gruppe von Männern aus den verschiedenen Stämmen Israels nach Rama. Samuel saß vor seinem Haus und wunderte sich, dass da so viele alte und vornehme Leute kamen, um ihn zu besuchen.

»Ich kann euch leider nicht alle in mein Haus bitten«, begrüßte er sie. »Aber setzt euch hier in den Schatten der Bäume und sagt mir, was euch zu mir führt.«

Die Männer setzten sich, und einer begann zu reden. »Wir haben viel über unser Volk nachgedacht, Samuel. Und wir sind alle der Meinung: Wir brauchen einen König.«

»Was sagt ihr? Einen König?«

»Ja. Alle Völker haben einen König. Du siehst doch selbst, dass es mit den Richtern nichts Halbes und nichts Ganzes ist. Mal haben wir einen Propheten wie dich, mal einen Priester wie Eli oder einen Kämpfer wie Gideon. Und manchmal haben wir auch gar keinen. Die Richter sind ja auch eigentlich nur für Streitigkeiten da. Es gibt aber noch so viel anderes, das geordnet werden müsste.«

»Was wir haben, ist doch keine Regierung!«, ergänzte ein anderer. »Jeder macht, was er will. Und die zwölf Stämme halten gar nicht mehr richtig zusammen.«

Ein junger Mann rief voller Eifer: »Überhaupt brauchen wir einen König, dem wir zujubeln können, wenn er auf einem edlen Ross vorbeireitet, der sagt, was wir tun sollen, und der uns voranzieht, wenn es in den Krieg geht. Bei allen anderen Völkern ist das so!«

Samuel stand auf, sagte aber nichts. Er war sehr traurig. Alle wollten einen König haben. War nicht Gott ihr König? Von ihm sprach niemand. »Lasst mich allein. Ich will mit Gott darüber reden. Morgen sprechen wir weiter.«

Samuel ging ins Haus. Während er dort betete, sprach Gott zu ihm. »Sie sind nicht mit dir unzufrieden, sondern mit mir. Ich bin ihr König, aber auf mich wollen sie nicht hören. Schon seit ich das Volk Israel aus Ägypten geführt habe, verachten sie

mich. Trotzdem sollst du auf ihren Wunsch eingehen. Aber sage ihnen deutlich, was es bedeutet, einen König zu haben.«

Am nächsten Tag sammelten sich alle Männer wieder bei Samuel.

»Ich will euch heute erklären, was es heißt, einen König zu haben«, sagte Samuel mit lauter Stimme. »Zuerst braucht ein König Geld, sehr viel Geld. Euer König wird also Steuern von euch verlangen. Jeder muss den zehnten Teil von allem abgeben, was er erntet. Dann braucht er Männer als Offiziere für das Heer und für seine Leibwache. Ihr werdet also eure Söhne schicken müssen. Natürlich will ein König nicht in einem einfachen Haus wohnen. Er braucht ein Schloss und einen Gutshof mit fruchtbaren Äckern und Weinbergen. Er sucht sich das beste Land aus und nimmt es für sich, und ihr könnt nichts dagegen tun. Und denkt daran, dass es ja nicht nur um einen König geht, sondern auch um Beamte und Minister, die auch alle gut leben wollen. Ihr müsst das alles bezahlen. Und nicht nur das: Wenn der König etwas befiehlt, was euch nicht gefällt, müsst ihr es trotzdem tun. Wenn ihr dann darunter leidet und zu Gott betet, damit er euch vom König wieder befreit, dann wird er euch nicht hören.«

»Das ist alles nicht wichtig!«, riefen die Männer. »Dazu wird es nie kommen! Wir wollen trotzdem einen König!«

Samuel nickte. »Wenn ihr es so wollt, dann sollt ihr euren König bekommen. Ihr seid ja mit eurem Wunsch zu mir gekommen, weil ich Gottes Stimme höre. Ihr wollt also einen König, den Gott auch will. Gut. Geht nun nach Hause und wartet. Wenn Gott mir zeigt, wer es werden soll, dann erfahrt ihr es.«

Da waren die vornehmen Männer zufrieden. Jeder ging wieder in seinen Ort zurück. Samuel blieb in Rama und betete: »Herr, du siehst, sie wollen unbedingt einen König. Nun mach du das Beste daraus und zeige mir den Mann, der unser Volk regieren soll.«

1. Samuel 8

Die verlorenen Eselinnen

»Saul!«, rief Kisch, ein reicher Mann aus dem Stamm Benjamin, seinen Sohn.

Aus dem Haus trat ein gut aussehender junger Mann, der mindestens einen Kopf größer war als sein Vater.

»Unsere Eselinnen sind weg«, sagte Kisch aufgeregt. »Anscheinend ist die Herde durch irgendetwas erschreckt worden und davongaloppiert. Nimm einen unsrer Knechte und suche die Eselinnen! Und nehmt etwas zu essen mit! Wer weiß, ob ihr heute noch zurückkommt.«

»Mach dir keine Sorgen, Vater. Wir werden sie schon finden.«

Aber so einfach war das gar nicht. Die beiden Männer durchstreiften die ganze Gegend, doch sie fanden die Tiere nicht. Immer weiter entfernten sie sich von zu Hause.

Schließlich sagte Saul zu dem Knecht: »Lass uns umkehren! Wir sind schon so lange unterwegs – vielleicht macht sich mein Vater jetzt um uns mehr Sorgen als um die Eselinnen. Es kann ja auch sein, dass sie inzwischen längst gefunden sind.«

»Warte!«, sagte der Knecht. »Mir kommt gerade ein Gedanke: In der Stadt, die dort oben liegt, wohnt der Prophet Samuel. Lass uns doch zu ihm gehen und ihn fragen, ob er uns nicht sagen kann, wo die Herde ist.«

»Eine gute Idee, du hast Recht«, meinte Saul. »Aber wir sollten für den Mann Gottes wenigstens ein kleines Geschenk haben. Ich weiß nicht, was wir ihm mitbringen könnten. Wenn wir noch das Brot hätten, das wir eingepackt haben!«

»Ich habe noch ein kleines Silberstück in der Tasche«, fiel dem Knecht jetzt ein.

Die beiden zogen los.

Als sie in die Nähe der Stadt kamen, liefen ihnen lachend und schwatzend einige Mädchen entgegen. Sie hatten Krüge bei sich, mit denen sie am Brunnen im Tal Wasser schöpfen wollten.

Saul sprach sie an: »Könnt ihr mir sagen, ob der Prophet in der Stadt ist?«

»Ja«, antworteten die Mädchen, »wir haben ihn vorhin noch gesehen. Es findet heute ein Festessen statt, da ist er eingeladen. Wenn ihr den Gästen folgt, die zum Fest gehen, werdet ihr ihn treffen. Bevor er gebetet hat, wird mit dem Mahl nicht begonnen.«

Saul bedankte sich und ging mit seinem Knecht zur Stadt hinauf.

Am Stadttor kam ihnen ein Mann entgegen. »Guten Abend«, sagte Saul zu ihm, »kannst du mir sagen, wo ich den Propheten finde?«

»Ich bin der Prophet«, antwortete der. »Ich bin Samuel. Geht dort hinauf. Ihr sollt heute Abend mit mir essen, und morgen begleite ich euch ein Stück auf eurem Weg. Dann beantworte ich dir auch alle deine Fragen. Um die Eselinnen macht euch keine Sorgen. Die sind gefunden.«

Saul und sein Knecht sahen sich erstaunt an. Der Gottesmann wusste bereits, weshalb sie hier waren! Sie ahnten ja nicht, dass Gott Samuel schon am Tag vorher gesagt hatte: »Morgen werde ich dir den Mann zeigen, den du zum König machen sollst.« Jetzt stand Samuel vor Saul und wusste: Dieser Mann ist es!

»Außerdem«, sagte Samuel und trat näher an den großen, jungen Mann heran, »warum solltest du dir Sorgen um die Eselinnen machen, wo dir doch bald ganz Israel gehorchen wird?«

»Was redest du da?«, wunderte sich Saul. »Ich bin aus dem Stamm Benjamin, dem kleinsten Stamm in Israel, und das Ansehen meiner Familie ist auch nicht besonders groß. Wieso sollte mir das ganze Volk gehorchen?«

Aber der Prophet antwortete nicht, sondern führte die beiden Männer in den Festsaal. Saul wurde zum Ehrenplatz am Kopf des Tisches begleitet. Erstaunt ließ er alles mit sich geschehen. Dabei hörte er, wie Samuel zum Koch sagte: »Bring das besonders gute Stück Fleisch, das ich dir gestern gegeben habe, die Lammkeule, die du für den Ehrengast aufheben und zubereiten solltest.«

Was das alles zu bedeuten hatte? Samuel erklärte es Saul und seinem Knecht mit keinem Wort. Und auch, warum sie in Samuels Haus zur Nacht bleiben sollten, war ihnen ein Rätsel.

Erst am nächsten Morgen, auf dem Weg nach Hause, blieb Samuel plötzlich stehen und sah Saul an. »Schick deinen Knecht ein Stück voraus. Ich muss dir etwas Wichtiges sagen.«

Als die beiden allein waren, nahm Samuel einen Krug mit Öl aus seiner Tasche. Er goss etwas von dem Öl auf Sauls Kopf und küsste ihn. »Gott hat dich zum König gesalbt«, sagte er. »Er wird dir Weisheit und Kraft für deine Aufgaben schenken.«

Einige Stunden später hatte Saul fast schon den Hof seines Vaters erreicht. Mit lauter Stimme lobte er Gott, sang und klatschte in die Hände.

»Was ist denn mit Saul los?«, fragten sich die Leute auf der Straße. »Er ist doch nicht etwa ein Prophet geworden?«

1. Samuel 9 und 10,1+10-11

Saul und Jonatan

Saul war jetzt König. Aber er hatte kein Schloss, in dem er wohnte. Es gab noch nicht einmal eine Hauptstadt, in der das Schloss hätte stehen können. Er brauchte keinem Sekretär Briefe zu diktieren, denn er hatte keinen, und es schrieb ihm auch keiner. Er brauchte nicht die Parade seiner Soldaten abzunehmen, denn es gab kein Heer.

Und was tat Saul? Er half seinem Vater weiter bei der Feldarbeit.

Nach einigen Jahren hatte er einen eigenen Hof und eigene Felder. Er heiratete und wurde Vater von drei Söhnen und zwei Töchtern.

Nur wenn es wieder einmal zum Kampf mit den Philistern kam, hatte Saul eine besondere Aufgabe. Dann führte er die israelitischen Männer und verhalf dem Land wieder zu Frieden.

Die Philister waren kein besonders großes, aber ein starkes Volk. Eigentlich wohnten sie an der Küste. Aber weil sie viel bessere Waffen und Rüstungen besaßen als die Israeliten, gelang es ihnen, bis ins Bergland vorzudringen. Schließlich bauten sie sogar dort Burgen, wo israelitische Stämme wohnten. Immer wieder kam es zu Streit und zu Kämpfen.

Eines Tages, Saul war schon einige Jahre König und Jonatan, sein ältester Sohn, fast ein erwachsener Mann, da lagerten im Jordantal dreitausend Israeliten. Sie bereiteten sich auf einen neuen Kampf gegen die Philister vor. Saul ging unruhig durch das Lager, sah sich um und kam vor sein Zelt.

»Was hast du nur getan!«, sagte er zu seinem Sohn Jonatan. »Wie konntest du nur mit den tausend Mann, die ich dir gegeben habe, die Wache der Philister überfallen! Jetzt werden sie sich rächen! Und was tun wir dann? Nur wir beide haben Schwerter. Sollen unsere paar Männer mit Stöcken gegen die Kampfwagen der Philister anrennen?«

»Gott wird uns helfen, Vater!«, antwortete Jonatan.

»Vielleicht«, sagte der König mürrisch. »Samuel sollte ein Opfer bringen und Gott um Hilfe bitten, aber er kommt nicht. Sieben Tage warte ich nun schon auf ihn.«

Ein Bote kam angerannt. »Saul, unsere Späher haben das Heer der Philister von weitem gesehen. Sie sind in unser Land eingebrochen!«

»Wie viele sind es?«

»Dreitausend Kampfwagen mit schnellen Pferden und Bogenschützen. Dazu Reiter und eine unübersehbare Menge Soldaten zu Fuß.«

»Haben sie schon Städte von uns überfallen?«

»Unsere Städte und Dörfer sind leer. Die Philister können einfach durchziehen. Die Israeliten verstecken sich in Höhlen und in den Wäldern.«

»Sprich leise, damit es niemand hört!«, sagte Saul zu dem Boten.

Aber es war schon zu spät. Schnell ging die Nachricht von Mund zu Mund. Bald wussten alle im Lager, dass sie in einen aussichtslosen Kampf ziehen und dabei sicher sterben mussten. Es dauerte nicht lange, da schlichen sich die ersten heimlich davon.

Saul beobachtete es, aber er konnte die Männer nicht halten. »Macht ein Opfer fertig!«, befahl er.

»Aber Samuel ist doch noch nicht da!«, sagte Jonatan.

»Ich selbst werde das Opfer bringen.«

»Das darfst du nicht!«, rief Jonatan.

Aber Sauls Entschluss war gefasst. »Ich kann nicht länger warten. Sonst laufen mir noch mehr Leute weg! Es ist doch jetzt nicht wichtig, ob Gott das Opfer gefällt. Ich muss etwas tun, um die Leute zu beruhigen.«

Jonatan war entsetzt, aber er war machtlos.

Saul brachte das Opfer, obwohl Gottes Gebot es ihm nicht erlaubte und ohne mit dem Herzen dabei zu sein. Als er gerade fertig war, kam Samuel.

»Was hast du getan!«, rief er Saul zu, als er den Rauch vom Altar aufsteigen sah.

»Ich musste etwas unternehmen, sonst wären mir alle Männer weggelaufen!«, verteidigte sich Saul.

»Du hast einen großen Fehler begangen«, sagte Samuel. »Statt geduldig zu sein und Gottes Gebote zu beachten, hast du eigenwillig gehandelt. Deine Angst war größer als dein Vertrauen. Deshalb werden deine Nachkommen nicht Könige über Israel sein. Gott sucht sich einen anderen aus, der sein Volk führen soll.«

Ein kläglicher Rest von sechshundert schlecht bewaffneten, ängstlichen Männern zog nun in den Kampf gegen ein riesiges Heer.

Und doch siegten sie. Denn Gott half den Israeliten durch Jonatan, der ihm vertraute und sich an seine Gebote hielt.

1. Samuel 13,1-14,23

David

In dem kleinen Dorf Bethlehem war nicht viel los. Jeder kannte jeden, und Fremde kamen selten hierher.

Darum war die Aufregung groß, als plötzlich jemand durch die Gassen lief und rief: »Samuel kommt! Der Prophet Samuel!«

Was wollte denn Samuel ausgerechnet in ihrem kleinen Dorf? Einige der wichtigen Leute eilten dem alten Mann entgegen. Als sie vor ihm standen, grüßten sie ihn höflich und fragten: »Sage uns, Samuel, bedeutet es etwas Gutes oder etwas Schlechtes, dass du zu uns kommst?«

»Etwas Gutes«, antwortete der. »Ich bin gekommen, um ein Opferfest zu halten. Mit euch allen will ich es feiern.«

Die Leute wunderten sich zwar, aber sie fühlten sich auch geehrt. Ein Kalb wurde geopfert und ein festlicher Gottesdienst gefeiert.

Nach dem Fest ging Samuel auf einen der Männer zu. »Man sagte mir, du bist Isai. Ist das richtig?«

»Ja, Herr. Isai, der Sohn von Obed, der Enkel von Boas und Rut.«

»Ich möchte gerne mit dir in dein Haus gehen.«

Isai strahlte. »Es ist mir eine große Ehre, Samuel. Ich werde anordnen, dass man ein gutes Essen vorbereitet.«

Isai war froh, aber er ahnte nicht, welche Bedeutung dieser Besuch haben sollte. Das Opferfest war nämlich nur gefeiert worden, damit Samuel einen Grund hatte, nach Bethlehem zu kommen. Wenn Saul erfahren hätte, dass Samuel einen neuen König salben wollte, hätte er sicher versucht, es zu verhindern. Aber ein Opferfest machte ihn nicht misstrauisch. Im Haus Isais war die Tafel gedeckt. Isai stellte Samuel seine Söhne vor.

»Das ist Eliab, mein ältester Sohn«, sagte Isai stolz.

»Schon jetzt sieht er wie ein König aus«, dachte Samuel. »Ähnlich groß und stattlich war Saul, als ich ihn damals salbte.« Aber da vernahm Samuel Gottes Stimme: »Sieh nicht auf die Größe und das Aussehen! Ein Mensch sieht, was vor Augen ist, aber der Herr sieht das Herz an. Eliab soll nicht König werden.«

Dann stellte Isai nacheinander sieben Söhne vor. Aber jedesmal sagte Gott: »Nein, dieser nicht!«

»Nun lasst uns essen!«, sagte Isai und ging zum Tisch hinüber.

»Warte noch!«, bat Samuel. »Hast du mir alle deine Söhne vorgestellt?«

»Einen habe ich noch, den jüngsten«, sagte Isai erstaunt. »Er ist auf dem Feld und hütet die Schafe. Einer muss ja bei den Tieren bleiben. Und da dachte ich, der kleinste ist nicht so wichtig, wenn wir die Ehre haben, mit dem berühmten Samuel zu Tisch zu sitzen.«

»Lass ihn schnell herholen!«, sagte Samuel. »Ich will keinen Bissen essen und mich noch nicht einmal hinsetzen, bis er da ist.«

Alle sahen sich überrascht an, aber sie blieben natürlich stehen, weil der Ehrengast noch nicht Platz genommen hatte. Bald schon kam ein Junge herein, in einem nicht ganz sauberen Gewand, noch außer Atem vom Laufen. Er war nicht groß, hatte eine braun gebrannte Haut und große dunkle Augen. »Das ist David, mein Jüngster«, sagte Isai.

Im gleichen Augenblick wusste Samuel: Dies ist der zukünftige König Israels. Er öffnete sein Ölhorn, goss dem Jungen etwas Öl auf die Stirn und sagte: »Im Namen Gottes salbe ich dich zum König von Israel. Der Herr segne dich!«

Isai und seine Söhne sperrten den Mund auf vor Staunen. Kein Wort bekamen sie heraus. Und David wusste erst recht nicht, wie ihm geschah.

Aber bald schon merkten alle: Gottes Geist ist mit David.

1. Samuel 16,1-13

Hirte und Harfenspieler

Stille lag über dem Tal. Friedlich grasten die wenigen Schafe. David saß auf einem Stein, sah ihnen zu und spielte dabei auf seiner Harfe. Es war kein bestimmtes Lied. Er zupfte nur die Saiten an und lauschte den Klängen nach, bis der leichte Wind sie verwehte. Immer wieder schlug er verschiedene Saiten gemeinsam an und hörte, welche Töne zusammen passten. Wenn er einen neuen Klang von zwei oder drei Tönen gefunden hatte, freute er sich daran, wiederholte den Akkord mehrmals und merkte ihn sich.

Plötzlich hob er den Kopf. Unruhe entstand unter den Schafen. David legte die Harfe zur Seite, nahm seinen Stock und stand auf. Sorgfältig sah er sich nach der Gefahr um, die die Schafe anscheinend gespürt hatten, aber er bemerkte nichts.

Gerade wollte er sich wieder hinsetzen, da sah er aus den Augenwinkeln etwas Dunkles von den Büschen her über die freie Fläche huschen.

Ein Bär! Das flinke braune Tier hatte schon eins der kleinen Lämmchen, die noch nicht so schnell laufen konnten, mit den Zähnen gepackt. Die übrige Herde stob laut blökend nach allen Seiten davon.

David überlegte nicht lange. So schnell er konnte, lief er auf den Bären zu. Sicherlich hätte er Angst haben können, schließlich war der Bär ein Raubtier. Die Bären in dieser Gegend waren zwar eher klein, aber doch größer als David, wenn sie sich aufrichteten. Aber David dachte nur an das Lämmchen. Wenn er bei Gefahr weglief, brauchte er gar nicht erst hier zu sitzen! Dann wäre er ein schlechter Hirte.

»Lass los! Verschwinde!«, schrie David laut, während er auf den Bären zulief. Der blickte zu ihm hin, ohne das Lämmchen loszulassen, das er am Rückenfell festhielt. Dann drehte er sich um und trollte sich davon.

Aber David gab nicht auf. Er wollte sein Lämmchen retten. So schnell ihn seine nackten Füße trugen, rannte er hinter dem Bären her.

Jetzt hatte er ihn erreicht. »Lass mein Lämmchen los!«, schrie er wütend und schlug mit seinem Stock auf den Bären ein.

Tatsächlich: Der Bär ließ unter den kräftigen Stockschlägen das Lamm los und lief mit einer Geschwindigkeit davon, die man dem plumpen Tier gar nicht zugetraut hätte.

David bückte sich, noch ganz außer Atem, zu dem kleinen Schaf. Erst lag es wie leblos da. Dann aber sprang es blökend und am ganzen Körper zitternd auf.

Der Hirtenjunge nahm es auf seinen Arm und drückte es an sich, um es zu beruhigen. Dann untersuchte er das Fell. Die Verletzungen von den Bärenzähnen waren nicht so schlimm und würden bald verheilt sein.

David trug das Tier zurück zur Herde. Dann trieb er alle anderen Schafe wieder zusammen. Es war eine mühsame Arbeit, denn in ihrer Angst waren sie weit auseinander gelaufen.

Die Sonne stand schon tief, als David sich wieder auf seinen Stein setzte.

Eigentlich macht es Gott mit mir, wie ich mit meinen Schafen, dachte er. Er passt auf mich auf, sorgt für mich, und wenn Gefahr droht, schützt er mich.

Er nahm die Harfe, schlug ein paar Töne an, dachte ein wenig nach, und dann sang er:

»Der Herr ist mein Hirte,
mir wird nichts fehlen.
Er weidet mich
auf einer grünen Wiese
und führt mich zum frischen Wasser.
Er gibt mir neue Kraft.
Er führt mich
auf sicheren Wegen.
Auch wenn ich durch ein
dunkles Tal gehe,
fürchte ich kein Unglück,
denn du, Herr, bist bei mir.
Dein Hirtenstab nimmt mir
die Angst.«

1. Samuel 17,34-36; Psalm 23

David hilft Saul

»Jetzt geht es wieder los!«, flüsterte ein Diener Sauls einem anderen zu.

»Furchtbar!«, antwortete der, und beide sahen sich nach einer Arbeit um, die es ihnen erlaubte, schnell vom Saal des Königs fortzukommen.

Drinnen tobte der König. Völlig unbeherrscht schrie er, warf Vasen und Stühle gegen die Wand und trampelte auf den Boden. Dann ließ er sich auf seinen Thronsessel fallen, wurde plötzlich ganz starr und begann zu weinen.

Die höheren Beamten, die nicht einfach weglaufen konnten, standen dicht an den Wänden und sahen betreten auf den Boden. Lange Zeit standen sie so da und wagten nicht, sich zu rühren.

Dann blickte Saul auf. »Was ist nur los mit mir?«, fragte er leise. »Warum kommt manchmal etwas so über mich, dass ich nicht mehr weiß, was ich tue? Warum erfasst mich so die Wut, und warum bin ich hinterher so maßlos traurig? Warum kann ich mich nicht beherrschen?«

Die Beamten schwiegen.

»Was soll ich nur dagegen tun?« Saul sackte noch mehr in sich zusammen.

Endlich fand ein Beamter den Mut, Saul anzusprechen: »Ich habe gehört, dass Musik sehr beruhigend wirkt. Wenn du befiehlst, könnten wir jemanden suchen, der für dich auf der Harfe spielt. Er könnte hier am Königshof leben und immer zu dir kommen, wenn dir ein Anfall droht.«

Saul nickte. »Ihr habt Recht. Musik könnte mich sicher besänftigen. Sucht einen Harfenspieler und bringt ihn zu mir.«

Einer der anderen Beamten, ein junger Mann noch, trat vor: »Ich wüsste schon jemanden! Ich bin mal durch Bethlehem gekommen, da hat ein junger Mann wunderschön auf der Harfe gespielt. Er heißt David und ist der jüngste Sohn von Isai. Übrigens ist er nicht nur musikalisch, sondern auch außergewöhnlich schön.«

So kam es, dass der Hirtenjunge an den Königshof gerufen wurde.

Wenn Saul geahnt hätte, dass jetzt der bei ihm saß und auf der Harfe spielte, den Samuel zum König gesalbt hatte! So aber dauerte es nicht lange, da schloss er den jungen David ins Herz. Und seine Musik half ihm tatsächlich.

Als König Saul dann aber in einen neuen Krieg gegen die Philister zog, durfte David nach Hause zurückkehren. Einen jungen Harfenspieler konnte niemand an der Front gebrauchen. Also hütete David wieder die Schafe seines Vaters. Und der war froh, wenigstens seinen jüngsten Sohn zu Hause zu haben, denn die drei ältesten Söhne gehörten zu Sauls Heer.

Eines Tages rief Isai David zu sich. »Ich habe eine Aufgabe für dich, David. Lauf dorthin, wo Sauls Heer sich gelagert hat, und bring deinen Brüdern etwas zu essen. Und lass dir genau berichten, wie es ihnen geht! Ich mache mir Sorgen um sie.«

»Gut«, antwortete David und nahm alles, was seine Mutter vorbereitet hatte: Brot, Käse und geröstete Körner.

»Aber pass auf, dass du nicht selbst in die Kämpfe gerätst!«, mahnte Isai.

David nickte nur, warf den Sack mit den Lebensmitteln über die Schulter, verabschiedete sich und ging los.

Es dauerte ein paar Stunden, bis er das Lager erreichte. Bei den Wagen mit Nahrung und Trinkwasser standen ein paar Wachsoldaten.

»Kann ich meinen Sack bei euch lassen?«, fragte David. »Ich will meine Brüder suchen. Sie müssen irgendwo da vorne im Heer sein.«

»Meinetwegen«, sagte einer. »Zur Zeit ist alles ruhig. Aber wenn der Kampf wieder beginnen sollte, dann lauf weg, so schnell du kannst!«

Einige Zeit später saß David bei seinen Brüdern, bestellte Grüße von zu Hause und fragte, wie es ihnen bisher ergangen sei.

Schamma hatte gerade angefangen zu erzählen, da wurden plötzlich alle Männer still und sahen ins Tal hinunter. »Da kommt er wieder!«, flüsterten sie.

»Wer kommt?«, fragte David. Aber sein Bruder Eliab sagte nur: »Sei still!«

David folgte den Blicken der anderen, und da sah er es auch: Ein Philister bewegte sich auf das Heer Israels zu, unten im Tal. Aber was für ein Kerl! Baumlang war er und muskulös. Mit dem Helm und dem schweren Schuppenpanzer aus Bronze kam er daher, als hätte er nur ein leichtes Hemd an. Den langen, dicken Wurfspieß mit schwerer, eiserner Spitze trug er wie einen Spazierstock. Ein langes Schwert steckte in seinem Gürtel. Sein Waffenträger ging vor ihm und schleppte sich mit einem schweren Schild ab.

»Mein Angebot gilt noch!«, rief der riesenhafte Kämpfer mit dröhnender Stimme herauf. »Sucht einen aus, der gegen mich antritt. Wenn er mich besiegt, geben wir uns geschlagen. Wenn ich gewinne, sollt ihr als besiegt gelten! Nun los, ihr Feiglinge!«

»Hat er euch schon einmal zum Kampf aufgefordert?«, fragte David seine Brüder.

»Schon oft! Aber natürlich ohne Erfolg. Gegen diesen Kerl, das wäre ja Selbstmord!«

David wunderte sich. »Aber Gott ist doch auf unserer Seite! Warum wagt es denn keiner, diesem Feind Gottes das Maul zu stopfen?«

Die Männer lachten. »Was hat denn das mit Gott zu tun? Hier geht es um Kraft und Geschick und bessere Waffen. Und in jedem Punkt ist uns dieser Philister überlegen. König Saul hat sogar seine Tochter dem versprochen, der Goliat besiegt. Aber keiner traut sich.«

»Du hast Vorstellungen!«, schimpfte Eliab ärgerlich. »Geh nach Hause zu deinen Schafen! Da gehörst du hin, aber nicht hierher, wo Männer kämpfen!«

Einige Soldaten hatten König Saul erzählt, dass der junge David, der bei ihm Harfe gespielt hatte, zum Heer gekommen sei. Saul ließ ihn rufen.

»Lass mich mit dem Philister kämpfen!«, bat David.

»Unsinn!«, antwortete der König. »Du bist noch ein Junge, und Goliat ist ein starker, geübter Kämpfer.«

»Ich habe schon einen Bären und einen Löwen geschlagen, die meine Schafe rauben wollten. Wenn Gott mir dabei geholfen hat, wird er mir auch gegen den Philister helfen.«

»Ich bewundere deinen Glauben«, meinte Saul. »Wenn du nicht kämpfst, wird keiner kämpfen … Zieh meine Rüstung an und nimm meine Waffen! Und dann geh in Gottes Namen!«

David versuchte, die Rüstung anzulegen, aber sie war ihm zu schwer, und er konnte sich kaum darin bewegen. Da zog er sie wieder aus, steckte nur seine Schleuder ein, suchte sich fünf glatte Steine, nahm seinen Hirtenstab und ging so dem Philister entgegen.

»Hahaha!«, lachte der, als er das Bübchen mit Schleuder und Steinen auf sich zukommen sah. »Willst du etwa mit mir kämpfen? Bin ich ein Hund, dass du mit einem Stock zu mir kommst?«

»Du kommst mit Schwert und Spieß, aber ich komme im Namen Gottes!«, rief David.

Dann legte er einen Stein in seine Schleuder, ließ sie herumsausen und schoss den Kiesel auf den Philister. Mitten auf der Stirn wurde er getroffen, dort, wo ihn der Helm nicht schützte. Goliat fiel um. David lief hin, zog das Schwer aus dem Gürtel des Philisters und tötete ihn.

Als die feindlichen Soldaten sahen, dass ihr stärkster Held tot war, bekamen sie Angst. Den Israeliten aber hatte Davids Tat neuen Mut gegeben. Unerschrocken jagten sie die Philister aus ihrem Land.

1. Samuel 16,14-17,58

Ein neuer Freund und ein neuer Feind

Der Sieg über Goliat hatte aus dem Hirtenjungen einen berühmten Mann gemacht. Überall in Israel wusste man nun, wer David war. »Ich möchte dich jetzt immer bei mir behalten, auch wenn Krieg ist«, sagte König Saul. »Du bist mutiger als viele andere. Und den Umgang mit den Waffen wirst du auch noch lernen.«

Vieles am Hof war neu und aufregend für David. Früher war er nur zum König gerufen worden, wenn der traurig oder wütend war. Jetzt aß er jeden Tag an seinem Tisch, unterhielt sich mit ihm und wurde manchmal sogar um Rat gefragt. Er übte sich im Gebrauch der Waffen und wurde immer geschickter. Alles, was David sagte und tat, gefiel Saul und seinen Beamten so gut, dass sie ihn schließlich zum obersten Befehlshaber des Heeres machten.

Aber für David war das Wichtigste in dieser Zeit etwas ganz anderes: Jonatan, Sauls Sohn, wurde sein Freund.

»Nimm meine Rüstung, mein Schwert und meinen Bogen«, hatte Jonatan schon bald nach dem Kampf gegen Goliat zu David gesagt. »Ich schenke sie dir. Sie sollen ein Zeichen meiner Freundschaft sein.«

Und tatsächlich waren David und Jonatan von diesem Tag an Freunde, so gute Freunde, dass jeder den anderen genauso liebte wie sich selbst.

Eines Tages kam es wieder zum Kampf mit den Philistern. Das ganze Heer war daran beteiligt. Die Israeliten besiegten ihre Feinde und verjagten sie.

Als das Heer zurückkehrte, hatte sich die Nachricht vom Sieg schon überall verbreitet. Frauen, Kinder und Alte, die nicht mit in den Kampf gezogen waren, liefen den Soldaten entgegen. Sie schrien begeistert, winkten und tanzten auf der Straße zum Takt der Trommelschläge.

Eine der Frauen stimmte ein Lied an, und die anderen sangen gleich mit. Immer wieder und wieder sangen sie es, und immer lauter: »Saul hat tausend Feinde geschlagen, David aber zehntausend!«

Natürlich stimmten diese Zahlen nicht. Es hatte ja auch niemand gezählt, wer mit wie vielen Feinden gekämpft hatte. Aber das Lied sagte deutlich, dass das Volk David viel mehr schätzte als Saul, seinen König.

Auch Saul hörte das Lied. Es ärgerte ihn und machte ihn eifersüchtig. Ihm, dem König, gaben diese Frauen weniger Ehre als dem jungen Mann!

Eine Frechheit war das! Natürlich konnte David nichts dafür, dass die Leute so etwas sangen. Aber in seiner Nähe würde er ihn nicht mehr ertragen können.

Als Saul am nächsten Tag mit David bei Tisch saß, überkam ihn plötzlich wieder ein Wutanfall. Wie ein rasendes Tier gebärdete sich der König.

Schnell griff David nach seiner Harfe, um Saul mit sanfter Musik zu beruhigen. Aber diesmal nützte es nichts. David war ja gerade der Grund für Sauls Wut. Als der König den jungen Mann mit der Harfe vor sich sitzen sah, konnte er sich nicht mehr beherrschen. Er griff nach dem Speer, der neben ihm an der Wand lehnte, und warf ihn mit aller Kraft nach David.

Der aber hatte aufgepasst. Schnell bückte er sich. Der Speer sauste über ihn hinweg und fuhr krachend hinter ihm in die hölzerne Wand, wo er zitternd stecken blieb.

Das machte Saul noch wütender. Er griff nach einem zweiten Speer und hätte David damit durchbohrt, wenn der nicht wieder blitzschnell ausgewichen wäre.

Nur mühsam gelang es den Leuten im Saal, den König zu beruhigen.

»Ich will David nicht sehen!«, rief er. »Gebt ihm ein Kommando irgendwo bei den Grenztruppen. Nur weit weg von mir!«

Das war David recht. Diesmal war er mit dem Leben knapp davongekommen, aber er fühlte sich nicht mehr sicher bei diesem jähzornigen Mann.

Sein Versprechen musste Saul dennoch halten: Michal, seine Tochter, wurde Davids Frau.

Nun war David sogar der Schwiegersohn des Königs. In seine Nähe konnte er sich trotzdem nicht wagen.

Auch mit Jonatan, seinem Freund, traf er sich nur heimlich.

»Versuche herauszufinden, ob dein Vater mir noch nach dem Leben trachtet!«, bat David ihn eines Tages.

Jonatan nickte. »Aber es wird schwierig sein, dir Bescheid zu geben. Falls ich keine Gelegenheit habe, dich unbeobachtet zu sprechen, gebe ich dir ein Zeichen. Nach drei Tagen werde ich hier heraus aufs freie Feld kommen, um mit Pfeil und Bogen zu üben. Versteck dich dann dort hinter dem Steinhaufen. Es kommt immer ein Junge mit, der meine Pfeile wieder einsammelt. Wenn ich ihm zurufe: Du musst hier vorne suchen – dann besteht keine Gefahr. Wenn ich aber rufe: Sie liegen weiter weg – dann weißt du, dass du fliehen musst.«

»Ich danke dir. In drei Tagen werde ich hier sein.«

Drei Tage lang hoffte David, dass Sauls Zorn sich gelegt hätte.

Da kamen sie, Jonatan und der Junge. David konnte sie sehen, wenn er vorsichtig über den Steinhaufen spähte.

Jonatan schoss zunächst nicht weit. Als der Junge bei den Pfeilen war, spannte der Prinz den Bogen kräftig und schoss weit über ihn hinweg. »Lauf nur!«, rief er. »Der Pfeil ist ganz weit da hinten! Und beeil dich!«

Als David hörte, was Jonatan rief, wurde er sehr traurig. Er musste also

fliehen! Wie gerne würde er sich wenigstens noch von seinem Freund verabschieden!

Auch Jonatan wollte David gern noch einmal sehen. Er gab dem Jungen Bogen und Köcher. »Bring die Waffen nach Hause!«, befahl er. »Ich komme später nach.«

Als der Junge weg war, kam David aus seinem Versteck. Die beiden Freunde umarmten sich und weinten. Vielleicht würden sie sich nie wieder sehen!

»Mein Vater ist entschlossen, dich zu töten. Er glaubt fest, dass du König wirst, wenn er es nicht verhindert.«

»Du bist der Prinz, Jonatan. Wenn ich wirklich König werde, kannst du es nicht werden. Warum hilfst du mir trotzdem?«

»Du wirst sowieso König werden«, antwortete Jonatan. »Samuel hat dich gesalbt, und Gott hat dir diese Aufgabe gegeben. Versprich mir nur, dass ich dein Freund bleibe, wenn du König wirst!«

»Natürlich!«, sagte David. »Gott soll mit dir gehen, Jonatan.«

»Und mit dir«, erwiderte Jonatan.

Sie umarmten sich noch einmal, und dann ging jeder seinen Weg.

1. Samuel 18,1-16; 20

Die Höhle von En-Gedi

David war auf der Flucht. Nach Hause zu seiner Frau Michal konnte er nicht, nach Bethlehem zu seinen Eltern konnte er auch nicht. Sicher hatte Saul überall Soldaten versteckt, die ihn gefangen nehmen sollten. Nur ein Schwert hatte David bei sich, und die Kleider, die er auf dem Leib trug.

Rastlos zog er umher, immer auf der Suche nach einem sicheren Ort. Wo er sich auch versteckt halten wollte, er wurde erkannt, und es sprach sich herum.

Eines Tages kamen ein paar Männer zu David. Zuerst wusste er nicht, ob er fliehen oder gegen sie kämpfen sollte. Während er noch zögerte, riefen sie ihm zu: »Wir wollen deine Kameraden sein, David. Uns geht es so wie dir: Wir sind auch ungerecht behandelt worden. Unter Sauls Herrschaft gibt es keine Gerechtigkeit. Man hat uns alles weggenommen. Wir wollen mit dir kämpfen, für ein besseres Israel und für unser Recht. Sei du unser Anführer!«

Damit war David einverstanden. In der nächsten Zeit kamen immer mehr Männer, bis es ungefähr vierhundert waren. Sie lebten jetzt in Felshöhlen bei der Oase En-Gedi. Die Männer vertrauten David und taten alles, was er sagte.

Samuel hat mich gesalbt, damit ich einmal das ganze Land regiere, dachte David. Vielleicht ist diese Schar ja der Anfang.

Als sie eines Tages vor ihrer Höhle saßen, rief der Wachtposten: »Ein Heer kommt! Ein großes Heer! Bestimmt dreitausend Mann!«

»Das ist Saul«, sagte David. »Er sucht mich und will mich töten. Versteckt euch!«

So schnell sie konnten, verschwanden die Männer in der Höhle und krochen immer tiefer hinein. Sehr lang war diese Höhle, die das Wasser aus dem Berg gewaschen hatte.

Ein Mann blieb vorn am Eingang, um das Heer weiter zu beobachten. Als alle sich nach hinten verkrochen hatten, kam er schnell hinter ihnen her. »Ich habe gesehen, wie das Heer sich an der Oase lagert. Aber der König selbst kommt hierher.«

»Hierher in die Höhle? Bestimmt sucht er einen Schattenplatz, um sich auszuruhen.«

»Das ist deine Chance, David!« Einer von Davids Freunden war ganz begeistert. »Du kannst ihn töten! Wenn er allein ist, kann er sich nicht wehren!«

Andere fielen ein: »Ja, und wenn er tot ist, werden die dreitausend Soldaten da draußen dir gehorchen.«

»Sie rechnen sowieso alle damit, dass du einmal König wirst!«

»Diese Gelegenheit schickt dir Gott!«

»Seid still!«, unterbrach David. Alle schwiegen.

Gespannt schauten sie aus der Dunkelheit der Höhle auf das helle Rund da vorne, den engen Eingang.

Da – eine Gestalt tauchte auf. Auch wenn gegen das Licht nur ihre Umrisse zu erkennen waren – das musste Saul sein! Der weite Königsmantel war deutlich zu erkennen.

Saul kam auf sie zu. Sie hörten seine Sandalen auf dem unebenen Boden und seinen keuchenden Atem. Manchmal sahen sie ihn, dann verschwand er wieder hinter einem Felsvorsprung in der Höhle. Jetzt tauchte er nicht wieder auf. Es blieb still.

»David, du …«, flüsterte einer.

»Pssst!«, unterbrach ihn David und legte den Finger auf den Mund.

»Bleibt hier!«, sagte er leise und schlich vorsichtig nach vorn. Er achtete sorgfältig darauf, dass er nicht mit dem Schwert an die Felswand stieß oder irgendwo einen losen Stein ins Rollen brachte. War hier nicht die Stelle, wo Saul hinter dem Felsvorsprung verschwunden war? Da irgendwo musste er noch sein, denn die Höhle hatte hier keine Seitengänge.

Tatsächlich – als David auf Händen und Füßen zu dem Felsen schlich, sah er einen Zipfel von Sauls Mantel hervorschauen. Ohne lange zu überlegen, schnitt David ihn mit seinem scharfen Schwert ab. Saul schien nichts gemerkt zu haben. Behutsam schlich David wieder zurück.

Es dauerte eine ganze Weile, bis er wieder bei seinen Männern war.

»Hast du ihn … wir haben keinen Kampf gehört!«, fragten sie flüsternd.

»Ich kann ihn nicht töten, auch wenn er mein Feind ist, der mich umbringen will«, gab David leise zur Antwort.

»Aber warum denn nicht?«

»Gott hat ihn zum König gesalbt. Ich werde nicht jemanden töten, den Gott erwählt hat.«

»Aber Gott hat ihn längst wieder verstoßen und dich erwählt!«

»Ja. Darum wird Gott auch dafür sorgen, dass ich auf den Thron komme. Das brauche ich nicht selbst in die Hand zu nehmen.«

Die Männer sagten nichts mehr. Sie schüttelten nur unverständig den Kopf, aber das konnte David in der Dunkelheit nicht sehen.

»Da!« Alle schauten zum Eingang. Deutlich waren die Umrisse des Königs zu erkennen. Er kroch wieder aus der Höhle.

»Bleibt hier!«, sagte David und ging ihm nach. Jetzt gab er sich nicht mehr so viel Mühe, leise zu sein.

Als er geblendet aus der Höhle ins Sonnenlicht trat, kam Saul gerade unten bei seinen Soldaten an.

»Mein Herr und König!«, rief David laut.

Unten im Tal blickten dreitausend Augenpaare überrascht und erstaunt zum Höhleneingang herauf. David neigte sich tief zur Erde nieder, um zu zeigen, dass er Saul als König ehrte. Dann richtete er sich wieder auf.

»Warum hörst du auf das Geschwätz der Leute, die sagen, ich brächte dir Unglück?«, rief David. »Gerade eben hätte ich Gelegenheit gehabt, dich zu töten. Meine Männer, die mit mir hinten in der Höhle waren, haben mir das auch geraten. Aber ich habe es nicht getan, weil du ein Auserwählter Gottes bist.«

Lange kam keine Antwort. In allen Gesichtern war Überraschung zu lesen. Und Respekt vor Davids Mut. Er wagte es, sich seinem Todfeind zu zeigen!

David hob den Mantelzipfel in die Höhe. »Weißt du, was das ist? Ein Zipfel von deinem Mantel. Ich habe ihn abgeschnitten, um zu beweisen, dass ich dich ganz einfach hätte töten können.«

Erschrocken sah Saul an sich herunter. Tatsächlich – ein Stück von seinem Mantel fehlte.

»Du siehst, dass ich dir nichts Böses will!«, rief David. »Warum willst du mich dennoch umbringen? Es ist, als wenn du einen Hund jagen würdest, der dich gar nicht beißen will. Hör auf, mich zu verfolgen, und überlasse es Gott, unser Richter zu sein.«

Sauls Leute kannten ihren König. Wenn er jetzt einen seiner jähzornigen Anfälle bekam! Aber wieder wurden sie überrascht: Saul weinte.

»Du bist gerechter als ich!«, rief er mit zitternder Stimme zu David hinauf. »Du hast mir Gutes erwiesen, und ich wollte dir Böses antun. Dabei weiß ich genau, dass du einmal König wirst. Bitte schwöre mir, dass du dann nicht meine Familie umbringst!«

»Das schwöre ich!«, rief David.

Saul winkte seinen Soldaten. Sie packten ihre Waffen und marschierten davon. Lange noch blickte David ihnen nach.

1. Samuel 24

David ist König

David stand auf dem flachen Dach seines Königspalastes und schaute sich um. Eine richtige Stadt entstand um den Palast herum, und sie wurde immer größer. Überall wurde gebaut.

Seine Gedanken wanderten zurück. Es war noch gar nicht lange her, da wohnten Feinde in dieser Burg, die jetzt sein Palast war. Damals musste er sich noch vor König Saul verstecken. Dann aber war alles so gekommen, wie Gott es versprochen hatte. Saul und sein Sohn Jonatan waren im Kampf gegen die Philister umgekommen. Lange Zeit hatte David um seinen Freund getrauert. Dann hatte der Stamm Juda, zu dem David gehörte, ihn zum König gemacht. Sieben Jahre war Hebron, eine Stadt im Süden des Landes, sein Regierungssitz gewesen.

Die anderen Stämme Israels hatten zunächst dem letzten Sohn Sauls die Treue gehalten. Als der aber umkam, hatten auch sie sich der Herrschaft Davids unterstellt. Jetzt war er König des ganzen Landes.

Das konnte er aber nicht gut in Hebron sein. Jerusalem war die ideale Verbindung zwischen den nördlichen und den südlichen Landesteilen. David hatte die Feinde aus der Burg vertrieben und sie zu seinem Königspalast gemacht. Auf diesem Berg entstand nun die neue Hauptstadt, der Mittelpunkt des Landes.

Eins fehlt noch, dachte David, während er sich umsah. Alle Hauptstädte haben einen Tempel, wo Götzen angebetet werden. Und ausgerechnet wir, die den lebendigen Gott anbeten, haben keinen solchen heiligen Ort!

Wenigstens die heilige Truhe wollte er holen und in der Stadt aufstellen lassen. Die Truhe mit den goldenen Engelsgestalten darauf, in der die Gesetzestafeln waren. Als das Volk damals mit Mose durch die Wüste zog, war Gott immer bei diesem Heiligtum. Und jetzt? Es ist nicht recht, dass sie so in Vergessenheit geraten ist, dachte David. Bis wir einen richtigen Tempel haben, will ich ein Zelt errichten. In ihm kann dann die heilige Truhe stehen. In der Wüste hatten unsere Vorfahren auch nur ein Zelt. Ja, das werde ich tun!

Es war einige Zeit später. Michal, die Tochter Sauls und Davids Frau, stand auf dem flachen Dach des Palastes und schaute ins Weite. Gespannt wartete sie auf den Festzug. Ganz Jerusalem wartete mit ihr.

Jetzt waren die ersten Menschen des Zuges zu sehen. Priester in langen Gewändern zogen über den Hügel, hinter ihnen die Musiker. Einige trommelten, einige bliesen auf durchbohrten Kuhhörnern, andere zupften Harfen.

Nun konnte Michal die Träger mit der heiligen Truhe über den Hügel kommen sehen. Viele Menschen liefen hinterher. Männer, Frauen und Kinder sangen, einige tanzten auch.

Aber was war denn das? Direkt vor der heiligen Truhe tanzte ein einzelner Mann. Nur mit einem Priesterschurz bekleidet, sprang er, jubelte und streckte die Arme aus. Das wird doch nicht …

Michal wartete gespannt, bis der Zug näher kam. Jetzt konnte sie es genau erkennen: Der Tänzer war David, der König, ihr Mann! Entsetzt und wütend verließ sie das Dach, ging in ihr Zimmer und schloss sich ein.

Erst als David abends in den Palast heimkehrte, kam sie wieder heraus. »Dir macht es wohl nichts aus, dich vor ganz Jerusalem zu blamieren!«, rief sie ihm wütend entgegen. »Ein König muss würdevoll daherschreiten! Aber du bist herumgehüpft wie ein übermütiges Kind! Du hast dich lächerlich gemacht vor den Leuten!«

»Ach, Michal, du denkst immer nur an meine Würde und Ehre als König«, antwortete David. »Und an deine als Königin natürlich. Mir ist nur wichtig, dass Gott geehrt wird. Ich freue mich so, dass das Heiligtum jetzt bei uns ist! Da ist es doch egal, was die Leute von mir denken. Gott wohnt bei uns!«

Michal sagte nichts, machte nur auf dem Absatz kehrt und knallte die Tür hinter sich zu.

Jahre vergingen. Wieder stand David auf dem flachen Dach seines Palastes und schaute über Jerusalem. Noch größer war die Stadt geworden. David ließ seinen Blick über die Wohnhäuser schweifen, die unterhalb des Palastes lagen.

Auf einmal blieb sein Blick hängen: In dem kleinen Innenhof eines Hauses stand eine Frau und wusch sich. Sehr schön war diese Frau, das sah David selbst von hier aus.

Er rief einen Diener herbei. »Die Frau dort unten soll in meinen Palast kommen!«, befahl er.

Nur wenig später wurde die Frau zu David gebracht. Er hatte sich nicht getäuscht, sie war sehr schön.

»Wie heißt du?«, fragte er.

»Ich bin Batseba«, antwortete sie, »die Frau von Uria. Er ist Unteroffizier in deiner Armee.«

Ob sie verheiratet ist oder nicht – ich muss sie besitzen!, dachte David. Uria ist fort, es ist Krieg. Umso besser für mich.

»Du bleibst über Nacht bei mir im Palast!«, befahl David kurz entschlossen.

Nur wenige Wochen später ließ Batseba dem König ausrichten: »Ich bin schwanger. Du bist der Vater.«

Ich muss Uria aus der Welt schaffen, durchfuhr es David sofort. Batseba soll meine rechtmäßige Frau werden, bevor das Kind geboren wird.

David schrieb einen Brief an den Hauptmann seines Heeres und ließ ihn durch einen Boten dorthin bringen, wo die Israeliten kämpften. »Stelle Uria in die vorderste Front«, hieß es in dem Brief. Davids Rechnung ging auf: Bald schon erreichte ihn die Nachricht, Uria sei im Kampf getötet worden. Jetzt konnte der König Batseba heiraten, und kaum einer ahnte, was geschehen war. Und doch war David zum Ehebrecher und Mörder geworden.

Eines Tages kam der Prophet Nathan zu ihm.

»Ich will dir eine Geschichte erzählen«, begann Nathan. »Ein reicher Mann hatte sehr viele Schafe und einen großen Gutshof. In der Nachbarschaft lebte ein armer Mann, der hatte nichts weiter als ein einzelnes kleines Schäfchen. Das liebte er so, dass es mit ihm in der Hütte wohnen durfte. Es spielte mit seinen Kindern und aß von seinem Teller. Als eines Tages der reiche Mann ein Fest feiern wollte, nahm er dem armen Mann sein geliebtes Schäfchen weg und schlachtete es.«

David sprang auf und rief: »Das ist eine Gemeinheit! Ich bin der König, und ich befehle, dass der reiche Mann mit dem Tod bestraft wird!«

»Du bist der Mann!«, sagte Nathan jetzt. »Du hast Uria nicht nur seine Frau genommen, du hast ihn auch umgebracht. Gott selbst spricht dich schuldig.«

David starrte den Propheten mit weit aufgerissenen Augen an. Lange stand er so da. Es dauerte einige Zeit, bis er wirklich begriff, wie groß die Schuld war, die er auf sich geladen hatte. Dann brach er zusammen, fiel auf seine Knie, verbarg das Gesicht in den Händen und weinte.

»Ich habe gesündigt!«, schluchzte er immer wieder. »Ich habe gesündigt!«

Nathan legte ihm die Hand auf die Schulter. »Gott ist barmherziger, als du es bist. Er vergibt dir.«

David bereute seine Schuld. Und er bekannte sie vor Gott und auch vor den Menschen. Er dichtete ein Lied, das in ganz Israel bekannt wurde. Darin heißt es:

»Gott, sei mir gnädig!
Vergib mir meine Schuld,
weil du so barmherzig bist!

Ich erkenne, dass ich
Unrecht getan habe,
und meine Sünde steht mir
immer vor Augen.
Schaffe in mir, Gott, ein reines Herz
und gib mir einen neuen,
beständigen Geist.«

Noch oft stand David auf dem Dach seines Palastes und sah auf die Stadt und das Land, das Gott ihm gegeben hatte. Neben ihm stand Salomo, sein Sohn. Nathan war Salomos Lehrer. Er bereitete ihn darauf vor, König von Israel zu werden. Trotz seiner Schuld hatte Gott David gesegnet.

2. Samuel 5 bis 7; 11 und 12

Der weise König Salomo

Unruhig wälzte sich Salomo auf seinem Lager hin und her. Er konnte keinen Schlaf finden. Aber nicht, weil er im Zelt schlief und das Lager unbequem war. Salomo war ja noch jung, und es machte ihm nichts aus, hier oben auf dem Hügel zu übernachten, wo er Gott ein Opfer gebracht hatte.

Nein, was ihn so unruhig machte, waren Sorgen. Sein Vater hatte ihn zum König bestimmt, und die Priester hatten ihn gesalbt. Ob er deshalb auch schon ein guter König sein würde? Wie sollte er nur die Verantwortung für ein ganzes Volk tragen?

Endlich schlief Salomo doch ein. Da träumte er. Aber es war ein Traum, der ganz anders war als andere Träume. Gott sprach zu ihm:

»Bitte etwas von mir, das ich dir geben soll!«

»Ach, Herr«, antwortete Salomo, »du hast mich zum König gemacht. Aber ich bin noch so jung, ich habe keine Erfahrung. Darum bitte ich dich: Gib mir ein gehorsames Herz. Lass mich verstehen und tun, was du willst, dann werde ich ein weiser und gerechter König sein.«

Da freute sich Gott. »Du hättest ja auch um ein langes Leben, um Reichtum oder um Sieg über deine Feinde bitten können«, sagte er. »Das hast du nicht getan. Ich will dir geben, worum du gebeten hast: kluge Gedanken und ein weises, gehorsames Herz. Und alles, worum du nicht gebeten hast, will ich dir noch dazu geben: Reichtum und Ehre. Auch ein langes Leben will ich dir schenken, wenn du dich an meine Gebote hältst.«

Als Salomo am Morgen aufwachte, war ihm alles noch genau in Erinnerung. Er ging zurück nach Jerusalem und trat vor die Truhe im Heiligtum, um Gott zu danken. Jetzt wollte er mit der großen Aufgabe beginnen, die sein Vater David ihm aufgetragen hatte: Er wollte den Tempel bauen.

Gerne hätte schon David selbst damit begonnen. Aber Gott hatte ihm durch den Propheten Nathan sagen lassen: »Du hast viele Kriege geführt, David. Ich möchte, dass mein Haus in einer friedlichen Zeit von einem friedliebenden König gebaut wird. Dein Sohn wird das sein.«

Eins aber hatte David schon getan: Er hatte Geld gespart und Gold und anderes wertvolles Metall gesammelt und sicher verwahrt. Gott hatte David auch schon den Hügel gezeigt, auf dem der Tempel errichtet werden sollte.

Als Erstes musste Salomo also dafür sorgen, dass alles, was zum Bauen benötigt wurde, auf diesen Hügel gebracht wurde. Er schrieb an einen Nachbarkönig, er solle ihm Zedernstämme verkaufen. Der willigte gern ein. Tausende von Arbeitern waren bald damit beschäftigt, die Stämme vom Gebirge Libanon, wo sie wuchsen, hinunter ans Mittelmeer zu schleifen. Dort wurden sie zu Flößen zusammengebunden und bis vor die Küste Israels gebracht. Dann mussten sie den weiten Weg bis nach Jerusalem geschleppt werden.

Tausende von Steinmetzen waren inzwischen in den Steinbrüchen an der Arbeit. Unzählige Hämmer und Meißel waren zu hören, Staub legte sich über alles. Die großen Steine wurden hier nicht nur aus dem Berg gebrochen, sie wurden auch gleich passend zugehauen, damit auf der Baustelle in Jerusalem nicht mehr geschlagen und geschliffen werden musste. Salomo wollte dort, wo ein heiliger Ort sein sollte, keine laute und dreckige Baustelle haben.

Sieben Jahre wurde am Tempel gebaut. Dann war er endlich fertig: erhaben, wunderschön, hoch über der Stadt auf einem großen, freien Platz stehend, innen mit edlem Holz getäfelt, prachtvoll ausgestattet mit wertvollen Geräten. Jetzt war alles bereit für den großen Tag. Salomo lud Leute von allen Stämmen Israels ein. Feierlich wurde die heilige Truhe aus dem Zelt geholt und in den Tempel gebracht. Auch alle anderen Geräte, die schon damals in der Wüste zum Heiligtum gehört hatten, kamen an ihren neuen Platz. Die vielen Menschen, die zusahen, lobten Gott, sangen und brachten Opfer.

Als die Priester, die die Truhe getragen hatten, wieder aus dem Tempel herauskamen, senkte sich plötzlich eine dichte Wolke herab und erfüllte den ganzen Tempel. Alle verstanden das Zeichen: Hier war Gottes Wohnung. Dann stellte Salomo sich vor die Menschenmenge, hob seine Hände und betete:

»Dir habe ich dieses Haus gebaut, Gott, so, wie du es wolltest. Ich weiß wohl, dass du kein Haus brauchst. Du bist so groß, dass sogar der Himmel dich nicht fassen kann. Und doch hast du versprochen, ganz besonders in diesem Haus zu wohnen. Deshalb bitten wir dich: Wenn wir dir hier mit Opfern unseren Dank zeigen werden, dann nimm sie freundlich an. Und wenn wir dir an diesem heiligen Ort unsre Bitten sagen, dann erhöre sie!«

Sieben Tage lang feierten die Israeliten die Einweihung des Tempels. Dann segnete Salomo sie, und jeder zog wieder in seinen Heimatort.

Ganz anders war jetzt das Leben in Israel als zu König Davids Zeit. Salomo führte keine Kriege, obwohl er eine große Armee mit vielen Pferden und Kampfwagen aufbaute. Im Gegenteil, er befreundete sich mit

anderen Königen und trieb Handel mit vielen Ländern. Die Tochter des ägyptischen Pharaos wurde seine Frau. Bis nach Afrika schickte er seine Schiffe, die mit viel Gold wieder zurückkamen. Er selbst und das Land wurden immer reicher.

In allen umliegenden Ländern erzählte man sich von dem weisen König Salomo, der nicht nur Baupläne entwarf, Handelsabkommen schloss und Gerichtsurteile fällte, sondern auch Lieder dichtete.

Als eine Königin aus Saba, weit südlich von Israel, Salomo besuchte, sagte sie ihm zum Abschied: »Man hat mir viel von deiner Klugheit und von deinem Reichtum vorgeschwärmt. Ich bin gekommen, um mich selbst zu überzeugen. Und ich muss sagen: Man hat mir noch nicht einmal die Hälfte erzählt von allem, was ich hier gesehen und gehört habe.«

Aber obwohl Salomo erkennen konnte, dass Gott sein Versprechen hielt, blieb er ihm nicht treu. Als er alt war, ließ er sich von seinen Frauen verführen, den Göttern anderer Völker zu opfern. Und als er starb, brach sein Königreich auseinander.

1. Könige 3,1-15; 6 bis 10

Gott spricht durch Propheten

Elia

Es war heiß. Elia ging durch seinen Garten und sah, wie alle Pflanzen die Köpfe hängen ließen und das Gras braun wurde.

Was würde wohl aus diesem schönen Land Israel werden, wenn es weiter so heiß und trocken blieb? Schon litten Menschen und Vieh unter Durst. Ganz sicher würden sie bald auch Hunger haben, wenn kein Gras für die Tiere und kein Getreide für die Menschen mehr wuchs.

Solange sollte es nicht regnen, bis Ahab, der König, umkehrte, Gott um Verzeihung bat und ihn wieder anbetete.

Schon vor vielen Jahren hatten sich die zehn Stämme Israels, die im Norden lebten, von den zwei Stämmen im Süden getrennt. Der König des Südreiches regierte von Jerusalem aus, wo auch der Tempel stand, der König des Nordreichs in Samaria.

Habe ich es denn nötig, in den Süden zu ziehen, um im Tempel anzubeten?, dachte Ahab, der jetzt im Nordreich herrschte. Wer sagt denn, dass nur der Gott, der in Jerusalem verehrt wird, der wahre Gott ist?

Ahab hatte eine Frau aus dem Land der Phönizier geheiratet, Isebel. Sie betete zu Baal, dem Gott ihres Landes. Und sie hatte Ahab dazu gebracht, in Samaria dem Baal einen Altar zu errichten und ihn anzubeten.

Ob Ahab jemals bereuen würde, was er getan hatte? Elia, der Prophet Gottes, hatte Zweifel. Ahab war so dickköpfig und hörte nur auf seine Frau. Das arme Volk musste nun darunter leiden.

»Elia!«

Der Prophet hatte schon oft diese Stimme gehört. Er blieb stehen. »Ja, Herr, ich höre!«, antwortete er.

»König Ahab lässt dich überall suchen und will dich bestrafen, weil du ihm gesagt hast, dass es nicht regnen soll.«

Elia erschrak. »Aber er selbst ist doch schuld daran, Herr! Und die Strafe kommt von dir. Ich habe sie ihm nur angekündigt.«

»Mich kennt er nicht«, sagte Gott, »darum will er sich an dir rächen. Du musst dich verstecken.«

»Aber wo soll ich mich denn verstecken? Ich muss doch irgendwo bleiben, wo es noch Wasser und etwas zu essen gibt. Das kann nur in einer Stadt sein, und da findet Ahab mich leicht.«

»Vom Gebirge fließt ein kleiner Bach hinunter zum Jordan«, antwortete Gott. »Der Bach heißt Krit. Da kannst du eine Zeit lang leben.«

»Aber dort ist doch Wüste! Wovon soll ich da leben?«, warf Elia ein.

»Lass das meine Sorge sein«, antwortete Gott. »Ich habe den Raben geboten, dich zu versorgen.«

Mehr sagte Gott nicht, und Elia fand sehr merkwürdig, was er gehört hatte. Dennoch machte er sich auf den Weg.

Er war noch nicht lange fort, da ratterten zweirädrige Kampfwagen in sein Dorf Tischbe. Soldaten sprangen ab und fragten die Leute, wo Elia wohnte. Man zeigte ihnen das Haus. Aber der, den sie suchten, war nicht da. Wütend schlugen sie alles kaputt. Dann zwangen sie die Dorfbewohner, ihnen von ihrem kostbaren Wasser etwas für ihre Pferde zu geben, sprangen auf und verschwanden in einer riesigen Staubwolke in der Ferne.

Elia war inzwischen am Bach Krit angekommen. Es war nur noch wenig Wasser in dem Bach, aber es reichte jeden Tag, um Elias Durst zu löschen.

Und tatsächlich – morgens und abends flogen Raben herbei, die hatten Brot und Fleisch in ihren Schnäbeln und ließen es vor Elia zur Erde fallen.

»Wo haben die Vögel das nur her?« Elia schüttelte den Kopf. »Ich weiß es nicht. Ich weiß nur, dass Gott mich versorgt. Ich will ihm dafür danken.«

1. Könige 16,29-17,6

Der Prophet bei der Witwe

Über braune Wiesen und ausgedörrte, rissige Äcker ohne Getreide wanderte ein Mann allein. Es war Elia, der Prophet Gottes. Hierher, ins Land der Phönizier, hatte ihn Gott geschickt, als auch der Bach Krit ausgetrocknet war.

Als Elia ans Stadttor von Zarpat kam, beobachtete er eine Frau, die gebückt umherging und Holz auflas. Sie fand hauptsächlich Zweige von Büschen, die völlig vertrocknet und dann abgebrochen waren, denn auch hier hatte es seit langem nicht geregnet.

Elia grüßte die Frau. »Ich habe schrecklichen Durst nach dem langen Weg durch die Hitze. Bitte hole mir einen Becher Wasser!«, bat er sie dann.

Die Frau blickte auf. Ob das der Mann war, von dem Gott gesprochen hatte? Sie kannte ja den Gott Israels kaum, weil in ihrem Land Baal angebetet wurde. Und doch hatte Gott ihr klar gemacht, sie sollte einen Propheten versorgen, der bald zu ihr kommen würde.

»Ich laufe zum Brunnen. Warte einen Moment!«, sagte die Frau und lief zum Stadttor. Elia rief ihr nach: »Bring mir bitte auch etwas Brot mit!«

Da kehrte die Frau um, ging langsam auf Elia zu und sagte mit trauriger Stimme: »Das kann ich nicht. So wahr dein Gott lebt, ich habe keinen Bissen Brot zu Hause. Ich bin Witwe und muss mich und meinen Sohn allein versorgen. Nur eine Hand voll Mehl habe ich im Topf und ein paar Tropfen Olivenöl im Krug. Es ist Hungersnot im Land wegen der Trockenheit. Auch wenn ich Geld hätte, könnte ich kaum noch etwas kaufen. Ich habe gerade Holz aufgelesen, um meinem Sohn und mir ein letztes kleines Brot zu backen. Dann müssen wir verhungern.«

Elia legte ihr die Hand auf die Schulter. »Mach dir keine Sorgen!«,

sagte er. »Geh und backe dein Brot, wie du es dir vorgenommen hast, und bring es mir. Ich verspreche dir: Auch danach wird für dich und deinen Sohn noch genug zu essen da sein. Denn Gott lässt dir sagen: Das Mehl im Topf und das Öl im Krug sollen nicht zu Ende gehen, bis es wieder regnet.«

Die Frau wusste selbst nicht, warum sie dem Fremden glaubte. Aber sie tat es. Jeden Tag schöpfte sie nun Mehl aus dem Kasten – aber es wurde nicht weniger. Sie goss Öl aus dem Krug – aber er wurde nie leer. Sie backte reichlich Brot. Ihr Sohn und sie selbst, die schon fast verhungert waren, kamen wieder zu Kräften. Und auch Elia, der nun bei ihr wohnte, hatte genug zu essen. Beim Feueranfachen und beim Teigkneten dachte die Witwe immer wieder an den seltsamen Mann, der ihr Gast war. Sein Gott muss der einzig wahre Gott sein, dachte sie, während sie den Teig auf dem heißen Stein zu einem breiten Fladen drückte. Ich will ihm für dieses Wunder danken.

Eines Tages wurde Elia von einem durchdringenden Schrei aufgeschreckt. Schnell lief er in den Raum, den die Witwe mit ihrem Sohn bewohnte.

Da saß die Frau, Tränen quollen aus ihren Augen, auf ihrem Schoß lag der kleine Junge. Er war tot.

Zuerst bemerkte die Frau den Propheten gar nicht, so heftig weinte sie. Als er aber näher kam, sah sie ihn böse an und schrie: »Geh weg! Nur weil du hier bist, ist mein Kind krank gewor-

den und gestorben! Du bist ein Mann Gottes. Weil du in meinem Haus lebst, hat Gott gesehen, dass ich eine Sünderin bin. Jetzt straft er mich. Wärst du doch nie zu mir gekommen!«

»Gib mir deinen Sohn!«, sagte Elia nur. Er war der Frau nicht böse wegen ihrer Worte, denn er wusste, wie groß ihr Schmerz war. Er trug das Kind die Treppe hinauf in sein Dachzimmer und legte es auf sein Bett. Dann betete er: »Herr, das kann doch nicht sein, dass du der armen Witwe, die mich so freundlich aufgenommen hat, nun so ein Unglück schickst!«

Dann legte er sich über den Jungen, um ihn zu wärmen. »Lass doch bitte Leben in dieses Kind zurückkommen!« Dreimal betete er so.

Da schlug der Junge die Augen auf, blinzelte und schaute sich um, hob den Kopf und dann den Oberkörper. Er lebte wieder! Elia dankte Gott. Dann nahm er den Jungen auf den Arm und trug ihn die Treppe hinunter.

»Dein Sohn lebt«, sagte er zu der Mutter und legte ihn in ihre Arme. »Du bist wirklich ein Mann Gottes!«, war alles, was sie mit leiser Stimme sagen konnte.

1. Könige 17,7-24

Wer ist der wahre Gott?

Überall an den Berghängen waren Gruppen von Leuten zu sehen. Eigentlich war der Karmel ein einsamer Gebirgszug, auf den kaum einmal jemand stieg. Aber heute drängten sich hier die Menschen. Sogar der König war gekommen, alle 450 Baalspriester und der berühmte Prophet Elia, von dem einige sagten, er sei an der langen Trockenheit schuld. Aus dem Land der Phönizier war er nach drei Jahren wieder nach Israel zurückgekehrt.

»Warum hinkt ihr auf beiden Seiten?«, rief Elia mit lauter Stimme der Volksmenge zu. »Entscheidet euch endlich, wem ihr dienen wollt! Wenn unser Gott der wahre Gott ist, dann folgt ihm! Wenn es Baal ist, dann dient ihm!«

Alle schwiegen. Was hätten sie auch sagen sollen? Elia hatte ja recht: Nur einer konnte der wahre Gott sein. Wer aber war das? Wie konnte man das wissen?

»Ich schlage euch etwas vor«, rief Elia. »Bringt zwei junge Stiere! Die Baalspriester sollen einen Stier als Opfer vorbereiten, und ich werde dasselbe tun. Aber keiner soll die Opfer anzünden. Der Gott, der selbst Feuer schickt, um das Opfer zu verbrennen, muss auch der wahre Gott sein!«

Damit waren alle einverstanden.

Zuerst bereiteten die 450 Baalspriester das Opfer auf ihrem Altar vor. Dann beteten sie, ihr Gott Baal solle doch Feuer vom Himmel fallen lassen.

Nichts geschah. Die Priester tanzten um den Altar herum. Nichts geschah. Sie schrien laut und streckten die Hände zum Himmel. Nichts geschah. Sie schlugen sich selbst und ritzten ihre Haut ein, dass Blut herauslief, damit ihr Baal sehen sollte, wie ernst es ihnen war. Nichts geschah.

Elia verspottete sie: »Ruft lauter! Euer Gott schläft vielleicht, oder er ist verreist!« Einige von den Umstehenden fingen zaghaft an zu lachen.

Am Nachmittag schließlich tanzten und schrien die Baalspriester so wild, dass sie die Besinnung verloren und nicht mehr wussten, was sie taten.

Aber nichts geschah.

Da rief Elia: »Kommt alle her zu mir!«

In der Nähe gab es eine Stelle, an der früher einmal ein Altar gestanden hatte. Elia nahm die zwölf Steine, die den Altar gebildet hatten, und baute ihn wieder auf. Dann legte er das Opferfleisch darauf. Schließlich zog er um den Altar noch einen breiten Graben. Einige Männer halfen ihm dabei. Danach schickte Elia sie mehrmals hinunter ins Tal, um Wasser zu holen. Das gossen sie über den Altar. Alle sollten deutlich sehen: Wenn hier Feuer entsteht, dann kann nur Gott selbst es entzündet haben. Bald waren das Opfer und das Holz so nass, dass man selbst mit Öl kaum ein Feuer entfacht hätte. Auch im Graben drum herum stand das Wasser.

Nun begann Elia laut zu beten: »Herr Gott, zeige doch jetzt, dass du der wahre Gott bist und ich dein Knecht! Erhöre mich, damit dies Volk dich erkennt und wieder umkehrt zu dir!«

Da zuckte ein Blitz vom Himmel. Eine riesige Flamme schoss von dem Altar empor, verbrannte das Holz und das Opfer und ließ sogar noch das Wasser im Graben verdampfen.

Einen Augenblick herrschte ringsherum erschrockenes Schweigen. Dann fielen die Leute auf die Knie und sogar aufs Gesicht, um ihre Ehrfurcht vor Gott zu zeigen. »Der Gott Israels ist der wahre Gott!«, bekannten alle.

Als das Volk sich zerstreute, stieg Elia auf den Gipfel des Karmel und betete um Regen.

Lange kniete er auf der Erde, betete und wartete. Dann endlich zog eine Wolke vom Meer heran. Bald war der Himmel voller schwarzer Wolken. Es regnete in Strömen. Gierig nahm der ausgedörrte Boden das Wasser auf, und die Menschen jubelten, tanzten im Regen und dankten Gott.

1. Könige 18,21-45

Gott tröstet Elia

»Morgen ist Elia tot!«, rief Isebel voller Zorn. König Ahab war vom Karmel zurückgekommen und hatte ihr alles erzählt, was geschehen war.

Sofort rief Isebel einen Boten herbei. »Geh zu Elia und sage ihm, dass er morgen um diese Zeit sterben muss!«, befahl sie.

Elia bekam vor Schreck kein Wort heraus, als der Bote ihm die Nachricht brachte.

Was mache ich nur?, überlegte er verzweifelt. Ich war so sicher, dass nun

alle überzeugt sind: Unser Herr ist der wahre Gott, und Baal ist nur ein erfundener Götze. Aber Isebel ist nicht zu belehren. Und der König wagt nicht, ihr zu widersprechen!

Was soll das Volk da schon machen? Es ist wieder alles wie vorher – nach dem lebendigen Gott fragt niemand, und ich, sein Bote, muss mich verstecken. Aus der langen Trockenheit hat niemand etwas gelernt, und das Opfer auf dem Karmel war vergeblich.

Niedergeschlagen und voller Angst um sein Leben packte Elia das Notwendigste ein, rief seinen Diener und floh nach Süden.

Nach einer langen Wanderung kam er in eine kleine Stadt am Rande der Wüste. Dort ließ er seinen Diener zurück, um allein weiter in die Wüste zu laufen.

Irgendwo weit draußen in der Einsamkeit setzte er sich unter einen Wacholderstrauch, erschöpft vom langen Weg und von der Hitze, aber noch mehr von seiner Angst und Enttäuschung.

»Ich kann nicht mehr, Gott!«, seufzte er. »Ich will auch nicht mehr. So lange habe ich mich bemüht, das Volk zu dir zurückzubringen, aber es war alles umsonst. Jetzt habe ich keine Kraft mehr. All meine Mühe bringt doch nichts ein. Ich bin auch nicht besser, und ich kann auch nicht mehr als deine Boten in früherer Zeit. Schon sie haben umsonst gearbeitet. Dieses Volk ändert sich nie. Lass mich hier sterben!«

Elia legte sich hin. Wenn er nicht aß und nicht trank, würde er nicht lange auf den Tod warten müssen. Bald schlief er ein.

Er wachte auf, weil ihn jemand an der Schulter rüttelte. War ich nicht allein in der Wüste?, dachte Elia im Halbschlaf. Dann wachte er ganz auf und sah sich um. Ein Engel stand vor ihm.

Elia rieb sich die Augen.

»Steh auf und iss!«, sagte der Engel. Dann war er plötzlich nicht mehr da.

Als Elia sich umschaute, sah er vor sich ein Brot liegen, und daneben stand ein Krug mit Wasser.

Er trank von dem erfrischenden Wasser und biss in das Brot. So kraftlos war er, dass er Mühe hatte, das Brot zu kauen und zu schlucken. Kaum hatte er es gegessen, da schlief er auch schon wieder ein.

Noch einmal weckte ihn der Engel, und wieder stand ein Krug mit Wasser da, und ein Brot lag daneben.

»Iss und trink!«, sagte der Engel. »Du hast einen weiten Weg vor dir!« Dann war er fort.

Als Elia gegessen und getrunken hatte, spürte er neue Kraft in sich. Einen weiten Weg? Was meinte der Engel damit? Wo soll ich denn hingehen? Nach Israel kann ich nicht zurück, Isebel lässt mich sofort umbringen, wenn sie mich findet.

Plötzlich wusste Elia, wohin er gehen wollte: zum Sinai, zu dem Berg, auf dem Gott damals Mose erschienen war! Vielleicht würde ihm dort klar werden, ob er immer noch Gottes Prophet sein sollte.

Vierzig Tage wanderte Elia durch die Wüste, bis er den Sinai erreichte.

Er stieg auf den Berg und übernachtete in einer Höhle.

Da sprach Gott zu ihm: »Was machst du hier, Elia?«

»Ach, Herr, ich habe alles getan, was ich konnte«, antwortete der Prophet. »Aber Israel hat dich dennoch verlassen, deine Altäre zerstört und deine Boten umgebracht. Ich bin als Letzter übrig geblieben, und auch ich soll getötet werden.«

»Tritt vor die Höhle, Elia! Dort will ich mich dir zeigen.«

Als Elia vor der Höhle stand, brauste plötzlich ein starker Sturm daher, der Steine aus den Felsen löste und Elia fast mit sich fortriss. Aber Gott war nicht im Sturm.

Dann bebte die Erde. Alles wankte, Felsen stürzten donnernd ins Tal. Ob Gott so sein Kommen ankündigte? Aber Gott war nicht im Erdbeben.

Auf einmal sah Elia Feuer. Der nackte Stein brannte lichterloh. Rings um die Höhle war ein Flammenmeer. Aber Gott war nicht im Feuer.

Zuletzt wehte ein sanfter Wind. Da merkte Elia: Hier ist Gott selbst. Ehrfurchtsvoll verhüllte er sein Gesicht mit einem Zipfel seines Mantels.

Dann hörte er eine Stimme: »Geh wieder an deine Arbeit, Elia! Tu, was du als Prophet tun musst. Siebentausend Menschen haben Baal nicht angebetet. Du bist nicht allein. Sei nicht traurig. Ich bin bei dir!«

Da machte sich Elia auf den Weg zurück nach Israel.

1. Könige 19,1-18

Jona

Immer wieder berief Gott Propheten, die den Königen oder auch dem ganzen Volk Gottes Worte sagen sollten.

Auch Jona war solch ein Prophet. Er lebte zu einer Zeit, in der alle Israeliten vor einem mächtigen Nachbarvolk Angst hatten, den Assyrern. Riesig war das assyrische Reich und mit Israel gar nicht zu vergleichen. Der assyrische König wurde fast wie ein Gott verehrt, und immer weiter dehnte er seine Herrschaft aus. Viele große und prächtige Städte gab es in seinem Reich. Die größte von ihnen hieß Ninive.

Eines Tages gab Gott Jona einen ungewöhnlichen Auftrag.

»Jona«, sagte er, »geh nach Ninive und predige dort!«

Jona dachte erst, er hätte sich verhört. Nach Ninive? Dorthin, wo der mächtige König der Assyrer regierte? Unmöglich! Die würden ihn doch nur auslachen! Vielleicht würden sie ihn auch verprügeln oder sogar töten! Nein, sagte sich Jona, nach Ninive gehe ich nicht! Niemals!

Ich werde verreisen, dachte er, weit weg, mit dem Schiff, dann sieht mich Gott nicht mehr. Er ist ja der Gott Israels. Wenn ich mich in einem fernen Land verstecke, vergisst er mich sicher.

Jona lief nach Joppe, einer Hafenstadt. Da lag gerade ein Schiff, das nach Spanien fahren wollte, über das große Mittelmeer, weit in den Westen. Und Ninive lag weit im Osten!

Das ist mir gerade recht, dachte Jona, bezahlte die Überfahrt und ging an Bord.

Als das Segelschiff auf hoher See war, kam ein starker Sturm auf. Immer heftiger brauste er, immer höher türmten sich die Wellen. Die Seeleute bekamen Angst. Ihr Schiff ächzte, so dass sie fürchteten, es würde auseinander brechen. Schnell warfen sie alles ins Wasser, was schwer war und was sie entbehren konnten. Aber auch als das Schiff leichter war, drohte es noch unterzugehen. Da riefen die Seeleute laut zu ihren Göttern: »Helft uns! Rettet uns! Ihr Götter, erhört uns!« Aber der Sturm tobte weiter.

Und Jona? Er kannte doch den lebendigen Gott! Betete er auch? Nein, denn er wollte nicht an ihn erinnert werden. Jona lag unten im Schiff und schlief.

Da lief der Kapitän zu ihm und weckte ihn. »Steh auf, Mann, und bete zu deinem Gott, falls du einen hast! Merkst du nicht, dass wir untergehen?«

Jona ahnte, dass dieses Unwetter etwas mit ihm und seiner Flucht zu tun hatte. Aber mit Gott reden wollte er trotzdem nicht.

Auf dem Deck standen die Seeleute zusammen und hielten sich an den Tauen fest. Sie winkten Jona zu sich, als er heraufkam. »Zieh auch ein Hölzchen!«, brüllte einer durch den Sturm. »Wir losen, weil wir wissen wollen, wer von uns etwas Böses getan hat und jetzt von seinem Gott mit dem Sturm bestraft wird.«

Als alle gezogen hatten, öffneten sie auf ein Zeichen gleichzeitig die Hände. Alle Augen suchten das kurze Hölzchen. Es lag in Jonas Hand.

»Wer bist du?«, riefen die Männer. »Was hast du getan, dass dich diese Strafe trifft, und uns alle mit dir?«

»Ich komme aus Israel«, antwortete Jona. »Ich diene dem lebendigen Gott, der Himmel, Erde und Meer gemacht hat. Das heißt – im Moment bin ich vor ihm auf der Flucht. Er hat mich nach Ninive geschickt. Aber da wollte ich nicht hin.«

Ganz verschämt erzählte Jona das, und so leise, dass die Männer ihn kaum verstehen konnten. Sie sahen erst den Fremden und dann einander schweigend an. Was sollten sie mit diesem Mann machen?

»Nehmt mich und werft mich ins Meer!«, sagte Jona. »Dann wird das Unwetter aufhören. Ich weiß, dass es euch nur meinetwegen so schlecht geht.«

Nein, dachten die Seeleute, das können wir nicht tun. Aber als alles Rudern und alle Anstrengungen vergeblich waren, baten sie den Gott Jonas, den sie gar nicht kannten, um Verzeihung und warfen den Propheten über Bord.

Im gleichen Moment hörte der Sturm auf. Es wehte nur noch ein lauer Wind, die Wellen verliefen sich, und das Schiff lag so sicher auf dem Meer wie ein Haus auf festem Land. Die Seeleute konnten es erst kaum fassen. Dann knieten sie auf dem Deck nieder und beteten den Gott Israels an.

Und Jona? Musste er ertrinken?

Nein. Gott wollte ja nicht, dass er starb, sondern dass er nach Ninive ging. Ein riesengroßer Fisch kam und verschluckte Jona. Aber der überlebte im Bauch des Fisches.

Wie mächtig ist Gott!, dachte der Prophet. Er kann dem Sturm und den Tieren im Meer Befehle geben, und sie müssen gehorchen. Trotz seiner ungemütlichen Lage dichtete Jona ein Lied zur Ehre Gottes.

Nach drei Tagen spuckte der große Fisch Jona an Land. Kaum war er auf dem Trockenen, da hörte er noch einmal Gottes Stimme: »Jona, geh nach Ninive und predige dort!«

Kein zweites Mal wollte Jona vor seiner Aufgabe weglaufen. Unverzüglich machte er sich auf die lange Reise.

Ein paar Wochen später ging Jona durch die riesengroße Stadt Ninive und predigte überall, was Gott ihm gesagt hatte: »Es sind noch vierzig Tage, dann wird Ninive zerstört werden.«

Seltsam – keiner verspottete ihn! Niemand fiel über ihn her oder bedrohte ihn! Ganz im Gegenteil – die Leute waren sehr beeindruckt von Jonas Worten. Es stimmte ja, sie hatten viele andere Länder überfallen und großes Unrecht getan. Es leuchtete ihnen ein, dass all das Böse nicht ohne Strafe bleiben konnte.

Die Nachricht von dem Propheten und seiner Strafpredigt drang bis zum König von Ninive. Der erschrak. »Alle Leute sollen zu Gott beten«, befahl er. »Vielleicht vergibt er uns noch. Niemand soll etwas essen, und zum Zeichen, dass er bereut, soll jeder an Stelle seiner kostbaren Gewänder nur Säcke überziehen.« Auch der König selbst tat, was er befohlen hatte.

Als der Tag herankam, an dem Ninive zerstört werden sollte, ging Jona auf einen Hügel vor der Stadt. Hier hatte er eine gute Aussicht und würde sehen können, was mit Ninive passierte, ohne selbst in Gefahr zu geraten.

Aber es passierte nichts. Gar nichts.

Der Tag ging vorüber, und Ninive stand immer noch. Da ärgerte sich Jona. Weshalb hatte er denn vierzig Tage lang das Gericht gepredigt? Als hätte er sich seine Strafpredigt selbst ausgedacht! Außerdem fand Jona es nur gerecht, dass die bösen Leute von Ninive umkommen sollten.

»Ach, Gott«, betete Jona, »ich habe ja geahnt, dass du gnädig bist, wenn die Leute ihre Sünde bereuen und um Verzeihung bitten. Deshalb wollte ich ja erst gar nicht hierher kommen!«

Es war unerträglich heiß auf dem Hügel, und auch darüber ärgerte sich Jona. Aber als er am nächsten Morgen aufwachte, war eine Rizinusstaude gewachsen. Im Schatten ihrer großen Blätter ging es Jona schon etwas besser.

Gott hatte die Pflanze wachsen lassen. Aber am nächsten Tag ließ er sie in ganz kurzer Zeit wieder vertrocknen.

Jona war traurig und wütend. Da sagte Gott zu ihm: »Sieh mal, Jona, du bist schon traurig, nur weil diese Pflanze vertrocknet. Sollte ich da nicht traurig sein, wenn die vielen Menschen und Tiere in Ninive sterben müssten?«

Da verstand Jona, wie geduldig Gott ist und dass er gerne vergibt.

Jona 1 bis 4

Jeremia

Jeremia wachte von einem Geräusch auf. An der Gefängnistür wurde mit einem Schlüssel hantiert.

»Komm mit! Aber leise!«, flüsterte jemand, als die Tür einen Spalt offen stand.

Jeremia stand auf. Er war sehr schwach, denn er hatte lange nichts zu essen bekommen. Ein Mann packte ihn am Arm und zog ihn mit sich.

Auch Jeremia war ein Prophet Gottes. Auch zu seiner Zeit hatten die Israeliten große Angst vor einem mächtigen Nachbarvolk. Jetzt waren es die Babylonier, die das kleine Land Juda bedrohten. Größer als je zuvor war die Gefahr. Alle Nachbarländer und auch der nördliche Teil Israels waren schon erobert worden, und Jerusalem wurde bereits von feindlichen Soldaten belagert.

Jeremia und sein Begleiter gingen durch die dunklen Gassen Jerusalems. »Wohin führst du mich?«, fragte Jeremia leise.

»Zum König.«

Jetzt standen sie vor dem Palast. Jeremia sah an sich herunter. Er hatte sich im Gefängnis seit langem nicht mehr waschen können, und sein Gewand war schmutzig und zerrissen.

Die Wachen ließen die Männer ein. Und dann stand Jeremia vor dem König Zedekia. Er konnte ihn kaum erkennen, weil nur ein schwaches Licht brannte. Die beiden, König und Prophet, wurden allein gelassen.

»Ich habe dich rufen lassen, weil ich wissen will, ob du ein Wort Gottes für mich hast«, begann der König das Gespräch.

»Ja«, antwortete Jeremia. »Du wirst dem König von Babylon in die Hände fallen.«

»Nicht schon wieder Unglücksbotschaften!«, stöhnte der König. »Du sagst immer nur Schlechtes! Kannst du nicht einmal etwas Gutes predigen?«

»Solange ihr schlecht seid, du und das Volk, wird Gott euch nichts anderes zu sagen haben.«

Der König trat näher. »Aber die Babylonier sind doch abgezogen! Hast du das im Gefängnis nicht erfahren? Sie haben Jerusalem belagert, aber jetzt sind sie fort.«

»Weil sie hörten, dass die Ägypter mit einem Heer heranziehen. Auch das weiß ich. Eine Schlacht mit den Ägyptern wollten sie vermeiden. Aber sobald die in ihr Land zurückgekehrt sind, kommen die Babylonier wieder.«

»Du nimmst mir alle Hoffnung!«, seufzte Zedekia.

»Du nimmst sie dir selbst«, sagte Jeremia, »weil du nicht auf Gottes Wort hören willst. Und das Volk auch nicht. Seit vielen Jahren, von meiner Jugend an, warne ich im Auftrag Gottes. Immer hat man mich verspottet, verfolgt, mir das Reden verboten, mich schlecht behandelt. Schließlich habe ich Baruch gebeten, alle Worte Gottes aufzuschreiben. Er hat sie dann im Tempel vorgelesen, weil ich nicht reden durfte. Aber dein Bruder, der damals König war, hat sich die Schriftrolle kommen lassen und sie verbrannt. So ging es immer. Niemand will auf Gottes Wort hören. Warum wundert ihr euch dann, wenn er euch den Feinden ausliefert?«

»Du siehst das zu einfach, Jeremia. Ich zum Beispiel bin zwar König, aber ich kann doch nicht tun, was ich für richtig halte. Es gibt so viele mächtige und einflussreiche Leute in Jerusalem, die darf ich mir nicht zu Feinden machen.«

»Natürlich erfordert es Mut, Gott zu gehorchen«, antwortete Jeremia. »Man kann nicht erwarten, dass man von allen verstanden wird. Das siehst du ja an mir.«

»Ich weiß, ich weiß!«, winkte der König ab. »Aber es sah nun einmal so aus, als wolltest du zu den Babyloniern überlaufen …«

»Ich wollte, als das Heer abzog, nur die Gelegenheit nutzen, mit meinen Verwandten eine Erbschaftsangelegenheit zu regeln.«

»Das glaube ich dir ja. Wahrscheinlich glauben die anderen dir sogar auch. Aber sie wollen deine Strafpredigten nicht hören. Deshalb haben sie, als du die Stadt verlassen wolltest, behauptet, du wolltest zu den Babyloniern. Das war ein guter Vorwand, um dich ins Gefängnis zu stecken.«

Jeremia überlegte kurz, ob er die Gelegenheit nutzen sollte, eine persönliche Bitte vorzubringen. »In dem Gefängnis werde ich sterben!«

»Sterben?«

»Es ist ein stickiges, dunkles Loch, und zu essen bekomme ich nichts.«

Der König schüttelte den Kopf. Dann rief er seinen Beamten herein. »Bring den Propheten wieder fort. Aber nicht in das Gefängnis zurück, sondern in die Kaserne. Da kann er auch nicht fliehen. Von Morgen an soll er täglich ein Fladenbrot bekommen.«

In der Kaserne ging es Jeremia besser. Zumindest drohte ihm nicht der Hungertod. Als dann tatsächlich die Babylonier nach einigen Wochen wiederkamen und Jerusalem erneut belagerten, nutzte er jede Gelegenheit, um zu sagen, was Gott ihm aufgetragen hatte: »Wer zu den Babyloniern überläuft und sich ergibt, wird am Leben bleiben. Wer in Jerusalem bleibt, um es zu verteidigen, wird umkommen.«

Das ärgerte die Offiziere maßlos. Sie gingen zum König. »Dieser Jeremia, den du uns in die Kaserne geschickt hast, nimmt den Soldaten allen Mut!«

König Zedekia nickte nur. Was sollte er auch sagen?

»Wie sollen wir denn die Stadt verteidigen, wenn Jeremia unseren Männern sagt, sie sollen sich ergeben! Der Mann muss weg!«

»Meinetwegen«, sagte der König schwach. »Macht mit ihm, was ihr für richtig haltet!«

Im Hof der Kaserne war eine Zisterne, in der das Regenwasser gesammelt wurde. Zurzeit war aber kein Wasser darin, nur Schlamm. Mit Seilen ließen die Offiziere Jeremia dort hinab. Als er unten saß, zogen sie die Seile wieder herauf und lachten, während sie sich über den Zisternenrand beugten, dass es hallte: »Da kannst du Unglück predigen! Jetzt hört dich keiner!«

Das ist nun wohl das Ende, dachte Jeremia niedergeschlagen.

Aber Gott wollte nicht, dass sein Bote starb. Zwischen den vielen Menschen in Jerusalem, die nicht auf ihn hören wollten, gab es doch einen, dem es nicht egal war, was aus Jeremia wurde. Das war ein Ausländer. Er hieß Ebed-Melech, kam aus Afrika und war am Königshof beschäftigt. Er wartete eine Gelegenheit ab, um den König allein zu sprechen. Als Zedekia eines Tages die Verteidigungsanlagen besichtigte, ging er zu ihm.

»Majestät«, sagte Ebed-Melech, »ich weiß, du hast andere Sorgen, jetzt, wo die Feinde vor der Mauer stehen. Aber dennoch: Es ist nicht recht, dass Jeremia in der Zisterne sitzt, wo er sicher sterben wird. Er hat nichts anderes getan, als immer nur das zu sagen, was Gott ihm aufgetragen hat.«

»Das stimmt«, sagte der König, »im Grunde hast du recht.« Zedekia gab meistens dem Recht, der zuletzt mit ihm sprach. »Nimm drei Soldaten mit und hole Jeremia wieder heraus. Es ist zwar kaum noch Brot in der Stadt, aber wenn er frei ist, kann er sich doch eher helfen als in dem Loch.«

Ebed-Melech eilte mit seinen Helfern zur Kaserne. »Jeremia!«, rief er in die Zisterne hinunter.

Ganz schwach kam die Antwort: »Ja?«

»Wir ziehen dich heraus! Achtung, wir lassen einen Strick hinunter. Da sind alte Lumpen drangebunden. Leg sie dir unter die Arme, ehe du das Seil um dich bindest. Dann schneidet es nicht so in deinen abgemagerten Körper.«

Es dauerte eine Weile, dann hörten die Männer leise: »Jetzt könnt ihr ziehen!« Vorsichtig zogen die vier, bis der fast verhungerte und völlig verdreckte Jeremia vor ihnen stand. Ebed-Melech half ihm. Jeremia bekam etwas zu essen, konnte sich waschen und blieb in der Kaserne.

Der Hunger in Jerusalem wurde immer schlimmer. Nun war die Stadt schon weit über ein Jahr belagert. Fast alle Vorräte waren aufgebraucht. Lange würden die Israeliten sich nicht mehr verteidigen können.

Eines Nachts kam wieder ein Beamter des Königs zu Jeremia und führte ihn aus der Kaserne hinaus zum Tempel. Dort, unter einem dunklen Torbogen, wartete der König.

»Ich muss dich noch einmal etwas fragen, Jeremia«, flüsterte er.

»Warum?«, fragte der Prophet leise. »Wenn ich dir einen Rat gebe, befolgst du ihn doch nicht. Und wenn er dir unangenehm ist, tötest du mich am Ende.«

»Ich schwöre dir, dass ich dich nicht töten lasse«, sagte der König.

»Ich kann dir nur immer wieder dasselbe sagen«, flüsterte Jeremia, »weil es die Wahrheit ist: Wenn du dich den Babyloniern ergibst, kannst du viel Unheil von dir und den Menschen in Jerusalem abwenden. Wenn du aber die Stadt verteidigen willst, wird sie von den Feinden völlig zerstört werden. Viele werden getötet und die anderen zu Gefangenen gemacht werden.«

»Verrate niemandem, dass ich mit dir gesprochen habe!«, sagte der König und winkte den Beamten herbei. Der brachte Jeremia wieder in die Kaserne.

Kurze Zeit später eroberten die Babylonier Jerusalem und zerstörten es völlig. Kein Stein blieb mehr auf dem anderen. Auch von dem herrlichen Tempel, den Salomo hatte bauen lassen, blieben nur Trümmer übrig. Der König konnte zunächst noch fliehen, aber dann wurde auch er gefangen genommen und mit fast allen, die überlebt hatten, verschleppt. Aber Jeremia durfte in Israel bleiben.

Jeremia 36 bis 38

An den Wassern von Babylon

Träge floss der Euphrat dahin. Zwischen den Weiden am Ufer saßen einige alte Leute. Ohne miteinander zu reden, blickten sie traurig auf das leicht gekräuselte Wasser, in dem sich die untergehende Sonne spiegelte.

Aus dem Lager der Zelte und primitiven Hütten hinter ihnen drang das Geschrei von Babys herüber. Jetzt kamen Mütter mit ihren Kindern zum Fluss und begannen, ihre Wäsche zu waschen. Auch sie wirkten bedrückt und redeten wenig. Sogar die Kinder rannten nicht fröhlich lachend umher, sondern spielten still mit Steinen am Wasser.

Auf einmal tauchten Soldaten auf. Sie waren mit Spießen, Schilden und Schleudern bewaffnet. Langsam gingen sie am Ufer entlang und schauten nach rechts und links. Die Kinder duckten sich ängstlich hinter die Weiden, die Erwachsenen taten, als sähen sie die Soldaten nicht.

Einer der Soldaten blieb stehen, deutete auf ein Musikinstrument, das an einer der Weiden hing, und sagte etwas. Aber niemand verstand den Babylonier.

Ein alter Mann kam herbei. »Das ist meine Harfe«, sagte er. Der Soldat zeigte auf ihn, machte Bewegungen, als würde er Harfe spielen, und sang eine kleine Melodie.

Der Alte schüttelte den Kopf. »Wir können nicht singen«, sagte er, obwohl ihn der andere nicht verstehen konnte. »Ihr habt uns als Gefangene in euer Land geholt. Wenn wir an unsere Heimat denken, ist uns nicht nach Singen zumute. Aber was für Lieder sollen wir singen, wenn nicht Lieder aus Israel?«

Die anderen Soldaten waren inzwischen weitergegangen und riefen ihren Kameraden. Der drehte sich um und folgte ihnen. Ein kleiner Junge kam vom Flussufer herbeigerannt. »Was hast du mit dem fremden Soldaten gesprochen, Großvater?«

Der Alte setzte sich, und sein Enkel hockte sich neben ihn. »Ich habe ihm gesagt, dass wir zu traurig sind, um zu singen.«

»Du hast Heimweh, nicht wahr, Großvater?«

»Es ist nicht nur das Heimweh. Ich trauere auch um Jerusalem. Nie wieder werden wir im Tempel Gott opfern und ihn anbeten.«

»Aber zu Gott beten kannst du doch auch hier«, meinte der Junge.

»Sicher«, nickte der alte Mann, »aber es ist nicht dasselbe. Und außerdem weiß ich nicht, ob Gott überhaupt noch etwas von uns wissen will. Dass wir hierher in die Gefangenschaft gebracht wurden, ist seine Strafe. Wir, sein Volk Israel, haben nicht auf ihn gehört.«

»Meinst du, Gott kümmert sich nicht mehr um uns? Wir sind nicht mehr sein Volk?« Der Junge schaute seinen Großvater mit großen Augen an, aber der zuckte nur mit den Schultern.

Ein Mann kam angerannt. »Hört alle her!«, rief er. Er wartete, bis alle um ihn herumstanden. »Ich habe euch etwas Wichtiges mitzuteilen! Wir haben einen Brief bekommen!«

»Einen Brief?«

»Wer hat den bekommen?«

»Von wem denn?«

»Der Reihe nach!«, lachte der Mann und erzählte: »Wir alle, die Israeliten in der Gefangenschaft, haben einen Brief bekommen, und zwar von Jeremia.«

»Von Jeremia? Von dem Propheten, der noch in Israel ist? Das ist ja fast, als hätte Gott selbst uns geschrieben!«

»Lasst mich doch ausreden!«, rief der Mann. »Alle Israeliten in Babylon sind bereits zusammengerufen worden und haben den Brief vorgelesen bekommen. Und jetzt sind Boten zu allen Gefangenenlagern unterwegs. Darum komme ich heute zu euch.«

»Was steht denn nun in dem Brief?«

»Jeremia hat geschrieben, wir sollen alles tun, was für dieses Land gut ist. Wenn es den Babyloniern gut geht, geht es auch uns gut. Wir sollen nicht darauf warten, schnell wieder nach Hause zu kommen, sondern heiraten und Kinder bekommen, Häuser bauen und Gärten anlegen. Aber nach siebzig Jahren wird Gott unser Volk wieder in sein Land zurückführen.«

»Nach siebzig Jahren erst?«, fragte eine Frau enttäuscht.

»Freu dich doch, dass Gott uns überhaupt noch zurückbringen will!«, meinte eine andere. Der Großvater nickte. »Freut euch vor allem, dass Gott überhaupt noch zu uns spricht!«

»Das ist wahr«, sagte der Bote. »Hört, was Jeremia noch geschrieben hat: Das sind Gottes Worte: Ich habe Gedanken des Friedens über euch und will nicht, dass ihr leidet. Ich will euch eine Zukunft geben. Wenn ihr zu mir betet, werde ich euch hören. Und wenn ihr mich von ganzem Herzen sucht, werde ich mich von euch finden lassen.«

»Ein gutes Wort!«, sagte leise der alte Mann.

Die Soldaten kamen auf ihrem Kontrollgang zurück. Sie schimpften laut in ihrer Sprache und scheuchten die Israeliten auseinander. Die Frauen gingen wieder an ihre Arbeit.

Noch einmal trat der eine der Soldaten auf den alten Mann zu und zeigte auf die Harfe. Der lächelte, nahm das Instrument herunter und begann zu singen:

»Wenn Gott die Gefangenen Israels
befreien wird,
dann werden wir sein wie die
Träumenden.

Dann wird unser Mund
voll Lachen sein,
und wir werden Gott
fröhlich loben.
Die mit Tränen säen,
werden mit Freuden ernten.«

Psalm 137; Jeremia 29; Psalm 126

Daniel und der Traum des Königs

Nebukadnezar saß in seidenen Kleidern auf seinem Thron in Babylon. Neben ihm standen seine Minister und allerlei gelehrte Leute.

Nun wurden lauter junge Männer hereingeführt. Es waren Gefangene, alle aus den vornehmsten Familien der Israeliten. Drei Jahre lang waren sie in Babylon unterrichtet worden, und heute sollte eine Prüfung zeigen, ob sie würdig waren, zu den Gelehrten des Landes gezählt zu werden.

Der König begann das Gespräch. Er fragte die jungen Leute, und die mussten antworten. Dann stellten die Männer, die neben dem Thron standen, Fragen. Offensichtlich hatte es sich gelohnt, die jungen Israeliten ausbilden zu lassen: Fast alle Fragen wurden fehlerlos beantwortet.

Besonders vier der Jugendlichen waren durch keine Frage in Verlegenheit zu bringen. Alle wichtigen Schriften hatten sie gelesen, den Lauf der Planeten konnten sie genau beschreiben, von Medizin verstanden sie etwas, Wirtschaft und Verwaltung eines Landes waren ihnen vertraut, und das alles trugen sie in fehlerloser babylonischer Sprache vor. Die Gelehrten und der König sahen sich immer wieder staunend an und nickten anerkennend. Und wenn keiner der jungen Israeliten mehr etwas wusste – einer war dabei, der konnte immer noch eine Antwort geben. Manchmal hatte der König sogar den Eindruck, der junge Mann sei noch klüger als die Professoren, die ihn befragten. Aber das ließ er sich nicht anmerken.

»Wie heißt du, junger Mann?«, fragte ihn der König.

»Majestät, mein Name ist Daniel.«

Daniel und seine drei Freunde wurden zu Hofbeamten ernannt. Sie durften auch einen wohlklingenden Titel führen: »Königlicher Rat«. Bald schon waren sie in den Kreisen der Gelehrten anerkannt.

Daniel, Hananja, Mischael und Asarja trafen sich regelmäßig, sprachen über alle Probleme und beteten gemeinsam. So stärkten sie sich gegenseitig im Glauben an Gott.

Dass sie Gefangene waren, hatten sie fast schon vergessen. Aber eines Tages merkten sie plötzlich, dass der König über sie verfügen konnte, wie es ihm gefiel.

Soldaten stürmten die Häuser von Daniel und seinen Freunden. »Mitkommen!«, brüllten sie und zerrten die jungen Männer auf die Straße. In den Hof der Kaserne wurden sie gebracht, wo die Leibwache des Königs wohnte. Dort waren schon viele Leute versammelt, alles Gelehrte und Wissenschaftler.

Daniel ging zu dem General, der etwas erhöht stand und zusah, wie immer mehr Leute in den Hof gebracht wurden.

»General Arjoch«, sprach er ihn an.

Der blickte zu ihm hinunter. »Bist du nicht das schlaue Bürschchen von den jüdischen Gefangenen?«

»Ich bin Daniel, und ich will dich fragen, weshalb wir alle hierher kommen mussten.«

»Es fällt mir schwer, dir die Wahrheit zu sagen, junger Mann. Aber du wirst sie bald sowieso erfahren. Der König hatte einen Traum. Aber er wollte ihn niemandem erzählen. Trotzdem sollten die Gelehrten ihm den Traum erklären. Als keiner das konnte, hat er sich geschworen, sie alle umbringen zu lassen.«

»Bitte, General Arjoch, lass mich zum König gehen! Ich muss mit ihm reden!«

Der General zuckte mit den Schultern. »Ich glaube zwar nicht, dass das einen Zweck hat, aber wenn er sich überhaupt von jemandem noch etwas sagen lässt, dann vielleicht doch von dir. Komm mit, wir versuchen es.«

Als Daniel vor dem König stand, verbeugte er sich tief. »Majestät, du willst alle Gelehrten töten lassen, weil einige deinen Traum nicht erklären konnten. Ist das richtig?«

»Sie konnten ihn mir nicht einmal erzählen! Aber das verlange ich von ihnen! Denn nur wenn sie das können, glaube ich auch, dass ihre Erklärung richtig ist. Wenn ich ihnen den Traum vorher erzähle, saugen sie sich irgendwelche Erklärungen aus den Fingern. Woher soll ich dann wissen, ob sie stimmen?«

»Bitte verschiebe die Hinrichtung der Gelehrten bis morgen! Vielleicht kann ich dir bis dahin den Traum erzählen und erklären.«

»Du?«, fragte der König erstaunt. »Wenn alle anderen es nicht gekonnt haben? Du bist doch noch viel zu jung!«

»Aber offenbar nicht zu jung, um mit den anderen zu sterben! Ich weiß das Geheimnis auch nicht, aber Gott weiß es. Und ich werde ihn bitten, es mir zu zeigen.«

Der König sah ihn lange an, dann nickte er und entließ Daniel bis zum nächsten Tag.

An diesem Abend saßen die vier Freunde lange zusammen. Sie verbrachten aber nicht viel Zeit damit, über den Traum des Königs zu rätseln oder ihre Lage zu beklagen. Sie beteten. Sie baten Gott um Hilfe.

Dann gingen sie zu Bett. In der Nacht ließ Gott Daniel dasselbe träumen wie Nebukadnezar und sagte ihm auch, was es bedeutete.

Am nächsten Morgen stand Daniel schon früh vor der Kaserne der Leibwache. »Du siehst nicht gerade ängstlich aus«, sagte der General. »Heißt das, dass du den Traum kennst?«

Daniel nickte. »Bring mich schnell zum König!«

Sie eilten zusammen in den Palast.

»Ich wünsche dem König ein langes Leben!«, grüßte Daniel, wie es üblich war, und verbeugte sich tief.

»Lass die langen Formalitäten!«, drängte Nebukadnezar. »Hast du eine Antwort für mich?«

»Das Geheimnis, nach dem du fragst, können dir die Gelehrten wirklich nicht sagen«, begann Daniel. »Das kann kein Mensch. Aber Gott kann es.

Du hast lange darüber nachgedacht, was wohl in der Zukunft geschehen würde. Darüber bist du eingeschlafen. Im Traum hat dir dann Gott die Antwort gegeben.

Du träumtest von einem großen Standbild. Der Kopf war aus Gold, Brust und Arme aus Silber, der Bauch aus Kupfer, die Beine aus Eisen, und die Füße waren zum Teil aus Eisen, zum Teil aus Ton. Plötzlich kam ein Stein angerollt, der schlug die Füße kaputt. Da brach das ganze Standbild zusammen. Aber der Stein wurde immer größer und größer und schließlich zu einem riesigen Berg.

Das war der Traum. Nun will ich dir sagen, was er bedeutet. Gott zeigt dir, was geschehen soll. Der goldene Kopf stellt dich dar und dein Reich, denn du bist sehr mächtig. Später wird ein anderes Volk mächtig werden und Babylonien besiegen. Das ist wie Silber. Das nächste Reich ist schon schwächer, wie Kupfer, und dann kommt eins, das teils stark und teils schwach ist, wie Eisen und Ton,

und in sich uneins, wie Eisen und Ton sich nicht mischen lassen.

Dann aber wird Gott ein ganz anderes Reich errichten. Es wird noch bestehen, wenn alle Reiche der Völker längst zerfallen und vergessen sein werden.«

Als der König das hörte, kniete er vor Daniel nieder, als wenn er der König wäre, und sagte: »Dein Gott ist der größte Gott und ein Herr über alle Könige! Er kennt alle Geheimnisse!«

Daniel wurde reich beschenkt und zum obersten Beamten im ganzen Land ernannt.

Jetzt kann ich tun, was der Prophet Jeremia damals in seinem Brief geschrieben hat, dachte Daniel. Wenn ich ein guter Ratgeber des Königs bin, wird es auch den Israeliten im Land gut gehen.

Daniel 1 und 2

Die drei Männer im Feuerofen

»Unglaublich!«, staunten die Leute. Da vorne stand es, das riesige Standbild, das Nebukadnezar hatte machen lassen. Hoch wie ein mehrstöckiges Haus. Von oben bis unten mit reinem Gold überzogen, glänzte es in der Sonne.

Hananja, Mischael und Asarja, die Freunde Daniels, drängten näher heran.

Alle königlichen Beamten, Richter, Ratsherren, Bürgermeister und Würdenträger Babyloniens waren aufgefordert worden, heute hier zu erscheinen. Und wenn der König aufforderte, tat man gut daran, auch zu kommen.

Dass die drei Freunde kamen, verstand sich sowieso. Sie regierten inzwischen im Auftrag des Königs drei Provinzen Babyloniens. Nebukadnezar hatte ihnen diese Aufgaben zugeteilt, weil Daniel ihn darum gebeten hatte.

Daniel selbst war nicht in der Menge. Er war im Auftrag des Königs unterwegs.

Eine Signaltrompete erklang als Zeichen dafür, dass alle still sein sollten.

Ein Herold hielt einen Trichter vor den Mund und rief mit lauter Stimme, langsam und deutlich, damit jeder es verstehen konnte:

»Der König befiehlt: Sobald Musik erklingt, soll jeder niederfallen und das goldene Bild anbeten. Wer nicht niederfällt, wird in den Feuerofen geworfen!«

Eine feierliche Stille breitete sich aus. Obwohl Hunderte von Leuten auf dem großen Platz standen, konnte man hören, wie die Posaunenbläser, die Harfenspieler, die Trompeter und Trommler leise ihre Instrumente zur Hand nahmen.

Der Dirigent blickte zum König hinüber. Der nickte leicht. Da hob er die Arme und gab den Einsatz. Laute Musik erfüllte den Platz.

Im Nu fielen alle Leute auf die Erde nieder. Nur noch ein Meer von gebeugten Rücken war zu sehen.

Aber nein – drei Männer standen da! Gerade und aufrecht standen sie zwischen all den knienden Gestalten, wie drei Bäume auf einem großen Feld.

Sobald die Musik verklang, liefen einige Beamte zu dem erhöhten Platz des Königs. »Majestät! Drei Männer sind stehen geblieben!«

»Es waren die Juden, Majestät!«

»Die du zu Verwaltern der Provinzen gemacht hast!«

»Wir haben's genau gesehen.«

»Bringt sie her!«, brüllte der König wütend.

Hananja, Mischael und Asarja wurden von herbeigeeilten Soldaten vor den König geschleppt.

»Ich will euch noch eine Chance geben«, sagte der König, und seine Stimme klang bedrohlich. »Noch einmal wird das Orchester spielen. Wenn ihr dann nicht niederfallt, werdet ihr in den Feuerofen geworfen! Denkt nur nicht, euer Gott könnte euch dann retten!«

»Wir brauchen diese Gelegenheit nicht«, sagte Hananja. »Wir würden es nicht anders machen als beim ersten Mal.«

»Unser Gott kann uns sehr wohl retten, wenn er will«, fügte Mischael hinzu.

Asarja sah dem König mutig ins Gesicht. »Und wenn er es nicht tun will, ändert das auch nichts. Wir beten dein Standbild trotzdem nicht an. Wir beten nur Gott an!«

»Habe ich euch nicht große Aufgaben gegeben?« Der König fing auf einmal an zu schreien. »Und das ist nun der Dank! Ihr glaubt wohl, euer Gott macht euch unverwundbar, wie? Das werden wir ja sehen! Wache!«

Ein Offizier stand vor dem König stramm. »Majestät?«

»Schürt den Ofen siebenmal so heiß wie sonst! Und dann fesselt diese widerspenstigen, undankbaren Juden so fest, dass sie keinen Finger mehr rühren können!«

Schon wurden die drei Männer auf einen Wagen geworfen, weil sie mit den Fesseln nicht laufen konnten. Eine johlende und pfeifende Menschenmenge folgte dem Karren.

Dann kamen sie dahin, wo die großen Öfen standen. Das waren Türme aus gebranntem Lehm. Oben waren sie offen, unten hatten sie ein Schürloch. Ein Gestell aus hölzernen Stangen machte es möglich, oben Holzkohle und Kupfererz hineinzuschütten. Das geschmolzene Kupfer lief dann unten ab.

Aus einem der großen Schmelzöfen schlugen oben riesige Flammen heraus. Es war ein unheimliches Bild. Unzählige Neugierige standen herum und warteten auf das schreckliche Schauspiel.

»Majestät«, sagte ein Offizier, »wie sollen wir die Gefesselten in den Ofen werfen? Schon die Hitze in der Nähe der Öffnung erträgt niemand. Dürfen wir ihnen die Fesseln lösen und befehlen, selbst hineinzuspringen?«

»Nein!«, brüllte Nebukadnezar. »Gibt es in meiner Armee denn keinen Soldaten, der meine Befehle ausführt?«

Schnell lief der Offizier davon und befahl den stärksten seiner Männer, die Gefangenen auf den Rücken zu nehmen. Die taten das auch, trugen

sie die Leitern hinauf und brachten sie an den Rand der Öffnung, aus der die rote Flamme haushoch herausschlug.

Kaum hatten die Soldaten ihre Last ins Feuer geworfen, da brachen sie auch schon tot zusammen.

Nebukadnezar nahm davon keine Notiz, und die Leute schrien begeistert. Hauptsache, die drei Männer wurden bestraft. Viele konnten diese Juden, diese Ausländer, die einen fremden Gott verehrten, sowieso nicht leiden. Und manche waren neidisch auf ihre hohen Ämter gewesen. Jetzt hatten diese Leute sich auch noch dem König widersetzt. Gut, dass sie nun tot waren!

Tot? Was war denn das?

Der König trat näher an das Loch, durch das sonst mit langen Stangen die Glut geschürt und die Asche herausgeholt wurde. Sein Gesicht rötete sich schon von der Hitze und vom Widerschein des Feuers.

»Was ist denn das?«, rief er erschrocken. »Da gehen sie ja herum! In der Glut laufen sie zwischen den Flammen! Wache! Sag mir, ob ich verrückt bin oder ob du auch siehst, was ich sehe!«

»Wirklich, Majestät! Sie leben!«

»Und … und …«, stotterte der König, »wir haben doch drei Männer hineingeworfen! Aber da gehen vier Leute! Und der Vierte sieht aus wie ein Sohn der Götter!«

»Ich sehe es auch, Majestät!«

»Kommt heraus!«, rief Nebukadnezar. »Hananja, Mischael, Asarja, kommt heraus!«

Die drei Männer, die nicht mehr gefesselt waren, krochen durch das Schürloch ins Freie.

Da standen sie nun. Nichts an ihnen war verbrannt oder versengt, weder die Kleidung noch die Haare. »Sie riechen nicht einmal nach Feuer«, stellten die Minister fest, als sie nun näher herantraten.

»Gelobt sei der Gott dieser Männer, der seinen Engel gesandt hat, um sie zu retten!«, rief König Nebukadnezar laut. »Sie wollten keinen fremden Gott anbeten, auch nicht auf Befehl des Königs. Sie waren sogar bereit, ihr Leben zu opfern. Hört alle her, dies ist mein Befehl: Niemand darf mehr den Gott Israels verspotten. Denn es gibt keinen Gott wie ihn!«

Daniel 3

Daniel bei den Löwen

Viele Jahre vergingen. Und fast alles wurde anders in dieser Zeit. Babylonien war nämlich von den Persern erobert worden. Jetzt gab es andere Beamte, andere Soldaten und andere Gesetze. Die Gesetze der Meder und Perser waren übrigens berühmt dafür, dass sie nicht geändert werden durften.

Auch einen anderen König gab es jetzt. Er hieß Kyrus und herrschte über ein so riesiges Reich, dass er es gar nicht allein regieren konnte. Er setzte deshalb Könige über die einzelnen Gebiete seines Reiches ein, die also in Wirklichkeit so etwas wie Unter-Könige des mächtigen Kyrus waren. Solch ein König war auch Darius, der nun in Babylon herrschte. Viele neue Beamte arbeiteten jetzt bei Hof. Aber Daniel wurde nicht abgesetzt, obwohl er schon ein alter Mann war. Darius hatte nur Gutes von ihm gehört und übernahm ihn deshalb als einen seiner drei Stellvertreter.

Daniel machte seine Sache gut, und der König schätzte ihn sehr. Aber es gab viele Leute, die ihn um seinen Erfolg beneideten. Dass ein ausländischer Gefangener eines der höchsten Ämter am Königshof innehatte, ärgerte sie.

Eines Tages trafen sich einige Männer, die gern selbst so ein Amt wie Daniel gehabt hätten. »Wir können nichts gegen ihn unternehmen, solange der König sein Freund ist«, stellten sie fest.

»Wir müssten ihm irgendeinen Fehler nachweisen«, meinte einer.

»Wie soll uns das bei Daniel gelingen?«, sagte ein anderer.

Lange überlegten sie. »Ich hab's!«, rief plötzlich einer der Männer. »Daniel betet doch jeden Tag zu seinem Gott. Wir müssen erreichen, dass gerade dies als Verbrechen gilt!«

»Was?«

Niemand verstand ihn. Aber der Mann erklärte seinen Plan, und da waren alle begeistert.

Am nächsten Tag sprachen die Beamten beim König vor. Sie verbeugten sich. »Du bist so mächtig und doch so gütig, erhabener König. Alle Menschen leben von deiner Güte. Bloß wissen sie das nicht. Sie sollten dich eigentlich viel mehr ehren.«

Der König nickte und lächelte, denn er fühlte sich geschmeichelt.

»Wir haben uns überlegt, wie wir deine Güte allen Leuten deutlich machen könnten. Da kamen wir auf die Idee, du solltest ein Gesetz erlassen. In dem sollte stehen, dass einen Monat lang niemand im Land von irgendjemandem etwas erbitten darf, von keinem Gott und keinem Menschen. Nur dich darf man um etwas bitten. Dann wird allen klar werden, was sie an dir haben, gütiger König. Fast wie ein Gott wirst du für das Volk sein.«

»Das ist eine gute Idee«, meinte der König selbstzufrieden. »Legt mir ein solches Gesetz vor. Ich unterschreibe es dann!«

Die Beamten zögerten nicht lange. »Jeder, der dieses Gesetz übertritt, soll in die Löwengrube geworfen werden«, fügten sie als letzten Satz hinzu.

Die Löwengrube war ein tiefer Graben, in dem mehrere Löwen lebten. Wenn ein Verbrecher zum Tod verurteilt wurde, bekamen die Löwen tagelang nichts zu fressen, damit sie richtig hungrig wurden. Dann wurde der Verurteilte in den Graben geworfen, und sofort fielen die Raubtiere über ihn her.

Der König las das Gesetz durch, hatte keine Einwände und unterschrieb es. Nun war es gültig und konnte nicht mehr geändert werden, auch von ihm selbst nicht.

Natürlich erfuhr Daniel sehr bald von dem neuen Gesetz.

In einem Raum seines Hauses gab es ein Fenster, das zeigte genau in die Richtung, in der Jerusalem lag und der zerstörte Tempel. Dreimal am Tag kniete Daniel am offenen Fenster nieder und betete.

»Führe dein Volk doch bald wieder nach Israel zurück«, bat er Gott immer wieder.

Auf der Straße standen einige Beamte und warteten. Tatsächlich – auch jetzt, wo das Gesetz galt, kniete Daniel nieder und betete. Deutlich konnten sie seine Stimme hören.

Daniels Feinde triumphierten. Sie stürmten ins Haus, rissen den alten Mann von den Knien hoch und riefen: »Du bist verhaftet!«

Schon kurz darauf standen sie vor dem König und berichteten, was sie gehört und gesehen hatten. König Darius wurde bleich und sank auf seinen Stuhl zurück. Die Beamten verbeugten sich tief, auch, damit Darius nicht ihr Gesicht sehen konnte.

»Unmöglich!«, rief der König, nachdem er eine Weile gar nichts gesagt hatte. »Ihr könnt doch nicht meinen Freund und besten Verwalter … das lasse ich nicht zu!«

»Aber Majestät, wir wollen ihm doch nichts Böses!«, wagte einer zu antworten. »Das Gesetz verlangt es!«

»Du lügst!«, rief der König. »Ihr wolltet Daniel beseitigen, darum habt ihr mich zu dem Gesetz überredet! Verschwindet aus meinen Augen!«

Darius war verzweifelt. Den ganzen Tag über dachte er nach und besprach sich mit seinen Ministern und Freunden. Aber keiner wusste, wie man das Gesetz umgehen konnte.

Dann muss es wohl sein, dachte der König niedergeschlagen und ging zu der Stelle an der Stadtmauer, wo die Löwengrube war. Eine schwere Eisentür versperrte den Zugang zur Grube. Daniel stand schon da, von Soldaten festgehalten.

Lange blieb Darius vor seinem besten Beamten stehen und sah ihn an. Dann legte er ihm die Hand auf die Schulter und sagte: »Dein Gott, den du immer so treu anbetest, der muss dir nun helfen, Daniel. Ich kann es nicht.«

Auf einen Wink des Königs wurde die Tür aufgeschlossen. Die Soldaten schoben Daniel hinein. Man hörte, wie der alte Mann in die Grube hinunterrutschte. Auch das Knurren der Löwen drang herauf.

Die Tür wurde zugeworfen und verschlossen. Dann befahl der König einem Sekretär, Siegellack auf Tür und Rahmen zu machen, und drückte sein königliches Siegel hinein. »So«, sagte er schließlich, »damit niemand auf die Idee kommt, die Löwen zu reizen oder Daniel sonst etwas anzutun!«

Er drehte sich um, schritt in seinen Palast und befahl seinen Dienern, ihn allein zu lassen und bis morgen früh nicht zu stören.

»Möchtest du nicht wenigstens etwas essen, Majestät?«, fragte ein Diener noch.

»Nein«, sagte der König, »ich faste.«

Die ganze Nacht hindurch konnte Darius nicht schlafen. Unruhig ging er in seinem Zimmer auf und ab. Immer wieder trat er zum Fenster und horchte in die Nacht hinaus.

Als im Osten der erste Schimmer der aufgehenden Sonne zu erkennen

war, verließ er seinen Palast. Ein paar verschlafene Diener und Soldaten seiner Leibwache bemerkten es und folgten ihm. Mit großen Schritten lief er zur Löwengrube. Als er vor der Eisentür stand, ging gerade die Sonne auf. Jetzt war das Gesetz erfüllt. Eine Nacht lang war der Verurteilte in der Löwengrube gewesen.

»Öffnen!«, rief der König. Ein Beamter schloss auf. Die Tür schwenkte zur Seite, und das Siegel zerbrach.

»Daniel!«, rief der König, und seine Stimme zitterte dabei. »Daniel! Lebst du noch? Hat dich dein Gott gerettet?«

Dumpf klang es aus der Grube herauf: »Ja, mein König. Gott muss wohl einen Engel geschickt haben, der den Löwen das Maul zuhielt. Jedenfalls haben sie mir nichts getan.«

»Zieht ihn schnell heraus!«, befahl der König. Als Daniel vor dem König und seinen Soldaten stand, sah er zwar müde und schmutzig aus, aber verletzt war er nicht.

Unendlich froh und erleichtert war der König! In den Palast zurückgekehrt, befahl er sofort, dass Daniels Feinde in die Löwengrube geworfen werden sollten. Dann schrieb er einen Brief an alle Beamten in allen Teilen seines Landes. »Dies ist mein Befehl«, diktierte er seinem Schreiber. »Alle Bewohner meines Reiches sollen den Gott Daniels ehren. Denn er ist der lebendige Gott. Er kann aus Not retten und Wunder tun. Sein Reich ist viel größer als meins, und es wird ewig bestehen.«

Daniel 6

Die Heimkehr

Als Kind war Daniel nach Babylon gekommen, als alter Mann dachte er immer noch an Israel und an Gottes Versprechen, sein Volk wieder in dieses Land zurückzuführen. Ich selbst werde wohl nicht mehr dorthin zurückkehren, dachte er. Aber ich will dafür beten, dass die jüngeren Menschen aus unserem Volk bald nach Israel ziehen können. Wenn doch endlich der Tempel wieder aufgebaut würde und alle Juden zusammenkommen könnten, um Gott anzubeten!

Noch einmal suchte Daniel den Brief heraus, den Jeremia vor langer Zeit an alle jüdischen Gefangenen geschrieben hatte. Schon so oft hatte er ihn in all den Jahren gelesen!

Da stand es: »Ich will euch eine Zukunft geben. Wenn ihr mich von ganzem Herzen sucht, will ich mich finden lassen.«

Daniel zog sich in sein Haus zurück, fastete und betete zu Gott.

»Ach, Herr, du großer und heiliger Gott«, betete er, »du bist so freundlich zu denen, die dich lieben. Wir, dein Volk, haben Unrecht getan. Deshalb hast du es zugelassen, dass Jerusalem zerstört wurde und dass wir in der Fremde leben. Aber weil du barmherzig bist, will ich dich bitten: Vergib doch deinem Volk seine Schuld und lass es wieder zurückkehren in sein Land!«

Während er noch betete, wusste Daniel plötzlich ganz sicher: Gott erhört mein Gebet.

Wie ein Lauffeuer verbreitete sich eine unglaubliche Neuigkeit unter den

Juden in Babylonien: Kyrus, der persische König, ließ überall im Reich bekannt machen: »Ihr Juden seid die Gefangenen der babylonischen Könige gewesen. Aber meine Gefangenen seid ihr nicht. Wenn ihr wollt, könnt ihr wieder in euer Land ziehen.«

Sollte das wirklich wahr sein? Was die königlichen Boten außerdem lasen, war noch unbegreiflicher: »Ich, Kyrus, will, dass der Tempel in Jerusalem wieder aufgebaut wird. Jedem Juden, der sich entschließt, zurück nach Israel zu ziehen, sollen seine Nachbarn helfen. Die Bewohner des Dorfes, in dem er hier gelebt hat, sollen ihm Geld und andere wertvolle Sachen schenken, damit der neue Anfang in dem verwüsteten Land nicht so schwer wird.«

Die Freude war unbeschreiblich. Endlich waren sie frei!

Und dennoch fanden nicht alle den Mut, tatsächlich zurückzukehren. Sie hatten ja Häuser und Gärten, Nachbarn und Geschäftsfreunde in diesem Land. In Israel waren sicher nur Trümmer vorzufinden. Sie würden lange hart arbeiten müssen, bis sie wieder einigermaßen gut leben konnten!

Aber viele ließen sich davon nicht abschrecken. Sie wollten nach Jerusalem ziehen und den Tempel Gottes wieder aufbauen!

Eines Tages war es soweit.

Einige Tausend Familien sammelten sich aus ganz Babylonien an einer vereinbarten Stelle. Ihre Häuser und was sie sonst nicht mitnehmen konnten, hatten sie verkauft. Alles andere hatten sie auf Wagen und Lasttiere geladen.

Einige Kamele waren dabei, die trugen eine ganz besonders kostbare Last: alle Geräte aus Gold und Silber, die bei der Eroberung Jerusalems aus dem Tempel geraubt worden waren. Der König hatte sie den Juden zurückgegeben, damit sie in der Heimat wieder Gottesdienst feiern konnten.

Es war ein langer Zug.

Viele Wochen dauerte es, bis er Israel erreichte.

Und was die Heimgekehrten nach der langen Reise antrafen, war das, was sie befürchtet hatten: Ihre Häuser waren zerstört und zerfallen, oder es wohnten andere Leute darin. Die Äcker und Weinberge waren verkommen und von Unkraut überwuchert, oder Fremde bebauten das Land und betrachteten es als ihr Eigentum. Wie viel Streit und harte Arbeit hatten sie wohl noch vor sich?

Aber das Wichtigste war nicht das Roden und Pflügen, das Säen und Ernten. Das Wichtigste waren nicht neue Häuser und Scheunen. Zuerst war jetzt wichtig, was in der Gefangenschaft nicht möglich gewesen war: Gott sollte im Tempel gelobt werden!

Einen Tempel gab es aber nicht mehr. Die ganze, einst so prächtige Hauptstadt Jerusalem lag ja in Trümmern.

»Auch wenn es vielleicht noch lange dauern wird, bis der Tempel wieder steht, einen Altar können wir jetzt schon bauen«, sagte einer der Priester.

»Genau hier soll er stehen, wo auch früher der Altar war.«

Einige andere halfen ihm und räumten um den Altarplatz herum auf.

Bald schon konnten sie Gott ein Opfer bringen, um ihm zu danken, dass er sie in ihr Land zurückgebracht hatte.

Aber noch viele Jahre vergingen, bis der neue Tempel eingeweiht werden konnte und bis Jerusalem wieder eine schöne Stadt mit einer hohen Stadtmauer war.

Vieles von dem, was Gott durch Jeremia versprochen hatte, war nun in Erfüllung gegangen. Aber noch nicht alles.

Immer wieder schickte Gott Propheten, um das Volk an seine Gebote zu erinnern, immer wieder musste er strafen, immer wieder vergab er.

Aber stand in den Schriftrollen Jeremias nicht, dass alles ganz neu werden sollte, ganz anders als zuvor?

»Es wird eine Zeit kommen,
da werde ich mit meinem Volk
einen neuen Bund schließen.
Ich werde ihnen meine Gebote
nicht auf Steintafeln geben,
sondern in ihr Herz schreiben.
Ich werde ihr Gott sein,
und sie werden mein Volk sein.
Keiner wird einen anderen noch
belehren müssen,
denn alle werden wissen,
wer ich bin,
Kleine und Große.
Ich will ihnen ihren Ungehorsam
vergeben
und nie mehr an ihre Schuld
denken.«

Wann würde Gott wohl dieses Versprechen einlösen?

Esra 1 bis 3; Jeremia 31,31-34

Neues Testament

Gottes Sohn wird Mensch

Zacharias im Tempel

Langsam schlossen sich die großen Tore des Tempels hinter Zacharias. Der Priester blieb eine Weile stehen, bis sich seine Augen an das Dämmerlicht gewöhnt hatten. Nur noch schwach drang das Murmeln der Menschenmenge zu ihm herein. Draußen standen die Leute und beteten, während er hier drin zerkleinerte Gewürzkräuter und Weihrauchkörner in das Altarfeuer streute. Der Duft dieses Räucheropfers erfüllte den Raum. Das Opfer sollte zeigen, dass das Gebet zum Himmel aufstieg wie der Rauch vom Altar.

Wie freue ich mich, dass ausgerechnet ich diese wichtige Aufgabe übernehmen darf, ging es Zacharias durch den Kopf. Er legte sich lang auf den Boden, um zu beten. So war es vorgeschrieben. Damit sollte gezeigt werden, dass er demütig zu Gott kam. Zacharias betete für das ganze Volk, und natürlich auch ein bisschen für sich.

Dann stand er auf und wollte sich gerade wieder zum Gehen wenden. Auf einmal bekam er einen furchtbaren Schreck. Er glaubte, das Herz müsse ihm stehen bleiben. Neben dem Altar stand ein Engel.

Noch nie hatte er einen Engel gesehen. Aber trotzdem wusste er sofort, dass diese Gestalt ein Engel war. Und jetzt sprach der Engel ihn an: »Du brauchst keine Angst zu haben, Zacharias. Ich bin ein Bote Gottes und komme, um dir etwas Schönes zu sagen: Dein Gebet ist erhört! Deine Frau Elisabeth wird ein Kind bekommen. Es wird ein Junge sein, und du sollst ihn Johannes nennen.«

Zacharias dachte: Träume ich, oder ist das Wirklichkeit? Aber nein, das kann keine Einbildung sein! Es ist wirklich ein Engel! Und er spricht zu mir!

»Das ist noch nicht alles«, fuhr der Engel fort. »Dein Sohn soll nicht ein Mensch sein wie alle anderen auch. Gott hat etwas ganz Großes mit ihm vor. Er wird von klein auf von Gott geleitet werden und ein Leben führen, das Gott gefällt. Wenn er dann groß ist, wird er vielen Menschen helfen, dass sie Gott erkennen. Er wird ihnen sagen, was recht ist. Und denen, die Gott ungehorsam sind, wird er erklären, dass es viel besser ist, seine Gebote zu halten. So wird er das Volk vorbereiten für etwas noch Schöneres, das danach kommen soll.«

Das alles war zu viel für Zacharias. Er konnte es in der kurzen Zeit gar nicht verstehen. Seinen Gedanken waren immer noch mit dem beschäftigt, was der Engel als Erstes gesagt hatte. Ich soll einen Sohn bekommen? Das wäre ja … nein, das kann ich nicht glauben! Zu oft schon habe ich gehofft und bin immer wieder enttäuscht worden!

»Aber ... aber«, stotterte er, »ich bin schon sehr alt, und meine Frau Elisabeth auch. Und alte Leute bekommen keine Kinder mehr. Woher soll ich wissen, dass ich dir glauben kann?«

Der Engel antwortete: »Ich bin Gabriel, ein Engel Gottes. Er hat mich geschickt, damit ich dir dies alles sagen soll. Einen Beweis willst du? Gut, ich gebe dir einen. Du wirst von jetzt an stumm sein und kein Wort mehr sagen können, bis das Kind geboren ist. Denn du hast mir nicht geglaubt.«

Draußen vor dem Tempel warteten die vielen Leute. »Zacharias bleibt aber lange«, meinte jemand. »Es wird ihm doch nichts Schlimmes passiert sein?«

»Still, da kommt er«, sagte ein anderer.

Und tatsächlich, die mächtigen Flügel des Eingangstores bewegten sich langsam. Der alte Priester trat heraus.

Aber er benahm sich so merkwürdig. Jetzt sollte er eigentlich einen Segensspruch sagen, aber man hörte nichts. Er winkte nur mit der Hand.

Einige traten heran und fragten ihn. Ihre Stimmen schwirrten durcheinander: »Was ist denn los, Zacharias?« »Warum sprichst du nicht?« »Ist etwas passiert?« »Bist du krank?« »Nun antworte doch!«

Aber das konnte der alte Mann nicht. Er schüttelte nur den Kopf und ging fort. Da meinte einer von den anderen Priestern: »Er hat sicher im Tempel etwas Besonderes mit Gott erlebt.« »So wird es sein«, nickten die anderen. Sie standen noch lange beisammen, sprachen darüber und rätselten, was das wohl gewesen sein könnte.

Zacharias kam spät nach Hause. Elisabeth bekam einen Schreck, als ihr Mann nicht sprechen konnte. Aber Zacharias nahm eine Wachstafel, auf der er mit einem Griffel Worte einritzen konnte. Wenn es gelesen war, konnte man es wieder glatt drücken. An diesem Abend hatte Zacharias für seine Frau viel zu schreiben.

Lukas 1,10-25

Ein Engel kommt zu Maria

Es war ein halbes Jahr später. Da wurde der Engel Gabriel wieder von Gott gesandt, um einer anderen Frau zu sagen, dass sie einen Sohn bekommen sollte. Eigentlich schien es auch diesmal unmöglich. Aber bei Gott ist eben nichts unmöglich.

Elisabeth hatte eine Verwandte. Sie war eine junge Frau und hieß Maria. Maria lebte in Nazareth, ziemlich weit weg von dem Dorf, in dem Zacharias und Elisabeth wohnten.

Eines Tages war Maria im Haus beschäftigt. Plötzlich stand der Engel vor ihr. »Guten Tag, Maria«, grüßte er sie. »Du bist eine Frau, der Gott besonders gnädig ist. Und er wird immer bei dir sein.«

Maria bekam einen Schrecken und dachte: So hat mich noch niemand begrüßt.

»Fürchte dich nicht, Maria«, sagte der Engel Gabriel. »Gott ist sehr freundlich zu dir. Hör gut zu: Du wirst einen Sohn bekommen. Dem sollst du den Namen Jesus geben. Er wird ein ganz besonderer Mann werden, er wird der Sohn Gottes sein. Ähnlich wie David König war, wird er auch König sein. Aber seine Herrschaft wird nie aufhören.«

Maria konnte es kaum fassen. Mit aufgerissenen Augen stand sie da und brachte kein Wort heraus. Dann aber fasste sie sich und fragte: »Ja, aber … ich kann doch gar kein Kind bekommen. Ich bin noch gar nicht verheiratet. Ich bin erst verlobt.«

Der Engel antwortete: »Jedes menschliche Kind hat einen Vater. Aber das Kind, das du zur Welt bringen sollst, ist kein gewöhnliches Kind. Gott ist sein Vater. Darum sagte ich eben, dass es Gottes Sohn sein wird.«

Maria wusste nicht, was sie darauf sagen sollte. Das kam ihr alles so merkwürdig vor. Noch nie hatte sie gehört, dass eine Frau ein Kind bekam, das Gott zum Vater hatte. Sohn Gottes, König für alle Zeit? Was bedeutete das alles?

Da sprach der Engel noch einmal. »Damit es dir leichter fällt zu glauben, will ich dir noch etwas sagen: Du erinnerst dich sicher an Elisabeth, deine Verwandte, die in Juda in einer Stadt im Gebirge wohnt. Sie bekommt auch ein Kind, obwohl sie eigentlich schon zu alt ist. Daran siehst du, dass bei Gott nichts unmöglich ist.«

Maria antwortete leise: »Ich möchte Gott dienen. Und wenn er es so beschlossen hat, wie du sagst, dann bin ich auch dazu bereit.« Dann war der Engel auf einmal verschwunden.

Tief bewegt blieb Maria zurück. Alle möglichen Gedanken schossen ihr durch den Kopf. Am liebsten hätte sie ihren Eltern oder ihrem Verlobten Josef gleich alles erzählt. Aber dann dachte sie: Nein, ich muss das Geheimnis erst einmal für mich behalten. Sie werden mich nicht verstehen, wenn ich ihnen von dem Engel erzähle und von dem, was er mir gesagt hat; vielleicht glauben sie, ich wäre verrückt. Der einzige Mensch, der mich verstehen wird, ist meine Verwandte Elisabeth. Zu ihr will ich gehen, um über das alles zu reden.

So tat es Maria dann auch. Bald darauf brach sie auf und machte die beschwerliche Reise ins Gebirge.

Endlich kam sie beim Haus ihrer Verwandten an und klopfte an die Tür. Zacharias öffnete ihr. Komisch, er strahlte sie an und umarmte sie, aber er sagte kein Wort zur Begrüßung. Er sprach überhaupt nicht.

Auch Elisabeth begrüßte Maria herzlich. Dann sagte sie etwas Seltsames: »Die Mutter meines Herrn kommt zu mir! Als ich eben deinen Gruß hörte, hüpfte das Baby in meinem Bauch. Du kannst dich glücklich schätzen, Maria, dass du geglaubt hast. Was Gott dir gesagt hat, wird alles eintreffen!«

Merkwürdig, dachte Maria, ich habe ihr doch noch gar nichts von dem Engel und seiner Botschaft erzählt. Woher weiß Elisabeth das? Gott muss es ihr gesagt haben. Das zeigt mir, dass ich es mir bestimmt nicht eingebildet habe. Darüber wurde Maria so froh, dass sie ein schönes Lied sang. Einfach so, ohne dass sie lange überlegen oder dichten musste. Darin lobte sie Gott und seine Macht und seine Liebe.

Lukas 1,26-55

Johannes kommt zur Welt

In den folgenden Tagen hatten Maria und Elisabeth sich viel zu erzählen. Elisabeth erklärte, warum Zacharias nicht sprechen konnte, und Maria berichtete von dem Engel, der sie besucht hatte und der ihr Dinge gesagt hatte, die sie gar nicht verstand.

Manchmal, wenn sie zusammen Wäsche wuschen oder in der Küche arbeiteten, wiederholte Maria das Lied, das sie am ersten Tag gesungen hatte. Sie wollte nicht, dass sie es wieder vergaß. Elisabeth sang mit.

»Ich freue mich über Gott,
meinen Retter.
Denn es macht ihm nichts aus,
dass ich nur ein unbedeutendes
Mädchen bin.
Ich spiele eine wichtige Rolle
in seinem Plan.
Daran sehe ich:
Es geht ihm nicht darum,
wie mächtig und berühmt
ein Mensch ist.
Im Gegenteil, die Mächtigen,
die stolz sind
und von Gott nichts wissen
wollen,
die stößt er vom Thron.
Aber den kleinen Leuten hilft er.
Er hält das Versprechen,
das er Abraham gegeben hat.«

Etwa so waren die Worte in Marias Lied. Auf Deutsch reimt es sich natürlich nicht, aber in der Sprache, die im Land Israel damals gesprochen wurde, klang es sehr schön.

Elisabeth merkte, dass ihr die Arbeit jetzt, wo ihr Kind bald geboren werden sollte, mehr Mühe machte. Maria war ihr eine große Hilfe. Sie fragte sie darum, ob sie nicht bis zur Geburt dableiben wollte, und Maria sagte gerne ja.

Eines Tages war es dann soweit. Elisabeth bekam ihr Kind. Es war ein Junge, wie es Zacharias versprochen worden war. Nun hatte das alte Ehepaar doch noch ein Kind! Die Freude war riesengroß. Gott hatte sein Versprechen wahr gemacht!

Nur eins machte Elisabeth noch Sorgen: Zacharias war immer noch stumm. Hatte Gabriel nicht gesagt, wenn alles erfüllt wäre, sollte Zacharias sein Stimme zurückbekommen?

Dann gab es ein großes Fest. Die Geburt sollte gefeiert werden. Alle Nachbarn kamen und brachten Geschenke, und auch Verwandte kamen von weit her. Sie freuten sich mit Zacharias und Elisabeth, da wollten sie natürlich auch mitfeiern. Es wurde viel gegessen und getrunken, erzählt und gelacht, gesungen und getanzt.

Nun kam der festliche Augenblick, in dem das Kind seinen Namen bekommen sollte. Es wurde aus seinem Bettchen geholt. Alle standen um die Eltern herum und bewunderten das Baby.

»Willkommen bei uns, du kleiner Zacharias«, sagten die Leute.

»Nein, nein«, rief seine Mutter, »er soll nicht Zacharias heißen, sondern Johannes.«

Die Gäste blickten sie erstaunt an. »Johannes? Warum denn das? In eurer

Familie wurden doch immer die Söhne wie die Väter genannt! Einen Johannes hat es in der ganzen Verwandtschaft nicht gegeben!«

»Trotzdem«, antwortete Elisabeth, »er soll Johannes heißen!«

»Na, ob das aber deinem Mann recht ist?« Sie sahen fragend zu Zacharias hinüber. Der machte ein Zeichen, als schriebe er in die Luft. Einer begriff schnell, was er wollte, und brachte ihm seine kleine Wachstafel.

Zacharias setzte sich, nahm den Griffel und begann zu schreiben. Alle standen um ihn herum und schauten gespannt auf die Tafel. Die unter den Gästen, die lesen konnten, sprachen laut mit, was er schrieb: »Er soll – Johannes heißen.« In diesem Moment fühlte Zacharias, dass seine Stimme wiederkam. Jetzt hatte sich alles erfüllt, was der Engel gesagt hatte.

Die Gäste trauten ihren Ohren kaum, als der alte Priester, der so lange stumm gewesen war, plötzlich zu reden anfing. Das Erste, was er sagte, war aber nicht: »Ich freue mich, dass ihr alle gekommen seid!« oder: »Jetzt lasst uns gemeinsam essen!« oder so etwas. Das Erste war ein Lob Gottes. So ähnlich wie Maria damals, fielen ihm plötzlich Verse ein, mit denen er Gott loben konnte. Sie kamen nicht von ihm selbst, denn er war gar kein Dichter, Gott gab sie ihm ein.

Als die Gäste Zacharias sprechen hörten, empfanden sie fast so etwas wie Furcht. Sie merkten, dass vor ihren Augen und Ohren etwas wirklich Ungewöhnliches geschah. Bald schon erzählte man sich überall im Bergland von diesem Fest. Und alle, die davon hörten, fragten sich: »Was wird wohl aus diesem Kind einmal werden?«

Lukas 1,56-80

Maria und Josef

Josef war ein Zimmermann. In seiner Werkstatt bereitete er die Balken und Bretter vor, die man zum Bauen von Häusern braucht.

Schon lange wartete er, dass Maria endlich wiederkäme. Er hatte sie lieb und vermisste sie sehr. Aber als sie dann endlich kam und ihm sagte, sie würde ein Kind bekommen, erschrak er.

Ich bin ja bisher nicht mit Maria verheiratet, dachte er. Wenn sie jetzt ein Kind bekommt, dann ist sie vielleicht mit einem anderen Mann zusammen gewesen. Wenn sie schwanger ist, muss es auch einen Vater des Kindes geben. Alle Leute werden mit Fingern auf uns zeigen und sagen, sie ist mir untreu gewesen. Was mache ich nur? Soll ich sie verlassen und in eine andere Stadt ziehen? Vielleicht kann ich es heimlich tun, um Maria nicht vor den Leuten bloßzustellen.

Mit Sorgen wälzte er sich auf seinem Bett hin und her, bis er endlich einschlief. Da träumte er. Und im Traum erschien ihm ein Engel. Aber er träumte nicht nur von einem Engel, sondern sah einen wirklichen Engel, ohne aufzuwachen. Der Engel sagte: »Josef, hab keine Angst, Maria zu heiraten. Das Kind, das sie erwartet, hat keinen menschlichen Vater. Sein Vater ist Gott. Du sollst den Sohn Jesus nennen. Er wird die Menschen von ihren Sünden retten.«

Als Josef am Morgen aufwachte, wusste er noch genau, was der Engel gesagt hatte. Er beschloss, Maria nicht im Stich zu lassen, sondern gemeinsam mit ihr die Geburt des Kindes zu erwarten.

In jener Zeit war Israel kein freies Land. Fremde Soldaten waren überall und passten auf, dass die Leute immer ihre Steuern bezahlten. Sie kamen aus Italien und hießen Römer, weil ihre Hauptstadt Rom war. Die Römer hatten viele Länder erobert und zwangen die Einwohner, ihnen Steuern zu bezahlen und zu tun, was sie wollten.

Eines Tages beschloss der Kaiser in Rom, den Einzug der Steuern neu zu regeln. Er wollte genau wissen, wie viele Leute in seinem riesigen Reich lebten. So wollte er sichergehen, dass ihn keiner um Steuern betrog. Er befahl deshalb, alle Leute müssten zu einer bestimmten Zeit in ihrer Heimatstadt sein. So konnten sie besser gezählt werden.

Durch die kleine Stadt Nazareth ritten römische Soldaten. Sie trommelten laut, so dass alle Leute neugierig herbeigelaufen kamen. Auch Maria kam, und mit ihr Josef, ihr Verlobter.

Auf dem Marktplatz hielten die Soldaten an. Dann nahm ein Mann eine große Schriftrolle und zog sie auseinander. Man sah gleich, dass er kein römischer Soldat war, denn er trug keine Uniform und keine Waffen. Die Römer beherrschten ja die Landessprache Israels nicht, und darum mussten sie sich immer von Einheimischen helfen lassen, wenn sie sich dem Volk verständlich machen wollten.

Mit lauter Stimme las der Mann vor, was auf der Schriftrolle stand. Jeder, der nicht hier zu Hause war, sollte in seine Heimat gehen und erst nach der Zählung wieder zurückkommen. Jeder sollte seine Familie mitnehmen. Wenn Mann und Frau aus verschiedenen Orten stammten, dann sollten sie gemeinsam dahin gehen, wo der Mann zu Hause war.

Die Leute, die den Befehl hörten, ärgerten sich natürlich. Sie murrten auch leise, aber laut wagten sie nichts zu sagen. Sonst hätten die Soldaten sie gleich bestraft. Durch die finster blickende Menge ritten die Soldaten davon.

»Was bedeutet das für uns, Josef?«, fragte Maria.

»Nichts Gutes«, antwortete Josef. »Du weißt, dass meine Familie aus Bethlehem stammt. Ich bin ja ein ferner Verwandter von König David, der vor vielen hundert Jahren das Land regierte. Und darum muss ich auch dorthin.«

»Aber ich bin hier in Nazareth geboren.«

»Das ist richtig, aber obwohl wir nur verlobt sind, gelten wir für das römische Gesetz als Mann und Frau. Du wirst also mit mir nach Bethlehem ziehen müssen.«

Die Menge zerstreute sich, und auch Josef und Maria gingen langsam nach Hause.

»Das ist ein weiter Weg nach Bethlehem, nicht wahr?«, fragte Maria.

»Ziemlich weit«, antwortete Josef. »Normalerweise würde mir das ja nichts ausmachen. Aber du weißt, dass unser Kind bald kommt. Da ist der Weg anstrengend. Und es ist auch nicht schön, ein Kind an einem fremden Ort zur Welt zu bringen.«

»Ich bin immer bei dir, Maria. Und der Engel hat uns ja gesagt, dass es Gottes Sohn ist, den du zur Welt bringst. Da wird Gott auch für uns sorgen.«

Matthäus 1,18-25 und Lukas 2,1-2

Jesus wird geboren

»Wo liegt eigentlich Bethlehem genau?«, fragte Maria ihren Verlobten.

Josef legte die Säge aus der Hand und schaute Maria an. »Du warst ja im Gebirge bei Zacharias und Elisabeth. Das ist im Süden von hier. Noch ein Stück weiter, dann kommt man nach Jerusalem, unserer Hauptstadt. Durch Jerusalem müssen wir durch und dann noch weiter Richtung Süden.«

»Noch weiter?«

»Nicht viel. Vielleicht zwei Stunden zu Fuß von Jerusalem. Du wirst sehen, es geht bestimmt gut. Ich werde den Esel mitnehmen, mit dem ich immer das Holz hole und zu den Baustellen bringe. Auf ihm kannst du reiten.«

»Ich mache mir trotzdem ein bisschen Sorgen, Josef.«

Der Zimmermann legte ihr die Hand auf den Arm. »Ich gebe zu, dass ich mir auch Sorgen mache. Aber Gott wird bei uns sein.« Und dann lachte er Maria an: »Du wirst sehen, es ist schön in Bethlehem!«

Eines Tages war es soweit. Josef und Maria machten sich auf den Weg. Ein Stück konnte Maria gehen, aber dann musste sie sich doch auf den Esel setzen. Sie kamen nicht sehr schnell vorwärts, und so brauchten sie mehrere Tage. Nachts schliefen sie in Gasthäusern.

Sie freuten sich, als sie die Stadt Jerusalem durch ein großes Tor in der Mauer verlassen hatten und bald die Häuser von Bethlehem vor sich sahen.

»Siehst du, Maria? Das ist meine Heimat«, sagte Josef stolz. »Die Stadt von David, meinem Urururur...« – und Maria fiel lachend ein: »...urururururgroßvater.«

»Nein«, lachte nun auch Josef, »falsch! Du musst vierundzwanzigmal ›ur‹ sagen, bis ›Großvater‹ kommt.«

Maria antwortete: »Das ist mir zu lang, da brauche ich ja die Finger zum Mitzählen.«

Sie erreichten die ersten Häuser. Eine Stadtmauer hatte dieser kleine Ort nicht.

»So viele Menschen laufen hier durch die Straßen!«, staunte Maria.

»Die sind alle zur Volkszählung hier«, meinte Josef.

»Aber in den anderen Städten und Dörfern, durch die wir gekommen sind, waren nicht so viele Menschen.«

»Die Familie Davids war eben groß. Du weißt, er hatte sieben Brüder, und sie alle hatten viele Kinder und Enkel und Urenkel ...«

Maria unterbrach ihn: »Und sehr viele Enkel mit vierundzwanzigmal ›ur‹ davor. Aber die Leute hier sind nicht alle mit dir verwandt, oder?«

»Nein, nein«, antwortete Josef, »ich glaube nicht.«

Nun standen sie vor dem Gasthaus von Bethlehem. Der Wirt rannte geschäftig hin und her.

»Hallo!«, rief Josef, »wir hätten gern ein Zimmer in deinem Haus.«

»Tut mir Leid, junger Mann«, antwortete der Wirt. »Es ist alles belegt.«

»Alles belegt? Aber wo sollen wir denn übernachten?«

»Beschwere dich bei den Römern. Ich kann's nicht ändern.«

»Hast du nicht noch eine kleine Kammer? Weißt du, meine Frau bekommt ein Kind. Vielleicht schon diese Nacht!«

»Ich würde dir ja gern helfen, und deiner Frau erst recht. Aber du siehst doch, was hier los ist. In den Wohnungen der Bürger sind auch schon überall Leute einquartiert.«

Maria packte Josef entsetzt am Arm. »Aber wir können doch nicht unter freiem Himmel bleiben! Das ist viel zu kalt für mich, und erst recht für das Baby!«

Der Wirt trat näher heran. »Nun, unter freiem Himmel müsst ihr nicht bleiben. Dort hinten ist mein Stall. Da könnt ihr's euch auf dem Stroh bequem machen, und die Tiere halten euch warm.«

»Danke, das ist freundlich, herzlichen Dank!«

Und so kam es, dass in dieser Nacht etwas ganz Erstaunliches passierte: Der Sohn Gottes, der die ganze Welt geschaffen hat und alles in seiner Hand hält, wurde ein kleines, hilfloses Baby, das in einem Stall auf Stroh liegen musste. Natürlich konnte niemand dem Kind ansehen, dass es der Sohn Gottes war. Maria hatte es in eine Futterkrippe gelegt, aus der sonst die Kühe und Esel fraßen, und da strampelte es nun und jammerte auch ein bisschen, wie kleine Babys es eben tun.

Josef sah Maria an: »Denkst du an das, was dir der Engel über dieses Kind gesagt hat? Man kann es kaum glauben, wenn man das Baby sieht, so klein ist es, und so ärmlich ist die Umgebung hier.«

»Es ist trotzdem wahr, Josef«, sagte Maria leise. »Und alles wird sich erfüllen, so wie Gott es gesagt hat.«

Lukas 2,3-7

Die Hirten von Bethlehem

Es war kalt draußen. Die Hirten setzten sich dichter zusammen, um sich gegenseitig zu wärmen. Aber das nützte nicht viel. Kalt und dunkel und still war es. Nur manchmal hörte man ein leises Geräusch von der Schafherde. Die Sterne gaben ein wenig Licht, so dass man den Bergrücken schwach erkennen konnte, auf dem die Stadt Bethlehem lag.

»Es ist wieder schrecklich kalt«, sagte einer. »Und müde bin ich«, knurrte ein anderer. »Nicht einschlafen!«, mahnte ein Dritter. »Wir sind zum Aufpassen hier.«

»Wie gerne wäre ich jetzt da drüben in einem der Häuser!«, meinte der Erste.

»Klage nicht! Wir Hirten sind eben die Allerärmsten, und außerdem von allen verachtet. Wir können nichts dran ändern, durch Klagen schon gar nicht.«

Dann schwiegen sie wieder und dösten vor sich hin.

Plötzlich schreckten sie auf. Die Tiere wurden unruhig. Und da – was war das? –, ein helles Licht leuchtete um sie her! Mitten in der Nacht ein strahlendes Licht! Geblendet schlossen sie die Augen.

Als sie sie wieder öffneten, stand da ein Engel. Die Hirten sprangen auf. Sie wollten aus lauter Angst weglaufen, aber der Schreck war ihnen so in die Glieder gefahren, dass sie sich nicht bewegen konnten.

Der Engel sprach: »Habt keine Angst! Ich bin gekommen, um euch eine frohe Nachricht zu bringen. Und nicht nur euch will ich eine große Freude machen, sondern allen Menschen. Heute ist der Retter geboren worden. Für euch! Er ist der Sohn Gottes, von dem die Propheten schon vor langer Zeit gesprochen haben. Nun ist er da. Da drüben in der Stadt Davids. Ich will euch auch sagen, woran ihr das Kind erkennen könnt, wenn ihr hingeht und es sucht: Es ist in Windeln gewickelt und liegt in einer Futterkrippe.«

Bei den Hirten überschlugen sich die Gedanken. Ein Engel redet mit uns! Träumen wir, oder ist es wahr? Und der Sohn Gottes ist gekommen? Ausgerechnet nach Bethlehem! Und ausgerechnet uns armen und verachteten Hirten wird das gesagt!

Ehe sie noch ihre Gedanken ordnen konnten, waren da auf einmal ganz viele Engel. Die standen nicht nur vor ihnen auf der Weide, sondern waren überall um sie herum und über ihnen. Ganz hell war es. Und die Engel sangen auf einmal ein wunderschönes Lied, als wenn ein Chor auf das Zeichen des Dirigenten einsetzte. Der Text des Liedes hieß so:

»Gott oben im Himmel
soll geehrt werden!
Und auf der Erde soll Friede sein
bei allen Menschen,
an denen Gott seine Freude hat!«

Als die Engel das Lied zu Ende gesungen hatten, verschwanden sie vor den Augen der Hirten. Es wurde dunkler und dunkler, bis man fast nichts mehr sehen konnte, wie vorher.

Aber in den Herzen der Männer war es jetzt ganz hell. Wie freuten sie sich, dass Gott durch einen Engel zu ihnen gesprochen hatte! Und wie freuten sie sich, dass Gott seinen Sohn geschickt hatte! Und dass dieser Sohn Gottes ihr Retter und Helfer werden sollte! Auch wenn sie nicht alles erfassten, was die Worte der Engel für sie bedeuteten, jetzt mussten sie loslaufen und das Kind sehen!

»Kommt!«, sagte einer. »Wir wollen sehen, ob alles stimmt, was der Engel gesagt hat.« »Und das Kind anbeten!«, rief ein anderer.

Dann liefen sie los. Es machte ihnen nichts aus, dass sie im Dunkeln über Wurzeln und Steine stolperten. Sie rafften sich immer wieder auf und rannten weiter.

Da – im Stall des Gastwirts brannte Licht! Dort musste es sein. Vorsichtig klopften sie an das hölzerne Tor, öffneten es und schauten in den Stall.

Da saß eine junge Frau. Sie beugte sich über eine Krippe. Und in der Krippe lag auf einem Bündel Stroh ein kleines Kind.

Ein Mann kam auf die Hirten zu. »Ich heiße Josef«, sagte er, »was sucht ihr? Kommt nur herein!«

»Wir …«, begann der Erste. »Ein Engel …«, ergänzte ein anderer. »Guten Abend!«, grüßte der Dritte. Und dann erzählten sie Maria und Josef – stockend und ein bisschen durcheinander –, was draußen auf der Weide passiert war.

Die Eltern des Babys sahen sich an, als könnten sie sich dieses Wunder erklären. Die Hirten konnten es nicht. Sie standen um die Krippe herum und freuten sich über das kleine Kind, das da lag und schlief.

Nachdem sie alles erzählt und lange geschaut hatten, gingen sie. Es wurde wieder still in dem ärmlichen Stall. Maria dachte noch lange über den Bericht der Hirten nach und wie er zu all dem passte, was sie schon erlebt hatte.

Die Hirten erzählten die ganze Geschichte in den nächsten Tagen jedem, dem sie begegneten, ob er sie hören wollte oder nicht. Sie freuten sich so, dass Gott seinen Engel zu ihnen geschickt hatte. Und dass sie seinen Sohn gefunden hatten. Und sie lobten Gott von Herzen dafür.

Lukas 2,8-20

König Herodes

Knarrend öffnete sich das Tor im Königspalast. Draußen standen vornehm gekleidete Männer.

»Was wollt ihr?«, fragte der Wachsoldat.

»Wir kommen von weit her, aus Babylon. In unserer Heimat hat uns Gott durch einen Stern gezeigt, dass ein neuer König für dieses Land geboren wurde. Wir wollten ihm gern Geschenke bringen. Sind wir hier richtig?«

Der Wächter sagte: »Einen Moment bitte. Ich melde euch dem König.« Dann schloss er das Tor und rannte über den Hof.

Das ist eine Nachricht, die dem König wieder Angst machen wird, dachte er dabei. König Herodes ist so ein schrecklicher Tyrann. Immer hat er Angst, dass ihm jemand seinen Thron streitig machen will. Früher hat er sogar einige seiner Verwandten umbringen lassen. Und vor lauter Angst, dass Leute gegen ihn kämpfen könnten, hat er sich überall im Land Burgen bauen lassen, in die er fliehen kann. Eine Burg hat er sogar auf einem künstlichen Berg in der Wüste bauen lassen. So viele Menschen mussten schwere Arbeit leisten, und manche wurden sogar getötet, nur damit Herodes sicher sein kann, König zu bleiben. Wenn er jetzt erfährt, dass da ein neuer König geboren ist, dann wird er bestimmt außer sich sein vor Wut.

Aber was sollte der arme Wachsoldat machen? Er musste die Fremden anmelden.

Der König wollte zornig von seinem Thron aufspringen, aber dann beherrschte er sich. »Sie sollen nur hereinkommen!«, sagte er und grinste dabei.

Herodes behandelte seine Gäste besonders freundlich. Sie konnten sich baden und bekamen schöne Zimmer zugewiesen, ihre Kamele wurden versorgt, und dann waren sie im Palast zum Essen eingeladen. Bei Braten und Wein fragte sie Herodes gründlich aus, und sie erzählten bereitwillig von dem Stern, den sie entdeckt hatten. Vor langer Zeit war das Volk Israel ja in der Heimat der Fremden gefangen gehalten worden. Daher wussten die klugen Männer, dass die Propheten Israels von einem Königssohn gesprochen hatten, der kommen und allen helfen sollte. Einen Königssohn sucht man ja zuerst im Haus des Königs, und deshalb waren sie hergekommen.

»Das habt ihr richtig gemacht«, sagte Herodes und winkte den Dienern, sie sollten Wein einschenken. »Leider ihr vielleicht, wie sie nun den neugeborenen König finden können?«, fragte er.

Die Schriftgelehrten lächelten. »Nichts leichter als das«, sagten sie. »In Bethlehem soll der versprochene König geboren werden. So steht es im Buch des Propheten Micha. In welchem Haus allerdings, und wann das geschehen soll ...«

»Schon gut!«, unterbrach Herodes. »Das war's, was ich wissen wollte. Ihr könnt wieder nach Hause gehen!«

Bald schon ließ Herodes die klugen Männer aus Babylon wieder zu sich rufen.

»Ich habe eine gute Nachricht für euch«, sagte er. »Ich weiß, wo das Kind geboren werden soll: in Bethlehem. Das ist gar nicht weit weg von hier. Wenn ihr heute Nachmittag nach Süden reitet, seid ihr noch vor Einbruch der Dunkelheit da.«

»Vielen Dank, König Herodes. Du hast uns sehr geholfen. Wie können wir uns dankbar zeigen?«

»Ach, ich helfe gerne. Aber einen Gefallen könnt ihr mir tun. Wenn ihr das Kind gefunden habt, dann kommt zurück und sagt es mir. Dann kann ich auch hingehen und ihm Geschenke bringen.«

Mühsam verbarg Herodes dabei sein hämisches Grinsen. Er wollte dem Kind natürlich nichts schenken, sondern er wollte es töten. Aber das ahnten die Männer aus Babylon nicht.

Fröhlich machten sie sich auf den Weg. Als sie nach Bethlehem kamen, war es doch schon so dunkel, dass man die Sterne sehen konnte. Und da – auf einmal stand wieder der Stern am Himmel. Wie glücklich waren sie da! Direkt über einem ärmlichen Gebäude stand er.

»Hier muss es sein«, sagten sie, lachten und freuten sich. »Genau in diesem Haus! Gott hat uns den Weg gezeigt!«

Matthäus 2,2-10

Gott beschützt seinen Sohn

Josef traute seinen Augen kaum, als er das Stalltor öffnete. Draußen standen vornehm gekleidete Männer. Sie führten Kamele mit reich verziertem Sattelzeug am Halfter.

»Ihr müsst euch irren, fremde Herren«, sagte Josef. »Hier ist nur ein Stall für Schafe und Esel. Eure Kamele könnt ihr hier nicht unterstellen.«

»Wir suchen keinen Stall für unsere Tiere«, antwortete einer, »wir suchen den neugeborenen König von Israel!«

Josef verneigte sich vor den Männern, denen er ansah, dass sie wohlhabend und vielleicht auch mächtig waren. »Tretet ein«, sagte er. »Ich weiß, welches Kind ihr meint. Dort liegt es.«

Die Männer banden ihre Kamele draußen an und traten ehrfürchtig näher. Es war ein merkwürdiger Anblick, wie da so reiche und gebildete

Männer mit ihren seidenen Kleidern auf dem schmutzigen Boden niederknieten, ihre Geschenke – Gold, Weihrauch und Myrrhe – in das Stroh stellten und sich anbetend vor einem Kind in einer Futterkrippe verbeugten.

Lange saßen die klugen Männer mit Josef im Stroh, während Maria ein einfaches Mahl für ihre reichen Gäste zubereitete. Sie erzählten sich gegenseitig, was sie erlebt hatten, und was ihnen Gott über dieses Kind gesagt hatte, das da friedlich schlief.

Dann verabschiedeten sie sich von Maria, von Josef und dem Kind, nahmen ihre Kamele und ritten fort.

In dieser Nacht erlebte einer von ihnen noch einmal etwas Sonderbares: Als am nächsten Morgen die Sonne aufging, saß er schon aufrecht auf seinem Nachtlager.

»Guten Morgen, aufwachen!«, rief er und rüttelte seine Freunde wach.

»Warum bist du schon wach?«, fragte einer. »Wir haben gestern so lange geredet, da bin ich noch schrecklich müde.«

»Ich bin wach, weil ich etwas Besonderes erlebt habe. Gott hat zu mir gesprochen. Ich glaube, es war im Traum.«

Jetzt waren alle hellwach.

»Gott hat gesprochen?«

»Was hat er denn gesagt?«

»Er sagte, Herodes ist gar nicht so freundlich, wie er sich uns gegenüber gegeben hat. Er will dem Kind keine Geschenke bringen, sondern ihm schaden. Darum sollen wir nicht zu Herodes zurückkehren.«

Da erschraken die anderen. »Das wäre ja schrecklich, wenn er durch uns erfahren würde, wo der neugeborene König ist!«

»Ja, furchtbar! Aber wir brauchen ja nur nach Osten zu reiten und dann über den Jordan. So umgehen wir die Hauptstadt und kommen auch nach Hause.«

Die anderen stimmten zu. So zogen sie in ihre Heimat, ohne dem grausamen König zu sagen, dass sie das Kind gefunden hatten.

In der folgenden Nacht sprach Gott im Traum auch zu Josef, so wie er zu den Fremden gesprochen hatte. Er sagte, Josef solle Maria und das Kind nehmen und nach Ägypten fliehen.

Schon am nächsten Tag war die kleine Familie unterwegs. Es war ein weiter Weg nach Ägypten, viel weiter als der von Nazareth nach Bethlehem. Durch die kostbaren Geschenke der Gelehrten aus dem Osten konnten sie in der Fremde Essen kaufen und Unterkunft finden.

Erst später erfuhren sie, dass Gott sie vor einem großen Unglück bewahrt hatte. Herodes war tatsächlich sehr zornig darüber, dass die Gelehrten ihm keine Nachricht gebracht hatten. Deshalb mussten die Soldaten auf seinen Befehl in Bethlehem alle Kinder töten, die zwei Jahre oder jünger waren. Er hoffte, dass der neugeborene König dabei sein würde. Es nutzte ihm nichts. Denn Jesus war längst in Sicherheit, und er

selbst, Herodes, starb kurze Zeit später.

Als Herodes gestorben war, schickte Gott Josef noch einmal einen Traum, in dem ein Engel ihm sagte, dass die Gefahr vorüber war und er wieder nach Israel zurückkehren konnte. Auch wo er in Israel mit seiner Familie bleiben sollte, sagte Gott ihm. Und so kam es, dass Jesus in Nazareth aufwuchs.

Matthäus 2,11-23

Der zwölfjährige Jesus im Tempel

Alle freuten sich jedes Jahr auf das Passafest. Da wanderte man mehrere Tage bis nach Jerusalem, nahm an den Feiern im Tempel teil und kehrte wieder nach Hause zurück. Man kam mal aus dem Dorf heraus, sah und erlebte vieles, lernte andere Menschen kennen. Besonders aber freuten sich alle über Gott, der ihnen so oft geholfen hatte und ihr Volk liebte. Sie erwarteten begeistert das wunderschöne Fest zu Gottes Ehre, das in Jerusalem gefeiert werden sollte.

Was gab es da alles zu sehen und zu hören! Schon auf dem Weg war es interessant. Und erst in Jerusalem! Dieser riesengroße Tempel, die vielen Menschen und der Gottesdienst mit den feierlich gekleideten Priestern! Der Geruch von Opferfeuern hing in der Luft, und Tausende von Stimmen riefen durcheinander in vielen verschiedenen Sprachen, die Jesus noch nie gehört hatte.

Denn zum Passa in Jerusalem kamen auch viele Juden, die in fremden Ländern wohnten. (Juden hießen die Leute aus dem Volk Israel.) Aus Griechenland kamen sie, aus Italien und von Nordafrika. Einmal im Jahr wollten sie in das Land kommen, aus dem sie eigentlich stammten, auch wenn sie inzwischen längst in fremden Ländern heimisch waren und deren Sprache besser beherrschten als die Sprache Israels.

Alle freuten sich, aber ganz besonders freuten sich die Kinder, die im letzten Jahr zwölf geworden waren. Denn sie durften zum ersten Mal mit zum Fest. Diesmal war Jesus dabei.

Natürlich hörte er auf dem Weg gebannt zu, wenn er etwas über fremde Länder erfahren konnte. Aber noch mehr interessierte ihn der Gottesdienst im Tempel. Seine Eltern mussten ihm alles genau erklären. Ein paar Mal wandte sich Jesus auch an die Nachbarn, die mit ihnen von Nazareth heraufgekommen waren, oder auch an ganz fremde Leute. Abends traf er dann seine Eltern wieder.

Nach sieben Tagen war das Fest zu Ende. Maria und Josef suchten ihren Sohn, fanden ihn aber nicht. Nun, dachten sie, er war ja immer mit den Nachbarn zusammen. Er wird schon mit ihnen vorausgegangen sein.

Ohne Sorge machten sie sich auf den Weg. Am Abend holten sie die

anderen Leute aus Nazareth ein. Wie groß war ihr Schreck, als sie feststellen mussten, dass Jesus nicht bei ihnen war! Was sollten sie nun tun? Sie mussten wieder nach Jerusalem zurück! Aber jetzt war es dunkel, sie mussten erst übernachten.

Nach einer sorgenvollen Nacht standen sie früh auf und gingen den weiten Weg nach Jerusalem wieder zurück. Erst am Abend kamen sie dort an und konnten nicht mehr nach Jesus suchen. So dauerte es also zwei Tage und zwei Nächte, bis sie überall schauen und fragen konnten, ob jemand einen zwölfjährigen Jungen gesehen hätte.

Viele hatten auch zwölfjährige Jungen gesehen, aber ob einer davon der Gesuchte war, wussten sie nicht. Und auch nicht, wo er jetzt sein könnte.

Immer ängstlicher und aufgeregter wurden Josef und Maria. Schließlich wollten sie noch einmal im Tempel nachsehen, dort, wo die Schriftgelehrten kluge Gespräche über die heiligen Schriften führten. Eigentlich konnte Jesus da nicht sein, denn was sollte ein Junge unter Gelehrten! Die verstand er doch gar nicht, und es war ihm sicher auch langweilig.

Aber nachdem sie nun schon überall gesucht hatten, wollten sie trotzdem noch einmal im Tempel nachsehen. Und tatsächlich: Da saß ihr Sohn mitten unter den klugen Leuten. Maria und Josef trauten ihren Augen und Ohren kaum. Jesus fragte die Schriftgelehrten sehr schwierige Dinge, die sie kaum beantworten konnten, und wenn sie etwas fragten, gab Jesus ganz scharfsinnige Antworten. Immer wieder schüttelten die Schriftgelehrten verwundert den Kopf und staunten über diesen klugen Jungen und über alles, was er schon wusste.

Maria und Josef nahmen erleichtert und froh ihren Sohn in die Arme. Aber dann sagte Maria vorwurfsvoll: »Wo warst du denn? Wir haben so lange nach dir gesucht!«

Jesus antwortete: »Ich war die ganze Zeit hier. Habt ihr euch nicht gedacht, dass ich hier bin, in dem Haus, das meinem Vater im Himmel gehört?«

Weder Josef noch Maria verstanden diese Frage. Sie nahmen ihren Sohn und wanderten zurück nach Nazareth.

Jesus hatte viel dazugelernt, und er lernte noch viel mehr in der nächsten Zeit. Er liebte seine Eltern und gehorchte ihnen. Seine Mutter Maria vergaß in ihrem ganzen Leben nicht, was Jesus gesagt hatte, als sie ihn wieder fanden, und dachte noch oft darüber nach.

Lukas 2,40-52

Johannes der Täufer

Heiß brannte die Sonne auf Sand und Steine. Weil es hier kein Wasser gab, wuchs kein Gras und kein Strauch. Wo keine Pflanzen wachsen, gibt es auch keine Tiere, höchstens ganz kleine. Und wo keine Pflanzen und Tiere leben können, gibt es meistens auch keine Menschen. Weit und breit sind nur Sand und Steine, die Wüste.

Aber war da nicht doch ein Mensch? Tatsächlich! Hinter einem Felsblock sprang ein Mann hervor und schlug auf den Boden. Er hatte eine Heuschrecke getroffen. Das war seine Jagdbeute. Davon ernährte er sich hier.

Der Mann sah merkwürdig aus. Er trug einen Mantel aus verfilzten Kamelhaaren mit einem ledernen Gürtel. Haare und Bart waren lang gewachsen und sahen zerzaust aus.

Es war Johannes, der Sohn von Zacharias und Elisabeth. Er war nun erwachsen und sollte ja auf ganz besondere Weise für Gott da sein. Darum war er in die Wüste gegangen. Hier, wo kein anderer Mensch war und wo nichts ihn ablenken konnte, wollte er ganz still sein und auf Gott hören.

Gott sprach zu ihm: »Geh an den Jordan und predige dort!«

Auch was er predigen sollte, sagte Gott.

Der Jordan war ein schöner Fluss. An einer bestimmten Stelle, wo das Wasser nicht so tief war, konnte man

zu Fuß durchgehen. So eine Stelle nennt man eine Furt. An die Furt des Jordan kamen immer wieder Menschen, die auf die andere Seite des Flusses wollten. So konnte Johannes zu Leuten sprechen, obwohl hier eigentlich unbewohntes Gebiet war.

Wenn Menschen kamen, rief Johannes: »Kehrt um! Ändert euer Leben! Auch auf der Erde will Gott König werden. Bald wird seine Herrschaft beginnen. Dann müsst ihr bereit sein. Ihr dürft nicht so bleiben, wie ihr seid!«

Anfangs fanden das die Leute komisch. Manche lachten über ihn, manche ärgerten sich auch. Aber es gab auch einige, die merkten, dass Gott diesen Mann beauftragt hatte, so zu sprechen. Sie erzählten anderen davon. Und so kam es, dass viele Leute zu der Furt im Jordan kamen, obwohl sie gar nicht auf die andere Seite des Flusses wollten. Sie wollten nur Johannes hören.

»Lasst euch taufen!«, rief Johannes ihnen zu. »Ich tauche euch im Jordan unter und hebe euch wieder heraus. Das ist ein Zeichen. So wie beim Waschen der Schmutz im Wasser bleibt, sollt ihr euch von eurem alten Leben trennen. Die Taufe ist ein Zeichen für einen neuen Anfang.«

Manche ließen sich taufen. Sie erzählten Freunden und Bekannten, dass sie nun ein neues Leben anfangen wollten. Das machte die, die es hörten, neugierig, so dass sie auch diesen Johannes kennen lernen wollten.

Manchmal kamen ganz viele Menschen ans Ufer des Jordan, so dass Johannes laut rufen musste, damit ihn auch die verstehen konnten, die weit weg standen.

Einmal sah Johannes Pharisäer unter seinen Zuhörern. Das waren Leute, die die Gebote Gottes ganz genau einhalten wollten. Leider taten sie es oft nicht aus Liebe zu Gott. Sie hielten die Gebote auch deshalb, weil sie dann vor den Leuten angeben konnten: Seht mal her, wie fromm wir sind!

Johannes rief den Pharisäern zu: »Ihr seid heuchlerisch und falsch wie die Schlangen! Meint ihr wirklich, Gott wird euch nicht strafen, nur weil ihr die Gesetze einhaltet? Ich sage euch: Wenn Gott über euch richten wird, dann wird er sehr zornig sein. Kehrt um und ändert euch! Aber redet nicht nur darüber, tut es auch!«

Dann sah Johannes eine andere Gruppe. »Glaubt nur nicht, dass alles in Ordnung wäre! Ihr denkt: Wir stammen ja von Abraham ab. Und Gott hat Abraham damals versprochen, dass er seine Nachkommen immer segnen wird. Irrt euch nur nicht! Gott wird euch strafen! Und zwar bald. Es ist wie bei einem Baum, der gefällt werden soll, und für den man die Axt schon bereithält.«

Die Menschen waren sehr beeindruckt von dem, was Johannes sagte. Sie merkten, er hatte Recht. Sie hatten den Glauben an Gott nicht wirklich ernst genommen. Einige fragten: »Sag uns, Johannes, was heißt das genau: ein neues Leben führen? Was sollen wir denn eigentlich anders machen?«

Johannes antwortete: »Wenn ihr zum Beispiel seht, dass ein anderer keinen Mantel hat, und ihr habt zwei, dann gebt ihm einen von euch. Oder wenn ihr jemanden seht, der Hunger hat, und ihr habt genug, dann lasst ihn mitessen. Die Steuerbeamten und die Soldaten sollen keinem etwas wegnehmen und niemandem Unrecht tun.«

Da nickten die Leute und sagten: »Ja, wir wollen ein neues Leben anfangen. Bitte taufe uns!«

Lukas 3,1-18 und Johannes 1,19-28

Jesus wird getauft

Durch ödes Bergland wanderte ein Mann. Er war ungefähr dreißig Jahre alt. Er trug die übliche Kleidung: einen Umhang, ähnlich einem leichten, weiten Mantel, und Sandalen an den Füßen. Er war allein. Rundherum Stille, nur seine Schritte waren zu hören.

Das Sonnenlicht blendete ihn, und der Mann hielt die Augen fast geschlossen. Wenn er aber den Kopf hob und scharf hinsah, konnte er unten im Tal das glitzernde Band eines Flusses erkennen. Das war der Jordan. Noch eine Weile musste er den mühsamen Weg ins Tal hinuntersteigen, bis er erkennen konnte, dass am Flussufer Menschen standen. Nach einem weiteren Stück Weg konnte er es deutlich sehen: Viele Leute bildeten einen Halbkreis um einen einzelnen Mann, der etwas erhöht stand und anscheinend zu ihnen redete.

Jetzt konnte er auch hören, was da geredet wurde. Gerade fragte ein vornehm gekleideter Mann: »Hör zu, Johannes! Mit welchem Recht taufst du die Menschen und forderst sie auf, ihr Leben zu ändern? Bist du etwa der Sohn Gottes, den uns die Propheten angekündigt haben?«

»Nein, der bin ich nicht!«, antwortete Johannes. »Aber er kommt bald. Von mir hat aber auch ein Prophet gesprochen. Jesaja hat vor langer Zeit gesagt: ›In der Wüste wird ein Prediger seine Stimme erheben und damit für den Herrn den Weg bereitmachen.‹ Dieser Prediger bin ich. Ich taufe euch mit Wasser. Aber der, der nach mir kommt, wird euch mit dem Heiligen Geist taufen.«

Inzwischen war der Wanderer näher herangekommen. Plötzlich sah ihn Johannes. Er hörte auf zu sprechen und blickte zu ihm hinüber. Die Menschen folgten seinem Blick und drehten die Köpfe.

Jetzt war der Wanderer bei der Menschenmenge angekommen. Die Leute traten zurück und ließen ihn durch.

Da rief Johannes: »Seht: Dies ist das Opferlamm Gottes, das die Sünde der Welt trägt!«

»Was?«, flüsterten die Leute. »Gottes Opferlamm? Was soll das heißen?«

»Wer ist das überhaupt?«

Einer tuschelte weiter hinten: »Den kenne ich! Ich komme aus Nazareth. Da gibt es einen Zimmermann, Josef. Dessen ältester Sohn ist das. Jesus heißt er.«

Er wurde unterbrochen durch die laute Stimme von Johannes: »Nach mir kommt einer, der viel wichtiger ist für Gottes Reich als ich. So viel wichtiger, dass ich nicht wert bin, ihm auch nur die Schuhriemen zu lösen. Jetzt ist es erfüllt. Dieser Mann ist es!« Er zeigte auf Jesus, der langsam auf ihn zukam.

Als Jesus dicht vor Johannes stand, sagte er: »Ich bin gekommen, um mich von dir taufen zu lassen.«

»Du von mir?«, erwiderte Johannes. »Eigentlich sollte ich mich von dir taufen lassen!«

»Es soll aber so geschehen, Johannes. Gott will es so.«

Da gingen die beiden Männer zum Jordan hinunter. Johannes legte Jesus die Hand auf den Kopf und tauchte ihn ins Wasser ein. So hatte er es bei vielen anderen Menschen auch schon gemacht. Aber hier geschah etwas ganz Besonderes:

Als Jesus wieder aus dem Wasser auftauchte, kam der Heilige Geist wie eine Taube aus dem Himmel auf ihn herab. Und dann war da eine Stimme, die sagte: »Dies ist mein lieber Sohn. Ich freue mich über ihn.«

Da wusste Johannes: Er hatte sich nicht getäuscht. Dieser Jesus war der versprochene Sohn Gottes.

Matthäus 3,11-17 und Johannes 1,19-34

Jesus in der Wüste

»Wo ist Jesus nur?«, fragten die Leute.

Überall redeten sie über ihn: am Jordan bei Johannes, in Jerusalem, in Nazareth, wo Jesus wohnte, und anderswo. »Wir haben erwartet, dass Jesus jetzt öffentlich auftritt«, sagten die Leute, die über die wunderbaren Dinge bei seiner Geburt Bescheid wussten oder die seine Taufe miterlebt hatten. »Wir sind so gespannt, was Gott durch ihn tun will. Aber er ist nicht da. Man hört nichts von ihm. Niemand weiß, wo er ist.«

Es sollte auch niemand wissen. Gott hatte Jesus gesagt: »Geh in die Wüste.«

Jesus ging tief in die Wüste hinein. Ab und zu blieb er auf einem Stein sitzen, ruhte sich aus und betete. Dann ging er weiter. Auch beim Gehen betete er.

Was ist das wohl, was Gott mit mir vorhat?, dachte er.

Während dieser Zeit aß Jesus nichts. Fasten nennt man das, wenn einer absichtlich nichts isst. Es gab sowieso fast nichts in der Wüste. Aber Gott hatte schon früher gesagt, dass die Leute zu besonderen Zeiten fasten sollten. Damit zeigten sie, dass die Verbindung mit Gott ihnen wichtiger war als alles andere, auch das Essen. Wer fastet, gewinnt nicht nur Zeit, er kann sich auch besser konzentrieren.

Vierzig Tage lang aß Jesus nichts. Er trank nur etwas Wasser, das sich morgens auf den Steinen als Tau sammelte oder das er in einem kleinen Rinnsal fand.

Auf einmal trat der Teufel zu ihm.

»Du hast großen Hunger«, sagte er, »das kann doch für dich kein Problem sein! Bist du nicht Gottes Sohn? Dann kannst du doch auch Wunder tun. Na also: Sprich zu diesen Steinen, sie sollen Brot werden. Dann hast du etwas zu essen.«

Jesus wusste: Das ist eine Versuchung, eine Falle. Und weil er die heiligen Schriften so gut kannte, fiel ihm gleich eine Stelle aus dem fünften Buch Mose ein. Er antwortete dem Teufel: »Es steht geschrieben, der Mensch lebt nicht nur vom Brot, sondern von dem, was Gott ihm sagt.«

Jetzt merkte Jesus, warum Gott ihn in die Wüste geführt hatte. Er sollte lernen, Gott zu gehorchen und nicht auf den Teufel zu hören, egal, was der ihm versprechen würde.

Auf einmal sah Jesus sich in Gedanken in Jerusalem. Er stand an der Ecke des Tempelplatzes, wo es ganz tief hinuntergeht.

»Sieh die vielen Leute«, flüsterte ihm der Teufel ein, »wenn du da hinunterspringst, wird dir nichts passieren. Das steht so im Wort Gottes. Gott schickt seine Engel, die dich auf ihren Händen tragen. Das werden dann alle Leute sehen, und sie werden dir sofort glauben, dass du Gottes Sohn bist.«

Aber Jesus schüttelte diese Gedanken ab und sagte: »Es steht auch in den heiligen Schriften, du sollst Gott nicht auf die Probe stellen.

Wir dürfen Gott nicht zu einem Wunder zwingen wollen.«

Da merkte der Teufel, dass er Jesus auch mit einem falsch gebrauchten Gotteswort nicht überlisten konnte.

Aber er wollte noch einen Versuch machen.

»Stell dir vor, du stehst auf einem hohen Berg und kannst alle Länder der Welt sehen«, flüsterte der Teufel. O ja, das konnte Jesus sich vorstellen. »Sieh doch«, sagte der Teufel, »im Osten das große Persien, im Süden das alte und ehrwürdige Ägypten mit seinen fruchtbaren Feldern, im Westen das Meer und dahinter das mächtige Rom, im Norden Griechenland mit seiner Kunst und seiner Weisheit. All das gehört dir, wenn du sofort vor mir niederkniest und mich anbetest.«

Da wurde Jesus sehr zornig. »Geh weg, Teufel! Ich will mit dir nichts zu tun haben. Es steht geschrieben: Du sollst nur Gott anbeten und ihm allein dienen.«

Da musste sich der Teufel geschlagen geben.

Matthäus 4,1-11

Jesus zeigt Gottes Liebe

Die Hochzeit in Kana

»Der Weg mit Jesus fängt ja fröhlich an – mit einer Hochzeit!«, lachten die Männer. Sie hatten Jesus kennen gelernt und waren von ihm gerufen worden, ihre Familien und ihre Berufe eine Zeit lang zu verlassen, um ihn zu begleiten. Sie gingen natürlich auch gerne mit nach Kana, einem kleinen Städtchen. Dort heiratete jemand aus der Verwandtschaft von Maria, der Mutter von Jesus. Außer Maria und Jesus waren auch diese Männer eingeladen, seine Freunde, die man Jünger nennt.

Es war ein fröhliches Fest: Es wurde gegessen und getrunken, gesungen und getanzt, erzählt und gelacht. Die Braut sah schön aus, der Bräutigam würdig, und beide strahlten glücklich.

Aber auf einmal sah der Bräutigam gar nicht mehr glücklich aus. Entsetzt blickte er den Diener an, der ihm eben etwas ins Ohr geflüstert hatte, und sein Gesicht wurde ganz bleich.

Maria saß ganz in der Nähe. Darum hatte sie verstanden, was der Diener geflüstert hatte: »Der Wein geht zu Ende.«

Das war natürlich peinlich! Was sollten die Leute über den Bräutigam denken, wenn sie noch trinken wollten, und es war kein Wein mehr da! Geizig würden sie ihn nennen. Im Städtchen würde man über ihn tuscheln, und noch jahrelang würden die Leute über den knauserigen Bräutigam lachen, der nicht genug Wein eingekauft hatte! Wie peinlich!

Maria tat der Bräutigam Leid. Sie dachte an all das, was sie über ihren Sohn wusste. Ob Jesus nicht helfen könnte? Sicher könnte er das!

Sie ging zu Jesus hinüber und flüsterte: »Sie haben keinen Wein mehr.«

Jesus sah seine Mutter an und antwortete: »Wenn ich ein Wunder tun soll, kannst du das nicht entscheiden. Im Moment ist es noch nicht so weit.«

Auf dem Weg zu ihrem Platz zurück ging Maria bei den Dienern vorbei, die in der Nähe der Tür standen und aufpassten, ob sie irgendetwas bringen mussten. »Wenn euch mein Sohn etwas sagt, dann tut es gleich«, flüsterte Maria den Dienern zu. Sie war sicher: Jesus würde ein Wunder tun, um dem Bräutigam aus seiner Verlegenheit zu helfen.

Und tatsächlich – nach einer Weile kam Jesus zu den Dienern herüber. Er sah sich im Flur um und bemerkte sechs Krüge aus Ton. Sie waren so groß, dass ein Kind sich drin hätte verstecken können, wenn das Loch oben größer gewesen wäre. In den Krügen wurde das Wasser aufgehoben, das vom Brunnen geholt worden war.

Aber jetzt waren die Krüge leer. Jesus sagte zu den Dienern: »Füllt die Krüge mit Wasser!« Sie nahmen ihre Eimer und gingen zum Brunnen. Die Krüge selbst konnten sie nicht zum Füllen mit zum Brunnen nehmen, die waren viel zu schwer und blieben immer am gleichen Platz stehen.

Viele Male mussten sie schöpfen und ihre Eimer in die Krüge ausleeren. Als endlich alle sechs bis oben hin voll waren, sagte Jesus: »So, nun schöpft aus den Krügen und gebt davon dem Küchenchef, damit er probieren kann.«

Die Diener sahen Jesus mit großen Augen an. Was sollten sie tun? Dem Küchenchef, der den Wein prüfen musste, sollten sie von diesem Wasser bringen, das sie eben vom Brunnen geholt hatten? Wollte dieser junge Mann aus Nazareth sich über sie lustig machen? Aber bitte – wenn er es so wollte … Sie hatten ja Anweisung, alles zu tun, was Jesus ihnen sagte!

Sie nahmen einen Becher aus dem ersten Krug und brachten ihn dem Küchenchef, der beim Fest für Speisen und Getränke verantwortlich war.

»Ach«, sagte der Mann, »ihr bringt mir wohl neuen Wein zum Probieren? Dann lasst mich mal schmecken.« Die Diener gaben ihm den Becher und schauten sich dabei viel sagend an. Sie waren gespannt auf das Gesicht des Weinkenners, wenn er merken würde, dass er Wasser trank.

Aber der blickte nicht überrascht oder verärgert, als er trank, sondern schien das Getränk zu genießen.

»Hm«, machte er nur anerkennend und lief gleich zum Bräutigam hin. »Es ist ein schönes Fest«, sagte er, »aber einen Fehler hast du gemacht.«

Der Bräutigam dachte: Jetzt wirft er mir vor, dass der Wein nicht reicht, und beschämt blickte er zu Boden.

Aber der Mann sagte etwas ganz anderes: »Es ist üblich, dass man den besten Wein zuerst reicht. Später achten die Leute nicht mehr so darauf, dann kann man den billigeren Wein einschenken. Du aber hast es umgekehrt gemacht. Dieser Wein, den deine Diener jetzt ausschenken, ist der allerbeste!«

Der Bräutigam wusste nicht, wie er sich das erklären sollte. Aber Maria blickte lächelnd zu Jesus hinüber. Und seine Jünger dachten: Dann ist es wahr: Gott selbst hat Jesus geschickt, um uns Menschen zu helfen.

Johannes 2,1-11

Jesus in seiner Heimatstadt

»Jesus ist wieder da«, sagten einige Leute zueinander, als sie sich in der Synagoge umsahen, bevor der Gottesdienst anfing. Wie die Christen am Sonntag in die Kirche gehen, besuchen die Juden am Samstag die Synagoge. Alle Männer, die sich in der Synagoge versammeln, haben das Recht, aus den heiligen Schriften vorzulesen und das Gelesene zu erklären.

Am Ende des Gottesdienstes stand Jesus auf und ging nach vorne.

Der Synagogendiener gab ihm die Rolle mit der Schrift des Propheten Jesaja. Damals hatte man noch keine Bücher, die man aufklappen konnte, sondern lange Streifen aus dünnem Leder, die man von einem Stock auf einen anderen wickelte. Jesus rollte die Buchrolle auf, bis zu der Stelle, die er vorlesen wollte. »Der Geist Gottes ist bei mir«, las er laut vor. »Er hat mich gesandt, um den Armen die gute Nachricht zu bringen. Ich soll predigen, dass die Gefangenen entlassen werden, dass die Blinden sehen und dass die Unterdrückten frei sind.«

Jesus gab die Schriftrolle dem Diener zurück, setzte sich und wandte sich an die Leute in der Synagoge. »Was ich euch hier vorgelesen habe«, sagte er, »das hat der Prophet Jesaja damals für die Zukunft gesagt. Aber jetzt hat es sich erfüllt, vor euren Augen und Ohren.«

Die Leute blickten sich erstaunt an. Wollte Jesus damit etwa sagen, er sei der, von dem der Prophet damals sprach? Sicher, man erzählte sich von allerlei erstaunlichen Dingen, die Jesus in den umliegenden Städten getan hatte. Aber so etwas von sich zu sagen, war doch wohl anmaßend! Für wen hielt sich denn dieser Mann! Schließlich hatten sie ihn schon als Kind auf den Straßen von Nazareth

spielen sehen. Sie kannten ihn alle. Er war doch nur der Sohn von Josef, dem Zimmermann.

Jetzt sprach Jesus weiter. »Ihr sagt vielleicht, ich sollte hier in Nazareth auch so ein Wunder tun wie in den anderen Orten, dann könntet ihr es selbst sehen und würdet mir glauben. Aber ich sage euch: Es liegt nicht an mir, dass ich hier kein Wunder tun kann, sondern an euch.«

Jetzt fingen die Leute an, sich zu ärgern. Will Jesus uns etwa Vorwürfe machen?

»Ein Prophet gilt nichts in seiner Heimatstadt«, sagte Jesus.

»Da hat er ausnahmsweise Recht«, knurrte ein Mann zu seinem Nachbarn hinüber, »der gilt nichts bei uns. Als kleiner Junge hat er bei mir Mehl gekauft. Mit meinem Sohn hat er zusammen die Ziegen gehütet, und jetzt will er uns Vorwürfe machen! Was bildet der sich ein!«

Jesus merkte wohl, dass sie sich über ihn ärgerten, aber er ließ sich nicht davon beirren und sprach weiter. »Ich will es euch an einem Beispiel erklären: Elia war ein Prophet, der Wunder tun konnte. Einmal half er einer armen Witwe, so dass sie nicht verhungerte. Dabei gehörte diese Frau gar nicht zum Volk Israel. Aber es gab damals doch auch viele arme Witwen in Israel selbst. Warum hat er denen nicht geholfen? Ähnlich war es, als Elisa den leprakranken Hauptmann gesund machte, der fast gar nichts von Gott wusste …«

Weiter kam Jesus nicht mit seiner Rede. Die Leute liefen durcheinander und riefen wütend: »Meinst du etwa, wir glauben nicht?« »Willst du uns mit den Heiden vergleichen, die von Gott nichts wissen?« »Raus mit dem Sohn des Zimmermanns!« »Eine Frechheit ist das!«

Wütend drängten die Leute nach vorn, zerrten Jesus von seinem Stuhl und aus der Synagoge heraus.

»Weg mit ihm«, brüllten sie. »Wir lassen uns von dem nicht beleidigen!« »Werft ihn den Felsen runter!« »Jawohl, zum Felsen! Runter mit ihm!«

An der einen Seite von Nazareth gab es einen steilen Abhang. Dahin stießen und schoben sie Jesus. Sie wollten ihn töten, so wütend waren sie.

Jesus ließ sich auch mitzerren. Aber auf einmal blieb er stehen.

Alle anderen blieben auch stehen. Es war ganz merkwürdig: Plötzlich waren alle verstummt. Ganz still war es.

Jesus drehte sich ruhig um, blickte über sie alle weg und ging – würdevoll wie ein König – zwischen ihnen hindurch davon. Niemand wagte es, ihn festzuhalten.

Lukas 4,14-30

Jesus heilt die Schwiegermutter des Petrus

Wenn Jesus in Nazareth nur zu Gast war, wo war dann sein Zuhause?

Jesus hatte kein eigenes Haus und auch keine Frau und keine Kinder, bei denen er wohnte. Er war meistens unterwegs, aber auch manchmal Gast in den Häusern und bei den Familien seiner Freunde. In Kapernaum zum Beispiel war so eine Familie.

Der Freund, der am meisten redete und oft auch für die anderen sprach, war Simon, den sie Petrus nannten. Er war verheiratet und hatte ein eigenes Haus. Darum hatte Jesus auch gern zugesagt, als Petrus ihn einlud, bei ihm zu Gast zu sein.

Als Jesus mit seinen Freunden ins Haus von Petrus kam, merkten alle gleich, dass die Familie heute nicht so fröhlich war wie sonst. Petrus' Frau sagte es ihm: »Meine Mutter ist plötzlich krank geworden. Sie hat hohes Fieber.«

Petrus sah Jesus an. »Meister«, sagte er, »du kannst sie gesund machen. Bitte, tu es doch.«

Jesus trat ans Bett der Kranken und befahl dem Fieber zu gehen. Augenblicklich richtete sich die alte Frau auf, hatte keinen hochroten Kopf und keine heiße Stirn mehr, schwitzte nicht mehr und spürte neue Kraft.

Da staunte die ganze Familie! Petrus hatte zwar geglaubt, dass Jesus das konnte. Aber nun, wo es tatsächlich geschehen war, erschrak er doch. Was für ein mächtiger Herr war sein Meister! Und er durfte sein Freund sein!

Noch ehe sie sich gesetzt hatten, war die Schwiegermutter von Petrus aufgestanden. Schon ging sie in die Küche und begann, wieder zu arbeiten.

»Aber Mutter, bleib doch noch etwas liegen und ruh dich aus«, meinte Petrus' Frau.

Aber die alte Frau lachte nur: »Warum soll ich noch im Bett liegen, wenn ich doch gesund bin? Reich mir den Fisch, ich bereite unseren Gästen ein Essen.«

Es war zunächst ein ruhiger Nachmittag. Aber dann erzählte irgend-

jemand einem Nachbarn, wie Jesus das Fieber vertrieben hatte. Der berichtete es wieder anderen, und bald wusste es die ganze Stadt.

Da war es mit der Ruhe vorbei. Viele Leute kamen und wollten von ihrer Krankheit geheilt werden. Einer nach dem anderen kam herein, und vor der Tür wartete noch eine große Menschenmenge.

Da waren Menschen mit Fieber und andere mit Bauchschmerzen. Manche hatten sich nur ein bisschen verletzt, andere hatten eine schwere Krankheit, an der sie schon lange litten. Manche humpelten herbei, andere mussten getragen werden.

Jesus war traurig über das Leid der vielen Menschen. Aber er freute sich, dass sie zu ihm Vertrauen hatten. Er legte jedem die Hände auf den Kopf und sprach freundlich mit ihm. Und immer, wenn er zum Nächsten weiterging, war ein Kranker gesund geworden.

Die Freude der vielen Menschen, die geheilt worden waren, war unbeschreiblich. Sie lachten und sangen durcheinander, lobten Gott und dankten Jesus.

Bis spät in die Nacht hinein waren die Leute bei Jesus gewesen. Am nächsten Morgen aber stand er schon vor Tagesanbruch auf, um allein zu sein und beten zu können.

Während er betete, schenkte ihm sein himmlischer Vater neue Kraft. Er ging hinaus aus der Stadt, auf einsame Hügel, wo nur Schafe weideten.

Aber irgendein Schafhirt musste ihn wohl entdeckt haben. Jedenfalls kamen bald wieder viele Leute. Sie baten Jesus, doch nach Kapernaum zurückzukommen und für immer bei ihnen zu bleiben.

Dann kann uns nichts Schlimmes mehr passieren, dachten sie.

Aber Jesus sagte: »Nein, ich muss weiterziehen. Ich bin zwar gern in Kapernaum, aber ich muss auch an anderen Orten den Menschen von Gott erzählen. Das ist meine Aufgabe. Alle sollen wissen, dass Gott sie liebt.«

Lukas 4,38-44

Der unglaubliche Fang

Menschen drängten sich um Jesus. Er begann, zu ihnen von Gott zu reden. Da kamen noch andere dazu. Schließlich waren es so viele, dass die, die hinten standen, gar nicht mehr verstehen konnten, was Jesus sagte. Und es kamen immer mehr.

Was sollte Jesus tun? Noch lauter konnte er nicht reden.

Er sah sich um. In der Nähe stand Petrus und wusch seine Fischernetze. Sein Bruder Andreas half ihm dabei und auch die Freunde Johannes und Jakobus. Denn auch wenn sie viel mit Jesus umherzogen und ihm zuhörten, mussten sie für ihre Nahrung sorgen.

Jesus ging zum Ufer hinunter. Die Leute strömten alle hinter ihm her. Er setzte sich in Petrus' Boot und rief ihn: »Petrus, tu mir bitte einen Gefallen! Rudere das Boot ein bisschen vom Land weg.«

Die Leute dachten enttäuscht, er wolle über den See fahren. Aber dann merkten sie, was Jesus vorhatte: Er wollte vom Boot aus zu ihnen sprechen. Er saß auf einer der Ruderbänke und redete weiter.

Die Zuhörer ließen sich an der Uferböschung nieder und konnten den Meister nun alle sehen und viel besser verstehen.

Als Jesus zu Ende gesprochen hatte, sagte er zu Petrus: »Rudere zur Mitte des Sees, und wirf da deine Netze aus, dann wirst du viele Fische fangen.«

»Jetzt? Zur Mitte des Sees?« Petrus und die anderen sahen sich an und bemühten sich, ihr mitleidiges Lächeln zu verbergen. Jesus war ja zweifellos ein kluger Mann, aber vom Fischfang hatte er wirklich keine Ahnung. Erstens fischt man nicht am Tage, wenn die Fische den Schatten des Bootes über sich erkennen können und schnell wegschwimmen. Und zweitens fischt man nicht draußen auf dem See, wo das Wasser tief ist, so dass die Netze nicht bis zum Grund reichen, sondern am Rand, wo es flach ist.

Die Freunde schwiegen betreten. Dann aber raffte Petrus sich auf und sagte: »Meister, wir haben die ganze Nacht gearbeitet, aber nichts gefangen. Da draußen werden wir wahrscheinlich erst recht nichts fangen. Aber wenn du es sagst, dann fahre ich auf den See und werfe das Netz aus.«

Er ruderte los, und Andreas ruderte mit. Johannes und Jakobus stiegen in ihr eigenes Boot und folgten ihnen. Sie wollten doch gerne sehen, was bei diesem merkwürdigen Fischfang herauskam.

Als sie weit genug draußen waren, hielt Petrus an. »Hier?«, fragte er.

Jesus nickte.

Andreas zog die Stirn kraus, half aber doch Petrus dabei, das Netz in weitem Bogen auszuwerfen, so dass es auf das Wasser klatschte und mit dem schweren Ende langsam versank.

Gespannt blickte Petrus ins Wasser. Da wimmelte es auf einmal von den silberhellen Leibern vieler Fische.

Schnell packten beide Fischer das Ende des Netzes und begannen zu ziehen. Schon beim ersten Versuch merkten sie, wie schwer es war. Es musste ein riesiger Fang sein, der ihnen da ins Netz gegangen war.

Jetzt tauchte ein Berg von zappelnden Fischen über dem Wasser auf. Dabei wurde das Netz noch schwerer. Jesus fasste mit an und half ihnen ziehen. Aber auch zu dritt schafften sie es nicht.

Petrus richtete sich auf und winkte den Freunden im anderen Boot. »Kommt schnell, helft uns ziehen!«, rief er ganz aufgeregt.

Es dauerte nicht lange, da waren Jakobus und Johannes da. Sie steuerten das Boot neben das von Petrus und fassten mit am Netz an. Erst jetzt gelang es ihnen, die Last höher und höher herauszuziehen und die Fische in das Innere der Boote gleiten zu lassen. Dabei spannte sich das Netz so stark, dass einige Maschen rissen.

Endlich hatten sie den ganzen Fang gleichmäßig auf beide Boote verteilt. Er war so schwer, dass die Boote tief ins Wasser gedrückt wurden. So tief, dass die kleinen Wellen schon fast über die Bordwand schlugen.

Das war ja fast unglaublich! So viele Fische hatten sie noch nie gefangen! Jesus, ihr Freund, hatte das Wunder bewirkt.

Ihr Freund? Durften sie so einen heiligen Mann Freund nennen?

Petrus fiel vor Jesus auf die Knie. »Meister«, stotterte er, »Meister, geh weg von mir, ich bin ein sündiger Mensch. Ich passe nicht zu dir!«

Aber Jesus legte ihm die Hand auf die Schulter. »Hab keine Angst, Petrus«, sagte er. »Von jetzt an sollst du nicht mehr Fische fangen, sondern Menschen.«

Auch Andreas, Jakobus und Johannes staunten und schauten Jesus ehrfürchtig an. Als sie wieder am Ufer waren, entschlossen sie sich, ihre Arbeit und ihre Familien ganz zu verlassen und mit Jesus zu gehen.

Lukas 5,1-11

Ein Gelähmter kommt durchs Dach

»Hast du schon gehört?«, fragte ein Mann seinen Freund. Der fragte zurück: »Was meinst du?«

»Die Sache mit Jesus: dass er alle Kranken heilen kann.«

»Und da denkst du an unseren Freund?«

»Natürlich, wir müssen ihn mit Jesus zusammenbringen. Er kann ihm bestimmt helfen.«

Der andere hatte Bedenken. »Schon, aber ob Jesus zu ihm kommt? Alle wollen etwas von ihm, da wird er nicht ausgerechnet zu unserem Freund kommen.«

»Dann muss unser Freund eben zu Jesus.«

»Aber er kann doch nicht gehen!«

»Dann müssen wir ihn eben tragen.« Es dauerte nicht lange, da waren die beiden bei ihrem gelähmten Freund und ein paar weitere Bekannte mit ihnen.

Der Kranke hatte ein bisschen Angst. Konnten seine Freunde ihn so weit tragen? Was würde Jesus wohl zu ihm sagen? Ob er überhaupt Zeit für ihn haben würde?

Schnell hatten die Freunde ein Gestell gebaut, mit dem sie den Gelähmten tragen konnten. Gemeinsam legten sie ihn vorsichtig darauf. Dann liefen sie mit ihm los.

Als sie zu dem Haus kamen, in dem Jesus sich aufhielt, erlebten sie eine große Enttäuschung. So viele Menschen waren da, dass sie sogar draußen vor der Tür standen. Alle versuchten, etwas von dem aufzuschnappen, was Jesus sagte.

»Lasst uns doch mal durch«, drängten sie. »Seht ihr denn nicht, dass wir hier einen Gelähmten haben?«

Aber die Leute wichen keinen Fingerbreit. Einer zischte nur: »Still doch, wir wollen was hören!«

Die Freunde gingen traurig ein Stück zur Seite. Was sollten sie nur machen? Wenn sie den kranken Freund jetzt nicht zu Jesus bringen konnten, würde ihm vielleicht nie geholfen werden. Wer weiß, wann Jesus mal wieder hier vorbeikommen würde.

Plötzlich strahlte einer: »Ich hab eine Idee! Durchs Dach!«

»Durchs Dach? Was meinst du?«

»Es ist doch nur ein einfaches Lehmdach. Wir machen ein Loch hinein und lassen ihn mit Stricken hinunter.«

Den anderen war es ein bisschen komisch bei dem Gedanken, bei fremden Leuten das Dach abzudecken. Das gab bestimmt Ärger. Aber sie konnten es ja hinterher wieder reparieren. Und um ihrem Freund zu helfen, wollten sie alles riskieren.

Schnell war der Entschluss gefasst. Einer rannte, um Stricke und Werkzeug zu holen. Die anderen trugen den Gelähmten die Außentreppe hinauf auf das flache Dach. Schon waren Hacken, Hammer und Meißel da. Sie hoben die Platten auf, schlugen den Lehm weg, legten die hölzernen Stangen frei, brachen sie heraus, zogen das Rutengeflecht weg.

Unter ihnen im Haus stand Jesus und redete zu den Menschen, unter denen auch viele gelehrte und vornehme Leute waren. Sie fragten ihn viel und widersprachen ihm oft. Von weit her aus ganz Israel waren sie gekommen, um mit Jesus zu diskutieren.

Schon eine ganze Weile ärgerten sie sich über den Lärm über ihren Köpfen. Aber als ihnen dann auch noch Lehmbrocken auf den Kopf fielen, protestierten sie entrüstet.

Immer größer und größer wurde das Loch in der Decke. Einige Leute schimpften, einige lachten auch.

Dann war das Loch groß genug. Die Menschen unten sahen, wie eine Matte, auf der ein Mensch lag, an Stricken heruntergelassen wurde. Sie mussten notgedrungen etwas Platz machen, obwohl das in der Enge kaum ging. Langsam ließen die Freunde die Last auf den Fußboden niedersinken, gerade vor Jesus. Oben, am Rand des Lochs, sah man ihre gespannten Gesichter.

Jesus sah lächelnd hinauf, blickte den Gelähmten an und sagte dann etwas ganz Unerwartetes: »Deine Sünden sind dir vergeben.«

Die Schriftgelehrten waren ärgerlich. Die Sünden vergeben, das kann nur Gott! Was bildet sich dieser Jesus ein!

Jesus wusste, was sie dachten. Darum sagte er: »Was meint ihr wohl, was leichter ist? Zu sagen: Dir sind deine Sünden vergeben, oder zu sagen: Steh auf und geh umher?«

Die Leute dachten, Sünde vergeben kann eigentlich nur Gott. Darum ist es das Schwerste. Aber niemand kann nachprüfen, ob die Sünden wirklich vergeben sind. Wenn aber jemand einen Menschen heilen will, sieht man gleich, ob er es kann oder nicht. Darum ist es eigentlich doch schwerer, jemanden zu heilen.

Jesus sagte: »Ihr sollt sehen, dass Gott mir die Kraft gegeben hat, beides zu tun, die Sünden zu vergeben und die Kranken zu heilen.«

Dann sagte er zu dem Gelähmten: »Steh auf, nimm deine Matte und geh nach Hause!«

Sofort stand der Mann auf. Er war nicht mehr gelähmt. Er dankte Jesus und lobte Gott. Dann nahm er seine Matte samt den daran gebundenen Stricken und zwängte sich durch die staunende Menge hinaus. Oben am Loch verschwanden die frohen Gesichter seiner Freunde.

Lukas 5,17-26

Levi folgt Jesus

Levi hatte sich eine kleine Hütte gemacht. Eigentlich war es nicht viel mehr als ein Dach, das ihn vor der Sonne schützen sollte.

Denn Levi stand den ganzen Tag hier an der Straße. Wenn Händler kamen, die Töpfe, Kleider, eiserne Werkzeuge oder irgendetwas anderes trugen oder auf einem Karren fuhren, dann nahm er ihnen Geld ab. Auch wenn Bauern oder Fischer ihre Ware in die Stadt bringen wollten, mussten sie Levi Zoll bezahlen.

Wenn sie seinem Befehl nicht gefolgt wären, dann hätte Levi die römischen Soldaten geholt. Die hatten ihm nämlich das Recht gegeben, hier Geld zu verlangen. Sie bekamen einen großen Teil von Levis Einnahmen. Den Rest konnte er behalten.

Levi wurde dabei reich. Aber er war nicht glücklich. Denn alle Leute ärgerten sich über ihn. Einmal, weil er ihnen so viel Geld abnahm, und dann auch, weil er gemeinsame Sache machte mit den verhassten römischen Soldaten. Keiner liebte Levi und die anderen Steuereinnehmer, die überall an den Straßen ihre Zollstellen eingerichtet hatten.

Eines Tages kam Jesus die Straße entlang. Einige Leute gingen mit ihm.

Levi sah schon von weitem, dass bei denen nichts zu holen war. Das waren keine Händler. Sie trugen nur das Nötigste bei sich, das sie zum Leben brauchten.

Als sie näher kamen, sah Levi genauer hin. Ob das nicht dieser Jesus von Nazareth war, von dem alle Leute erzählten? Er, Levi, wäre gern auch mal mit zu so einer Versammlung gegangen, bei der Jesus sprach. Aber das ging nicht. Er konnte ja hier nicht weg.

Außerdem – er, ein Steuereinnehmer? Alle verachteten ihn, und er war ja auch wirklich kein frommer Mensch. Dass er in seinem Herzen eine heimliche Sehnsucht hatte, Gott zu gehören und geliebt zu werden – wer wusste das schon! Er galt eben als ein böser Mensch. So jemanden konnte man sich nicht nahe bei Jesus vorstellen.

Jetzt kam die Gruppe heran und machte vor der Hütte Halt. Levi winkte mit der Hand, sie sollten weitergehen, sie brauchten nichts zu bezahlen. Aber Jesus blieb vor ihm stehen. Lange sah er Levi ins Gesicht. Dann sagte er:

»Komm mit mir!«

»Was?« Der Steuereinnehmer glaubte erst, er hätte nicht richtig gehört. Ich soll mit Jesus gehen? Dieser heilige Mann, dieser kluge Gelehrte, dieser Wundertäter – der will mich bei sich haben? Ausgerechnet mich, den keiner will? Hat er vielleicht meine Sehnsucht nach einem anderen, besseren Leben gespürt? Weiß er, wie Leid mir all das Böse tut, das ich getan habe?

Wenn das so war, dann wollte er mit Jesus gehen.

»Ja«, stammelte er überglücklich, kam hinter seinem Tisch hervor und schloss sich Jesus an. Seine Hütte interessierte ihn gar nicht mehr. Sogar das Geld ließ er da, das er heute schon eingenommen hatte. Er wollte jetzt mit Jesus ein ganz neues Leben anfangen! Nie wieder wollte er anderen etwas wegnehmen!

»Meister«, sagte der Steuereinnehmer, »das macht mich glücklich, dass du mich bei dir haben willst. Ich möchte dir gerne danken, indem ich ein großes Fest ausrichte. Für dich und deine Jünger. Bitte, kommt zu dem Fest! Und wenn es dir recht ist, möchte ich auch gern meine alten Freunde dazu

einladen, die anderen Steuereinnehmer. So kann ich ihnen am besten erzählen, dass ich das alte Leben verlasse. Sie können dich dann auch kennen lernen.«

Da freute sich Jesus über Levi. Und natürlich kam er auch zu dem Fest.

Es war eine bunte, fröhliche Gesellschaft an der Tafel. Da saßen reiche Steuereinnehmer und arme Fischer, Betrüger und ehrliche Leute bunt durcheinander. An der Stirnseite des langen Tisches saß Levi neben Jesus. Sie aßen und tranken und unterhielten sich. Zwischendurch hörten sie auf das, was Jesus sagte.

Später gingen einige der Jünger vor die Tür, um ein bisschen frische Luft zu schnappen.

Da standen einige Schriftgelehrte, die sprachen sie an. »Ihr wollt fromme Leute sein, ihr und euer Meister? Warum feiert ihr dann mit diesen Halunken, den Steuereinnehmern? So könnt ihr Gott nicht gefallen!«

Die Jünger wussten nicht, was sie darauf antworten sollten. Verlegen kamen sie wieder herein und erzählten Jesus alles.

Der stand auf, ging hinaus und sagte zu den Schriftgelehrten: »Ihr meint, ich sollte mich nicht mit schlechten Leuten abgeben? Im Gegenteil! Gerade die brauchen mich ja! Die Gesunden brauchen keinen Arzt, aber die Kranken. Die Böses tun, will ich zur Umkehr rufen, nicht die, in deren Leben alles in Ordnung ist.«

Da schwiegen die Leute.

In Levis Haus aber wurde noch lange fröhlich gefeiert.

Lukas 5,27-32

Der Kranke am Teich

An einem der Stadttore von Jerusalem gab es einen Teich.

An diesen Teich waren viele Kranke gekommen. Sie saßen oder lagen am Ufer und warteten darauf, dass das Wasser sich bewegte. Das Wasser des Teichs geriet nämlich manchmal in Bewegung. Es hieß, wer als Erster in das bewegte Wasser stieg, würde gesund.

Jeder wollte natürlich der Erste sein und gesund werden, aber es geschahen nur wenige Heilungen, und so lagen immer mehr Menschen um den Teich herum.

Irgendwann einmal hatten Leute Geld gesammelt und fünf Hallen um den Teich herum gebaut, damit die Kranken nicht bei Kälte und Regen im Freien liegen mussten. Manche kamen auch und brachten etwas zu essen, damit die Kranken nicht verhungerten. Es war also so eine Art Krankenhaus geworden, in dem die Patienten aber nicht behandelt wurden. Sie warteten nur.

Die meisten hatten die Hoffnung schon aufgegeben, dass sie jemals rechtzeitig in das Wasser kommen und geheilt werden könnten. Aber weil sie hier versorgt wurden von barmherzigen Menschen, und weil sie wenigstens ein Dach über dem Kopf hatten, blieben sie eben an diesem Teich.

Ganz hinten in der Ecke einer Halle lag ein Mann. Er hielt die Augen geschlossen und döste vor sich hin. Was sollte er auch sonst tun? Zu sehen gab es hier nichts außer Elend und Leid. Außerdem kannte er das alles schon, denn er war bereits achtunddreißig Jahre hier.

Achtunddreißig Jahre! Manche von den Kranken, die da um ihn herum lagen, waren noch nicht geboren, als er schon zehn Jahre hier war. So eine lange Zeit!

Ganz am Anfang, als er noch jung war und merkte, dass er durch diese Krankheit gelähmt wurde, da hatte er noch Hoffnung gehabt. In den ersten Wochen hier am Teich hatte er geglaubt, er würde ganz schnell wieder geheilt werden. Aber dann hatte sich das Wasser lange Zeit nicht bewegt. Und als es sich dann doch einmal bewegte, war ein anderer schon vor ihm hineingestiegen.

In den nächsten Monaten war seine Hoffnung immer kleiner geworden. Und nach dem ersten Jahr war die Lähmung so schlimm geworden, dass er sich gar nicht mehr allein bewegen konnte. Wenn er also in das Wasser steigen wollte, musste ihm jemand anderes helfen. Wer aber

sollte das tun? Die Kranken um ihn herum wollten ja alle selbst gern als Erste hinein, um geheilt zu werden.

Er wusste, dass sich das nie ändern würde. Er hatte schon lange keine Hoffnung mehr. Im Lauf der vielen Jahre hatte er sich so an das Elend gewöhnt, dass er gar nicht mehr darüber nachdachte. So viel hatte er früher geweint, dass er jetzt keine Tränen mehr hatte. Er musste das schwere Schicksal eben hinnehmen.

Auf einmal hörte der Mann vor sich ein Geräusch. Er schlug die Augen auf und sah zwei Füße in Sandalen. Langsam wanderte sein Blick hinauf. Vor ihm stand ein Mann, jünger als er selbst, anscheinend kerngesund.

Nun, das kam manchmal vor, dass Gesunde hier hereinkamen, um die Kranken zu besuchen. Erwartungsvoll schaute der Kranke den Besucher an. Der fragte ihn, weshalb und wie lange er schon hier sei. Der Mann sagte es ihm. Und dann stellte der Fremde nur eine kurze Frage: »Willst du gesund werden?«

»Ach, Herr«, stöhnte der Kranke, »ich habe keinen Menschen, der mich in den Teich bringt, wenn das Wasser sich bewegt. Und wenn ich selbst hinrutschen will, dann ist längst ein anderer drin, bis ich da bin.«

Der Mann sagte: »Steh auf, geh und nimm deine Matratze mit.«

Wie? Aufstehen? Was redet der Fremde da? Seit achtunddreißig Jahren habe ich nicht mehr auf diesen zwei Beinen gestanden! Und jetzt auf einmal soll ich gehen?

Es ist wirklich Unsinn, dachte der Kranke. Aber es lag so etwas Besonderes darin, wie der Fremde das sagte, dass er es doch versuchte.

Und da – es ging! Plötzlich konnte er sich bewegen. Er fühlte, wie Kraft in seine Glieder strömte. Er richtete sich auf, kam auf die Knie, schließlich auf die Füße.

Er konnte stehen, konnte gehen! Was für ein Gefühl! Was für ein Glück!

Ein Flüstern lief durch die Reihen der anderen Kranken. Sie beobachteten, wie der Mann eilig seine Sachen zusammenpackte und tanzend und springend zwischen ihnen hindurchlief, dem Ausgang zu.

In der Aufregung hatte keiner auf den Fremden geachtet. Der war nicht mehr da.

Erstaunt blickten sie dem Mann nach, der da singend und lachend zum Tor hinaussprang.

Wer mochte wohl der Fremde gewesen sein?

Johannes 5,1-9

Der Hauptmann von Kapernaum

Jesus wollte wieder nach Kapernaum gehen. Zwölf Männer begleiteten ihn, die seine Jünger, das heißt seine Freunde und Schüler geworden waren. Auch einige Frauen wanderten mit ihm.

Da kamen ihnen auf dem Weg einige Männer entgegen, die man an ihrer Kleidung schon von weitem als die Verantwortlichen für die Synagoge erkennen konnte.

»Wir haben eine Bitte an dich, Meister«, sagten sie, nachdem sie ihn begrüßt hatten. »In Kapernaum gibt es eine Kaserne. Der oberste Offizier ist ein Hauptmann. Dieser Hauptmann hat einen Diener, den er sehr schätzt und gern hat, und der ist schwer krank. Der Hauptmann hat gehört, dass du Kranke gesund machen kannst, und darum bittet er dich durch uns, seinen Diener zu heilen.«

»Dann ist er wohl ein Römer?«, fragte einer der Jünger dazwischen.

»Ja«, sagte einer von den frommen Männern, »aber euer Meister darf nicht denken, er wäre wie die meisten anderen Römer. Die geben sich immer nur als die Herren im Lande. Unser Volk interessiert sie überhaupt nicht. Sie wollen nur möglichst viele Steuern aus uns herauspressen. Sie verachten uns sogar, nicht nur uns, sondern auch unseren Gott.«

Ein anderer fiel ihm ins Wort: »Aber der hier ist ganz anders. Er hat unser Volk gern. Er hat uns sogar viel Geld gegeben, damit wir unsere Synagoge in Kapernaum bauen konnten.«

»Also, er hat es wirklich verdient, dass du ihm hilfst«, fügte der Erste noch hinzu.

»Bitte, tu ihm und uns den Gefallen!«

Jesus antwortete: »Gut, ich komme mit euch. Ich will ihn und seinen kranken Diener besuchen.«

Die Gruppe ging weiter. Einer der Männer rannte voraus, um dem Hauptmann Bescheid zu sagen.

Bald konnten Jesus und seine Jünger die Stadt vor sich liegen sehen. Rechts lag der See Genezareth und links die hügelige Landschaft von Galiläa. Als sie zwischen den ersten Häusern der Stadt hindurchgingen, kamen ihnen Soldaten entgegen. Sie gingen direkt auf Jesus zu.

Den Jüngern war ein bisschen unheimlich zumute. Immer wenn sie römische Soldaten sahen, bekamen sie es mit der Angst zu tun. Meistens bedeutete es nichts Gutes, wenn Römer auf sie zukamen.

Aber diese hier sahen ganz freundlich aus.

Jesus blieb stehen. Einer von den Soldaten, der die Landessprache einigermaßen beherrschte, sagte: »Du bist Jesus, nicht wahr? Wir sollen dir etwas ausrichten von unserem Hauptmann.«

»Ich bin schon auf dem Weg zu ihm«, antwortete Jesus.

Der Soldat nickte. »Das weiß der Hauptmann und deshalb schickt er uns. Er lässt dir sagen, du möchtest doch nicht zu ihm kommen.«

»Nicht?«, fragte Petrus. »Aber der Meister soll doch den Diener deines Hauptmanns gesund machen.«

»Die Sache ist so«, erklärte der Soldat. »Mein Hauptmann weiß, dass ihr Juden nicht gern in die Häuser von Heiden geht, von Leuten, die nicht zum Volk Israel gehören. Ihr müsst wissen, er kennt sich sehr gut mit euren Regeln aus. Er will es dem Meister nicht zumuten, dass er mit jemandem in Berührung kommt, der nicht vom Volk Israel ist. Nun kommst du zu ihm, und das ist dem Hauptmann unangenehm.«

Petrus sagte: »Aber wie soll denn Jesus den Diener gesund machen, wenn er nicht einmal in das Haus kann? Was stellst du dir denn vor?«

Jesus lächelte über den Eifer seines Freundes.

»Ich stelle mir gar nichts vor«, antwortete der Mann, »aber mein Chef stellt sich vor, dass das doch für Jesus kein Problem sein kann. Er sagt: Ich bin Hauptmann und kann meinen Leuten befehlen. Wenn ich zu einem sage: Geh!, dann geht er. Und zu einem anderen: Komm!, dann kommt er. Und zu einem Dritten: Tu das!, dann tut er es. Wenn schon ich befehlen kann, und die Menschen gehorchen mir, dann kann Jesus erst recht der Krankheit befehlen, den Diener zu verlassen, und sie muss ihm gehorchen. Er braucht nur ein Wort zu sagen, und der Kranke ist gesund.«

Jesus hörte das und staunte. Er drehte sich zu seinen Freunden um und sagte: »Dieser Hauptmann gehört zwar nicht zum Volk Israel, aber so einen Glauben, wie er ihn hat, habe ich in Israel noch nicht gefunden!«

Dann wandte er sich an die Soldaten: »Geht nach Hause! Die Bitte eures Hauptmanns ist erhört.«

Und tatsächlich – als sie zum Haus ihres Offiziers kamen, war der Diener gesund!

Lukas 7,1-10

Die verhinderte Beerdigung

Durch die Landschaft Galiläa bewegten sich zwei Menschenschlangen aufeinander zu. Die eine wollte in das kleine Städtchen Nain, die andere kam von dort.

Die Gruppe, die nach Nain wollte, wurde von Jesus angeführt. Es war ein fröhlicher Zug. Alle waren begeistert von dem, was sie mit Jesus erlebt und von ihm gehört hatten. Sie unterhielten sich, und einige sangen auch.

Das war bei der Gruppe, die ihnen entgegenkam, ganz anders. Die Menschen waren sehr traurig. Der Zug wurde angeführt von einer Frau in Trauerkleidung, die weinte. Hinter ihr gingen sechs Männer, die einen Sarg trugen. In ihm lag ein Toter. Der Sarg war offen, so wie es damals Sitte war, und der Tote war mit einem Tuch bedeckt. Dahinter kamen viele Menschen aus der Stadt Nain, die alle mit zu der Beerdigung gehen wollten.

Aus der Gruppe, die mit Jesus kam, liefen einige junge Leute voraus. Sie sprachen Menschen an, die weiter hinten im Trauerzug gingen, und fragten, wer da gestorben sei. Die weinende Frau wollten sie natürlich nicht fragen.

Dann kamen sie zu Jesus zurück. »Etwas Schreckliches ist passiert«, berichteten sie. »Der Tote ist ein junger Mann. Die Frau, die vorne geht, ist seine Mutter, eine Witwe. Es ist also nicht nur schlimm, weil sie ihren einzigen Sohn verloren hat, sondern auch, weil sie nun keinen mehr hat, der für sie sorgt, wenn sie alt wird.«

Unter den Menschen, die mit Jesus gekommen waren, sprach es sich schnell herum, was hier passiert war. Keiner lachte oder sang mehr. Alle fühlten Mitleid mit dieser Frau.

Als der Trauerzug näher kam und Jesus die Frau sah, packte ihn großes Erbarmen mit ihr. Alle traten an den Wegrand, um die Trauernden vorbeizulassen. Nur Jesus blieb auf dem Weg stehen.

Seine Jünger wunderten sich. Wollte er nicht Platz machen, damit sie mit ihrer Bahre vorbeiziehen konnten?

Anscheinend nicht, denn jetzt ging er auf die Frau zu. »Weine nicht«, sagte er leise zu ihr.

Die Frau blickte erstaunt auf. Wer sprach sie hier an auf ihrem schweren Gang? Ein Fremder auch noch! Oder sollte sie ihn kennen? Jedenfalls waren ihre Augen so nass von Tränen, dass sie sein Gesicht nicht richtig sehen konnte. Aber sie wollte sich jetzt auch gar nicht mit fremden Leuten beschäftigen. Sie war so in ihren Schmerz vertieft, dass alles andere sie überhaupt nicht interessierte.

Jetzt trat Jesus zur Bahre und fasste ihn an. Die sechs Männer wussten nicht recht, was das bedeuten sollte, und blieben stehen. Jesus schlug das Tuch zurück.

Da lag der Tote mit bleichem Gesicht. Alle Umherstehenden schwiegen – was hätten sie auch sagen sollen – und blickten gebannt auf den toten jungen Mann und auf Jesus.

Der sagte: »Junger Mann, ich befehle dir, steh auf!«

Was? Wie? Die Leute aus der Stadt Nain waren zutiefst entsetzt. Entweder wollte dieser Fremde einen schlechten Scherz machen – aber wie kann man denn bei einem Trauerfall spaßen! Oder er war ein Verrückter! Kaum zu sagen, was schlimmer war. Man kann doch nicht zu einem Toten reden, als könnte er hören!

Aber da – was war denn das? Hatten sie eben ihren Ohren nicht getraut, so trauten sie nun ihren Augen erst recht nicht: Der Tote schlug die Augen auf! Das war doch nicht möglich! Und jetzt – der junge Mann richtete seinen Oberkörper auf! Er sah Jesus an, schien nicht recht zu verstehen, was hier vorging, und sah zu seiner Mutter hinüber.

Und jetzt fing der Tote sogar an zu reden! Ach was – der Tote natürlich nicht, denn es war nicht zu übersehen, dass er wieder lebendig war. Der junge Mann also redete. Erst war es ein bisschen wirr, was er sprach, aber dann schien er zu begreifen, was hier passierte.

Jesus half ihm, von der Bahre herabzusteigen, und führte ihn zu seiner Mutter.

Mutter und Sohn umarmten sich und weinten vor Freude.

Die umstehenden Leute konnten es kaum fassen. Sie schauten staunend den Mann an, der ein so großes Wunder tun konnte, und flüsterten: »Ein Prophet! Er muss ein Prophet Gottes sein!«

Und als Jesus mit seinen Freunden schon durch das Stadttor nach Nain hineingegangen war, sagten sie fröhlich zueinander: »Gott hat sein Volk besucht.«

Lukas 7,11-17

Der Pharisäer und die Sünderin

Ein Pharisäer kam auf Jesus zu. »Guten Tag, Meister! Ich heiße Simon und möchte dich gern zum Mittagessen einladen. Meine Frau hat etwas Gutes gekocht, andere Gäste sind auch noch da. Wir könnten uns dann ein bisschen unterhalten.«

»Ich komme gern«, antwortete Jesus und folgte dem Mann in sein Haus.

Im Innenhof des Hauses hatte man eine große Tafel aufgestellt.

Als die ersten Speisen aufgetragen wurden, kam plötzlich eine Frau von der Straße hereingelaufen und kniete sich bei Jesus nieder.

Die vornehmen Leute waren erschrocken. Nicht nur, weil die Frau so frech hereingekommen war, sondern noch mehr, weil alle sie kannten. Sie war eine Frau, die einen schlechten Ruf hatte und von der jeder wusste, dass sie nicht nach Gottes Geboten lebte. Darum verachteten sie die Frau. Aber wo sie nun mal hier im Hof war, konnten sie sie ja nicht gut mit Gewalt wieder hinausbefördern.

Nun ging man damals in offenen Sandalen über staubige Landstraßen. Man bekam also schnell dreckige Füße. Darum war es üblich, sich die Füße zu waschen, wenn man in ein vornehmes Haus kam. Manchmal bot einem der Hausherr sogar eine Parfümsalbe an, mit der man die Füße behandeln konnte.

Simon aber hatte es nicht für nötig gehalten, Jesus Wasser und Handtuch anzubieten, und Salbe erst recht nicht. So wichtig war ihm der Gast nun doch nicht. Er hatte ihn ja auch nicht eingeladen, um ihm etwas Gutes zu tun, sondern um mit ihm zu diskutieren, und vielleicht sogar, um ihn vor den anderen Gästen zu blamieren.

Aber was der Pharisäer Simon versäumt hatte, das tat diese Frau. Ganz anders, als ein noch so guter Gastgeber es hätte tun können. Nahe bei Jesus wurde ihr klar, wer sie war und was sie getan hatte. Sie – eine stadtbekannte Sünderin – kniete hier neben Jesus, von dem sie jetzt wusste: Er war wirklich der, den Gott gesandt hatte. Tränen liefen über ihr Gesicht auf die Füße von Jesus, die davon ganz nass wurden. Die Frau nahm ihre langen Haare in die Hände und trocknete mit ihnen die Füße. Dann nahm sie ein Fläschchen mit

Salböl, küsste die Füße und rieb sie mit dem Öl ein.

Am Kopfende des Tisches saß der Gastgeber und beobachtete das Geschehen missmutig. Zwar hatte er nichts gegen den angenehmen Duft des Salböls, der sich im ganzen Raum verbreitete, aber dass diese Frau hier war, passte ihm überhaupt nicht. Er konnte sich auch nicht vorstellen, dass irgendjemand diese peinliche Szene anders empfand als er.

Jesus würde die Frau sicher wegschicken, dachte er, wenn er wüsste, wie schlecht sie ist. Aber er weiß es wohl nicht. Dabei sieht man's ihr schon von weitem an. Erst recht müsste Jesus ihr sündiges Wesen sehen, wenn er ein Prophet wäre. Da sieht man, dass er kein Prophet ist.

»Simon!« Der Pharisäer wurde von Jesus aus seinen Gedanken aufgeschreckt. »Ich will dir eine Geschichte erzählen.«

»Erzähle nur«, antwortete Simon.

»Es waren einmal zwei Männer, die dringend Geld brauchten. Da baten sie einen reichen Mann, es ihnen zu borgen. Der tat das auch und lieh dem einen fünfzig und dem anderen fünfhundert Mark. Als der Tag kam, wo sie es zurückzahlen sollten, hatten sie aber nichts. Da sagte der Reiche: ›Nun ja, ihr seid arme Schlucker, ich erlasse euch eure Schulden. Dir schenke ich die fünfzig Mark, die du mir schuldest, und dir die fünfhundert.‹ Was meist du, Simon – wer von beiden wird wohl dem reichen Mann am meisten dankbar sein?«

»Das ist doch klar«, antwortete der Pharisäer. »Der, dem er die größere Schuld erlassen hat.«

Jesus sagte: »Genauso ist es mit der Schuld, die einem Menschen erlassen wird. Du hast mir kein Wasser für meine Füße gegeben, als ich in dein Haus kam. Diese Frau aber hat mit ihren Tränen meine Füße gewaschen. So groß ist ihre Liebe zu mir. Denn wem viel vergeben wird, der liebt auch viel. Und wem wenig vergeben wird, der liebt wenig.«

Jetzt verstand Simon, weshalb Jesus ihm diese Geschichte erzählt hatte. Aber er ärgerte sich trotzdem. Vor allem dachte er: Will denn Jesus etwa behaupten, er könne Sünden vergeben?

Jesus wandte sich der Frau zu und sagte: »Hab keine Angst! Deine Sünden sind dir alle vergeben. Geh jetzt nach Hause und freu dich!«

Lukas 7,36-50

Die Jünger im Sturm

Jesus wollte über den See Genezareth fahren. Er ging mit seinen Jüngern zu der Anlegestelle, wo das Boot von Petrus und Andreas lag. Alle stiegen ein, und die beiden Brüder waren ein bisschen stolz, dass sie Jesus etwas Gutes tun konnten.

Sie machten das Boot los, schoben es ins Wasser und kletterten hinein. Dann setzten sie das Segel. Es wehte ein leichter Wind, das Schiff machte gute Fahrt, die Wellen plätscherten leise an die Bootswand.

Bei alldem wurde Jesus müde. Er nahm eins der Ruderkissen und legte sich vorne ins Schiff. Bald war er eingeschlafen.

Sie waren ungefähr in der Mitte des Sees, als auf einmal ein starker Wirbelwind aufkam. Ganz plötzlich war er da, blies so stark in das Segel, dass das Schiff fast umgekippt wäre, und peitschte das Wasser auf.

Schnell holten die erfahrenen Fischer das Segel ein. Aber das nützte nicht viel, denn der Sturm wurde immer stärker. Immer höher und höher wurden die Wellen, auf denen sich weiße Schaumkronen bildeten. Der Sturm heulte, dass den Männern angst und bange wurde.

Nun schlugen sogar schon Wellen über die Bordwand. Eifrig bemühten sich die Jünger, das Wasser aus dem Schiff zu schöpfen. Aber es nützte kaum etwas. Sie mussten sich auch gut fest halten, denn die Wellen, die jetzt so hoch waren wie Häuser, hoben ihr Boot immer wieder hoch in die Luft und ließen es dann tief in ein Wellental hinuntersausen.

Selbst die Fischer hatten noch nie so einen furchtbaren Sturm auf dem See erlebt. All ihre Erfahrung nützte ihnen nichts. Gegen diese Naturgewalt waren sie völlig machtlos. Die anderen Jünger, die noch nie mit so einem Schiff gefahren waren, hatten erst recht Angst.

Mitten in dem Durcheinander lag Jesus und schlief. Merkwürdig. Weder das Heulen des Sturms weckte ihn noch die Angstschreie der Jünger. Weder das wilde Schaukeln noch die Wasserspritzer.

Wie kann einer nur so tief schlafen, dachten die Zwölf.

Als wieder eine besonders hohe Welle ihr Schiff fast umgeworfen hätte, während es von einem Wellenkamm herunterschlug und dabei in allen Fugen krachte, hielten sie es nicht mehr länger aus. Sie stießen Jesus in die Seite und rüttelten ihn wach. »Hilf uns, Meister! Wir gehen unter, und du schläfst hier seelenruhig! Rette unser Leben und deins!«

Jesus öffnete die Augen, richtete sich auf und sah sich um.

Mit der einen Hand hielt er sich an einem dicken Tau fest, die andere streckte er über das tosende Wasser. Dann rief er laut: »Sturm und Wellen sollen sich legen!«

Was dann geschah, war so überraschend, dass die Zwölf dachten, sie träumten: In wenigen Augenblicken hörte der Sturm auf. Es war, als hielte er plötzlich den Atem an. Die Wellen verliefen sich, wurden kleiner und kleiner. Das Boot schaukelte nur noch wenig und lag schließlich ganz still.

Als Jesus sich wieder hinsetzte, war alles wie am Anfang, als sie losgefahren waren. Nur ein ganz leichter Wind kräuselte den See, kleine Wellen plätscherten an die Bordwand, alles war ruhig, warm und freundlich.

Dann sagte er ruhig: »Warum habt ihr euch so gefürchtet? Habt ihr denn keinen Glauben?«

Glauben? Hatte denn ihre Angst im Sturm etwas mit Glauben zu tun? Wollte Jesus etwa sagen, wenn man an Gott glaubt, braucht man keine Angst zu haben? Konnte ihr Meister darum so ruhig schlafen, weil er Gott vertraute?

Also – dann fehlte ihnen wohl noch viel. Solch ein Vertrauen hatten sie nicht.

Die Jünger schauten sich fragend an. Hatte man je so etwas gehört, dass Wind und Meer dem Befehl eines Menschen gehorchten? Was musste Jesus für eine Macht haben! Was war er für ein Mensch!

Während die einen das Segel wieder hochzogen, die anderen immer noch staunend zu Jesus hinüberblickten, ging es ihnen nicht aus dem Kopf, was Jesus gesagt hatte: Habt ihr keinen Glauben? Nein, sie hatten nicht geglaubt. Aber von jetzt an wollten sie Jesus vertrauen.

Lukas 8,22-25

Eine kranke Frau vertraut Jesus

Die kranke Frau konnte sich nicht durch die Menschenmenge nach vorn drängen. Dazu war sie viel zu schwach, und die Leute standen dicht an dicht. Alle wollten nahe dabei sein, wenn das Boot anlegte und Jesus wieder für einige Zeit auf ihrer Seite des Sees blieb.

Jesus war nach dem Wunder der Sturmstillung mit seinen Jüngern in eine andere Gegend weitergezogen. Aber jetzt hatte sich herumgesprochen, dass das Schiff wieder auf dem Weg hierher war, und viele Menschen waren zusammengekommen.

Sie warteten gespannt auf die Berichte der Jünger über das, was Jesus getan hatte. Sie wurden auch nicht enttäuscht. Denn nachdem das Boot angekommen war, begannen die Jünger bald, von dem zu erzählen, was sie in der Zwischenzeit erlebt hatten.

Enttäuscht wurde nur die kranke Frau. Sie stand am Rand der Menschenmenge, verstand nur wenig von dem, was erzählt wurde, und konnte Jesus noch nicht einmal sehen und schon gar nicht zu ihm hinkommen.

Ein paar Sätze konnte sie aber doch aufschnappen. Da war immer wieder vom Glauben die Rede und vom Vertrauen auf Gott.

Ja, dachte die kranke Frau, auf Jesus vertrauen, das möchte ich. Ich glaube es, dass er mich heilen kann. Ich weiß zwar nicht, ob ich auf dem stürmischen Meer da draußen geglaubt hätte, wenn ich dabei gewesen wäre, aber irgendwie geht es mir ja so ähnlich wie jemandem, der in Seenot ist. Ich habe auch Todesangst und weiß mir nicht mehr zu helfen. Mein ganzes Geld habe ich schon für die Ärzte ausgegeben, aber es hat nichts genützt. Im Gegenteil. Ich werde immer schwächer. Nun weiß ich wirklich keinen Ausweg mehr. Außer dem einen Ausweg: dass Jesus mich gesund macht.

Ein vornehmer Mann, der Vorsitzende von der Synagoge, drängte sich durch die Menschenmenge. Die Frau kannte ihn. Jeder kannte ihn. Er hieß Jairus.

Obwohl alle ihn achteten, machten sie ihm doch nicht Platz. Das Gedränge war einfach zu groß. Aber der Mann war stark und zwängte sich durch.

Wenn ich nur ein starker Mann wäre, dachte die Frau, dann könnte ich mich auch bis zu Jesus durchkämpfen und ihn um Hilfe bitten. Aber würde er mich überhaupt anhören? Einen Vorsitzenden der Synagoge – den hört Jesus natürlich an. Aber eine kranke Frau, die sonst niemand beachtet …?

Auf einmal kam der Frau eine Idee. Vielleicht muss ich ja gar nicht mit Jesus sprechen, dachte sie. Ich kann mir doch kein Gehör verschaffen. Und vielleicht verlässt mich auch der Mut, wenn ich vor ihm stehe. Ob es reicht, wenn ich nur seinen Umhang anfasse? Wenn es ja doch nicht auf die Worte ankommt, sondern auf den Glauben … Und Glauben an Jesus habe ich ja. Ich bin ganz sicher, dass er mich gesund macht! Ja, ich will in dem Gedränge wenigstens versuchen, seine Kleidung zu berühren. Vielleicht hilft das schon.

Jetzt konnte sie sehen, wie Jesus dem vornehmen Mann folgte. Nur mühsam bahnten sie sich einen Weg. Sie kamen auf die Stelle zu, wo die kranke Frau stand. Da brauchte sie nur stehen zu bleiben. Jesus musste ganz in ihrer Nähe vorbeikommen.

Jetzt war er da. Nur wenige Menschen standen noch zwischen der Frau und Jesus. Diese Gelegenheit durfte sie nicht verpassen! Sie nahm alle Kraft zusammen, die sie noch hatte, drängte sich dazwischen und streckte die Hand aus. So konnte sie den Umhang von Jesus berühren.

In diesem Augenblick wusste sie, dass sie gesund geworden war. Von einem Moment zum anderen fühlte sie sich nicht mehr so schwach. Wirklich – sie hatte an Jesus geglaubt, und er hatte geholfen.

Jesus blieb stehen und sah sich um. Die Leute merkten, dass er etwas sagen wollte, und wurden still.

Jesus fragte: »Wer hat mich eben berührt?«

Die Frau erschrak. Hätte sie nicht tun dürfen, was sie getan hatte? Sie traute sich nicht, sich zu melden. Sie war doch so eine ärmliche Person!

Jesus fragte noch einmal: »Sagt mir, wer mich berührt hat.«

»Ich nicht.« »Ich auch nicht«, murmelte es. Andere schüttelten nur den Kopf.

Da meinte Petrus: »Meister, das ist aber eine komische Frage. So viele Leute bedrängen dich von allen Seiten, und du fragst, wer dich berührt hat!«

»Das meine ich nicht«, erwiderte Jesus. »Jemand hat mich auf ganz besondere Weise angefasst. Denn ich habe gespürt, dass eine Kraft von mir ausgegangen ist.«

Da merkte die Frau, dass sie nicht verborgen bleiben konnte. Sie sagte zitternd: »Ich war es.« Und als Jesus

nachfragte, erzählte sie ihre ganze Geschichte.

Die Leute hatten inzwischen Platz gemacht, so dass sie nun direkt vor Jesus stand. Der sah sie freundlich an und sagte: »Du bist gesund geworden, weil du mir vertraut hast. Nun freu dich und geh in Frieden wieder nach Hause.«

Das tat sie. Und wie sie sich freute!

Lukas 8,43-48

Die Tochter des Jairus

Händeringend ging Jairus in seiner Wohnung auf und ab. Drüben in der Ecke auf dem Bett lag seine Tochter, totkrank. Zwölf Jahre war sie alt. Jairus hatte sie so lieb, und nun musste er ohnmächtig zusehen, wie das Kind starb!

Wie verzweifelt war er! Das Leid zerriss ihm fast das Herz.

Um das Bett herum standen und hockten allerlei Leute, die etwas von der Heilkunst verstanden. Aber sie wussten alle keinen Rat mehr.

Jairus' Frau saß weinend auf dem Bettrand und hielt die Hand auf die feuchtheiße Stirn ihrer Tochter.

Jairus war der Vorsitzende der Synagoge. Selbstverständlich hatte er auch daran gedacht, Jesus um Hilfe zu bitten. Aber es gab da einige Kollegen, Pharisäer und solche Leute, die waren sehr gegen Jesus. Jairus teilte zwar ihre Gründe nicht so ganz, aber immerhin – er hatte als Chef der Synagoge schließlich ein öffentliches Amt, und da musste er auf die Meinung der Schriftgelehrten schon Rücksicht nehmen.

Damals war es auch mit der Krankheit des Mädchens noch nicht so schlimm gewesen. Als das Fieber dann immer mehr stieg, war es Jairus schließlich egal, was die vornehmen Leute sagten. Das Leben seiner Tochter war ihm wichtiger. Er wollte Jesus um Hilfe bitten.

Aber der war nicht mehr da. Es hieß, er sei mit seinen Jüngern über den See gefahren. Da wusste Jairus sich nicht mehr zu helfen. Jesus war nicht da, die Ärzte waren machtlos – sein geliebtes Kind würde wohl sterben müssen.

Jairus war so verzweifelt, dass er zunächst gar nicht begriff, was ein Nachbar ihm sagte. Dann aber durchfuhr ihn ein freudiger Schreck: Das Boot mit Jesus und den Jüngern hatte eben angelegt.

So schnell war Jairus noch nie gerannt. Dass ein vornehmer Synagogenvorsitzender sonst eigentlich nur gemessenen Schrittes durch die Straßen ging, kümmerte ihn gar nicht. Er lief so schnell er konnte zum Seeufer.

Außer Atem kam er bei der Menschenmenge an. »Macht Platz! Ich muss zu Jesus!« Aber niemand rührte sich. Da warf sich Jairus verzweifelt in die Menge, drängte und schob, so dass er doch langsam vorwärts kam.

»Frechheit«, murmelten einige Leute. »Wir wollen auch sehen und hören,

was da vorgeht.« »Der meint, er kann sich alles erlauben, nur weil er Vorsitzender der Synagoge ist.«

Aber Jairus kümmerte sich nicht um den Protest der Leute. Hier ging es schließlich um Leben und Tod.

Und es ging um jede Minute! Mit gewaltiger Kraftanstrengung drückte er die Menschen zur Seite, bis er vor Jesus stand.

Da fiel er auf die Knie. »Meister«, bat er verzweifelt, »meine Tochter liegt im Sterben. Bitte, komm und rette sie! Bitte! Und beeile dich, ehe es zu spät ist!«

»Ich komme mit«, antwortete Jesus. »Geh voraus, ich folge dir.«

Es war aber doch schwierig, vorwärts zu kommen, und es ging nur sehr langsam. Ungeduldig drängte Jairus die Leute zur Seite.

Auf einmal blieb Jesus stehen. Und dann fragte er auch noch, wer ihn berührt habe! War denn das jetzt so wichtig? Es ging doch bei seiner Tochter um jede Minute. Unruhig trat Jairus von einem Bein aufs andere. Aber er wagte nicht, Jesus zu unterbrechen. Endlich war das Gespräch mit der Frau zu Ende.

Gerade wollten sie weitergehen, da kam einer seiner Diener und sagte zu Jairus: »Du brauchst den Meister nicht weiter zu bemühen. Deine Tochter ist eben gestorben.«

Fast blieb Jairus das Herz stehen. Aus! Sein geliebtes Kind war tot!

Alle Mühe war umsonst gewesen. Totenbleich und wie gelähmt stand Jairus da.

Jesus hatte die Worte des Dieners gehört. Er legte Jairus die Hand auf die Schulter und sagte: »Hab keine Angst, deine Tochter wird gesund.«

Der Synagogenvorsteher wusste nicht, was er glauben sollte. Überhaupt nichts wusste er. Wie benommen ging er nach Hause und merkte kaum, dass Jesus ihm folgte.

Als sie beim Haus ankamen, hörte man schon lautes Weinen und Klagen. Jesus sagte: »Weint doch nicht! Das Mädchen ist nicht tot, es schläft nur!«

Da lachten die Leute Jesus aus. Sie wussten doch ganz sicher, dass das Kind tot war. Wie konnte Jesus so einen Unsinn sagen!

Jesus schickte all die weinenden und durcheinander redenden Leute aus dem Haus hinaus, in dem das Mädchen tot auf seinem Bett lag. Nur die Eltern sollten bei ihm bleiben, dazu drei seiner Jünger: Petrus, Johannes und Jakobus.

Als die fünf um das Bett herum standen, nahm Jesus die Hand des Mädchens und sagte: »Kind, steh auf!«

Plötzlich tat das Mädchen einen tiefen Atemzug. Dann noch einen. Dann schlug es die Augen auf. Farbe kam in sein Gesicht zurück. Nun richtete es sich auf.

Die Eltern trauten ihren Augen nicht. Aber der Schreck und die Überraschung mussten schnell der Freude weichen. Ihr Kind lebte! Was für eine Freude!

»Gebt ihr etwas zu essen«, sagte Jesus, »sie muss jetzt wieder zu Kräften kommen.«

Dann stand er auf, schritt zur Tür, lächelte noch einmal zu dem Mädchen hinüber und ging hinaus.

Erst nach einer Weile fassten sich die verdutzten Jünger und eilten hinterher. Sie ließen eine überglückliche Familie zurück.

Lukas 8,40-42+49-56

Fünftausend werden satt

Jesus wollte mit seinen Jüngern allein sein. Er hatte ihnen so viel zu erklären, und er wollte auch Zeit haben zum Beten.

Darum nahm er ein Boot und fuhr mit ihnen an eine einsame Stelle. Hier sollten die vielen Leute sie nicht finden.

Aber die Menschen beobachteten, wohin das Boot fuhr. Bald sprach es sich herum, wo Jesus sich aufhielt, und viele Leute zogen auf dem Fußweg hinter ihm her. Es waren allein fünftausend Männer und bestimmt noch einmal so viele Frauen und Kinder.

Obwohl er ja eigentlich lieber allein gewesen wäre, schickte Jesus die vielen Menschen nicht fort. Als er sie sah, erfasste ihn tiefes Mitleid, und er heilte die Kranken, die mitgebracht worden waren.

Als der Abend herankam, traten die Jünger zu Jesus.

»Meister«, sagten sie, »wir wollen ja die Begeisterung der vielen Leute nicht dämpfen. Aber niemand scheint daran zu denken, dass sie auch etwas zu essen brauchen.«

Jesus lächelte. »Gebt ihr ihnen doch zu essen!«, sagte er.

»Wir haben doch selber nichts«, antworteten sie.

Philippus meinte: »Wo sollen wir denn etwas einkaufen für so viele? Es ist eine einsame Gegend hier. Weit und breit kein Haus. Außerdem haben wir nur wenig Geld. Wenn wir dafür Brot kaufen, bekommt jeder nur ein kleines Stück.«

Andreas, dem Bruder von Petrus, fiel etwas ein: »Ich habe vorhin einen Jungen getroffen, der hat fünf Brote und zwei gebratene Fische. Aber für so viele Leute ist das natürlich auch so gut wie nichts.«

Jesus sagte dennoch: »Bringt das zu mir!«

Andreas ging zu dem Jungen und bat ihn: »Bitte, gib deine Brote und Fische Jesus.«

Der Junge überlegte einen Moment. Niemand hatte etwas zu essen, nur er. Wenn nun andere sich davon satt essen wollten, und er müsste hungern, das wäre gemein.

Aber nein, Jesus war nicht gemein. Er würde ihn niemals betrügen. Im Gegenteil: Viele Menschen hatte er schon durch das, was er ihnen gesagt oder für sie getan hatte, beschenkt. Davon hatte der Junge gehört.

»Hier, nimm!«, sagte er zu Andreas. Der dankte ihm und brachte den Korb mit Broten und Fischen zu Jesus.

Die Jünger gingen auf Befehl ihres Meisters durch die Menschenmenge, sagten den Leuten, sie sollten sich hinsetzen, und sorgten dafür, dass sich immer Gruppen von ungefähr fünfzig Personen zusammensetzten.

Nun nahm Jesus ein Brot aus dem Korb des Jungen, sah zum Himmel auf, dankte Gott und brach es durch. Die Brocken legte er in verschiedene Körbe, die die Jünger bereithielten. Bei den anderen Broten tat er es genauso, und bei den Fischen auch.

Die Jünger rieben sich die Augen. Irgendetwas stimmte da nicht. Eben passten die Brote und Fische noch in den einen Korb, den der Junge mitgebracht hatte. Aber nun waren alle Körbe voll!

Und als sie jetzt zu den Menschen gingen, die rundum im Gras saßen, und ihnen von dem Brot und dem gebratenen Fisch reichten, da wurden ihre Körbe kaum leer. Und die Leute, die das Essen von den Jüngern entgegennahmen und anderen weiterreichten, erlebten es genauso. Es war für alle genug da! Jeder konnte sich satt essen.

Was war dieser Jesus nur für ein Mann? Woher hatte er nur die Kraft, solche großartigen Dinge zu tun?

Dann war die Mahlzeit beendet. Jesus sagte zu seinen Jüngern: »Geht zu jeder Gruppe und sammelt in eure Körbe, was übrig ist. Es soll nichts verderben.«

Das taten sie, und als sie wieder bei Jesus zusammenkamen, hatte jeder seinen Korb voll von Resten. Allein das, was die Leute nicht mehr essen konnten, weil sie satt waren, war viel mehr als die fünf Brote und zwei Fische, die sie am Anfang gehabt hatten.

Unter den fünftausend Männern waren aber leider einige, die gar nicht verstanden, was Jesus eigentlich wollte. Sie dachten: Wenn Jesus so einfach für Essen sorgen kann, dann braucht kein Bauer und kein Bäcker mehr zu arbeiten, und wir brauchen kein Geld dafür auszugeben.

»Kommt«, sagten sie zueinander, »auch wenn er es nicht will: Wir werden ihn zwingen, unser König zu werden, der für uns sorgen muss.«

Als Jesus das merkte, zog er sich von der Menge zurück. Er stieg auf einen Berg, wo er ganz allein war.

Die Leute gingen wieder nach Hause. Einige waren von Jesus enttäuscht. Andere waren von ihm begeistert. Aber ganz besonders froh war der Junge, der Jesus die Brote und Fische gegeben hatte.

Matthäus 14,13-21 und Johannes 6,1-15

Petrus bekommt Angst

Eine Stunde ruderten die Jünger jetzt schon. Das war ganz schön anstrengend. Der Wind kam ihnen nämlich genau entgegen, und sie mussten bis Kapernaum durchhalten. So hatte Jesus es ihnen gesagt: Sie sollten vorausfahren nach Kapernaum. Er käme später nach, wenn auch die Letzten, die das Wunder der Vermehrung der Brote und Fische erlebt hatten, nach Hause gegangen wären. Wie Jesus nachkommen wollte, war ihnen allerdings ein Rätsel. Es war nämlich kein Boot mehr am Ufer. Und zu Fuß am See entlanggehen, das würde ja einen ganzen Tag dauern.

Als sie losfuhren, war die Sonne schon lange untergegangen. Jetzt war es mitten in der Nacht. Es war stockdunkel, und das machte diese Fahrt noch ungemütlicher.

Es wäre ihnen bestimmt wohler gewesen, wenn Jesus bei ihnen gewesen wäre, der damals den Sturm beruhigt hatte. Aber der war jetzt wer weiß wo. Nun nahm auch noch der Wind zu, die Wellen wurden größer und mit ihnen die Angst der Jünger.

Plötzlich sahen sie etwas Helles. Da drüben über dem Wasser schwebte es und kam auf sie zu.

Gebannt starrten die Männer hinüber. Je näher es kam, desto deutlicher konnten sie sehen, dass es ein Mensch war. Einige der Jünger schrien vor Schreck laut auf. Andere hätten das fast auch getan, aber die Angst schnürte ihnen die Kehle zu, und sie brachten keinen Ton heraus. Eine menschliche Gestalt geht auf dem Wasser! So etwas gibt es doch nicht!

Das hier konnte nur ein Gespenst sein! Oder sonst irgendetwas Unerklärliches und Unheimliches.

Längst hatten die Zwölf aufgehört zu rudern. Die Wellen hoben das Schiff hoch und ließen es wieder in die Tiefe stürzen. Manchmal türmte sich eine Welle so vor ihnen auf, dass sie die Gestalt für einen Augenblick nicht mehr sehen konnten. Aber dann tauchte sie wieder auf und war jedes Mal näher als vorher. Was konnte das nur sein? Zu der Angst

im Sturm kam nun auch noch die Angst vor dieser unheimlichen Erscheinung.

Da konnten sie deutlich sehen, wie der Mensch – wenn es einer war – die Hände an den Mund legte, um sich bei dem Wind über die Entfernung verständlich zu machen. Er rief: »Habt keine Angst, ich bin's!«

Jesus! Sie erkannten ihn sofort an der Stimme. Und überhaupt, warum hatten sie nicht eher daran gedacht, dass nur er es sein konnte!

Jesus war es, ihr Meister! Ein Stein fiel ihnen vom Herzen. Erleichtert atmeten sie auf und warteten, dass er zu ihnen kommen würde.

Nur einer wollte nicht warten. Petrus war ein ungeduldiger Mann. Und außerdem hatte er Jesus so lieb, dass er ihm am liebsten entgegengelaufen wäre, um ihn zu begrüßen. Aber das ging ja nun nicht.

Warum eigentlich nicht?, dachte Petrus. Wenn Jesus auf dem Wasser geht, dann kann ich es auch. Natürlich nicht von mir aus, aber Jesus kann es möglich machen.

Kaum war ihm der Gedanke gekommen, da rief er auch schon: »Wenn du es bist, Herr, dann befiehl mir doch, dass ich zu dir kommen soll, auf dem Wasser!«

Der spinnt wohl, dachten seine Freunde neben ihm und sahen ihn erschrocken an. Was brüllt Petrus denn für einen Unsinn?

Aber da hörten sie, wie Jesus rief: »Komm!«

Petrus stieg über die Bordwand und trat auf das Wasser. Es hielt ihn, als wäre es fester Boden. Er nahm das andere Bein auch heraus, und schon ging er los.

Auf dem Wasser ging er! Die Wellen hoben ihn hoch und senkten ihn herunter, aber dabei ging er immer weiter auf Jesus zu.

Auf einmal sah Petrus eine besonders hohe Welle auf sich zurollen. Sie türmte sich auf und brach sich dicht vor ihm mit einer weißen Schaumkrone. Petrus sah nicht mehr auf Jesus, sondern starrte wie gebannt auf die Welle.

Da bekam er Angst. Ob ihn die Welle auch tragen würde? In dem Augenblick begann er zu sinken. Schon waren die Waden im Wasser, jetzt die Knie.

»Herr, hilf mir!«, schrie er.

Jesus war nicht mehr weit. Er streckte Petrus die Hand hin, hielt ihn fest und zog ihn hoch.

Petrus klammerte sich an Jesus.

»Warum hast du denn auf einmal gezweifelt?«, fragte Jesus.

Inzwischen waren die anderen Jünger näher herangerudert. Jesus und Petrus konnten ins Boot steigen.

Und merkwürdig – in dem Moment ließ auch der Wind nach. Das Schiff schaukelte nur noch sanft auf den Wellen.

Von alldem waren die Jünger so bewegt, dass sie vor Jesus im Boot niederknieten, wie man damals vor einem König niederkniete, um ihn zu ehren. Und sie sagten: »Jesus, du bist wirklich Gottes Sohn!«

Matthäus 14,22-33

Jesus erzählt

Besuch um Mitternacht

Zunächst machte der Mann die Tür nur einen Spalt auf, um zu sehen, wer draußen stand. Er hielt seine Laterne hoch. Dann rief er: »Du bist es! Ist das aber eine Überraschung!«, und öffnete die Tür ganz.

Die Freunde umarmten sich, denn sie hatten sich lange nicht gesehen. Dann führte der Mann seinen Gast ins Haus. Sie setzten sich und erzählten sich, was sie seit ihrer letzten Begegnung erlebt hatten.

Auf einmal sprang der Mann auf. »Was bin ich nur für ein schlechter Gastgeber«, rief er. »Du hast eine weite Reise hinter dir, bist wahrscheinlich hungrig wie ein Wolf, und ich vergesse vor lauter Reden, dir etwas anzubieten. Einen Moment, ich hole gleich … Ach, da fällt mir ein, wie dumm …«

»Was ist?«, fragte sein Gast.

»Ich habe kein Brot im Haus. Morgen wollte ich frisches kaufen. Ich habe heute Abend den Rest gegessen. Was mache ich denn jetzt?«

Der andere sagte: »Mach dir nichts draus. Bis morgen werde ich nicht verhungern.«

»Kommt überhaupt nicht in Frage, dass du ohne Essen ins Bett gehst. Da müsste ich mir ja bis an mein Lebensende vorwerfen, die Gastfreundschaft verletzt zu haben. Nein, nein! Ich werde Brot besorgen. Mein Nachbar ist ein freundlicher Mann, der borgt mir etwas. Er hat viele Kinder, und wo viele hungrige Mäuler zu stopfen sind, gibt es meistens auch einen reichen Vorrat.«

Sein Gast protestierte. »Jetzt willst du deinen Nachbarn wecken? Das kannst du doch nicht machen! Es ist Mitternacht.«

»Das ist nicht schlimm. Er schläft sicher schnell wieder ein.«

»Aber seine Kinder«, meinte der Gast. »Wenn du das kleine Häuschen hier nebenan meinst, das hat doch nur ein Zimmer. Wenn du an die Tür pochst, machst du die ganze Familie wach. Erst recht, wenn er eine Lampe anzünden und im Zimmer herumgehen muss, um Brot zu holen. Seine Frau wird sich ärgern, seine großen Kinder werden schimpfen, und die kleinen werden schreien. Mit der Nachtruhe ist es vorbei. Nein, nein, das kannst du nicht machen, das ist unverschämt!«

Der Mann überlegte einen Moment, aber dann sagte er: »Ja, unverschämt ist es. Aber ich tue es trotzdem. Es kann zwar sein, dass er sich über mich ärgert, aber die Gastfreundschaft ist mir so wichtig, dass ich das in Kauf nehme.« Er griff nach der Lampe. Sein Gast machte noch einen letzten Versuch, ihn aufzuhalten. »Vielleicht gibt er dir gar nichts,

weil er sich so über dich ärgert. Und dann wäre alles umsonst gewesen.«

»Nein, er ist ja mein Freund. Darum hilft er mir bestimmt. Und sollte er mir nicht aus Freundschaft helfen, so gibt er mir sicher etwas, weil ich ihn so unverschämt darum bitte.«

Einige Zeit musste der Gast warten. Dann kam sein Gastgeber zurück – den ganzen Arm voller Brot.

»Da staunst du, was?«, lachte er ihn an.

»Tatsächlich! Jetzt würde mich nur interessieren: Hat er dir das Brot gegeben, weil er dir helfen wollte, oder notgedrungen, weil es vielleicht noch mehr Lärm gemacht hätte, lange mit dir zu reden?«

»Ich glaube, er hat es mir gerne gegeben. Er ist ja mein Freund.«

Die beiden setzten sich, und der Gast nahm mit großem Appetit sein verspätetes Abendessen ein.

Diese Geschichte hat Jesus erzählt. Aber er hat sie nicht erfunden, um die Leute zu unterhalten, sondern um ihnen etwas Wichtiges klarzumachen: So wie dieser Mann selbst noch mitten in der Nacht seinen Freund um etwas bitten konnte, so dürfen wir Gott jederzeit bitten, auch wenn uns das selbst vielleicht unverschämt vorkommt. Wir können unseren Vater im Himmel um alles bitten. Er ist ja unser Freund.

Jesus sagte dazu: »Bittet, so wird euch gegeben. Sucht, so werdet ihr finden. Klopft an, so wird euch aufgemacht. Wer bittet, der empfängt. Wer sucht, der findet. Und wer anklopft, dem wird aufgemacht.«

Lukas 11,5-10

Der kluge und der dumme Bauherr

»Seht doch, der Verrückte ist wieder bei der Arbeit!«, rief der Mann. Seine Söhne und seine Knechte schauten von ihrer Arbeit auf.

»Tatsächlich«, sagte einer. »Wie der schuftet mit seinen Männern!«

Alle konnten sehen, wie drüben auf dem felsigen Boden die Leute mit Hacken und Meißeln den Stein bearbeiteten. Es war sehr mühsam. Sie kamen kaum vorwärts. Es war klar zu erkennen: Das Haus sollte ungefähr genauso groß werden wie das, das sie auf weichem Boden bauten. Aber die da drüben hatten immer noch keine gerade Grundfläche ausgehauen, obwohl sie schon genauso lange arbeiteten.

Doch sie hier hatten schon den Sand ausgeschachtet, ein Fundament gemacht und damit angefangen, die Wände zu errichten.

Die Männer schauten noch einmal hinüber, wo die anderen schwitzend arbeiteten, dass es staubte und manchmal Funken flogen. Dann wandten sie sich kopfschüttelnd wieder ihrer eigenen Arbeit zu.

Wie leicht war hier alles gegangen! Mit einfachen Spatenstichen hatten sie den Sand zur Seite schaffen können. Dabei hätte der andere es genauso bequem haben können. Sein Grundstück war groß, und da gab es auch sandige Stellen. Hätte der Verrückte doch sein Haus dahin gebaut!

Einige Monate später schaute der Hausherr wieder hinüber. Sein Haus war schon längst fertig. Er hatte alles schön eingerichtet und rundherum einen Garten angelegt. Und außerdem hatte er weniger Geld ausgegeben als der Dumme da drüben.

Der war heute erst eingezogen. Rundherum sah alles noch nach Baustelle aus. Nein, ist das ein Dummkopf, dachte der Mann am Fenster und schüttelte wieder einmal den Kopf.

Aber jetzt musste er wohl das Fenster schließen. Drüben kam eine schwarze Wolke herauf, die Regen versprach. Bald fielen die ersten Tropfen. Rasch nahm der Regen zu, bis es wie aus Eimern vom Himmel goss. Dazu kam ein starker Sturm auf.

Die Familie sammelte sich ängstlich in einem Raum. Dass der Regen aber auch gar nicht aufhörte!

Sie öffneten kurz die Tür einen Spalt und schauten hinaus. Der schöne neue Garten war schon weggeschwemmt. Von den Kräutern und Blumen war nichts mehr zu sehen.

Schnell schlossen sie die Tür wieder. Durch die Ritzen in den Fensterläden konnten sie die Blitze zucken sehen. Der Donner folgte gleich hinterher.

Der Regen wollte kein Ende nehmen, und der Sturm wurde eher noch stärker.

Plötzlich hörten sie ein knirschendes Krachen. Was war denn das? Der Hausherr leuchtete dorthin, woher das Geräusch gekommen war. Entsetzt sahen sie den Grund: Ein langer Riss zog sich schräg durch eine Wand.

»Das Haus bricht zusammen!«, schrie der Vater. »Schnell, raus hier, damit es uns nicht unter sich begräbt!«

Alle schrien ängstlich durcheinander, packten schnell noch ein paar wertvolle Sachen und rannten hinaus. Draußen sahen sie, dass der Sand rund um das Haus weggespült worden war. Es hatte keinen Halt mehr.

»Wohin sollen wir denn bei diesem Wetter?«, schrie die Frau gegen den Sturm an. Der Mann zeigte hinüber zu dem neuen Nachbarn. »Zu dem Dummkopf da drüben!«

»Dummkopf?«, schrie einer seiner Söhne. »Ich denke, wir waren die Dummköpfe!« Dann rannten sie los.

Bei dem Nachbarn angekommen, klopften sie an die Tür. Der öffnete und ließ sie schnell herein. Sie blickten noch einmal zurück und sahen entsetzt, wie ihr schönes neues Haus zusammenbrach. Übrig blieb nur ein Trümmerhaufen.

Als Jesus diese Geschichte erzählt hatte, erklärte er: »Wenn einer hört, was ich sage, und sich danach richtet, dann ist er wie ein kluger Mann, der sein Haus auf Felsen baut. Sein Leben hat einen festen Grund. Wer sich aber nicht nach dem richtet, was ich sage, der hat kein Fundament. Vielleicht redet er wie ein frommer Mensch. Aber um Gutes zu tun, ist er zu bequem. Wenn er in Not kommt, ist der Glaube nichts wert, der nur in Worten besteht, aber nicht in Taten.«

Matthäus 7,24-27

Der Weizen wächst von allein

Viele Leute hatten die Geschichten gehört, die Jesus erzählt hatte. Nun waren sie wieder gegangen, und die Zwölf blieben mit ihrem Meister allein.

»Sag uns bitte, Meister«, fragte einer, »warum denkst du dir immer Geschichten aus, mit denen du etwas erklären willst? Kannst du das nicht direkt sagen, ohne Geschichte? Sicher, manches verstehen wir besser, wenn du ein Beispiel erzählst, aber manches auch gar nicht.«

»Das macht nichts, wenn ihr manches nicht gleich versteht«, antwortete Jesus. »Wie Gott sein Königreich bei den Menschen baut, ist ein Geheimnis. Aber ihr gehört zu denen, die es bald verstehen werden. Es gibt aber auch Menschen, die es nicht verstehen werden, weil sie nicht zu Gott umkehren wollen. Weil sie ihr Leben nicht ändern und mit Gott führen wollen. Denen hilft es auch nicht, wenn ich ihnen etwas von Gott sage, ohne eine Geschichte zu erzählen.«

»Hm«, überlegte der Jünger, der gefragt hatte. »Aber woher willst du wissen, ob die Leute deine Geschichten nicht ganz anders verstehen, als du sie gemeint hast? Oder ob sie sie nicht vergessen? Ich meine, wir ziehen ja von Dorf zu Dorf, und du erzählst überall deine Geschichten. Aber wir erfahren nie, ob auch etwas dabei herauskommt. Ob Menschen auch wirklich anfangen, nach deinen Worten zu leben.«

Jesus lächelte. »Darüber mache ich mir keine Sorgen. Das Wort Gottes wird schon seine Wirkungen tun.«

Als er bemerkte, dass seine Jünger nicht sehr überzeugt aussahen, ergänzte er: »Passt auf! Ich will euch auch dazu eine Geschichte erzählen.«

Ein Bauer lud seinem Esel zwei Säcke mit Weizen auf. Sein kleiner Sohn wollte ihm dabei helfen, aber die Säcke waren für ihn viel zu schwer.

»Die kannst du nicht heben«, sagte der Bauer, »aber du kannst mit aufs Feld kommen und bei der Aussaat helfen. Dazu musst du nicht stark sein, aber geschickt.«

»O ja«, freute sich der Kleine. Und zusammen gingen sie neben dem Esel her aufs Feld hinaus.

Der Acker war schon vorbereitet, der Boden gut gelockert. Der Bauer zeigte seinem Sohn, wie man das Saatgut mit der Hand fassen und im weiten Bogen ausstreuen musste, damit es überall gleichmäßig hinfiel.

Nach einigem Üben hatte der Junge es soweit gelernt, dass sein Vater ihm erlaubte, am Rand des Feldes zu säen. Ganz stolz war er, als sie schließlich fertig waren und wieder nach Hause gingen.

Am nächsten Morgen fragte der Junge seinen Vater: »Gehen wir gleich wieder aufs Feld, Papa?«

»Nein«, antwortete der, »was sollen wir da? Mit der Arbeit sind wir gestern fertig geworden. Heute habe ich anderes zu tun.«

»Ja, aber ...«, wunderte sich sein Sohn. »Wir müssen doch nachsehen, was daraus geworden ist.«

Der Bauer lächelte: »Heute gibt es noch gar nichts zu sehen. Es braucht einige Zeit, bis der Weizen kleine Halme hervorbringt. Die werden dann immer größer, Ähren wachsen, und in ihnen die Körner. Das alles geschieht, ohne dass ich etwas dazu tue.«

»Ja, aber ich möchte gerne gucken, ob der Weizen, den ich gesät habe, auch richtig keimt.«

»Das kannst du gar nicht sehen, mein Kind. Das geschieht ja in der Erde.«

»Und wenn ich mal mit dem Finger ein bisschen grabe, um nachzuschauen?«

Der Vater hob die Augenbrauen. »Tu das nicht! Damit störst du das Wachstum nur. Wenn du mal ein guter Bauer werden willst, musst du Geduld lernen. Was wir tun konnten, haben wir getan. Jetzt heißt es warten.«

Die Jünger, die Jesus zugehört hatten, schmunzelten, als ihr Meister noch hinzufügte: »Und tatsächlich! Das Feld trug viel Weizen, ohne dass der Bauer ständig nachschaute.«

Jesus sah seine Jünger der Reihe nach an. »Gottes Wort ist wie Saatgut. Wenn wir es ausgestreut haben, wird es Frucht bringen. Habt nur Geduld!«

Markus 4,10-12+26-29

Der Perlensammler

Ein reicher Kaufmann sammelte Perlen. Er war durch viele Länder gereist, um überall Geschäfte zu machen. Und dabei hatte er immer wieder gefragt, ob es Perlen zu kaufen gebe. In den Läden für Schmuck hatte er sich die schönsten zeigen lassen und die eine oder andere, die ihm besonders gut gefiel, gekauft.

Viele brachte er aus den südlichen Ländern mit. Dort suchten Taucher die Perlen im Meer. Sie holten die Muscheln herauf und öffneten sie. Meistens war nichts drin. Aber manchmal gab es in den Muscheln schöne Perlen.

In diesen südlichen Ländern waren sie also billiger, weil der Kaufmann sie direkt bei den Tauchern erwerben konnte.

Trotzdem war es natürlich ein ziemlich teures Hobby, ausgerechnet Perlen zu sammeln. Aber er war reich und konnte es sich leisten. Er hatte nun mal eine besondere Freude an diesen wunderschönen, mattglänzenden Kügelchen.

Oft, wenn er von weiten Reisen zurückkam, schloss er die Tür hinter sich zu, zündete einige Öllampen an und breitete seine kostbare Sammlung vor sich auf dem Tisch aus. Er ordnete sie immer wieder neu, betrachtete sie lange, und meistens konnte er ein oder zwei gute Stücke neu dazulegen.

Die Leute in der Gegend, wo er wohnte, tuschelten über den Kaufmann. »Der spinnt«, sagten manche. »Sein schönes Geld in Perlen zu stecken …«

»Na ja, wenn er's hat, und wenn's ihm Spaß macht …«

»Er sollte was Vernünftiges mit dem Geld machen.«

»Der eine hat eben diesen Spleen, der andere jenen.« So redeten die Leute. Keiner hatte jemals seine wunderbare Sammlung gesehen.

Eines Tages schrieb ihm ein Bekannter einen Brief. Er habe gehört, schrieb er, es gebe da bei einem Händler eine besonders große und wunderschöne Perle. Alle Fachleute redeten davon. Es müsse wohl ein besonderes Prachtstück sein. Da er wisse, dass er Perlen sammle, wolle er ihm nur diesen Tipp geben.

Das ließ dem Kaufmann keine Ruhe. Er organisierte einige Geschäfte, die er mit der weiten Reise verbinden konnte, und fuhr los.

Es dauerte auch nicht lange, da saß er bei jenem Händler im Hinterzimmer. Öllampen brannten, und der Besitzer des kostbaren Stückes saß ihm gegenüber am Tisch. Ein samtenes Tuch war darüber gedeckt, und darauf lag nichts als ein kleines Kästchen aus Olivenholz. Mit feierlichen Bewegungen öffnete der Händler den Deckel.

Dem reichen Perlensammler verschlug es die Sprache.

Da lag sie. Ungewöhnlich groß für eine Perle. Vielleicht so groß wie sein Daumennagel. Dabei aber absolut rund, ohne irgendeine noch so kleine Verformung. Der seidenmatte, helle Schimmer gab ihr etwas Geheimnisvolles, als wären in ihr alle Schätze des Meeres zusammengefasst.

Der Kaufmann holte wieder Luft und schluckte. »Die … die … die muss ich haben!«, stotterte er. »Unbedingt! Koste es, was es wolle! Ich muss sie haben!« Als der Händler ihm den Preis nannte, verschlug es ihm noch einmal die Sprache. So viel Geld hatte er nicht!

Was sollte er tun? Auf die Perle verzichten? Nein, das konnte er nicht! Er würde sonst sein Leben lang an sie denken und nie wieder mit seiner eigenen Sammlung zufrieden sein.

Seine eigene Sammlung! Ja, die konnte er verkaufen. Sie verblasste sowieso vor diesem herrlichen Stück.

Ohne lange zu überlegen, vereinbarte er mit dem Händler, dass er die Perle für ihn aufheben solle, und gab ihm Geld als Anzahlung. Dann reiste er nach Hause, nahm seine wertvolle Sammlung und fuhr damit durch viele Länder, um bei verschiedenen Perlenhändlern, die er von früher

kannte, Stück für Stück zu verkaufen.

Anfangs blutete ihm dabei das Herz. Seine geliebten Perlen gehörten ihm nun nicht mehr. Aber je dicker sein Geldbeutel wurde und je näher er damit seinem großen Ziel kam, desto fröhlicher gab er alles weg.

Als schließlich seine ganze Sammlung verkauft war und das Geld immer noch nicht reichte, trennte er sich noch von seinen wertvollsten Möbeln, seinem teuren Pelzmantel und seinem edlen Reitpferd.

Dann endlich hatte er genug Geld zusammen. Nun konnte er das wertvolle Stück kaufen, an dem sein Herz hing, seit er es gesehen hatte.

Als er das nächste Mal seine Wohnung betrat, die Öllampen anzündete und sich an seinen Tisch setzte, sah es in dem Zimmer viel ärmlicher aus als früher. Die besten Möbel fehlten, und von seiner Kleidung waren nur noch die abgetragenen Teile übrig. Aber das strahlende Gesicht bewies, dass er viel glücklicher war als vorher. Mit zitternden Händen öffnete er ein kleines Kästchen aus Olivenholz.

»Mit dem Reich, in dem Gott König ist, ist es wie mit dieser kostbaren Perle«, sagte Jesus. »Es ist so großartig und so viel wert, zu diesem Reich zu gehören, dass man es eigentlich mit nichts vergleichen kann. Wer das einmal erkannt hat, der gibt gern alles andere dafür her, ohne dass es ihm Leid tut. Es bedeutet ihm einfach nichts mehr gegen diesen herrlichen Reichtum, nun zu Gott zu gehören.«

Matthäus 13,45-46

Das verlorene Lämmchen

Hinterher konnte niemand mehr sagen, wie das alles gekommen war. Der Hirte passte ja immer gut auf seine Schafe auf. Wenn sie an einem gefährlichen Abhang entlanglaufen mussten, stellte er sich selbst an den Rand und achtete darauf, dass die Schafe möglichst weit weg blieben von der Gefahr. Wenn sie durch Gebüsch mussten, ging er hinter der Herde her und passte auf, dass nicht ein Schaf sich zwischen den Sträuchern verlief und den Anschluss an die Herde verpasste. Und wenn sie eine Weide verließen, zählte er immer seine hundert Tiere durch, um sicherzugehen, dass nicht ein Schaf lieber noch weidete, als auf seinen Befehl zu hören.

Ja, er war ein guter Hirte, der seine Schafe nicht nur hütete, weil er dafür bezahlt wurde. Er liebte die Tiere und tat alles, um sie nach einem langen Tag wieder wohlbehalten in den Pferch zurückzubringen.

Darum war es ihm völlig unerklärlich, wie es sein konnte, dass er am Abend am Tor zum Pferch noch einmal durchzählte und nur auf neunundneunzig kam.

Ich muss mich verzählt haben, dachte er, kletterte auf den Zaun, um eine bessere Übersicht zu haben, und zählte noch einmal. Das war schwieriger, weil die Tiere durcheinander liefen. Aber er kam doch durch. Es waren wieder nur neunundneunzig! Wenn nun ein Schaf verloren war – abgestürzt, vom Wolf angefallen? Er musste zurück und suchen!

Mit einem Blick über die Herde versuchte er herauszubekommen, welches seiner Schafe fehlte. Aber dann dachte er: Sicher ist es eins der jungen, unerfahrenen Lämmer, das verloren gegangen ist. Er suchte die kleinen Tiere – tatsächlich, das kleine weiße fehlte! Das mit dem schwarzen Fleck auf der Nase.

Schnell vergewisserte er sich, ob das Tor gut verriegelt war. Dann rannte er los.

Natürlich war ihm unwohl bei dem Gedanken, dass er die neunundneunzig nun sich selbst überlassen musste. Sonst bewachte er sie immer gut in der Nacht. Aber es half alles nichts – er musste hinaus und das verlorene Lämmchen suchen.

Das erste Stück Weg war flach und übersichtlich. Er konnte weit sehen. Hier war es nicht. Es musste sich wohl oben in den Bergen verirrt haben.

Weil ihn die Sorge trieb, lief er so schnell, dass er schon außer Atem am Fuß der Berge ankam. Der steile Weg hinauf ließ ihn noch mehr schnaufen. Aber er gönnte sich keine Ruhe.

Nur ab und zu blieb er stehen, rief laut nach seinem Lämmchen und lauschte dann, ob er sein Blöken hörte. Nichts!

Weiter ging es den Hang hinauf. Hier oben war das Gelände sehr zerklüftet. Felsbrocken lagen herum, tiefe Schluchten durchzogen den Berg, einzelne Dornbüsche standen da. Hier gab es kaum Gras zu fressen, deshalb war der Hirte mit seiner Herde auch nur durchgezogen. Aber wenn das arme Tier irgendwo verloren gegangen sein konnte, dann wahrscheinlich hier. Hoffentlich war es nicht in eine Schlucht gestürzt!

Wieder und wieder rief der Hirte. Und da, auf einmal hörte er etwas. »Bäh!«, tönte es ganz leise.

Das Herz des Hirten, das schon vom Laufen heftig schlug, tat vor Freude einen Sprung. Sein Lämmchen lebte noch!

Schnell lief er in die Richtung, aus der das ängstliche Blöken kam. Es war inzwischen ziemlich dunkel geworden, und er musste aufpassen, dass er nicht selbst den Abhang hinunterrutschte.

Da war es wieder, das zittrige »Bäh!«. Es kam von dort drüben. Der Hirte lief hin und blickte über den Rand der Schlucht.

Da stand sein Lämmchen! Auf einem schmalen Steinsims hatte es Halt gefunden und konnte nicht vor und nicht zurück. Deutlich sah der Hirte im Dämmerlicht, wie sich das weiße Tier ängstlich an die Felswand drückte.

Mit den Augen suchte er die Schlucht nach einem Pfad ab, auf dem er zu seinem Schaf kommen konnte.

Da drüben müsste es gehen! Es war gefährlich, aber er kletterte hinunter, lud sich das Lamm auf die Schultern und stieg wieder hinauf. Daran, wie es sich an seinen Hals schmiegte, konnte er merken, wie froh das Lämmchen war.

Aber der Hirte war auch froh. Obwohl er schon ziemlich erschöpft war, rannte er nach Hause, brachte das Lamm zu seiner Mutter in den Pferch und lief dann noch zu einigen Freunden, um ihnen zu erzählen, was er erlebt hatte.

»So sucht Gott die Menschen, die sich von ihm entfernt haben«, sagte Jesus, als er die Geschichte erzählt hatte. »Über einen einzigen Menschen, der weiß, dass er so verloren ist wie das Lämmchen, und der sich finden lässt, freut er sich mehr als über neunundneunzig, die gar nicht wissen, dass sie einen Hirten brauchen.«

Lukas 15,3-7

Der verlorene Sohn

Ein Mann hatte zwei Söhne. Sie waren keine Kinder mehr, sondern schon so groß, dass sie auf dem Bauernhof ihres Vaters mitarbeiten konnten.

Sie konnten – aber sie wollten nicht immer. Zumindest der jüngere Sohn hatte selten Lust zur Arbeit auf dem Feld oder im Stall. Überhaupt wollte er sich nicht dauernd von seinem Vater sagen lassen, was er zu tun habe. Er wollte lieber frei sein und selbst entscheiden. Er hatte die dauernden Vorschriften in der Familie satt, und die harte Arbeit erst recht.

Eines Tages sagte er zu seinem Vater: »Wenn du mal gestorben bist, Vater, dann erbt doch mein Bruder den Hof, nicht wahr?«

»Natürlich«, antwortete der Vater, »das weißt du doch. Ich kann den Hof nicht zwischen euch aufteilen, sonst wird er für beide zu klein. Darum erbt immer der Ältere. Aber du wirst dann Geld bekommen, um dir vielleicht selbst einen Hof und etwas Land kaufen zu können.«

»Eben«, sagte der Sohn, »darauf wollte ich hinaus. Sieh mal, ob du mir das Geld jetzt gibst, oder ob ich es erst bekomme, wenn du gestorben bist, das kann dir doch egal sein. Aber mir ist es nicht egal. Ich will mein Geld jetzt schon haben.«

Der Vater war über diese Worte sehr traurig. Er wusste, sein Sohn würde das Geld nehmen und ihn verlassen. Aber er wollte ihn nicht zwingen, bei ihm zu bleiben. Deshalb holte er das Geld aus seinem Schrank und zahlte ihn aus.

Froh und ohne lange Abschied zu nehmen, zog der Sohn fort. In der nächsten großen Stadt suchte er sich eine teure Unterkunft, kaufte sich kostbare Kleider und gab viel Geld für gutes Essen aus.

Bald merkten andere Leute, dass er reich war und damit angab. Sie waren

immer um ihn, denn er bezahlte für sie. Der junge Mann dachte, sie wären seine Freunde. Aber das waren sie nicht. Sie nutzten ihn nur aus.

Als es ihm in der Stadt schließlich langweilig wurde, zog er weiter. Er kam durch viele Städte und auch in fremde Länder.

Dieses Leben machte ihm riesigen Spaß. Er konnte sich alles leisten und stand immer im Mittelpunkt. An zu Hause dachte er nicht.

So begeistert war er von diesem Leben, dass er gar nicht merkte, wie sein Geld immer weniger wurde.

Eines Tages, als er wieder ein teures Fest mit gutem Essen und vielen Gästen bezahlen musste, kippte er seinen Geldbeutel auf den Tisch und stellte entsetzt fest, dass es nicht reichte.

»Ich habe nichts mehr«, stammelte er. »Ihr müsst mir helfen! Ihr seid doch meine Freunde!«

»Freunde?«, protestierten sie. »Wir sind keine Freunde von Leuten, die sich Gäste einladen und dann nicht bezahlen können. Lebe wohl!«

Ohne sich noch einmal umzusehen, verließen sie ihn. Was sollte er jetzt machen? Sein letztes Geld musste er dem Wirt geben. Den Rest seiner Schulden erließ ihm der Wirt, weil er schon so viel an ihm verdient hatte, und jagte ihn dann davon.

Nun zog er weiter über die Landstraßen. Er war längst nicht mehr so fröhlich. Bald begann er zu hungern.

Gerade zu dieser Zeit kam es in dem Land, in dem er sich aufhielt, zu einer großen Hungersnot. Deshalb fand er niemanden, der ihm einfach etwas zu essen schenkte.

Ich muss Geld verdienen, dachte er. Ich muss mir eine Arbeit suchen, sonst verhungere ich. Er fragte überall, aber keiner wollte ihm Arbeit geben.

Schließlich, nach langem Suchen, als seine Kleider nur noch Lumpen waren, schickte ihn ein Bauer auf sein Land. Dort sollte er für geringen Lohn die Schweine hüten. Früher hätte er das nicht getan. Aber sein ganzer Stolz war dahingeschmolzen. Sein Magen knurrte. Er hätte gern von dem Schweinefutter gegessen, aber das war verboten.

Da saß er nun zwischen den Schweinen, schmutzig, zerlumpt, hungrig und gedemütigt. Zum ersten Mal seit langer Zeit dachte er wieder an zu Hause.

Wie dumm war ich, dachte der junge Mann. Wäre ich doch nur zu Hause geblieben! Jedem Knecht, der bei meinem Vater arbeitet, geht es besser als mir. Ich war nicht nur dumm, ich habe mich auch schuldig gemacht. Ich habe meinem Vater und mir selbst so viel Leid angetan.

Müde und schwach stand er auf, um ein Schwein zur Herde zurückzutreiben. Auf einmal blieb er stehen. Ich weiß, was ich tue, dachte er. Ich gehe nach Hause. Natürlich kann ich nicht erwarten, dass mein Vater mich wieder wie einen Sohn behandelt. Das habe ich endgültig verspielt. Aber vielleicht hat er Mitleid mit mir und lässt mich für ordentlichen Lohn

arbeiten, wie die fremden Tagelöhner auch.

Der Entschluss war gefasst. Er ließ sich vom Bauern seine paar Pfennige Lohn auszahlen und machte sich auf den weiten Weg.

Lukas 15,11-19

Ein Fest für zwei Brüder

Unendlich lang erschien dem Sohn, der erst reich und dann ein Schweinehirt geworden war, der Heimweg.

Aber eines Tages schleppte er sich müde, zerlumpt und halb verhungert auf den Hügel, von dem aus er unten im Tal den Hof seines Vaters sehen konnte.

Hier blieb er stehen. Es fehlte ihm fast die Kraft für die letzte Strecke, und er wusste auch nicht, wo er den Mut hernehmen sollte, um seinem Vater gegenüberzutreten.

Wie er so dastand und seine Augen über das Tal schweifen ließ, das er so gut kannte, bemerkte er eine Gestalt, die eilig den Weg zu ihm heraufkam. Er sah genauer hin – das war ja sein Vater!

Zögernd ging er ihm entgegen.

Da bemerkte er, wie der alte Mann winkte und ihm fröhlich etwas zurief. Sollte sein Vater sich etwa freuen, dass er wiederkam? Das konnte er kaum glauben.

Langsam begann er zu laufen. Dann immer schneller. Sein Vater war also nicht zornig! Er liebte ihn immer noch!

Noch einige Schritte, dann standen sie voreinander.

Einen Moment sah der Vater den Sohn an, dann breitete er die Arme aus.

»Vater«, stammelte der Sohn, »ich bin schuldig geworden. Vor Gott und vor dir. Ich kann nicht mehr dein Sohn sein.«

Aber der Vater zog ihn an sich, umarmte und küsste ihn.

Dann gingen sie beide zum Wohnhaus. Dort rief der Vater den Knechten zu: »Bringt das beste Kleid für meinen Sohn und gute Schuhe! Und dann schlachtet das Mastkalb, das im Stall steht! Wir haben Grund zu feiern! Mein Sohn war tot und ist wieder lebendig geworden; er war verloren und ist gefunden worden!«

Der ältere Sohn hatte das alles nicht mitbekommen, weil er auf dem Feld arbeitete.

Als er nach Hause kam, hörte er schon von weitem Gesang und lautes Lachen. Als er vor dem Haus einen Knecht traf, fragte er ihn, was denn da gefeiert würde. Der erzählte ihm alles.

Da wurde der ältere Sohn wütend. Er wollte nicht einmal das Haus betreten, so sehr ärgerte er sich.

Aber der Vater ging zu seinem Sohn hinaus und lud ihn ein mitzufeiern.

»Das ist ungerecht!«, schrie der Sohn seinem Vater entgegen. »So viele Jahre habe ich hier fleißig gearbeitet, und du hast nie auch nur einen Ziegenbock geschlachtet, damit ich ein Fest mit meinen Freunden feiern kann. Nun kommt dieser da, dein Sohn, der sein ganzes Erbe vergeudet hat, und du hast nichts Eiligeres zu tun, als das Mastkalb schlachten zu lassen und mit ihm zu feiern. Das ist ungerecht!«

Der Vater sagte freundlich zu ihm: »Sieh mal, mein Sohn! Du bist doch immer bei mir. Was mir gehört, gehört auch dir. Freu dich doch, dass dein Bruder wieder bei uns ist! Er war verloren und hat wieder nach Hause gefunden!«

Was der Sohn daraufhin tat, erzählte Jesus nicht. Aber das war auch nicht nötig. Die Pharisäer merkten auch so, dass Jesus sie mit dem älteren Sohn vergleichen wollte. Sie ärgerten sich nämlich, wenn Jesus mit Leuten sprach, mit denen sie niemals geredet hätten. Mit Menschen, die nicht nach Gottes Geboten lebten, wollten sie lieber gar nicht in Berührung kommen. Waren sie, die Pharisäer, etwa im Unrecht? War vielleicht der ältere Sohn auch verloren? Noch lange entrüsteten sie sich über diese Geschichte.

Lukas 15,1-2+20-32

Der treue und der treulose Knecht

Seinen Jüngern erzählte Jesus eine weitere Geschichte:

Ein Gutsherr war zu einer Hochzeit eingeladen. Er sagte seinem Knecht, er solle ruhig schlafen gehen. Sein Pferd werde er selbst absatteln, wenn er in der Nacht nach Hause komme.

Sein Knecht wollte aber nicht schlafen, solange der Herr nicht zurückgekommen war. Er dachte: Vielleicht braucht er noch irgendetwas, wenn er nach Hause kommt.

Es dauerte zwar lange, aber er hatte seinen Herrn lieb, und darum machte es ihm nichts aus, noch auf ihn zu warten. Endlich kam der Gutsherr. Es war schon fast Morgen. Als er sah, dass sein Knecht treu auf ihn gewartet hatte, freute er sich so, dass er sich selbst die Schürze umband, den Tisch deckte und seinem Knecht etwas zu essen auftrug.

Petrus überlegte, dann fragte er: »Für wen hast du denn diese Geschichte erzählt? Für uns, deine Jünger, oder auch für alle anderen?«

»Was glaubst du, welchen Knecht ein Herr über seine anderen Knechte setzen würde, um für sie zu sorgen, wenn er selbst einmal nicht da ist?«, fragte ihn Jesus zurück. »Ich will euch dazu noch eine Geschichte erzählen.«

Ein Gutsherr ließ eines Tages einen seiner Knechte kommen.

»Ich muss eine weite Reise machen«, sagte er. »Ich habe mir überlegt, dass ich dich solange als Verwalter einsetzen will. Der Betrieb muss ja weiterlaufen, auch wenn ich nicht da bin. Du bist lange genug hier und weißt, was zu tun ist. Sorge dafür, dass fleißig auf den Feldern gearbeitet wird, dass die Tiere immer gut versorgt sind und dass die Ernte, wenn ich bis dahin noch nicht zurück sein sollte, gut gelagert wird, damit nichts umkommt. Gib den Männern und Frauen, die als Tagelöhner arbeiten, ihren gerechten Lohn und behandle sie gut. Hast du das alles verstanden?«

»Natürlich, Herr«, antwortete der Knecht, »du kannst dich auf mich verlassen.«

Am nächsten Tag reiste der Gutsherr ab.

Zunächst lief auf dem Gut alles wie bisher. Aber als der Verwalter merkte, dass er jeden Befehl geben konnte und ihm alle gehorchen mussten, da wurde er immer hochmütiger. Wenn einer der Tagelöhner einen kleinen Fehler gemacht hatte, schlug er ihn gleich. Sogar die Frauen und Mädchen, die im Garten und in der Küche arbeiteten, schlug er. So bekamen alle Angst vor ihm. Das machte ihn noch stolzer.

Wenn er meinte, die Leute hätten ihren Lohn nicht verdient, gab er ihnen einfach weniger. Den Rest behielt er für sich.

Als sein Herr nach vielen Wochen immer noch nicht zurückkehrte, fühlte er sich immer sicherer.

Jetzt wollte er auch nicht mehr mit den anderen Knechten zusammen wohnen. Er zog in die Wohnung des Gutsherrn. Dort ließ er sich die besten Speisen auftischen, holte den kostbarsten Wein aus dem Keller und tat so, als wäre er der Gutsherr. Mehr noch, er lebte verschwenderisch, wie es der Gutsherr selbst nie getan hatte.

Eines Abends kam der Gutsherr unerwartet nach Hause. Auf dem Hof traf er einen Knecht, dem er sein Reitpferd übergab, damit er es in den Stall führen sollte.

»Wie gut, dass du wieder da bist, Herr«, sagte der Knecht erleichtert.

»Warum? Hat mein Verwalter mich nicht gut vertreten, während ich weg war?«

»Nein, gar nicht«, antwortete der Mann. Und auf Drängen seines Herrn erzählte er, was passiert war. Zögernd erst, dann immer schneller.

Entsetzt hörte sich der Gutsherr das an. Dann ging er wütend zum Haus und schaute durchs Fenster in die Wohnstube. Da saß sein Verwalter vor einem reich gedeckten Tisch. Er war schon ziemlich betrunken und schimpfte laut mit den Dienern.

Da packte den Gutsherrn die Wut.

Als er mit zorngerötetem Gesicht plötzlich in der Tür stand, wurde der Verwalter bleich vor Schreck. Auf Befehl des Gutsherrn nahmen einige Knechte den Verwalter und sperrten ihn in den Keller, wo er auf seine gerechte Strafe warten musste.

Jesus sah seine Jünger an. »Lebt auch ihr wie Menschen, die auf ihren Herrn warten. Wenn ich einmal nicht mehr bei euch bin, sollt ihr so handeln, wie ich es machen würde, wenn ich da wäre. Wenn ich dann wiederkomme, hoffe ich, dass ihr nicht ungerecht, bequem und machtgierig wart.«

»Aber wann wirst du denn wiederkommen?«

»Das ist ein Geheimnis«, antwortete Jesus. »Seid bereit, denn ich werde wiederkommen, wenn niemand es vermutet.«

Lukas 12,35-46

Der barmherzige Samariter

Zu Jesus kam eines Tages ein Mann, der sich in den heiligen Schriften sehr gut auskannte. Er war stolz darauf und wollte sein Wissen gerne zeigen. Deshalb hatte er sich eine Frage ausgedacht. Er meinte: Wenn Jesus auf diese Frage antwortet, kann ich ihm sicherlich einen Fehler nachweisen.

»Meister«, fragte er scheinheilig, »was muss ich tun, damit ich ewiges Leben bei Gott habe?«

Jesus fragte zurück: »Wie steht es denn in den heiligen Schriften?«

Nun musste der kluge Mann doch selbst antworten. »Da steht, du sollst Gott von ganzem Herzen lieben und deinen Nächsten wie dich selbst.«

»Richtig«, antwortete Jesus. »Tu das, dann wirst du ewiges Leben ha-

ben.« Jetzt fühlte der Mann sich ein bisschen blamiert und sagte schnell: »Ja, das weiß ich schon. Aber wer ist denn das – mein Nächster?«

»Ich will dir eine Geschichte erzählen«, antwortete Jesus.

»Ein Mann wollte von Jerusalem nach Jericho reisen. Dabei kam er durch eine karge, einsame Gegend. Dort lauerten Räuber. Sie passten auf, ob jemand kam, der aussah, als hätte er Geld bei sich. Und der auch alleine war, so dass sie ihn leicht überfallen konnten.

Als sie den Reisenden sahen, sprangen sie hinter den Felsen hervor und schlugen auf ihn ein, ehe er sich wehren konnte. Beinahe hätten sie ihn erschlagen. Sie nahmen ihm alles ab, was er bei sich hatte, und liefen davon.

Den Verletzten ließen sie einfach liegen. Was aus ihm werden würde, war ihnen egal.

Nach einiger Zeit kam ein Priester vorbei. Der war im Tempel in Jerusalem gewesen und hatte Opfer gebracht. Als er den Verletzten liegen sah, guckte er schnell in eine andere Richtung. Er wollte nicht helfen.

Dann näherte sich ein anderer Mann, ein Levit. Er kam auch gerade vom Tempel. Dort diente er den Priestern. Er machte es nicht anders als der Erste. Als er den Verletzten sah, erschrak er. Wenn nun die Räuber noch in der Nähe sind und mich auch überfallen!, dachte er. Ich muss so schnell wie möglich von hier weg!

Schließlich ritt ein dritter Mann auf seinem Esel vorbei. Er war kein Priester und auch kein Levit. Er gehörte noch nicht einmal zum Volk Israel. Er war ein Samariter, also ein Mann aus Samaria. Viele Israeliten verachteten die Samariter, weil sie meinten, sie dienten Gott nicht in der richtigen Weise. Von ihm konnte der Überfallene deshalb erst recht keine Hilfe erwarten.

Doch der Samariter fühlte Mitleid, als er den Verletzten sah. Er verband seine Wunden, hob ihn dann vorsichtig auf seinen Esel und hielt ihn gut fest, während er langsam seinen Weg fortsetzte.

Endlich erreichten sie ein Gasthaus. Der Samariter mietete ein Zimmer und brachte den Kranken ins Bett. So gut er konnte, sorgte er für ihn.

Am nächsten Morgen verabschiedete er sich, gab dem Wirt Geld und sagte: ›Sorge gut für den Kranken. Wenn es mehr kostet, als ich dir gegeben habe, bezahle ich dir den Rest, wenn ich wieder vorbeikomme.‹

Nun«, fragte Jesus, »wer war wohl der Nächste für den, der überfallen worden ist?«

Die Frage war nicht schwer zu beantworten. »Der, der ihm geholfen hat, natürlich«, antwortete der Schriftgelehrte.

»Richtig«, sagte Jesus, »und nun mach du es genauso.«

Lukas 10,25-37

Der ungerechte Richter

In einer Stadt im Land Israel lebte eine Witwe.

Sie wusste kaum, wie sie sich und ihre Kinder ernähren sollte. Seit ihr Mann gestorben war, verdiente niemand in der Familie regelmäßig Geld.

Glücklicherweise hatte sie einen großen Garten. Dort konnte sie Gemüse anbauen. Was die Familie nicht selbst aß, konnte die Witwe auf dem Markt verkaufen.

Aber da waren böse Nachbarn. Die waren zwar schon reich, aber sie wollten immer noch mehr haben. Einer hatte ein Auge auf den großen Garten geworfen. Ein anderer auf das Haus der armen Witwe. Sie bedrängten sie, das Haus zu verlassen und den Garten herzugeben. Ein anderer behauptete sogar frech, der verstorbene Mann der Witwe hätte ihm noch Geld geschuldet. Das sollte sie bezahlen.

Die habgierigen Leute glaubten, eine Witwe könne sich sowieso nicht wehren. Deshalb seien sie auf Dauer die Stärkeren.

Als einer der Nachbarn schließlich anfing, ihren Gartenzaun niederzureißen und ein großes Stück des Gartens selbst in Besitz zu nehmen, rief die

Frau weinend vor Zorn und Trauer: »Verschwinde sofort, sonst gehe ich zum Richter!«

Da lachte der Mann nur, und die anderen frechen Nachbarn, die dabeistanden, lachten laut mit.

»Zum Richter willst du gehen? Ausgerechnet zu dem? Der kennt nur seine eigenen Interessen. Um das Recht der Leute kümmert er sich nicht. Wenn man etwas von ihm will, muss man ihm Bestechungsgeld zahlen. Vorher rührt er keinen Finger. Wo willst du denn Geld hernehmen? Aber bitte, wenn du meinst – geh nur zu ihm! Du wirst schon sehen!«

Die Witwe wusste, dass es stimmte, was die Leute sagten. Aber sie dachte: Ich muss es trotzdem versuchen. Sie wusste sich nicht mehr anders zu helfen.

Sie sagte den größeren Kindern, sie sollten auf die kleinen aufpassen, und ging zu dem Richter, als der gerade zu sprechen war.

Lange musste sie warten, bis sie an der Reihe war.

Endlich saß sie vor dem Richter.

»Beeil dich, ich habe nicht viel Zeit«, sagte der. Die Witwe wollte ihre ganze Geschichte erzählen. Aber erst hörte er gar nicht richtig zu, und dann unterbrach er sie nach wenigen Sätzen: »Dein Fall ist viel zu schwierig. Ich kann dir nicht helfen.«

»Aber du kennst doch die Sache noch gar nicht richtig«, jammerte die Witwe.

»Das brauche ich auch nicht. Ich kann da doch nichts machen. Hast du überhaupt Geld?«, knurrte er.

»Nein, du sollst mir ja gerade helfen, damit ich wenigstens das Nötigste zum Leben habe. Das ist deine Pflicht als Richter.«

»Ohne Geld mache ich nichts«, schimpfte der Mann. »Und außerdem lasse ich mir von dir nicht sagen, was meine Pflicht ist. Raus mit dir!«

Weinend ging die Frau nach Hause. Aber am nächsten Tag war sie wieder da. Nachdem sie lange gewartet hatte, sagte ihr ein Diener, sie werde nicht vorgelassen, sie solle weggehen. Am folgenden Tag versuchte sie es wieder.

Aber man wollte sie gar nicht in das Haus lassen. Ein Diener versperrte die Tür.

Die Witwe rief laut, der Richter solle sie doch hereinlassen. Aber der hörte sie nicht oder er wollte sie nicht hören. Irgendwann muss er ja das Haus verlassen, dachte die Frau. Ich werde so lange warten.

Als der Richter am Abend herauskam, sprach sie ihn an. Er ging weiter, aber sie lief neben ihm her und erzählte ihm alles.

So bedrängte sie ihn noch viele Tage. Dabei wurde sie immer zorniger, weil der Richter ihr einfach nicht helfen wollte.

Als der Richter eines Tages sah, wie die Augen der Frau wütend blitzten, dachte er: Der traue ich zu, dass sie mir am Ende ins Gesicht schlägt. Und außerdem wird sie mir furchtbar lästig. Ich denke, wenn ich ihr Recht verschaffe, habe ich weniger Mühe damit, als wenn sie mich weiter bedrängt.

Als die Frau wiederkam, sagte er: »Also gut, ich helfe dir. Da siehst du, was ich für ein gutes Herz habe.«

Dann ließ er den Nachbarn einen Befehl überbringen, sie sollten die Frau in Ruhe lassen. Die wunderten sich, dass der Richter überhaupt etwas unternommen hatte. Aber zähneknirschend gaben sie nach.

Die Frau atmete auf. Endlich konnte sie mit ihren Kindern in Frieden leben. Wie gut, dass sie nicht aufgegeben hatte!

So erzählte es Jesus seinen Freunden. Und er sagte dazu: »Wenn ihr Gott um etwas bittet, dann habt Geduld und betet immer weiter, auch wenn er scheinbar nicht hört. Denn seht: Wenn sogar der ungerechte Richter endlich die Bitte der Frau erhörte, dann wird Gott, der doch gerecht ist und euch liebt, euch erst recht erhören. Habt nur Mut!«

Lukas 18,1-8

Der undankbare Schuldner

Petrus kam zu Jesus. »Meister«, sagte er, »wenn einer mir wehtut oder mich beleidigt, dann soll ich ihm doch vergeben, nicht wahr? Wenn er nun aber wieder das Gleiche tut oder etwas Ähnliches, soll ich ihm dann wieder vergeben? Wie oft denn? Reicht siebenmal?«

Jesus antwortete: »Nein, nicht nur siebenmal. Immer wieder. Siebzig mal siebenmal.«

Da guckte Petrus ungläubig. So oft? Also eigentlich immer?

Jesus sagte: »Ich will es dir mit einer Geschichte erklären.«

Ein König hatte so ein großes Reich, dass er es gar nicht allein verwalten konnte. Darum setzte er hohe Beamte ein, die jeder ein bestimmtes Gebiet überwachen sollten.

Eines Tages kontrollierte er seine Beamten, ob sie auch alles richtig gemacht hatten. Sie mussten alle in seinem Palast erscheinen, ihre Bücher mitbringen und alle Fragen beantworten.

Bei den meisten war auch alles in Ordnung, aber einer war dabei, der hatte so schlecht gewirtschaftet, dass es der König und seine Minister erst gar nicht glauben wollten. Aber die Abrechnung in den Büchern erwies es ganz klar: Er schuldete dem König eine riesige Summe Geld. Es war so viel wie zehntausend Zentner Silber.

Da wurde der König wütend. »Wie konntest du nur eine so große Summe unterschlagen!«, schimpfte er. Und den Hofbeamten befahl er: »Verkauft alles, was er hat! Und da das sicher längst nicht reicht, verkauft ihn selbst und seine ganze Familie an die Sklavenhändler!«

Da fiel der untreue Beamte vor dem König auf die Knie und flehte ihn an: »Hab Erbarmen mit mir, Herr! Ich will mich bemühen, alle meine Schulden zu bezahlen! Nur verkaufe mich nicht in die Sklaverei!«

Der König war ein barmherziger Mensch, darum tat ihm der Beamte nun doch Leid. »Du hast dich zwar schuldig gemacht«, sagte er, »aber ich will dich gehen lassen. Das Geld brauchst du mir nicht zurückzuzahlen, und verkaufen will ich dich und deine Familie auch nicht.«

Da sprang der Beamte erleichtert auf, bedankte sich überschwänglich und verließ den Palast.

Er war kaum die prachtvolle Treppe, die auf den Platz vor dem Königspalast führte, heruntergekommen, da lief ihm ein Mann über den Weg, den er kannte. Wer war das doch gleich? Ach ja, richtig, der Mann hatte sich mal Geld bei ihm geborgt. Nicht viel, nur ein paar Münzen.

Jetzt, wo der hohe Beamte seine gute Stellung verloren hatte, konnte er auch die kleinste Summe gut gebrauchen. Er lief zu dem Mann, packte und schüttelte ihn und rief: »Gib mir das Geld, das du mir schuldest.«

»Hab Erbarmen mit mir!«, flehte der Mann. »Ich habe es nicht. Aber ich will mich bemühen, meine Schulden zu bezahlen!«

Aber darauf wollte sich der Beamte nicht einlassen. Er rief einen Polizisten und sagte ihm, er solle den Mann einsperren und ihn erst wieder freilassen, wenn er seine Schulden bezahlt habe.

Nun standen zufällig in der Nähe einige andere Beamte, die vorher im Palast mitbekommen hatten, wie gnädig der König mit diesem betrügerischen Beamten umgegangen war. Sie waren empört, liefen schnell wieder in den Palast und erzählten dem König alles, was sie beobachtet hatten.

»Bringt den Kerl sofort wieder her!«, befahl der König voller Zorn.

Die Wachen stürmten hinaus und konnten den Beamten gerade noch erwischen, ehe er verschwand. Sie packten ihn und schleppten ihn vor den Thron.

»Schämst du dich denn gar nicht?«, rief der König. »Deine ganze, riesengroße Schuld habe ich dir erlassen, weil du mich darum gebeten hast. Hättest du da nicht auch diesem armen Mann die Schuld erlassen

können, so wie ich mich über dich erbarmt habe?«

Und den Wachen befahl er: »Ins Gefängnis mit ihm! Da kommt er nicht wieder heraus, bis er alle seine Schulden bezahlt hat!« –

Jesus sah erst Petrus an und dann die anderen Jünger. »Auch der Vater im Himmel wird euch eure Schuld nur erlassen, wenn ihr euch untereinander von Herzen vergebt.«

Matthäus 18,21-35

Die zwei ungleichen Söhne

Gähnend kamen die zwei jungen Männer zum Frühstück. Ihr Vater saß schon da und war fast fertig.

»Setzt euch und esst«, sagte der Vater, schluckte seinen letzten Bissen hinunter und trank einen Schluck. »Ich will euch noch ein paar Anweisungen geben, was heute im Weinberg zu tun ist. Ich kann selbst nicht mit, weil ich in die Stadt muss, um einige Geschäfte zu erledigen. Also: Zwischen den Weinstöcken muss das Unkraut gejätet werden. Besonders rechts, wo der Boden besser ist, wuchert es sehr stark ...«

»Tut mir Leid, Vater«, unterbrach ihn der ältere seiner Söhne. »Ich kann heute nicht im Weinberg arbeiten, ich habe etwas anderes vor.«

Der Vater sah überrascht über den Rand seines Bechers. »Du willst nicht im Weinberg arbeiten? Aber es ist dringend. Die Arbeit muss getan werden.«

Aber der Sohn schüttelte den Kopf. »Nein, heute nicht«, brummte er störrisch und schob ein Stück Brot in den Mund.

Der Vater blickte seinen jüngeren Sohn an. »Und was ist mit dir?«

Der nickte eifrig. »Natürlich gehe ich in den Weinberg, das ist doch klar. Ich weiß ja, was ich dir schuldig bin. Selbstverständlich helfe ich.«

»Du bist doch ein guter Junge«, sagte der Vater, klopfte ihm auf die Schulter, stand auf und verließ das Zimmer.

Die beiden Söhne frühstückten in Ruhe zu Ende. Sie wechselten kein Wort dabei. Schweigend gingen sie auseinander.

Der jüngere Sohn ging in den Schuppen, wo die Arbeitsgeräte standen. Da setzte er sich auf einen umgestülpten Eimer und überlegte.

Lust hatte er gar nicht. Wenn er schon diese dreckigen Geräte sah und sich dann vorstellte, er müsste den ganzen Tag in der glühenden Hitze mit gekrümmtem Rücken zwischen den Rebstöcken herumkriechen! Nein, Lust hatte er wirklich nicht.

Sein älterer Bruder, dieser freche Kerl, sagte einfach nein, und damit war die Sache erledigt. Und er! Er hätte am liebsten auch Nein gesagt. Aber dazu fehlte ihm der Mut. Er hatte Ja gesagt und dafür Lob bekommen. Aber das Lob war nicht Lohn genug für einen ganzen Tag Arbeit.

»Nein«, sagte der Sohn laut, obwohl ihn niemand hören konnte. Er stand auf, klopfte die trockene Erde von seinem Umhang, zählte sein Geld nach und machte sich auf den Weg in die Stadt. Es versprach ein heißer Tag zu werden. Da war er bei Wein und lustigen Gesprächen in einem Gasthaus besser aufgehoben als im Weinberg.

Inzwischen war der ältere Sohn schon unterwegs zu seinen Freunden. Aber er dachte an das Gespräch am Frühstückstisch, und sein Schritt wurde immer langsamer. Eigentlich, dachte er, eigentlich habe ich mich nicht richtig verhalten. Ist denn unser Vater nur dazu da, immer für die Familie zu sorgen, während ich mir ein schönes Leben mache? Es ist ungerecht, wenn ich ihm alle Arbeit überlasse.

Außerdem war es lieblos, wie ich ihm geantwortet habe. Ob ich nicht doch im Weinberg arbeiten sollte?

Er blieb stehen, besann sich noch einen Moment und kehrte dann um. »Ja«, sagte er laut, obwohl ihn keiner hören konnte. Sein Entschluss war gefasst. Er wollte in den Weinberg gehen.

Als er sich im Schuppen das Werkzeug holte, wunderte er sich. Da standen ja noch alle Geräte. Ob sein Bruder aufgehalten worden war? Oder ob er es sich anders überlegt hatte und überhaupt nicht arbeiten wollte?

Egal. Er jedenfalls wollte in den Weinberg gehen. Er wollte jetzt tun, was sein Vater ihm aufgetragen hatte.

Jesus erzählte diese Geschichte im Tempel. Um ihn herum standen Männer, die eine wichtige Rolle im Volk Israel und besonders im Tempel spielten. Er fragte sie: »Was meint ihr wohl: Wer von den beiden Söhnen hat den Willen des Vaters getan?«

»Das ist doch klar«, antworteten sie, »nicht der, der nur davon geredet und große Versprechungen gemacht hat, sondern der, der wirklich hingegangen ist und im Weinberg gearbeitet hat.«

»Und weil das so ist«, sagte Jesus, »werden die Zöllner und alle anderen, die gegen Gottes Gebote gelebt haben, eher von Gott angenommen als ihr. Ihr wolltet auf Johannes den Täufer nicht hören. Aber sie haben sich von ihm zur Umkehr rufen lassen. Deshalb sind sie es auch, die am Ende den Willen des himmlischen Vaters getan haben.«

Matthäus 21,28-32

Die zehn Mädchen

Im Nachbardorf sollte eine Hochzeit gefeiert werden.

Die zehn Freundinnen freuten sich schon riesig darauf. Es würde Musik geben und Tanz und viele Späße. Natürlich auch besonders gutes Essen. Und das tagelang! Ja, eine Hochzeit war ein Ereignis, dem alle Leute schon monatelang entgegenfieberten. Die Braut war eine Freundin der zehn Mädchen. Darum waren sie alle eingeladen.

Am ersten Abend des Festes musste der Bräutigam mit seinen Verwandten

und Freunden in einem feierlichen Festzug die Braut von ihrem Elternhaus abholen. So war es Sitte. Die zehn Mädchen sollten an der Straße warten, an der er vorbeikommen musste, und sich dem Zug anschließen.

Sie machten sich schön, zogen sich ihre besten Kleider an, hörten sich geduldig die Ermahnungen ihrer Mütter an und trafen sich dann auf der Dorfstraße.

Die Sonne war schon tief gesunken, als sie schwatzend und lachend loszogen.

Nach einiger Zeit erreichten sie die Straße, auf der der Bräutigam vorbeikommen musste. Es war nun dunkel geworden, und sie mussten ihre Öllampen anzünden. Nicht nur, weil sie sich sonst in der Dunkelheit gefürchtet hätten, sondern auch, weil das ebenfalls Sitte war. Sie mussten mit brennenden Lampen auf den Bräutigam warten.

Zehn kleine Flämmchen brannten in der Dunkelheit. Erst sah man sie sich noch hin- und herbewegen und hörte laute und fröhliche Stimmen.

Aber je später es wurde, desto ruhiger wurde die Gruppe am Straßenrand. Die Freundinnen hatten ja schon den ganzen Tag gearbeitet. Nun wurden sie müde. Der Bräutigam kam und kam nicht. Immer wieder fielen ihnen die Augen zu. Bald verstummte das Gespräch ganz. Es war schrecklich langweilig.

Als der Festzug nach stundenlangem Warten immer noch nicht zu sehen war, stellten die Mädchen ihre Öllampen zur Seite. Sie machten es sich am Wegrand so bequem wie möglich und schliefen eine nach der anderen ein.

Einige Zeit hatten sie so geschlafen – es war schon Mitternacht –, da schreckte eine von ihnen auf.

Da war doch etwas zu hören! Tatsächlich: In der Ferne wurde gelacht und Musik gemacht. Das musste der Festzug sein! Jetzt konnten sie auch schon die Lampen und Fackeln sehen. Denn auch jeder, der im Festzug des Bräutigams mitlief, musste ein brennendes Licht haben.

»Wacht auf!«, rief das Mädchen. »Der Bräutigam kommt!«

Einige waren schnell wach und griffen nach ihren Lampen. Andere brauchten etwas länger und mussten sich erst die Augen reiben.

»Meine Lampe!«, rief plötzlich eins der Mädchen. »Die Flamme flackert. Ich glaube, das Öl geht zu Ende!«

»Das kann sein«, meinte ein anderes, »die Lampen brennen ja auch schon ein paar Stunden. Da ist das Öl natürlich verbraucht. Ich fülle gleich aus meinem Ölfläschchen nach.«

»Hast du noch Öl mit? Ich nicht.«

»Das war aber dumm von dir.«

Es stellte sich heraus, dass fünf Mädchen klug genug gewesen waren, Öl zum Nachfüllen mitzunehmen. Die anderen fünf hatten nicht daran gedacht.

»Gebt uns von eurem Öl etwas ab«, baten die einen.

Aber die anderen sagten: »Das geht nicht. Wir würden euch ja gerne helfen, aber dann würde es für uns auch nicht reichen. Es ist noch ein weiter Weg bis dahin, wo gefeiert wird. Geht lieber schnell ins Dorf und holt euch Öl. Wenn ihr euch beeilt, könnt ihr den Festzug vielleicht noch einholen.«

Die fünf ärgerten sich. Aber was blieb ihnen anderes übrig? Schnell rannten sie zurück.

Die fünf klugen Mädchen warteten auf den Bräutigam und schlossen sich dem Zug an. Gemeinsam kamen sie schließlich am Festsaal an und feierten mit dem Brautpaar und den Gästen.

Eine ganze Zeit später wurde draußen angeklopft. Ein Diener sagte dem Bräutigam, draußen stünden fünf fremde Mädchen, die auch mitfeiern wollten.

Aber der Bräutigam schüttelte den Kopf. Da könne ja jeder kommen, meinte er. Es sei eine alte Sitte, dass man sich dem Hochzeitszug mit einer brennenden Lampe anschließen müsse, wenn man an der Feier teilnehmen wolle. Und wenn sie das nicht wüssten, seien sie wahrscheinlich Fremde, die nur mal auf seine Kosten gut essen wollten.

Der Diener ging zum Tor und schickte die fünf Mädchen fort.

Als Jesus diese Geschichte erzählt hatte, sagte er: »Ihr wisst nicht, wann ich wieder zu euch zurückkommen werde. Darum gebt Acht, dass ihr gut darauf vorbereitet seid.«

Matthäus 25,1-13

Die Hochzeit am Königshof

Jesus erzählte noch eine andere Geschichte von einer Hochzeit:

Der große Tag rückte immer näher – die Hochzeit des Königssohnes. Schon seit Monaten liefen die Vorbereitungen. Der König hatte Schlachtvieh gemästet, den großen Festsaal neu herrichten lassen, edle Speisen und Gewürze aus aller Welt gekauft und die besten Musikanten bestellt, die es in seinem Reich gab.

Und natürlich waren auch alle Vornehmen des Landes eingeladen worden. Sie sollten sich den Tag der Hochzeit schon einmal vormerken. Eine endgültige Einladung würde dann noch kommen.

Nein, der König wollte sich nicht nachsagen lassen, dass er bei einem solchen Anlass geizig sei. Man sollte noch lange davon erzählen, was für ein großes Fest der Prinz von seinem Vater ausgerichtet bekam.

Endlich war es soweit. Die Braut war schon in einer prächtigen Kutsche mit vielen Begleitern aus ihrer fernen Heimat am Königshof angekommen. Dort wimmelte es nur so von Dienern, Köchen, Musikanten, Wachsoldaten, Kellnern, Lieferanten und Zimmermädchen. Während der letzten Vorbereitungen ging es im Schloss zu wie in einem Ameisenhaufen, so geschäftig liefen alle durcheinander.

Da sagte der König zu seinem Herold, dem Diener, der sein Bote war: »So, nun geh zu all den vornehmen Gästen, die ich eingeladen habe. Sage

ihnen, dass alles bereit ist und sie kommen können.«

Der Diener ging überallhin, wo reiche und angesehene Leute wohnten, und richtete die Botschaft seines Königs aus. »Kommt, es ist alles vorbereitet!«

Aber da erlebte er lauter böse Überraschungen. Die Leute wollten nicht kommen!

Der Erste sagte: »Ach ja, das Fest! Aber ich kann leider nicht kommen. Ich habe einen Acker gekauft. Heute habe ich den Vertrag unterschrieben. Da muss ich natürlich erst mal hingehen und mir den Acker ansehen. Bestell deinem Herrn einen schönen Gruß, es täte mir Leid.«

Der Nächste, zu dem er kam, sagte: »Schade, gerade jetzt kann ich nicht kommen. Weißt du, ich habe fünf Gespanne Ochsen gekauft. Die muss ich jetzt genau ansehen. Es handelt sich ja immerhin um einen ziemlichen Wert. Bitte, entschuldige mich bei deinem Herrn, dem König.«

Der Herold ging zum Nächsten.

»Wie ärgerlich«, antwortete der auf die Einladung, »dass die Hochzeit des Königssohnes fast mit meiner eigenen Hochzeit zusammenfallen muss. Aber es ist nun nichts zu ändern. Ich habe gerade geheiratet, darum kann ich nicht kommen.«

So ging es weiter. All die vornehmen Leute des Landes, die der Bote einlud, hatten eine Entschuldigung. Keiner wollte kommen.

Schließlich ging der Herold traurig zum Schloss zurück und erzählte dem König, was er erlebt hatte. Der wurde zornig, weil keiner seine Einladung annehmen wollte.

Außerdem – was sollte er mit all dem guten Essen machen?

Da fiel ihm etwas ein: Er wollte die Armen einladen. Die, die noch nie in ihrem Leben zu einem solchen Fest eingeladen worden waren.

»Geh auf die Straßen der Stadt, wo die Bettler sitzen«, befahl er seinem Herold. »Und in die schmutzigen Gassen und die schäbigen Bretterhütten. Lade alle armen Leute ein, alle Blinden und Lahmen. Sie sollen so, wie sie sind, zu meinem Fest kommen.«

Der Bote wunderte sich zwar, aber er tat, was sein Herr befohlen hatte.

Bald füllte sich der Saal mit armen Leuten in abgerissenen Kleidern. Verkrüppelte legten ihre dreckigen Krücken auf den Boden aus edlem Holz. Blinde tasteten sich an den Tischen entlang und stießen dabei Gläser um. Lahme ließen sich von festlich gekleideten Dienern auf samtbezogene Stühle setzen.

Die Diener meldeten dem König: »Die Leute, die du eingeladen hast, sind jetzt da. Aber es ist noch Platz.«

»Gut«, antwortete der König, »dann geht noch einmal in die Stadt und ladet alle Leute ein, die ihr findet. So lange, bis alle Stühle besetzt sind. Jeder kann kommen. Jeder – außer denen, die ursprünglich eingeladen waren. Sie sind es nicht wert, meine Gäste zu sein.«

Lukas 14,15-24

Jesus sieht mit Gottes Augen

Drei Jünger erleben etwas Geheimnisvolles

»Komm mit mir, Petrus«, sagte Jesus. »Und du, Jakobus, auch, und du, Johannes. Ihr sollt mich begleiten, wenn ich auf diesen Berg steige. Dort oben möchte ich beten.«

Es war ein hoher Berg, den Jesus sich ausgesucht hatte, und die Wanderung auf dem steilen Weg war mühsam.

Aber vielleicht wollte Jesus ganz sicher sein, dass hier nicht ein Wanderer oder ein Schafhirte mit seiner Herde vorbeikam und sie störte.

Als sie auf dem Gipfel des Berges angekommen waren, kniete Jesus sich im Schatten eines Baumes nieder und betete.

Die drei Jünger sahen es und knieten sich auch zum Beten nieder. Aber sie waren so erschöpft von dem Weg, dass sie schon bald einschliefen.

Wie lange sie so geschlafen hatten, wussten sie nicht, als sie schließlich wieder aufwachten. Vielleicht hatten die Stimmen, die sie nun hörten, sie geweckt. Was sie da sahen und hörten, als sie langsam zu sich kamen, war so merkwürdig, dass sie nicht wussten, ob sie noch träumten oder ob es Wirklichkeit war: Jesus stand da, aber er sah ganz anders aus als sonst. Er leuchtete, als wenn er innen voller Licht wäre, und sein Umhang war strahlend weiß. In seinem Licht standen zwei Männer: Es waren Mose und Elia.

So etwas hatten die Jünger noch nie gesehen. So ähnlich hatten sie sich immer Engel vorgestellt. Dass Menschen auch so aussehen konnten …!

Die beiden Männer sprachen mit Jesus, und er antwortete ihnen. Er stellte auch Fragen. Alles konnten die Jünger nicht verstehen, aber sie hörten, dass von dem Weg die Rede war, den Jesus vor sich hatte. Davon, dass er bald sterben würde, sprachen sie. Und immer wieder hörten sie zwischendurch das Wort Jerusalem.

Nicht nur, weil sie möglichst viel hören wollten, hielten die Jünger den Atem an, sondern auch weil alles so fremdartig war, so ungewöhnlich. Sie konnten sich nicht erklären, warum Jesus so anders aussah, und wieso da zwei Männer mit ihm reden konnten, die doch eigentlich schon seit vielen hundert Jahren tot waren. Geheimnisvoll war das alles. Aber doch nicht erschreckend, sondern schön und wunderbar.

Dann merkten sie, wie die beiden Gestalten sich von Jesus verabschiedeten und zum Gehen wandten.

Das fand Petrus schade. Er wollte nicht, dass dieses wunderbare Erlebnis so schnell zu Ende ging. Darum rief er zu Jesus hinüber: »Meister, es

ist wunderschön hier! Lass uns drei Hütten bauen, dir eine, Mose eine und Elia eine.«

Das war natürlich Unsinn, aber er war noch ganz benommen vom Schlaf und verwirrt von dem, was er sah.

In diesem Moment zog eine Wolke heran und hüllte sie alle ein. Die Jünger erschraken.

Da hörten sie aus der Wolke eine Stimme, laut und deutlich. Die sagte: »Dies ist mein auserwählter Sohn. Hört auf ihn!« Dann war es still.

Die Wolke zog weiter. Vor den Jüngern stand jetzt Jesus allein. Auch der geheimnisvolle Glanz war verschwunden, und ihr Meister sah aus wie immer.

Den dreien schlug das Herz bis zum Hals. Hatten sie das alles nur geträumt? Nein, sie waren zwar müde gewesen und hatten geschlafen. Aber was sie eben gesehen und gehört hatten, das war keine Einbildung. Sie hatten einen Augenblick in die Welt Gottes sehen können, die uns unsichtbar immer umgibt.

Als Jesus mit seinen drei Freunden wieder von dem Berg herunterkam, erzählten sie niemand von diesem Erlebnis. Vielleicht spürten sie: Was sie gesehen hatten, war so geheimnisvoll, dass sie es mit ihren menschlichen Worten gar nicht beschreiben konnten. Erst sehr viel später haben sie es den anderen Jüngern erzählt.

Lukas 9,28-36

Marta und Maria

Es war ein weiter und anstrengender Weg von Jericho hinauf nach Jerusalem. Ziemlich steil ging es bergauf, und die Sonne brannte.

Die Jünger waren darum froh, als Jesus zu ihnen sagte: »Wir machen eine Rast in Betanien. Das Dorf liegt auf dem Weg nach Jerusalem. Dort können wir neue Kräfte sammeln, ehe wir das letzte Stück über den Ölberg gehen.«

Schon einmal war Jesus mit seinen Jüngern in Betanien gewesen. Dort lebten in einem Haus drei Geschwister, die die Wanderer gerne aufnahmen: Marta, Maria und ihr jüngerer Bruder, Lazarus.

Ein Stück mussten sie noch auf staubigen Straßen durch das Dorf gehen, dann standen sie vor dem Haus. Alle drei Geschwister kamen herausgerannt und begrüßten Jesus und seine Freunde.

»Kommt herein«, rief Marta glücklich. »Ihr müsst hungrig sein und vor allem durstig. Kommt in den Schatten!«

Bald saßen sie alle zusammen und tranken von dem kühlen Wasser, das Lazarus aus dem Dorfbrunnen geschöpft hatte.

Sie erzählten sich, was sie seit dem letzten Besuch alles erlebt hatten.

Bald schon ging es aber um viel wichtigere Fragen. Jesus redete von seiner Aufgabe. Über Gott und über den Himmel sprach er und darüber, wie seine Jünger leben sollten.

Maria saß vor Jesus auf dem Fußboden und hörte mit offenem Mund zu. So viel war das, was Jesus da sagte, dass es unmöglich war, alles auf einmal zu erfassen. Aber wenn auch ihr Kopf nicht alles begreifen konnte, ihr Herz begriff, dass es hier um die Dinge ging, die für ihr Leben die allerwichtigsten waren. Und wie jemand, der sehr durstig ist, in tiefen Zügen aus einer Quelle trinkt, nahm sie begierig jedes Wort auf, das Jesus sagte.

Marta saß nicht dabei. Sie fühlte sich als Hausfrau dafür verantwortlich, dass die dreizehn Gäste etwas zu essen bekamen.

Während sie schon mit Töpfen und Krügen beschäftigt war, machte sie schnell einen Plan. Das Gerstenbrot wird kaum reichen, aber Lazarus kann schnell noch etwas holen, Gemüse ist reichlich da, es muss nur geputzt werden. Das könnte Maria machen, ich werde es dann zubereiten. Jetzt will ich schon mal das Herdfeuer schüren, nachher werde

ich Feigen pflücken, die ich zum Nachtisch reichen kann, und die Nachbarin bitten, mir ein paar Teller und Schüsseln zu leihen. Ich habe nur neun, also brauche ich noch sieben, wenn ich uns drei zu den dreizehn dazurechne. Und eine größere Pfanne brauche ich auch noch. Vielleicht nehme ich die alte aus dem Keller, die muss ich aber erst sauber machen – dann wäre es vielleicht doch besser, Lazarus pflückt die Feigen, wenn er mit dem Brot zurückkommt. Vielleicht bietet einer der jungen Männer sich ja an, beim Pflücken zu helfen, denn Wasser brauchen wir auch noch, das muss Lazarus ... und vom Öl müssen wir einen neuen Krug öffnen – wie soll ich das alles schaffen?

Wo bleibt denn nur Maria? Das ist doch nicht zu fassen! Sitzt da gemütlich bei Jesus und denkt überhaupt nicht daran, mir zu helfen! Das ist wieder typisch Maria!

Erst traute Marta sich nicht, Maria zu rufen. Aber als sie mit der Zeit immer mehr in Hektik geriet und ihr Ärger immer größer wurde, konnte sie nicht mehr an sich halten. Mit einem Geschirrtuch in der einen, einem Krug in der anderen Hand stand sie vor Jesus.

»Herr«, unterbrach sie seine Erklärung, »findest du das etwa richtig, dass meine Schwester mich die ganze Küchenarbeit alleine machen lässt? Sag ihr bitte, sie soll mir helfen!«

Jesus sah zu ihr auf. »Marta, Marta«, antwortete er, »was machst du dir so viel Mühe! Du bist eine gute Gastgeberin. Aber Maria hat erkannt, was das Wichtigste ist. Sie soll nur weiter zuhören.«

Lukas 10,38-42

Die zehn Leprakranken

Jeder von den zehn Männern hatte früher in seinem Dorf und in seiner Familie gelebt. Aber seit sie Lepra bekommen hatten, war alles anders. Diese schreckliche Krankheit, bei der die Hände und Füße langsam verfaulen, ist ansteckend. Darum konnten sie nicht mit ihren gesunden Familienmitgliedern und Nachbarn zusammenleben. Sie wohnten abseits von Dörfern und Städten in einsamen Gegenden und bekamen von barmherzigen Leuten etwas zu essen gebracht.

Damit sie nicht so allein waren, hatten sich diese zehn zusammengetan. Sie konnten sich ja nicht mehr anstecken, weil sie alle schon krank waren.

Eines Tages kam wieder jemand aus dem Dorf, legte ihnen ein paar Brote auf einen Stein und ging ein Stück zurück.

»Danke!«, riefen die Leprakranken, die man auch Aussätzige nannte, weil sie sich von den anderen Menschen fern halten mussten. »Gibt es etwas Neues?«

»Ja! Habt ihr schon von Jesus gehört? Er soll Kranke heilen können. Auch Aussätzige. Das interessiert euch doch bestimmt!«

»Wir haben von ihm gehört. Was ist mit ihm?«

»Er kommt durch unser Dorf!«

Die Aussätzigen waren ganz aufgeregt. Wenn Jesus hier vorbeikommt, kann er uns vielleicht auch helfen! Oder sollten sie sich vielleicht lieber nicht zu große Hoffnungen machen, um nicht zu sehr enttäuscht zu werden?

Egal, sie wollten an die Straße gehen, auf der Jesus vorbeikommen musste. Sie warteten einige Zeit, und schließlich kündigte eine Menschenmenge, die schon von weitem zu sehen war, das Kommen des berühmten Mannes an.

Als Jesus in Rufweite war, schrien die Leprakranken laut: »Jesus, großer Meister, erbarme dich über uns!« Erst riefen sie durcheinander, aber dann sprachen sie alle zusammen die gleichen Worte, damit Jesus sie ja nicht überhörte.

Jesus blieb stehen und rief hinüber: »Geht und zeigt euch den Priestern!« Dann ging er weiter.

Wie? War das schon alles? Sie hatten immer noch ihre verfaulten Finger und Zehen! Den Priestern musste man sich zeigen, wenn man gesund geworden war. Die konnten einem dann erlauben, zu den anderen Menschen in die Städte und Dörfer zurückzukeh-

ren. Aber sie waren doch gar nicht gesund!

»Lasst uns trotzdem gehen«, sagte einer. Und tatsächlich taten sie alle, was Jesus ihnen gesagt hatte.

Aber während sie gingen, geschah etwas Merkwürdiges. Einer schrie plötzlich: »Meine Hand, seht doch! Diese Stelle war eben noch wund, und jetzt ...«

Ein anderer rief dazwischen: »Meine Zehen, ganz normal sehen sie aus!« Und ein Dritter staunte: »Meine Finger auch! Ich habe plötzlich wieder Gefühl in ihnen. Vorher waren sie ganz taub.«

Alle besahen sich selbst und dann ihre Freunde. Dann fielen sie sich in die Arme, lachten und sangen, klopften sich auf die Schultern und rannten los, um so schnell wie möglich zu den Priestern zu kommen. Ganz offensichtlich – sie waren wieder gesund!

Die Priester bestätigten die Heilung. Sie erlaubten ihnen, wieder unter Menschen zu gehen, und entließen sie.

Da standen sie nun auf der Straße, mitten zwischen vielen Leuten, die geschäftig an ihnen vorbeiliefen. Ein ganz ungewohntes Gefühl.

Was sollten sie jetzt tun? Sie brauchten nun ja nicht mehr zusammenzubleiben.

Einige begannen, sich von den Freunden zu verabschieden.

»Moment mal«, sagte einer. Er war ein Samariter, und die anderen dachten von ihm, er würde Gott nicht richtig kennen und verehren, weil er kein Israelit war. »Warum sollten wir denn nicht gemeinsam zu Jesus gehen und uns dann trennen?«

»Zu Jesus?«, fragten sie. »Was sollen wir denn da?«

»Uns bedanken! Wollt ihr ihm etwa nicht danke sagen, wo er euch doch gesund gemacht hat?«

Einige der neun Freunde schauten verlegen zu Boden, andere guckten ihn frech an.

»Weißt du, letztlich hat uns Gott gesund gemacht, nicht dieser Prediger«, sagte der Erste. »Aber davon verstehst du nichts, weil du ein Samariter bist.«

Der Zweite meinte: »Außerdem hat er ja kaum etwas getan. Nur einen Satz gesagt.«

Jetzt fiel allen eine Ausrede ein:

»Wer weiß, ob das mit der Heilung nicht Zufall war?«

»Und Jesus ist auch schon weit weg. Wir können ihn sowieso nicht mehr einholen.«

»Ich hab schon ganze Jahre meines Lebens verloren durch diese Krankheit, da will ich nicht noch tagelang nach ihm suchen.«

»Wenn wirklich Gott dahinter stand, warum soll ich mich da bedanken? Er hat mich krank werden lassen, nun ist es nicht mehr als recht, dass er mich auch wieder gesund macht.«

»Was redet ihr so lange, ihr seht Probleme, wo gar keine sind. Ich habe einiges im Leben nachzuholen ...«

»Danken? Was nützt ihm denn das? Er wollte doch sicher, dass wir zu unseren Familien zurückkehren. Wir handeln also nur in seinem Sinn, wenn wir gleich nach Hause gehen und wieder arbeiten.«

»Ich wäre vielleicht mitgegangen, aber wenn ihr alle nicht geht ...«

Der Samariter war sehr traurig. Aber er ließ sich nicht davon abbringen, Jesus danke zu sagen.

Es dauerte einige Zeit, bis er ihn eingeholt hatte. Er kniete vor Jesus nieder und dankte ihm von ganzem Herzen.

Jesus fragte: »Wart ihr nicht zehn? Wo sind die anderen neun? Wollte keiner Gott danken und ihn ehren außer dir?

Nun, geh du mit Frieden nach Hause! Du bist gesund geworden, weil du mir vertraut hast.«

Lukas 17,11-19

Die Großen lernen von den Kleinen

Wer damit angefangen hatte, war nachher nicht mehr festzustellen. Aber alle Jünger beteiligten sich daran, an dem Streit nämlich, wer der Größte sei.

Petrus sagte: »Da gibt es doch gar keine Frage. Ich bin der Wichtigste von uns zwölf, denn ich bin doch so eine Art Sprecher von uns allen.«

Andreas, sein Bruder, ärgerte sich. »Nur weil du dauernd redest mit deinem flotten Mundwerk! Aber was da herauskommt, ist oft der größte Unsinn. Ich dagegen überlege immer erst, ehe ich etwas sage. Und wenn ich nicht wäre ...«

Johannes unterbrach ihn. »Ihr werdet doch nicht bestreiten, dass Jesus mich besonders lieb hat. Ich darf immer neben ihm sitzen. Und wer Jesus am nächsten ist, der ist auch der Wichtigste.«

»Willst du etwa größer sein als ich, dein älterer Bruder?«, empörte sich Jakobus.

Levi schnaubte verächtlich. »Ihr wollt die Größten sein! Dass ich nicht lache! Dabei könnt ihr weder die lateinische Sprache der römischen Weltmacht sprechen, noch versteht ihr etwas von Zinsrechnungen. Es fehlen euch einfach die Voraussetzungen ...«

So ging es längere Zeit. Die Jünger waren auf ihrer Wanderung absichtlich hinter Jesus zurückgeblieben. Es war ihnen klar, dass er dieses Gespräch nicht gut finden würde, wenn er es hören könnte.

Eigentlich wussten sie selbst, dass es nicht gut war. Aber keiner wollte nachgeben.

Schließlich erreichten sie Kapernaum. Jesus wartete, bis die Zwölf herangekommen waren.

Alle versuchten, den Streit zu vergessen, den sie miteinander hatten, damit Jesus nichts merken sollte. Dabei wusste Jesus längst, was sie besprochen hatten. Er wollte es aber von ihnen hören.

Er fragte: »Was habt ihr denn verhandelt auf dem Weg hierher, als ihr immer so weit zurückgeblieben seid, dass ich euch nicht hören konnte?«

Betretenes Schweigen. Vorhin hatte jeder behauptet, er sei der Größte. Aber jetzt traute sich keiner, für alle zu sprechen.

Da sagte Jesus: »Setzt euch zu mir!« Alle ließen sich nieder.

»Wenn jemand der Größte sein will«, begann Jesus, und da wussten sie gleich, dass sie ihm nichts verheimlichen konnten, »wenn jemand der Erste sein will, der soll der Letzte sein von allen. Im Reich Gottes ist der am wichtigsten, der den anderen dient.«

Seine Jünger schauten verlegen zu Boden und schwiegen.

In ihr Schweigen hinein drang auf einmal Lachen und Rufen, das immer lauter wurde. Eine Gruppe von Kindern spielte Kriegen und rannte um die dreizehn Männer herum, die da schweigend auf der Erde saßen.

Jesus stand auf, trat aus dem Kreis heraus und fing ein kleines Kind, das gerade auf der Flucht vor einem anderen vorbeilief. Er nahm es auf den Arm, gab ihm einen Kuss und stellte es mitten im Kreis der Jünger wieder auf die Erde.

Das Kind guckte ein bisschen erstaunt, als Jesus ihm über die Haare strich und zu den Männern sagte: »Seht euch dieses Kind an und lernt von ihm!«

Die Jünger guckten ebenso erstaunt wie das Kind. Von einem Kind lernen? Sonst ist es doch meistens umgekehrt, dass nämlich die Kinder von den Erwachsenen lernen sollen!

Jesus fuhr fort: »Wer ein solches Kind aufnimmt, wer ihm Gutes tut,

wer ihm Liebe schenkt, der nimmt mich auf. Und wer mich aufnimmt, der nimmt in Wirklichkeit nicht mich auf, sondern meinen Vater im Himmel, der mich gesandt hat.«

Noch ein anderes Mal überraschte Jesus seine Jünger. Wieder ging es um Kinder.

Es war einer der Tage, an dem sehr viele Menschen zu Jesus strömten. Jesus sprach von Gott und seinem Königreich, führte Streitgespräche mit gelehrten Männern, die sich schwierige Fragen ausgedacht hatten, und berührte und heilte unzählige Kranke.

Auf die Menschenmenge, die ihn umringte, kam jetzt auch noch eine Gruppe von Müttern und Vätern zu, die ihre Kinder an der Hand führten oder auf dem Arm trugen.

Auf einmal standen da mehrere Männer vor ihnen. »Moment mal«, sagten sie, »wo wollt ihr hin?«

»Zu Jesus«, antwortete eine Mutter. »Er soll unsere Kinder segnen.«

»Kinder!«, stieß einer der Männer verächtlich hervor. »Als wenn der Meister nichts Besseres zu tun hätte, als sich mit Kindern zu beschäftigen! Seht ihr nicht, dass da Kranke sind, die geheilt werden wollen? Und ihr hört doch, dass er kluge und wichtige Dinge über das Reich Gottes sagt. Und da kommt ihr mit Kindern an, die nichts davon verstehen, und sogar mit Babys!«

»Die Kinder sollen ja gar nicht alles verstehen, aber sie können verstehen, dass Gott sie lieb hat. Und darum wollte ich Jesus bitten, dass er ...«

»Er wird doch nicht wertvolle Minuten mit den Kleinen vertun!«

»Bitte, lasst uns doch durch!«

Das Gespräch war nun ziemlich laut geworden. Jesus wurde darauf aufmerksam und rief: »Lasst die Kinder doch herkommen! Ihnen gehört das Reich Gottes!«

Die Jünger guckten Jesus erstaunt an. Die Eltern zwängten sich mit den Kindern durch die Menge und kamen zu Jesus. Die Jünger gingen etwas verunsichert hinter ihnen her.

Zu ihnen sagte Jesus: »Glaubt mir, wer das Reich Gottes nicht annimmt wie ein Kind, der kommt nicht hinein. Wer sich mit der Liebe Gottes nicht vertrauensvoll beschenken lässt, wie Kinder das tun, der empfängt sie nicht.«

Dann nahm Jesus die Kinder auf den Arm und küsste sie. Er legte ihnen seine Hände auf den Kopf und segnete sie, die Großen und die Kleinen.

Markus 9,33-37 und 10,13-16

Der blinde Bartimäus

Bartimäus war blind. Weil er nicht sehen konnte, konnte er auch nicht arbeiten. Deshalb verdiente er auch kein Geld. Er musste betteln.

Tagaus, tagein saß er an der Hauptstraße von Jericho und wartete darauf, dass jemand ihm etwas in seine Schale warf.

Sehr traurig war Bartimäus. Wie gerne hätte er etwas von der Welt ge-

sehen, die ihn umgab: Menschen, Blumen, Berge und Täler. Aber er konnte kaum Licht und Schatten unterscheiden.

Einmal hatte ihm jemand erzählt, Jesus könne Blinde sehend machen. Das wäre schön, dachte Bartimäus, wenn dieser Jesus meine Augen heilen würde. Aber wie soll ich Jesus finden, wo ich doch nicht sehen kann?

Eines Tages hörte Bartimäus, dass viele Menschen auf der Straße waren. Da musste etwas Besonderes los sein. Das Trappeln vieler Füße, die Stimmen vieler Menschen klangen durcheinander. Zaghaft rief Bartimäus: »Hallo, was ist denn da los?«

Jemand von denen, die vorbeigingen, antwortete: »Jesus kommt!«

Jesus? Der Jesus, der schon an anderen Orten Blinde sehend gemacht hatte? Ganz aufgeregt war Bartimäus.

Ob er schon die Hauptstraße erreicht hatte? Laut rief Bartimäus: »Jesus, hilf mir! Jesus, hab Mitleid mit mir!«

Die Leute, die vor Jesus die Straße hinaufgingen und Bartimäus hörten, ärgerten sich. Jesus war so ein berühmter Mann, jeder wollte etwas von ihm. Wenigstens einmal mit ihm sprechen. Es war sowieso schon schwierig, an ihn heranzukommen. Und da schrie nun auch noch dieser Bettler dazwischen!

»Sei still!«, fuhren sie ihn an. »Schrei doch nicht so! Um Jesus drängen sich wirklich schon genug Leute. Dein Geschrei fehlt ihm gerade noch!«

Aber Bartimäus kümmerte sich nicht darum, was die Leute sagten. »Jesus, hilf mir!«, schrie er weiter. Er dachte: Wenn Jesus jetzt vorbeigeht, werde ich ihn wahrscheinlich nie wieder treffen. Heute ist die einzige Gelegenheit. Und in seiner Verzweiflung schrie er noch lauter: »Jesus, Jesus, hilf mir doch!«

Sein Rufen drang wirklich zu Jesus. Er hörte den Schrei und blieb stehen. »Bringt den Mann zu mir, der da gerufen hat!«, bat er.

Da kamen die Leute zu Bartimäus. »Beruhige dich«, sagten sie, »Jesus hat dich gehört. Er fragt nach dir. Du sollst zu ihm kommen.«

Bartimäus sprang auf. Überglücklich war er, bald vor Jesus stehen zu dürfen. Er ließ seine Bettlerschale mit den paar kleinen Münzen einfach stehen und rannte los. Jemand fasste ihn am Arm und half ihm, seinen Weg durch die Menge zu finden.

Jetzt musste er wohl vor Jesus stehen, denn man hielt ihn fest. Eine freundliche Stimme sprach zu ihm: »Was möchtest du? Was soll ich tun?«

Bartimäus stammelte: »Herr, ich möchte so gern sehen können!«

Jesus antwortete: »Sei sehend! Dein Vertrauen hat dir geholfen.«

Und tatsächlich: Plötzlich konnte Bartimäus sehen! Ganz hell war es auf einmal! Er konnte alles um sich herum genau erkennen, so viele verschiedene Formen und Farben! Herrlich war das! Jetzt konnte er auch das Gesicht des Mannes sehen, der vor ihm stand: Jesus. Welche Liebe sprach aus diesem Gesicht! Wie dankbar war Bartimäus dem Mann, der ihm so geholfen hatte!

Er sprang vor Freude wie ein kleines Kind und lobte Gott. Und als Jesus mit seinen Freunden weiterging, folgte er ihm.

Lukas 18,35-43

Zachäus wird ein neuer Mensch

Auch heute saß Zachäus an seiner Kasse neben einem der Tore von Jericho. Immer wieder kamen Reisende, die in die Stadt wollten. »Halt!«, rief Zachäus ihnen zu. »Niemand darf einfach vorbeilaufen. Erst müsst ihr Geld bezahlen. Zwei Silberstücke.«

Meistens stöhnten die Reisenden dann: »Wir sind arme Leute!«

Aber Zachäus schimpfte: »Das ist mir egal. Das Geld ist die Steuer für die Römer. Wenn ihr es mir nicht gebt, muss ich sie zu Hilfe holen, und dann geht es euch erst recht schlecht!«

Zähneknirschend bezahlten die Reisenden.

Und Zachäus lachte sich ins Fäustchen. Er war wieder reicher geworden.

Denn er würde nur ein Silberstück an die Römer abgeben. Das andere würde er für sich behalten. Als oberster Zöllner von Jericho konnte er es sich leisten, noch betrügerischer zu sein als seine Kollegen.

Ja, er lachte. Aber glücklich war er trotzdem nicht. Denn keiner mochte ihn. Alle ärgerten sich über ihn. Und eigentlich wusste Zachäus ja auch, dass er selbst daran schuld war. Es war wirklich böse, was er tat.

Ein paar Leute unterhielten sich in der Nähe der Zollstelle. Zachäus bekam mit, dass sie von Jesus redeten. Bald käme er nach Jericho. Er wäre schon auf dem Weg.

Jesus? Zachäus horchte auf. Jesus! Den wollte er doch auch mal sehen.

Er muss ziemlich berühmt sein. Alle reden davon, dass Jesus die Menschen liebt. Aber mich liebt er sicher nicht, dachte Zachäus. Mich liebt keiner. Aber sehen will ich ihn doch ganz gerne.

Zachäus verschloss seine Kasse und ging hinüber zu der Straße, auf der Jesus vorbeikommen sollte.

Aber da standen so viele Leute! Sie alle wollten einen Blick auf den berühmten Mann aus Nazareth werfen. Leider war Zachäus ziemlich klein, und deshalb würde er erst recht nichts sehen können.

»Lasst mich doch mal durch!«, drängte Zachäus. Aber keiner hörte auf ihn. Die Menschen bildeten eine dichte Mauer. Einen anderen hätten sie vielleicht durchgelassen, aber Zachäus – nein, für den wichen sie keinen Zentimeter zur Seite.

Was sollte er tun? Er müsste von oben auf die Straße sehen können. Nicht weit entfernt sah er einen Baum. Auf den wollte er klettern!

Das tat er auch. Die Leute grinsten zwar, als sie den Steuerbeamten auf einen Baum klettern sahen, aber das machte ihm nichts aus. Er wollte unbedingt Jesus sehen.

Da kam Jesus auch schon. Seine zwölf Jünger begleiteten ihn, und viele folgten. Zachäus beobachtete genau, wie er unter ihm hindurch…

Nein! Er ging ja gar nicht vorbei! Er blieb unter dem Baum stehen und sah herauf. Und er rief: »Zachäus, komm schnell herunter! Bei dir will ich heute zu Gast sein!«

Woher kennt der mich?, wunderte sich Zachäus. Und warum will er ausgerechnet mich besuchen?

Aber jetzt war keine Zeit, lange zu überlegen. So schnell er konnte, rutschte Zachäus den Stamm herunter. Dann führte er Jesus und die Jünger zu seinem Haus.

Schnell ließ er den Tisch decken und allerlei gute Sachen auftragen. Zachäus freute sich. Es stimmte also, was man sich erzählte: Jesus verachtete ihn nicht. Er liebte alle Menschen. Auch Menschen wie ihn, von dem alle wussten, was für ein Leben er führte.

Dieses Leben sollte jetzt anders werden. Zachäus sagte zu Jesus: »Die Hälfte von meinem Geld gebe ich den Armen. Und wenn ich jemandem ein Silberstück zu viel abgenommen habe, gebe ich ihm vier Silberstücke zurück.«

Ja, Zachäus fing ganz neu an. Er war so glücklich, dass Jesus sein Gast war. Nun wollte er so leben, wie es Gott gefiel.

Viele Leute waren Jesus und Zachäus bis zu seinem Haus gefolgt. Sie ärgerten sich. »Warum geht Jesus zu dem?«, murrten sie. »Mit dem Betrüger reden wir nicht einmal. An seinen Tisch würden wir uns erst recht nicht setzen. Zu dem geht Jesus – und zu uns nicht!« Sie verstanden Jesus einfach nicht.

Der sagte zu Zachäus: »Du bist heute gerettet worden. Auch du gehörst zu Gottes Volk. Um Menschen wie dich zu Gott zu rufen, bin ich in die Welt gekommen.«

Lukas 19,1-10

Lazarus

Ein Mann drängte sich durch die Menschenmenge. Schließlich stand er vor Jesus.

»Meister«, sagte er, »ich habe dich lange gesucht. Marta und Maria, die Schwestern aus Betanien, schicken mich. Sie lassen dir sagen, dass Lazarus, ihr Bruder, schwer krank ist.«

Jesus nickte. »Ich danke dir für die Botschaft.«

Als der Mann wieder gegangen war, rechneten die Jünger damit, dass Jesus sofort aufbrechen würde, um Lazarus gesund zu machen. Schließlich waren Lazarus und seine Schwestern gute Freunde von Jesus geworden. Bei ihnen hatte er sich oft aufgehalten.

Aber nichts geschah. Jesus blieb einfach da und redete weiter mit den Leuten.

Auch am nächsten Tag brach Jesus noch nicht auf. Keiner traute sich aber, ihn zu fragen, ob er denn nicht zu Lazarus gehen wolle.

Erst am dritten Tag sagte Jesus zu seinen Jüngern: »Lasst uns jetzt nach Jerusalem gehen. Dabei kommen wir durch Betanien. Dort schläft Lazarus, und ich werde ihn aufwecken.«

»Wenn er schläft, wird es besser mit ihm«, meinten seine Jünger und waren ein bisschen beruhigt. Sie verstanden nicht, dass Jesus nicht den normalen Schlaf meinte, sondern dass er vom Tod sprach. Jesus wusste, dass Lazarus inzwischen gestorben war.

Dann sagte er ihnen ganz offen: »Lazarus ist tot. Aber es ist gut, dass ich nicht da war, um ihn gesund zu machen. Denn was ihr nun erleben werdet, wird euer Vertrauen in mich stärken.«

Bis Jesus und die Jünger Betanien erreicht hatten, war Lazarus schon vier Tage tot.

Am Rand des Dorfes machte Jesus Halt. Er wollte nicht in das Trauerhaus mit den vielen Besuchern gehen, weil er dort nicht mit den Schwestern allein sprechen konnte. Er schickte einen der Jünger, der Marta und Maria ausrichtete, wo er auf sie wartete.

Marta stand schnell auf, um dem Meister entgegenzugehen. Aber Maria blieb sitzen. So enttäuscht war sie, dass Jesus nicht früh genug gekommen war, als Lazarus noch zu retten gewesen wäre.

Marta sprach ihre Enttäuschung aus, als sie zu Jesus kam. »Meister, wenn du hier gewesen wärst, wäre mein Bruder nicht gestorben. Aber ich glaube, dass Gott dich erhört, ganz gleich was du von ihm erbittest.«

Jesus antwortete schlicht: »Lazarus wird auferstehen!«

»Ja, er wird auferstehen bei der Auferstehung der Toten am Ende der Zeit, das weiß ich«, sagte Marta.

»Ich bin die Auferstehung und das Leben«, sagte Jesus da, »wer an mich glaubt, wird leben, auch wenn er sterben muss. Glaubst du das, Marta?«

»Ja«, antwortete ihm Marta, »ich glaube, dass du der versprochene Retter bist, der Sohn Gottes.«

Dann lief Marta zurück und bestellte Maria: »Jesus möchte dich gern sprechen.«

Maria ging hinaus. Einige Besucher, die dachten, sie wolle zum Grab gehen, folgten ihr.

Als sie zu Jesus kam, fiel sie vor ihm nieder und sagte das Gleiche wie ihre Schwester: »Meister, wenn du hier gewesen wärst, wäre Lazarus nicht gestorben.«

Als Jesus ihre Trauer sah, begann er selbst zu weinen. »Wo ist das Grab?«, fragte er nur.

Sie führten ihn zu einer Höhle, die als Grab in einen Felsen gehauen und mit einem großen Stein verschlossen war.

Jesus sagte: »Rollt den Stein weg!«

Dann richtete er den Blick zum Himmel und betete laut: »Vater, ich danke dir, dass du mich erhört hast. Ich weiß, dass du mich immer hörst. Aber damit diese Menschen hier sehen, dass du mich gesandt hast, rufe ich zu dir.«

Er bückte sich und rief in die Grabhöhle hinein: »Lazarus, komm heraus!«

Das ist doch verrückt, dachten die Leute, die dabeistanden. Man kann doch nicht …

Nein, wir sind verrückt! Oder ist es Wirklichkeit, was wir da sehen? Fast hätten sie vor Schreck laut aufgeschrien.

Weiß wie ein Gespenst kam der Tote aus der Höhle. Aber das Weiße waren nur die Grabtücher, die noch um ihn gewickelt waren. Und tot war er auch nicht mehr, sondern lebendig wie sie alle.

Jesus sagte: »Nehmt ihm die Grabtücher ab, damit er sich wieder frei bewegen kann, und lasst ihn gehen.«

Dann ging er mit Lazarus und seinen Schwestern in ihr Haus.

Viele von denen, die sahen, dass Lazarus wieder lebte, glaubten von nun an an Jesus.

Die mächtigen Männer in Jerusalem aber ärgerten sich furchtbar. Sie sagten: »Nach einem so großen Wunder werden noch mehr Leute an Jesus glauben. Das können wir nicht zulassen!« Sie beschlossen, Jesus umzubringen. Sie wollten nur auf eine günstige Gelegenheit warten.

Johannes 11,1-48+53

Jesus leidet

Jesus zieht in Jerusalem ein

Bald war Passafest. Und wie unzählige andere Menschen machte sich auch Jesus mit denen, die ihn begleiteten, auf den Weg nach Jerusalem. Immer wieder einmal hatte er angedeutet, dass ihn in Jerusalem großes Leid erwartete. Deshalb freuten sich die Jünger nicht nur auf das Fest, sie hatten auch Angst, wenn sie daran dachten.

Auch wenn es später ganz anders kam, zunächst einmal wurde aus der Wanderung so etwas wie ein Triumphzug. Und das kam so:

Als Jesus mit seinen Jüngern und noch vielen anderen Freunden zum Ölberg kam, der vor Jerusalem liegt, sagte er zu zweien von seinen Jüngern: »Geht voraus ins nächste Dorf. Da findet ihr vor einem Haus eine Eselin angebunden und ein kleines Eselsfüllen bei ihr. Bindet das Eselchen los, und bringt es mir. Ich warte hier solange.«

Das war nun eine merkwürdige Anweisung! Woher wusste Jesus … Aber sie wollten nicht lange überlegen! Sie waren ja manches von ihrem Meister gewöhnt. Nur – war das nicht gestohlen?

Jesus fügte hinzu: »Wenn euch der Besitzer des Esels fragt: ›Was macht ihr da?‹, dann sagt einfach: ›Der Meister braucht den kleinen Esel‹, dann wird er ihn euch überlassen.«

So taten sie es auch. Sie fanden wirklich die zwei Esel und brachten das Füllen zu Jesus. Es war noch ein sehr junges Tier, und es war bisher noch niemand darauf geritten.

Einige Jünger legten Kleidungsstücke auf den Rücken des Esels, Jesus setzte sich darauf und ritt los. Der Zug kam über den höchsten Punkt des Ölbergs und bewegte sich dann den gewundenen Weg auf der anderen Seite hinunter, wo man schon Jerusalem auf der gegenüberliegenden Seite eines kleinen Tales liegen sah.

Niemand wusste hinterher zu sagen, wie es eigentlich angefangen hatte. Jedenfalls riefen plötzlich einige von den Leuten, die von Betanien mitgekommen waren, laut: »Hosianna!« Das ist ein Wort aus der Sprache Israels und bedeutet auf Deutsch: Herr, hilf doch!

Einige riefen auch: »Halleluja!« Das heißt: Lobt Gott!

Dann stimmten andere und auch die Jünger mit ein, und sie lobten Gott und riefen, Jesus sei der Mann, den Gott geschickt habe, um allen zu helfen.

Sie hatten ja auch allen Grund, begeistert zu sein. Sie hatten so Großartiges mit Jesus erlebt, sie hatten so kluge und hilfreiche Worte von ihm gehört, sie hatten nicht nur seine Macht, sondern auch seine Güte gesehen – es konnte gar nicht anders sein, als dass er der Retter war, den Gott zu schicken versprochen hatte. Und das sollten auch die Oberen im Land endlich zugeben!

Aber vielleicht kam das ja jetzt. Wenn er nun zu dem großen Passafest nach Jerusalem einzog, dann war das sicher der richtige Moment, dass alle ihn anerkannten.

Einige Leute zogen ihre Umhänge aus und legten sie auf die staubige Straße, da, wo Jesus entlangreiten musste. Sie hatten keinen langen Teppich, wie man ihn vor Königen auslegt. So mussten sie sich auf diese Weise behelfen. Andere brachen grüne Palmwedel und andere Zweige von den Bäumen rechts und links der Straße ab. Die legten sie auch auf seinen Weg.

Sie schwenkten Zweige in der Luft und riefen laut, mal im Chor, mal durcheinander: »Wir loben dich! Du kommst im Namen Gottes zu uns! Du bist unser König! Du bringst uns Frieden! Gott in der Höhe sei gelobt!«

Das Rufen und Jubeln zog immer mehr Leute an. Aus den Gärten rechts und links des Weges schlossen sich Menschen dem Zug an. Aus der Stadt kamen sie ihnen entgegen. Viele liefen mit Zweigen winkend vor oder neben Jesus her, andere folgten dicht gedrängt auf der engen Straße.

Dann kamen sie an das Stadttor und zogen hindurch. Immer noch schlossen sich Leute der jubelnden Menge an. Wohin man blickte, sah man fröhliche Gesichter, hörte Lachen, Jubeln, Singen.

Nein, nicht überall! Da drüben standen einige Pharisäer. Sie blickten finster auf das fröhliche Treiben und verzogen keine Miene.

Jetzt drängten sie sich durch die jubelnde Menge und traten vor Jesus hin.

»Mach doch diesem Theater ein Ende«, riefen sie. Sie mussten ziemlich laut sprechen, damit Jesus sie hören konnte. »Wenn die Römer erfahren, dass sie dich König nennen, kriegst du Ärger, und wir alle mit dir. Außerdem – was soll das überhaupt? Die Leute wissen nicht, was sie tun, und lassen sich nur von ihren Gefühlen mitreißen. Aber du weißt es doch besser. Sag ihnen, sie sollen endlich schweigen.«

»Nein«, rief Jesus zurück, »wenn diese Menschen schweigen, dann werden die Steine schreien. Lasst sie Gott loben!«

Lukas 19,28-40

Die Groschen der armen Witwe

»Stellt keinen Unsinn an, bis ich wiederkomme«, sagte die Mutter zu ihren Kindern, »ich gehe in den Tempel, um zu beten. Sehr lange wird es nicht dauern. Spielt inzwischen ein bisschen draußen.«

Die Kinder stürmten fröhlich ins Freie.

Die Kinder waren fröhlich. Aber die Mutter nicht. Sie machte sich große Sorgen.

Die Frau war eine Witwe. Ihr Mann war vor einigen Jahren gestorben. Darum war keiner in der Familie, der Geld verdienen konnte. Das war sehr schwierig. Manchmal mussten sie und die Kinder sogar hungern.

Es kam aber auch vor, dass ihnen Freunde etwas zu essen oder auch Kleidung für die Kinder schenkten.

Manchmal konnte sie für andere Leute arbeiten, im Garten oder auf dem Feld. Das war natürlich nicht einfach, weil sie sich in dieser Zeit nicht um ihre Kinder kümmern konnte. Dann mussten Nachbarn oder entfernte Verwandte helfen.

Aber zurzeit hatte sie keine Arbeit. Darum hatte sie auch kein Geld. Sie wusste nicht, wie sie ihre Kinder und sich in der nächsten Woche ernähren sollte.

Deshalb wollte sie in den Tempel gehen und beten. Sie musste einfach Gott ihre Not sagen. Natürlich konnte sie auch zu Hause beten, und sie tat das oft. Aber sie ging gern zum Beten in den Tempel. Da wurde sie nicht durch die Kinder gestört. Es war ruhig, sie konnte sich besser auf Gott besinnen. Und Gott hatte ja auch versprochen, dass er im Tempel den Menschen besonders nahe sein wollte.

Wenn sie so ihre Not vor Gott aussprach, dann wurden ihre Sorgen immer viel leichter. Das hatte sie schon oft erlebt.

Manchmal wurde ihr so klar, dass Gott sie nicht im Stich lassen würde, dass sie sogar am Ende des Gebetes schon Gott für seine Hilfe dankte, obwohl noch gar nichts davon zu sehen war.

Auf ihrem Weg zum Tempel hielt sie schon an der Haustür an. Sie hatte gar kein Opfer! Es war üblich, dass die Besucher des Tempels beim Hinausgehen ein Geldstück in den Kollektenkasten warfen. Aber sie hatte doch nichts!

Nein, das stimmte nicht! Zwei Groschen hatte sie noch! Es waren die letzten Geldstücke. Sollte sie die für Gott geben? Aber dann hätte sie ja wirklich gar nichts mehr!

Sie nahm die Groschen aus der Schublade und überlegte einen Moment. Wenn sie das Geld behielt, konnte sie noch eine Kleinigkeit zum Essen kaufen. Aber lange würde es nicht reichen. Sie war also sowieso darauf angewiesen, dass Gott ihr half. Und wenn er ihr half, dann konnte er das auch ohne dieses Geld.

Ihr Entschluss stand fest: Sie wollte das Geld geben, um Gott zu danken, der ihr schon so oft geholfen hatte.

Als die Witwe im Tempel gebetet hatte und am Ausgang gerade die Münzen in den Kasten werfen wollte, ging vor ihr ein reicher Mann

durch das Tor. Er griff tief in seine Tasche und holte mehrere Goldstücke heraus. Die ließ er langsam, eins nach dem anderen, in den Opferkasten fallen, so dass es laut klirrte. Dabei schaute er sich um, ob auch andere bemerkten, wie viel er geopfert hatte.

Die arme Witwe zögerte. Sollte sie ihre lächerlichen Groschen hineinwerfen, auf die Goldstücke, die glänzend und schwer dort lagen? Sie schämte sich für das, was sie geben wollte, und legte die Münzen mit einer flinken Bewegung hinein, damit es niemand sah.

Aber einige hatten es doch beobachtet. Nicht weit vom Opferkasten stand ein Mann. Sie hatte ihn schon einige Male hier gesehen.

Es war Jesus. Um ihn herum standen seine Jünger. Die Leute, die auch noch den Tempel verlassen wollten, schoben von hinten. So musste sie weitergehen. Dabei schoss ihr der Gedanke durch den Kopf: Ob dieser Mann wohl gesehen hat, dass ich nur so wenig gegeben habe?

Als die Menschen den Tempel verlassen hatten, sagte Jesus zu seinen Jüngern: »Diese Frau hat mehr geopfert als die reichen Leute, die vor ihr hinausgingen. Die haben zwar viel gegeben, aber es war nur das, was sie übrig hatten. Die arme Witwe aber hat alles gegeben, was sie zum Leben brauchte. Das ist bei Gott viel mehr wert.«

Lukas 21,1-4

Jesus verliert einen Freund und gewinnt neue

Als Jesus wieder zum Tempel ging, waren nur elf seiner Jünger dabei. Judas fehlte. Keiner der Jünger wusste, wo er war, und das sollte auch keiner wissen.

Judas ging in den Palast, wo der Hohepriester wohnte. Es war gar nicht so einfach, die Wache am Eingang zu überzeugen, dass sie ihn durchlassen musste. Aber dann stand er doch vor den Leuten vom Hohen Rat.

»Ihr wollt doch Jesus gefangen nehmen, nicht wahr?«

Der Hohepriester kniff die Augen zusammen. »Wie kommst du darauf? Wir tun immer, was recht ist. Wenn du uns also Vorwürfe machen willst …«

Judas lächelte. »Keineswegs. Ich weiß, dass ihr euch über ihn ärgert. Und ihr habt Recht: Vieles ist wirklich ärgerlich, was er tut. Aber weil das Volk ihn für einen Propheten hält, wagt ihr nicht, ihn in aller Öffentlichkeit gefangen zu nehmen.«

»Hm«, knurrte der Hohepriester nur. Er wollte lieber noch nichts bestätigen, solange er nicht wusste, was dieser Mann von ihm wollte.

Judas fuhr fort: »Du kannst mir vertrauen. Ich bin nämlich einer von seinen Jüngern. Gewesen jedenfalls. Aber ich will nichts mehr mit ihm zu tun haben. Ich könnte deine Soldaten zu der Stelle führen, wo er übernachtet. Dann könnten sie ihn gefangen

nehmen, ohne dass es Aufsehen erregt.«

»Hm«, machte der Hohepriester wieder. »Das hört sich gut an.«

»Und was gebt ihr mir dafür?«, fragte Judas.

Der Hohepriester besprach sich leise mit seinen Kollegen. Dann bot er Judas dreißig Silberstücke an.

»Gut«, nickte der Verräter, »einverstanden. Zu bezahlen im Voraus.«

Während Judas sich von einem Diener des Hohenpriesters seinen Verräterlohn auszahlen ließ, begleiteten die anderen elf Jünger ihren Meister zum Tempel. Er war jetzt jeden Tag dort.

Das sprach sich herum, und darum kamen viele Leute dorthin, die ihn kennen lernen wollten. Es wurden von Tag zu Tag mehr, die im Vorhof des Tempels auf ihn warteten, um ihm zuzuhören.

Auch Kranke kamen, die gerne geheilt werden wollten. Da waren Menschen, die nur auf Krücken gehen konnten, andere mussten sogar getragen werden, Blinde waren da, die sich führen lassen mussten – und Jesus machte sie gesund.

Da traten die Priester und die Pharisäer auf Jesus zu und fragten ihn: »Sag uns, woher hast du die Kraft, solche Wunder zu tun?«

Jesus antwortete: »Ich will euch auch etwas fragen. Wenn ihr mir meine Frage beantwortet, will ich euch auch sagen, woher ich die Kraft nehme, Wunder zu tun. Als Johannes am Jordan getauft hat, hat er das im Auftrag Gottes oder im Auftrag von Menschen getan?«

Da wussten sie nun nicht, was sie sagen sollten. Wenn sie antworteten: im Auftrag Gottes, dann würde Jesus sagen: Warum habt ihr ihm denn dann nicht geglaubt? Wenn sie aber sagten: im Auftrag von Menschen, dann würde das Volk protestieren. Denn die meisten hielten Johannes für einen Propheten Gottes. Was sollten sie also sagen?

Am besten gar nichts! Sie antworteten: »Wir wissen es nicht.«

Da erwiderte Jesus: »Dann sage ich euch auch nicht, wer mir die Kraft gibt.«

Aber natürlich merkten die Priester genau, was Jesus sagen wollte: Der Gott, der mit Johannes war, der ist auch mit mir.

Inzwischen hatte sich eine fröhliche Stimmung breit gemacht bei den Leuten, die geheilt worden waren. Sie riefen: »Halleluja!« und: »Hosianna dem Nachkommen von König David!« So wie vor kurzem, als Jesus auf dem Esel in Jerusalem eingeritten war.

Einige Kinder fanden das lustig. Sie sprangen fröhlich im Hof des Tempels herum, wedelten mit Zweigen und riefen immerzu: »Hosianna, dem Nachkommen von König David!«

Das ärgerte die Pharisäer noch mehr. Im heiligen Tempel sprangen spielende Kinder herum und brüllten Sätze, die sie gar nicht verstanden! Unerhört! Und Jesus ließ das auch noch geschehen!

Sie fragten ihn: »Hörst du nicht, was die Kinder rufen?«

»Doch«, antwortete Jesus, »sie loben Gott. Das soll man doch im Tempel tun, dafür ist er da.«

»Aber sie verstehen doch gar nicht, was sie da reden!«

Jesus sagte: »Meint ihr, man kann Gott nur loben, wenn man alles versteht? Nein! Es steht ja schon in den Psalmen: Durch den Mund der Kinder und sogar der Babys wird Gott gelobt.«

Da ärgerten sich die Pharisäer noch mehr.

Aber die Kinder, die das mitgehört hatten, freuten sich und ließen sich nicht davon abringen, Gott zu loben.

Matthäus 26,14-16 und 21,23-27+14-16

Das letzte Passafest

Passa war das wichtigste Fest im Volk Israel. Zum Fest gehörte auch, dass jede Familie das Passalamm aß, das auf eine besondere Art zubereitet wurde.

Auch Jesus wollte es mit seinen Jüngern feiern. Er rief Petrus und Johannes zu sich und sagte: »Geht voraus und bereitet das Lamm vor und was sonst noch zur Passafeier gehört.«

Die beiden fragten: »Aber wo denn, Meister?«

Jesus antwortete: »Wenn ihr nach Jerusalem hineinkommt, wird euch ein Mann begegnen, der einen Wasserkrug trägt. Folgt ihm in sein Haus und fragt ihn, in welchem Raum wir das Passamahl miteinander feiern können. Er wird euch ein großes Zimmer zeigen, in dem ihr alles vorbereiten könnt.«

Tatsächlich fanden sie alles so, wie Jesus es gesagt hatte. Eigentlich wurde das Passamahl immer am Freitagabend zu Beginn des Festes eingenommen. Und heute war Donnerstag. Die Jünger wunderten sich und ahnten, dass es mit dem zusammenhängen könnte, was Jesus immer wieder gesagt hatte: »Wir gehen nach Jerusalem, und es wird alles so kommen, wie es die Propheten vorausgesagt haben. Ich werde verspottet, geschlagen und getötet werden. Aber am dritten Tag werde ich auferstehen von den Toten.«

Dieser Gedanke machte sie so traurig, dass sie nicht wagten, ihn zu fragen.

Am Abend versammelte sich Jesus mit allen Jüngern in dem großen Raum in Jerusalem.

»Halleluja, lobt, ihr Knechte
des Herrn,
lobt den Namen des Herrn!
Gelobt sei der Name des Herrn
von nun an bis in Ewigkeit.
Vom Aufgang der Sonne
bis zu ihrem Niedergang
sei gelobt der Name des Herrn!«

So beteten Jesus und seine Jünger mit Worten aus den Psalmen. Jedes Jahr waren es dieselben Psalmen, die in allen Häusern vor dem Essen gebetet wurden, und sie kannten sie auswendig.

Aber dann tat Jesus etwas, was gar nicht zum üblichen Ablauf des Festes gehörte: Er stand auf, zog sein Obergewand aus, nahm ein Tuch und band es sich wie eine Schürze um. Dann nahm er eine Schüssel und goss aus einem Krug Wasser hinein. Er ging mit der Schüssel zu einem der Jünger, kniete sich vor ihm nieder und begann, ihm die Füße zu waschen.

Die Augen der Jünger wurden immer größer. Was sollte das heißen? In vornehmen Häusern gab es Diener, die Gästen die Füße wuschen, denn man lief mit nackten Füßen in Sandalen, und die Füße waren staubig, wenn man von der Straße kam. Aber Jesus war doch nicht ihr Diener! Er war ihr Meister, der Prophet Gottes, ja sogar der Sohn Gottes! Und er tat die Arbeit eines Dieners!

Die Jünger waren so erstaunt, dass sie sich nacheinander die Füße waschen ließen, ohne etwas zu sagen. Ein bisschen schämten sie sich auch, dass niemand von ihnen auf die Idee gekommen war, wenigstens dem Meister die Füße zu waschen. Keiner von ihnen fand zwar, dass so etwas seine Aufgabe wäre, aber es wäre doch richtiger gewesen als das hier.

Jetzt kniete Jesus vor Petrus. Aber der empörte sich nun doch: »Herr«, protestierte er, »auf keinen Fall sollst du mir die Füße waschen!« Jesus sah ihn an: »Wenn du dir nicht von mir die Füße waschen lässt, dann kannst du nicht zu mir gehören.«

Einen Augenblick dachte Petrus nach. Es geht ihm also nicht nur darum, mir die Füße zu waschen. Er meinte damit noch mehr ...

»Herr«, sprudelte es aus ihm heraus, »dann wasche mir doch nicht nur die Füße, sondern auch die Hände und den Kopf! Ich möchte doch ganz zu dir gehören!«

Jesus lächelte: »Nein, Petrus«, sagte er, »wer gebadet hat, braucht sich nur noch die Füße zu waschen, dann ist er ganz sauber. Ihr seid alle rein, außer einem.«

Mit dem einen, der nicht rein war, meinte er Judas, der ihn verraten wollte.

Aber das verstanden seine Jünger nicht.

Als Jesus allen die Füße gewaschen hatte, zog er sein Obergewand an und setzte sich wieder zu ihnen.

»Versteht ihr, was ich euch getan habe?«, fragte er.

Niemand sagte etwas, denn niemandem war es wirklich klar.

»Ich habe euch ein Beispiel gegeben«, erklärte Jesus. »Ihr sollt es genauso machen.«

Genauso machen? Die Rolle des Dieners übernehmen? Das konnte Jesus doch wohl nicht verlangen!

Jesus fuhr fort: »Ihr nennt mich Meister und Herr. Und das bin ich ja auch. Trotzdem habe ich euch die Füße gewaschen. Wenn ich das getan habe, sollt ihr es untereinander erst recht tun. Der Diener ist nicht größer als sein Herr, und der Bote ist nicht größer als der, der ihn geschickt hat. Ihr seid meine Diener und Boten. Deshalb braucht ihr euch nicht zu schade zu sein, den anderen zu dienen.«

Nun sollte das eigentliche Passamahl beginnen. Die Jünger trugen das Essen auf und warteten darauf, dass Jesus das Dankgebet sprach. Es war ein festlicher Augenblick.

Aber bevor er betete, sagte Jesus etwas, das die Jünger noch einmal verwunderte und auch traurig machte.

»Ich habe mich sehr danach gesehnt, gerade dieses Passamahl mit euch zu feiern, bevor ich leiden muss. Denn ich werde es erst in der neuen Welt wieder feiern, wo Gott König ist.«

Dann nahm Jesus ein Brot und sprach das Dankgebet. Er brach das Brot in viele Stücke und gab sie seinen Jüngern.

»Das ist mein Leib«, sagte er. »So wie dieses Brot gebrochen ist, wird auch mein Leib für euch gebrochen werden. Esst das Brot zur Erinnerung an mich.«

Nach dem Essen nahm Jesus einen Becher und goss Wein hinein. Dann sagte er: »Dieser Wein ist mein Blut,

das für euch vergossen wird. Es ist der neue Bund, den Gott mit den Menschen macht.«

Er gab den Becher dem weiter, der neben ihm saß, und alle Jünger tranken daraus.

Sie aßen und tranken schweigend. Ganz anders war dieses Passafest als alle, die sie bisher gefeiert hatten. Sie verstanden nur wenig von dem, was Jesus sagte, aber sie ahnten: Er selbst gibt sein Leben, er selbst ist das Passalamm.

Lukas 18,31-33; 22,7-21 und Johannes 13,1-17

Im Garten Gethsemane

Es war dunkel. Zwölf Männer gingen zusammen durch die verlassenen Straßen von Jerusalem. Durch eins der Tore verließen sie die Stadt und stiegen ins Tal hinunter. Von dort kamen sie auf den Ölberg.

Es war Jesus mit elf seiner Jünger. Der zwölfte, Judas, war nicht dabei. Nachdem sie eine Weile schweigend gegangen waren, blieb Jesus stehen und sagte zu seinen Freunden: »Es ist eine schreckliche Nacht, die vor uns liegt. Und ich sage euch jetzt schon: Ihr werdet es bereuen, dass ihr meine Freunde geworden seid.«

Alle waren entsetzt, als sie das hörten.

Jesus fuhr fort: »Der Prophet Sacharja hat vor langer Zeit gesagt: Gott spricht: Ich werde den Hirten schlagen, und die Schafe werden sich zerstreuen. Das wird heute Nacht geschehen.«

Da konnte Petrus nicht mehr an sich halten: »Nein, Herr, auch wenn alle es bereuen sollten, dass sie zu dir gehören – ich bestimmt nicht!«

Jesus antwortete: »Ich sage dir, Petrus, dreimal wirst du behaupten, dass du mich gar nicht kennst. Noch in dieser Nacht wird das passieren, ehe morgen früh der Hahn kräht.«

»Niemals, Meister«, beteuerte Petrus, »eher würde ich mit dir sterben als behaupten, dass ich dich nicht kenne.« Die anderen Jünger stimmten ihm heftig zu.

Jesus antwortete nicht darauf.
Er drehte sich nur um und ging weiter.

Es dauerte nicht mehr lange, da kamen sie bei einem Gehöft an, zu dem ein Garten gehörte. Das Gehöft hieß Gethsemane, und in dem Garten standen lauter Olivenbäume.

Jesus sagte zu den Jüngern: »Setzt euch hierhin. Aber ihr, Petrus und Johannes und Jakobus, kommt bitte noch ein Stück mit mir in den Garten hinein.«

Das taten die drei. Dann sagte Jesus: »Ich habe schreckliche Angst vor dem, was nun geschehen soll. Darum brauche ich euch in meiner Nähe. Bitte, betet mit mir! Ich habe Todesangst.«

Die Jünger waren bestürzt. Dass Jesus, der sie immer so getröstet hatte, nun selbst Hilfe suchte, machte ihnen Angst. An seiner Stimme konnten sie hören, wie niedergeschlagen er war.

»Bleibt hier und wacht mit mir«, bat Jesus. Die drei setzten sich. Er selbst aber ging noch ein Stückchen weiter in den dunklen Garten hinein.

Er war so verzweifelt, dass er sich hinlegte, mit dem Gesicht zur Erde, um Gott sein ganzes Herz auszuschütten.

Immer hatte er seinem Vater im Himmel vertraut und war dabei auch in großer Gefahr ganz ruhig gewesen. Aber hier war es etwas anderes. Jesus sollte ja die Sünde der ganzen Welt auf sich nehmen. Das war viel schlimmer als Schmerzen oder sogar der Tod. Er war Gott immer so nahe gewesen wie niemand sonst. Nie hatte Sünde ihn von Gott getrennt. Und nun sollte die Sünde aller Menschen der ganzen Welt auf ihn gelegt werden. Gott würde sich von seinem geliebten Sohn abwenden müssen. Aber es gab keinen anderen Weg, um die Menschen von ihrer Last zu befreien.

Das wusste er. Darum betete er zwar: »Vater, wenn es möglich ist, erspare mir das Schreckliche.« Aber zitternd fügte er hinzu: »Doch es soll nicht so kommen, wie ich will, sondern wie du willst.«

Nach längerer Zeit stand Jesus auf, um zu den drei Jüngern zu gehen und durch ihre Freundschaft ein bisschen getröstet zu werden.

Aber welche Enttäuschung – sie waren eingeschlafen!

Als Jesus zu ihnen trat, wachte Petrus auf. Der Meister sagte zu ihm: »Könnt ihr denn nicht eine Stunde mit mir wachen?«

Petrus schämte sich und weckte die anderen. Sie rieben sich die Augen und richteten sich halb auf.

Jesus sagte: »Bleibt wach und betet. Ihr werdet das, was nun kommt, nur ertragen können, wenn ihr nicht der Müdigkeit nachgebt, sondern betet.«

Damit wandte er sich wieder um und ging zurück an den Ort, wo er gebetet hatte. »Vater, ist es möglich, dass ich nicht dieses Leid auf mich nehmen muss? Aber dein Wille soll geschehen!«, betete er auch diesmal.

Nach einiger Zeit kam er zu den dreien zurück – und sie waren wieder eingeschlafen!

Er weckte sie aber nicht, sondern ging wieder zu seinem Gebetsplatz und sprach mit seinem Vater.

Als er ein drittes Mal zu den schlafenden Jüngern kam, weckte er sie und sagte: »Kommt, es ist soweit. Jetzt ist nicht die Zeit, um zu schlafen. Jetzt werde ich denen in die Hände fallen, die mich töten wollen. Steht auf, lasst uns gehen! Er ist da, der mich verrät!«

Die Jünger sprangen auf. Sie erkannten Jesus fast nicht wieder. Eben war er so voller Angst gewesen, aber jetzt ging er ruhig seinen Feinden entgegen. Gott hatte ihn für seinen Weg gestärkt.

Matthäus 26,31-46

Jesus wird gefangen genommen

Unter den Olivenbäumen stand ein Junge. Er beobachtete Jesus und die Jünger. Heimlich war er ihnen gefolgt, als sie die Straße entlanggingen. Weil er schon im Bett gewesen war, hatte er sich nur schnell das Obergewand übergeworfen. Dann war er hinter den Männern hergeschlichen. Er wollte gerne wissen, was mit Jesus passierte.

Aber es passierte nichts Besonderes. Jesus betete lange und die Jünger schliefen. Dem Jungen wurde es langweilig.

Fast war er entschlossen, wieder nach Hause zu gehen. Da hörte er Geräusche in der Ferne: Waffenklirren, Schritte, leise Stimmen. Durch Bäume blitzte der Schein von Fackeln.

Auch Jesus hatte es gesehen und gehört und weckte seine Jünger. Der Junge schlich näher. Er wollte sich nichts von den spannenden Ereignissen entgehen lassen.

Jetzt traten die Männer mit ihren Waffen und Fackeln zwischen den Bäumen hervor. Es waren viele. Alles Knechte des Hohenpriesters und der Pharisäer. An ihrer Spitze Judas.

Ihnen gegenüber standen die Jünger. Sie hatten Angst. Jesus trat vor und ging den Bewaffneten entgegen.

»Wen sucht ihr?«, fragte er laut.

Einer antwortete: »Jesus von Nazareth.«

Jesus sagte: »Ich bin es.«

Er sagte das so ruhig und sicher und ging dabei auf die Männer zu, dass die erschraken und dachten: Hat der denn keine Angst? Sie wollten zurückweichen, aber da standen die anderen. Es gab ein Durcheinander, und einige fielen hin. Das hätte Jesus zur Flucht nutzen können. Aber er blieb stehen und sagte: »Wenn ihr mich sucht, dann nehmt mich gefangen, aber lasst meine Freunde gehen.«

Jetzt trat Judas hervor. Er hatte zu den anderen gesagt: »Damit es keine Verwechslung gibt, werde ich den Meister mit einem Kuss begrüßen. Dann wisst ihr, wen ihr gefangen nehmen müsst.«

Er ging auf Jesus zu. Der sagte leise zu ihm: »Verrätst du mich mit einem Kuss, mein Freund?«

Das gab Judas einen Stich durchs Herz, aber er küsste seinen Herrn trotzdem. Da sprangen die Knechte des Hohenpriesters heran und hielten Jesus fest.

Petrus konnte sich nicht länger beherrschen. Er zog das Schwert und schlug auf einen der Männer ein. Das Schwert rutschte vom Helm ab, sauste am Kopf herunter und schnitt dabei ein Ohr ab.

Die Männer wollten sich alle auf Petrus und die anderen Jünger stürzen. Aber Jesus hob die Hand, da blieben sie stehen. »Steck dein Schwert wieder ein, Petrus!«, befahl er. »Wer andere damit erschlagen will, kommt auch durchs Schwert um.«

Dann bückte er sich und hob das abgeschlagene Ohr auf. Er ging auf den Diener des Hohenpriesters zu, hielt es ihm an die blutende Stelle – und da war das Ohr wieder dran. Es blutete nicht mehr und tat auch nicht weh.

Jesus sagte: »Warum fangt ihr mich hier draußen in der Nacht? Ich war doch jeden Tag im Tempel. Warum habt ihr mich nicht da gefangen genommen?« Dann ließ er sich ohne Widerstand fesseln.

Als das die Jünger sahen, liefen sie weg. Kämpfen wollten sie, wenn's nötig war. Aber sich einfach gefangen nehmen lassen? Schnell waren sie in der dunklen Nacht verschwunden.

Die Diener des Hohenpriesters wollten sie aber nicht so einfach gehen lassen. Einige verteilten sich und suchten den Garten nach Geflüchteten ab.

Hinter einem der Büsche fanden sie einen Jungen. Er fiel in der Dunkelheit auf, weil er ein helles Gewand anhatte.

Als der Junge merkte, dass sie ihn entdeckt hatten, sprang er auf und wollte wegrennen. Einer der Männer war aber schon da und fasste nach seinem Gewand. Der Junge ließ es einfach los und rannte nackt davon.

Markus 14,43-52 und Johannes 18,1-11

Im Hof des Hohenpriesters

Die Diener des Hohenpriesters nahmen Jesus in die Mitte und führten ihn ab. Im Schein ihrer Fackeln gingen sie durchs Tal hinüber zur Stadt.

Nach einiger Zeit kamen sie vor einer Mauer an. Ein Tor wurde geöffnet und Jesus hineingeführt.

Sie standen in einem Hof, der teilweise von einer Mauer umgeben war. Dort, wo keine Mauer war, begrenzten zwei prächtige Häuser den Hof. In dem einen Haus wohnte der Hohepriester, er hieß Kaiphas. In dem anderen Haus wohnte Hannas, der Schwiegervater von Kaiphas. Er war früher selbst Hoherpriester gewesen.

Die Diener schoben Jesus in den Palast von Hannas. In dem Saal, den sie nun betraten, hatte sich der alte Mann auf einen kunstvoll geschnitzten Stuhl gesetzt. Jesus musste vor ihm stehen bleiben.

Hannas räusperte sich. »Sage mir«, begann er das Verhör, »was ist das Besondere an dem, was du den Menschen sagst? Ich muss prüfen, ob es mit dem übereinstimmt, was in den heiligen Schriften steht, oder ob du die Leute in die Irre führst.«

Jesus antwortete: »Ich habe doch immer öffentlich geredet, im Tempel und in den Synagogen, wo viele hundert Menschen zugehört haben. Du hättest es jederzeit auch hören können, und deine Leute haben es auch gehört. Frage sie doch, wenn du wissen willst, was ich gelehrt habe.«

Der alte Mann zog zornig die Augenbrauen zusammen.

Ein Diener trat vor, schlug Jesus auf die Backe und brüllte ihn an: »Es ist eine Frechheit, dem ehemaligen Hohenpriester so eine Antwort zu geben!«

Jesus sah den Diener ruhig an und sagte: »Wenn ich etwas Falsches gesagt habe, dann beweise es mir. Wenn ich aber Recht habe – warum schlägst du mich dann?«

Inzwischen hatten die Diener des Hohenpriesters, die nicht zu Hannas in den Palast kommen konnten, draußen im Hof ein Feuer gemacht. Es war kalt, und sie mussten sich wärmen. Bei ihnen standen noch einige Frauen, Soldaten und die Boten, die Kaiphas überall hingeschickt hatte, um die siebzig Mitglieder des Hohen Rates zusammenzurufen. Denn noch in dieser Nacht sollte der Hohe Rat tagen und Jesus zum Tod verurteilen.

Unter den Leuten, die herumstanden, war auch Johannes. Er hatte leicht hereinkommen können, weil er mit der Familie des Hohenpriesters entfernt verwandt war.

Als das Tor in der Mauer einmal geöffnet wurde, sah Johannes Petrus draußen stehen. Er war wohl auch heimlich hierher gekommen, weil er wissen wollte, was aus Jesus würde.

Johannes ging zu der Frau, die am Tor aufpasste und sagte, sie solle Petrus hereinlassen. Die nickte nur und winkte Petrus heran. Als er an ihr vorüberging, sagte sie: »Du gehörst doch auch zu den Jüngern von diesem Jesus, oder?«

»Nein, nein«, behauptete Petrus und huschte schnell vorbei.

Beide Jünger stellten sich mit an das Feuer und streckten frierend die Hände vor. Da schaute einer der Diener Petrus an und sagte: »Du bist doch auch ein Freund von Jesus!«

Petrus protestierte: »Jesus? Den kenne ich überhaupt nicht!«

Aber die Diener glaubten ihm nicht. Nach einiger Zeit fingen sie noch einmal an. »Du sprichst den Dialekt von Galiläa, wo seine zwölf Schüler herkommen«, sagte einer. Und ein anderer meinte: »Ich habe dich vorhin im Olivengarten gesehen. Malchus, dem du das Ohr abgehauen hast, ist ein Verwandter von mir. Ich erkenne dich wieder.«

»Was redet ihr denn alle für Unsinn!«, rief Petrus verärgert. »Ihr müsst mich verwechseln. Ich kenne diesen Jesus nicht.«

In die Stille hinein krähte der Hahn.

Gerade öffnete sich das Tor des Palastes, in dem Jesus verhört worden war. Jesus wurde über den Hof in den Palast des Hohenpriesters Kaiphas geführt, wo die eigentliche Verhandlung stattfinden sollte.

Als der Hahn krähte, blickte Jesus sich um und sah Petrus an. Sie waren ein ziemliches Stück voneinander entfernt, aber Petrus fühlte den Blick seines Meisters.

In dem Moment fiel ihm ein, was ihm Jesus vor wenigen Stunden gesagt hatte: Noch bevor der Hahn kräht, wirst du dreimal behaupten, dass du mich nicht kennst.

Er hatte versagt! Scham und Trauer überfielen ihn. Er rannte zum Tor hinaus auf die Straße und weinte.

Lukas 22,54-62 und Johannes 18,12-27

Jesus soll sterben

Der Hohepriester Kaiphas wusste, dass es schwierig sein würde, Jesus zu verurteilen. Jesus hatte kein Verbrechen begangen. Er hatte die Menschen nicht gegen die Römer aufgehetzt und sie auch nicht aufgefordert, das jüdische Gesetz abzuschaffen. Was sollte er Jesus also vorwerfen?

Deshalb hatte Kaiphas einige Leute suchen lassen, denen es nicht auf die Wahrheit ankam, die sich aber gern ein bisschen Geld verdienen wollten. Die sollten vor dem Hohen Rat alles mögliche Falsche über Jesus behaupten.

Die siebzig vornehmen Männer des Hohen Rates waren nun alle versammelt. Jesus wurde hereingeführt und musste vor ihnen stehen bleiben.

Kaiphas eröffnete die Sitzung. »Jesus ist angeklagt, gegen das Gesetz verstoßen zu haben. Wir haben Zeugen«, sagte er und winkte den Ersten herein.

Der redete aber so wirr durcheinander, dass seine Worte auf den Hohen Rat keinen Eindruck machten.

Der Nächste sagte etwas, von dem alle wussten, dass es gelogen sein musste. Der Dritte und der Vierte widersprachen sich. Der Auftritt der Zeugen schien seinen Zweck zu verfehlen.

Dann aber kamen zwei Leute, die sagten: »Jesus hat behauptet: Ich kann den Tempel Gottes abbrechen und in drei Tagen wieder aufbauen.«

Das stimmte, auch wenn Jesus es anders gemeint hatte. Er hatte von seinem Tod und seiner Auferstehung gesprochen. Aber er verteidigte sich nicht, sondern schwieg.

Da sprang der Hohepriester auf und rief wütend: »Sagst du nichts dazu? Verteidige dich, wenn du kannst!«

Aber Jesus schwieg weiter.

Da wurde Kaiphas noch wütender. Er schrie: »Was reden wir denn lang drum herum? Jeder weiß doch, dass behauptet wird, du seist der Sohn Gottes. Nun rücke endlich damit heraus, was du selber dazu sagst. Sprich vor Gott und diesem Hohen Rat die Wahrheit: Bist du Christus, der Sohn Gottes?«

Jetzt konnte Jesus nicht mehr schweigen. Ruhig und mit fester Stimme sagte er: »Ich bin es. Und es wird ein Tag kommen, an dem ich zu euch zurückkehre. Dann werdet ihr erkennen, dass ich der Sohn Gottes bin.«

»Gotteslästerung!«, schrie der Hohepriester da und wurde so wütend, dass er sein Obergewand zerriss. »Er hat Gott gelästert! Ihr habt es alle gehört! Was brauchen wir noch weitere Zeugen? Was sagt ihr dazu?«

Die siebzig Männer waren erregt aufgesprungen. Jetzt riefen sie laut durcheinander: »Er ist schuldig!« »Er soll getötet werden!« »Auf Gotteslästerung steht der Tod!«

Dann drängten sich alle nach vorn, dorthin, wo Jesus stand. Die vornehmen Männer, die sich sonst immer zu beherrschen wussten, waren so in

Zorn geraten, dass sie ganz die Würde vergaßen, die eigentlich ihrem Amt angemessen gewesen wäre. Sie schlugen auf Jesus ein und spuckten ihm ins Gesicht. Einige verspotteten ihn auch. Von hinten schlugen sie ihn und lachten höhnisch: »Wenn du ein Prophet bist, dann sage uns, wer dich geschlagen hat!«

Erst allmählich beruhigten sie sich. Kaiphas gab den Befehl, Jesus in eine kleine Gefängniszelle zu sperren, die er in seinem Haus hatte.

Dann trat der Hohe Rat zur Beratung zusammen. Es war klar, dass sie zu Pilatus mussten. Er war der Vertreter des römischen Kaisers. Der hatte verboten, dass die Führer des Volkes Israel jemand töteten. Schließlich waren die Römer die eigentlichen Herren im Land. Und bei einer so wichtigen Sache wie einem Todesurteil wollten sie immer das letzte Wort haben.

Ganz früh am nächsten Morgen wollte der Hohe Rat zu Pilatus gehen und ihm die Sache vortragen. Sicher würden sie ihn davon überzeugen, dass Jesus getötet werden musste!

Dann gingen die Mitglieder des Rates wieder nach Hause. Im Palast des Hohenpriesters wurde es ruhig.

Als schließlich nur noch Kaiphas mit einigen seiner Freunde und Diener im Palast war, ging die Tür auf. Mit schweren Schritten kam ein Mann herein und ging gebückt bis in die Mitte des Saales. Es war Judas.

Jetzt hob er den Kopf. »Ich habe eine große Schuld auf mich geladen«, stieß er hervor. »Ich habe einen Unschuldigen verraten. Da ist der Verräterlohn.« Und er warf den Beutel mit den dreißig Silberstücken auf den Boden.

Die Priester sahen ihn nur stumm an. Nach einer Weile sagte einer höhnisch: »Schlechtes Gewissen? Das ist dein Problem!«

Judas sah auf und blickte in die eisigen Gesichter. Dann nickte er. »Es ist zu spät«, murmelte er. »Ich kann mit der Schuld nicht weiterleben.« Langsam hob er den Beutel wieder auf und ging hinaus.

Matthäus 26,59-68 und 27,3-5

Jesus wird verurteilt

Unter dem Volk, das sich vor Pilatus' Burg versammelt hatte, wurde geflüstert. Priester gingen hin und her und schärften allen Leuten ein: »Jesus muss unbedingt gekreuzigt werden! Lasst euch nichts anderes einreden! Wenn alle den Kreuzestod fordern, dann kann Pilatus nicht anders, als zuzustimmen!«

Die Menschen nickten. Vor wenigen Tagen noch hatten sie Hosianna gerufen, als Jesus in Jerusalem eingeritten war. Aber inzwischen waren sie so zum Hass angestachelt worden, dass sie alle seinen Tod wollten.

Jetzt wurden sie still, denn Pilatus trat wieder auf den erhöhten Platz vor seiner Burg.

»Ich kann diesem Jesus keine Schuld nachweisen, für die man ihn töten

müsste«, rief er. »Also werde ich ihn schlagen lassen und dann freigeben.«

»Nein, nein!«, brüllten die Menschen. »Kreuzige ihn, kreuzige ihn!«

Was sollte Pilatus nur tun? Diese Leute zwangen ihn, Jesus zu verurteilen. Aber das könnte er nur mit einem schlechten Gewissen tun, denn Pilatus war von seiner Unschuld überzeugt.

Da kam ihm ein Gedanke: Es gab doch die Sitte, beim Passafest einen Gefangenen freizulassen.

Pilatus wandte sich an seinen Offizier, der neben ihm stand, und fragte leise: »Haben wir noch einen anderen Gefangenen außer diesem Jesus?«

»Ja, drei Verbrecher, die heute hingerichtet werden sollen«, antwortete der. »Einer ist ein Aufrührer. Er heißt Barabbas, und er hat im Tumult jemanden erstochen.«

Da rief Pilatus laut: »Wen soll ich euch freigeben, wie es Gewohnheit ist: Jesus oder Barabbas?«

»Barabbas, Barabbas, Barabbas!«, schrie das Volk.

Da trat ein Diener zu Pilatus und flüsterte: »Herr, deine Frau lässt dir etwas ausrichten. Sie hat schlecht geträumt wegen des Gefangenen Jesus, sagt sie, weil er unschuldig ist. Und sie bittet dich, dir keine Schuld aufzuladen, indem du ihn verurteilst.«

Pilatus nickte, und der Diener ging.

Vertreter des Kaisers war er – und doch so hilflos. Was sollte er nur machen?

Natürlich wäre es richtig, Jesus freizulassen. Aber dann würde Pilatus sich das ganze Volk zum Feind machen und es in Zukunft sehr schwer haben. Vielleicht würden sie ihn auch beim Kaiser in Rom anschwärzen, und er würde seinen Posten verlieren.

Pilatus bemühte sich, seine Stimme nicht verzweifelt klingen zu lassen, und rief noch einmal: »Ich werde Jesus schlagen und freilassen!«

Aber das Volk schrie wie verrückt: »Kreuzige ihn!«

Das Geschrei drang bis in den Burghof. Dort hatten die römischen Soldaten Spaß daran gefunden, Jesus zu verspotten. Sie zogen ihm einen alten, roten Soldatenmantel an, damit er wie ein König aussehen sollte. Dann schnitten sie mit dem Schwert Dornenzweige von einem Strauch, der in einer Ecke des Hofes wuchs, und flochten daraus einen Kranz. Den setzten sie ihm wie eine Krone auf den Kopf und drückten ihn fest, so dass die Dornen ihn stachen. Dabei lachten sie laut, fielen vor ihm auf die Knie und spotteten: »Gegrüßt seist du, König der Juden!« Dann schlugen sie ihn mit Peitschen, so dass er überall blutete.

Pilatus konnte das durch ein Fenster beobachten und dachte: Wenn die Leute sehen, wie schlimm Jesus zugerichtet ist, dann wird er ihnen Leid tun.

Pilatus befahl deshalb, Jesus vor die Burg zu führen. Dort stellte er sich neben ihn und rief: »Seht doch, was für ein Mensch!«

Aber niemand hatte Mitleid.

Es wurde gebrüllt und gepfiffen.

Pilatus hob wieder die Hand, aber es dauerte lange, bis Ruhe einkehrte. Dann rief er: »Da habt ihr euren König!«

Da schrien sie wieder: »Kreuzige ihn! Kreuzige ihn!«

Pilatus merkte, dass er so nichts erreichen konnte, weil die Leute voller Hass waren. Er ließ Jesus wieder in den Hof bringen.

Hilflos rief er in die Menge: »Soll ich denn euren König kreuzigen?«

Jemand von den Priestern antwortete, und seine Stimme überschlug sich dabei: »Wir haben keinen König! Nur den Kaiser!«

Ein anderer brüllte: »Wenn du Jesus freilässt, dann bist du nicht mehr der Freund des Kaisers!« Und das ganze Volk johlte dazu.

Da wusste Pilatus keinen Ausweg mehr. Er ließ sich eine Schüssel mit Wasser bringen und wusch sich darin die Hände, während die Menschenmenge zuschaute.

Dann sagte er: »Ich werde ihn kreuzigen lassen, aber an meinen Händen soll kein Blut kleben. Es ist eure Schuld.«

»Die nehmen wir auf uns«, riefen sie, »nur lass ihn kreuzigen!«

Da gab Pilatus den Befehl, Barabbas freizulassen. Jesus dagegen sollte geschlagen und ans Kreuz genagelt werden.

Matthäus 27,11-30 und Lukas 23,1-25 und Johannes 18,28-40; 19,1-16

Jesus wird getötet

Simon beeilte sich. Er hatte auf dem Feld gearbeitet. Nun wollte er schnell nach Hause, um sich zu waschen und umzuziehen und um mit seiner Familie das Passafest zu feiern. Seine beiden Söhne Alexander und Rufus freuten sich schon darauf.

Er selbst freute sich auch. Lange Zeit hatte er in der Stadt Kyrene in Nordafrika gelebt. Dort hatte er das Passa nie richtig feiern können. Jetzt aber wohnte er wieder in Jerusalem, und hier fühlte er sich zu Hause bei den vielen Menschen, die den gleichen Glauben hatten wie er.

Auf einmal hörte Simon in den Gassen vor sich Lärm. Da sah er es auch schon: Ein Trupp römischer Soldaten trieb drei Gefangene vor sich her. Sie kamen auf ihn zu. Die drei trugen schwere Holzkreuze aus dicken Balken auf den Schultern. Simon sah, dass sie kaum noch Kraft hatten. Besonders der erste der Gefangenen war sehr schwach, denn sie hatten ihm schon den Rücken blutig geschlagen. Aber die römischen Soldaten trieben ihn mit lauten Befehlen und mit Peitschen immer wieder an. Hinter der Gruppe folgten einige Frauen, die laut weinten.

War das nicht dieser berühmte Mann aus Galiläa? Er war kaum zu erkennen, so geschwollen und blutig sah sein Gesicht aus. Doch, jetzt sah Simon es genau: Es war Jesus.

Simon drückte sich an die Hauswand, um die Soldaten vorbeizulassen. Aber genau vor ihm brach Jesus zu-

sammen. Er konnte das schwere Kreuz einfach nicht mehr tragen.

Der Hauptmann sah, dass hier Schläge auch nichts halfen. Dieser Verurteilte war einfach zu geschwächt. Er sah sich um, und sein Blick fiel auf Simon.

»Du da!«, rief er. »Komm her und trage das Kreuz!«

Simon erschrak. Ich? Was habe ich denn damit zu tun? Und wenn ich das Kreuz anfasse, dann gelte ich bei den Priestern als unrein und kann nicht an der Passafeier teilnehmen! Dabei habe ich mich so darauf gefreut!

Aber es half nichts. Der Hauptmann stand mit dem gezückten Schwert vor ihm, und seine Geste war eindeutig.

Simon hob das schwere Kreuz und lud es sich auf die Schulter. Dann ging er los. Jesus raffte sich wieder auf und schleppte sich hinter ihm her. Sie kamen an das Stadttor und gingen hinaus zu dem Hügel, auf dem die Hinrichtungen stattfanden. Er hieß Schädelstätte, weil er die Form eines großen Kopfes hatte. In der Sprache Israels hieß das: Golgatha.

Auf Befehl des Hauptmanns warf Simon das Kreuz ab. Dann ging er schnell zur Seite, blieb aber in der Nähe stehen, um zu sehen, was passieren würde.

Die Soldaten begannen ihr grausames Werk. Jesus wurde mit Händen und Füßen auf das liegende Kreuz genagelt. Sie gruben ein Loch, richteten das Kreuz auf und befestigten es in dem Loch. Mit den beiden anderen Männern machten sie es genauso. Ihre Kreuze standen rechts und links von Jesus.

Simon zuckte selbst zusammen, als er sah, wie roh die Soldaten mit Jesus umgingen. Welche Schmerzen musste er haben! Warum taten sie das? Wenn das stimmte, was er von Jesus gehört hatte, dann hatte er nur Gutes getan. Warum töteten sie ihn?

Unter dem Kreuz standen einige der Freunde von Jesus und einige Frauen. Eine davon war wohl seine Mutter, denn Simon hörte, wie Jesus einem seiner Freunde sagte, er solle sich um sie kümmern.

Längere Zeit geschah nicht viel. Die Soldaten mussten warten, bis die Gekreuzigten gestorben waren. Unter dem Kreuz von Jesus weinten die Frauen, und in größerer Entfernung spotteten einige Leute. Sie riefen Jesus zu: »Wenn du Gottes Sohn bist, dann hilf dir doch selbst und steig vom Kreuz herunter! Dann wollen wir an dich glauben!«

Die Soldaten saßen in der Nähe zusammen und würfelten, wer das Gewand von Jesus bekommen sollte. Ohne es zu wissen, taten sie damit genau das, was ein Prophet schon vor langer Zeit vorausgesagt hatte.

Später hörte Simon, wie einer der beiden gekreuzigten Verbrecher Jesus beschimpfte. Aber der andere stöhnte: »Halt den Mund! Wir haben diese Strafe verdient, aber er hat nichts Böses getan.« Dann wandte er sich an

Jesus: »Herr, denke an mich, wenn du in dein Reich kommst!«

Jesus antwortete: »Ich verspreche es dir: Heute noch wirst du mit mir im Paradies sein!«

Dann wurde es auf einmal ganz dunkel. Die Erde bebte.

Jesus schrie laut: »Mein Gott, mein Gott, warum hast du mich verlassen?«

Simon kannte diese Worte. So begann der zweiundzwanzigste Psalm. Ob Jesus wirklich von Gott verlassen war? Aber warum denn? Erst später verstand Simon, dass Jesus diesen grausamen Tod erleiden musste, damit die Menschen ihn nicht erleiden müssen. Er begriff: Jesus wurde nicht gekreuzigt, weil er selbst schuldig geworden war, sondern weil er die Schuld aller Menschen trug.

Noch einmal zuckte Simon zusammen, als Jesus mit lauter Stimme rief: »Vater, ich befehle meinen Geist in deine Hände.« Dann fiel sein Kopf zur Seite. Er war tot.

Lukas 23,26-46 und Matthäus 27,45-47

Jesus wird begraben

Jesus war gestorben. Seine Mutter Maria und seine Freunde, die unter dem Kreuz standen, waren niedergeschlagen und weinten. Die Menge, für die die Kreuzigung nur ein Schauspiel gewesen war, zerstreute sich langsam.

Den römischen Soldaten war das alles gleichgültig. Nur einem nicht. Der Hauptmann hatte in der Nähe gestanden, gehört, was Jesus gerufen hatte, und beobachtet, wie er starb. Er begriff, dass die Dunkelheit über dem ganzen Land mit der Kreuzigung dieses Mannes in der Mitte zu tun hatte. Er schaute zum Kreuz hinauf und schüttelte den Kopf. »Nein«, sagte er, »er war kein Verbrecher, der den Tod verdient hatte. Er war der Sohn Gottes, wie er gesagt hat.«

Die beiden Verbrecher am Kreuz rechts und links neben Jesus lebten noch. Darum konnten die Soldaten nicht fortgehen. Aber die meisten Leute gingen vom Hügel hinunter zur Stadt. Nur die Freunde von Jesus blieben noch da.

Unter den vornehmen Leuten, die weggingen, war auch ein reicher Mann, der zum Hohen Rat gehörte. Er hatte aber nicht mit den anderen dafür gestimmt, dass Jesus getötet werden sollte. Er war überzeugt, dass Jesus von Gott geschickt worden war. Nur traute er sich nicht, das laut zu sagen. Dieser Mann hieß Josef von Arimathäa.

Josef ging nicht nach Hause wie alle anderen, sondern eilte zu Pilatus in die Burg. Dort ließ er sich anmelden. Als er schließlich vor dem Stellvertreter des Kaisers stand, bat er: »Pilatus, bitte erlaube mir, dass ich den Leichnam des Mannes, den du heute Morgen zum Tod verurteilt hast, vom Kreuz abnehme.«

»Was?«, wunderte sich Pilatus. »Ist er denn schon gestorben?«

»Ja. Und wenn du erlaubst, würde ich ihn gern begraben. Ganz in der Nähe von Golgatha ist ein Garten mit einem Felsengrab. Das gehört mir, ich habe es aushauen lassen. Ich könnte Jesus dort begraben, noch ehe das Passafest beginnt.«

»Gut«, nickte Pilatus, »tu das! Wenn der Mann schon unschuldig sterben musste, soll er wenigstens ordentlich begraben werden.«

Josef eilte zum Hügel Golgatha zurück, wo die drei Kreuze standen. Dort wartete ein anderer Mann vom Hohen Rat, der auch für Jesus gewesen war, aber sich nicht durchsetzen konnte: Nikodemus, ein Mann, der Jesus einmal nachts besucht hatte. Die beiden kannten sich gut und wollten Jesus gemeinsam begraben.

»Nun, hat Pilatus es erlaubt?«, fragte Nikodemus.

»Ja«, antwortete Josef. »Komm, wir wollen uns beeilen. Die Frauen helfen uns sicher.«

Nikodemus hatte Salböl dabei, wie man es für ein Begräbnis in Israel brauchte.

Josef sagte dem Hauptmann, Pilatus habe ihm erlaubt, Jesus zu begraben. Der glaubte ihm und nickte nur. Gemeinsam nahmen die Freunde nun den Körper vom Kreuz, umwickelten ihn mit Grabtüchern und trugen ihn in den Garten zu dem Grab, das Josef gehörte.

Der schwere, runde Stein wurde zur Seite gerollt. Jetzt konnte man in die künstliche Höhle sehen, die in den Felsen gehauen worden war. An der Seite war eine Art Bank aus Stein. Darauf legten sie den Leichnam. Sie mussten sich beeilen, weil es kurz vor dem Beginn des Passafestes war. Den toten Körper konnten sie deshalb nur notdürftig einbalsamieren. Gemeinsam rollten sie den schweren Stein vor den Eingang. Er sollte verhindern, dass jeder hinsehen konnte und dass Tiere in die Höhle kamen.

Maria, die Mutter von Jesus, und die anderen Frauen, die zugesehen hatten, gingen traurig nach Hause.

Markus 15,42-47 und Lukas 23,47-56

Jesus lebt

Das Grab ist leer

Es war noch dämmrig. Die Sonne schickte gerade ihre ersten Strahlen über den Ölberg auf die Stadt Jerusalem. Fast alle Bewohner schliefen noch.

Nur einige Frauen waren schon unterwegs. Sie hatten Krüge und Tücher bei sich.

Mit gebeugten Köpfen und ohne miteinander zu sprechen, gingen sie traurig durch die engen Gassen und zum Stadttor hinaus.

Sie waren oft mit Jesus unterwegs gewesen, hatten seinen Reden gern zugehört und verdankten ihm so viel. Nun war Jesus tot. Sie konnten nicht mehr auf ihn hören und ihm auch nicht mehr helfen, wie sie es oft getan hatten. Sie konnten nur noch seinen toten Körper mit Salbe behandeln, so wie es Sitte war. Am Freitag, als Jesus am Kreuz gestorben war, hatten die Frauen den Leichnam nicht mehr vollständig einbalsamieren können, weil am selben Abend das Passafest begann. Da durfte man solche Arbeiten nicht tun. Heute Morgen aber wollten sie es nachholen.

Sie kamen zu dem Garten, in dem das Grab lag, und gingen auf die Felshöhle zu, die Josef von Arimathäa und Nikodemus mit einem schweren Stein verschlossen hatten.

Aber was war das? Der Stein verschloss gar nicht mehr die Höhle! Er war weggewälzt und lag neben dem offenen Eingang! Die Frauen traten näher heran. Niemand war zu sehen. Vorsichtig blickten sie hinein. Aber weil es in der Höhle dunkel war, konnten sie nichts erkennen. Etwas ängstlich traten sie ein. Da sahen sie: Die Steinbank, auf der Jesus gelegen hatte, war leer!

Ob jemand den toten Körper gestohlen hatte? Aber wer? Und warum? Sie konnten es sich nicht erklären.

Eine der Frauen war Maria aus dem Dorf Magdala. Sie lief aus der leeren Höhle hinaus in die Stadt zurück, zu dem Haus, in dem die elf Jünger die Nacht verbracht hatten.

Die Jünger waren schon wach, als sie an die Tür klopfte. Sie ließen Maria ein, und atemlos berichtete sie, was sie gesehen hatte.

»Du hast geträumt, Maria«, sagten die Jünger. »Wer sollte denn den Leichnam von Jesus stehlen?«

»Seht doch selbst nach!«, rief Maria.

Petrus und Johannes warfen sich ihre Umhänge über. »Komm«, sagten sie, »wir gehen mit. Das wollen wir sehen.« Und schon eilten sie aus dem Haus.

Die anderen Frauen standen ratlos in der Grabhöhle.

Auf einmal traten zwei Männer in leuchtenden Gewändern auf sie zu. Die Frauen erschraken und wagten kaum, die Männer anzusehen. Das mussten Engel sein, Boten Gottes!

Die Männer sagten: »Warum sucht ihr den Lebendigen bei den Toten? Er ist nicht hier. Er ist auferstanden!«

Auferstanden? Wieder lebendig geworden? Die Frauen konnten es kaum fassen. Das wäre ja … aber so etwas gibt es doch gar nicht!

Da sprachen die Engel weiter: »Warum seid ihr denn so erstaunt darüber? Erinnert euch doch an das, was er gesagt hat, als er noch bei euch war: ›Ich muss den Menschen, die Böses mit mir vorhaben, in die Hände fallen. Ich werde gekreuzigt werden und am dritten Tag danach auferstehen.‹«

Das stimmt, dachten die Frauen. Jetzt erinnerten sie sich wieder. Sie hatten diese Worte damals nicht verstanden. Aber jetzt erkannten sie, dass alles so gekommen war, wie Jesus es gesagt hatte. Er war auferstanden!

Die Engel waren plötzlich nicht mehr da.

Was sollten die Frauen jetzt noch in der Grabhöhle? Wenn Jesus lebte, dann hatten sie hier nichts zu tun! Im Gegenteil, dann mussten sie das alles seinen Freunden erzählen!

Schnell liefen sie in die Stadt zurück.

Lukas 24,1-12 und Johannes 20,1-10

Maria aus Magdala

Je näher Petrus und Johannes zu dem Garten kamen, in dem das Grab war, desto schneller liefen sie. Eigentlich konnten sie es ja nicht glauben, dass Jesus nicht mehr dort war. Aber wenn es nun doch stimmt? Wenn er vielleicht sogar wieder lebendig … nein, der Gedanke war zu abwegig. Das konnte ja nicht sein. Aber nachsehen wollten sie trotzdem.

Je schneller sie liefen, desto mehr kam Petrus außer Atem. Da wollte Johannes nicht auf ihn warten und rannte allein voraus. Petrus lief ihm nach, und hinter ihnen folgte Maria aus Magdala, die ihnen die Nachricht vom leeren Grab gebracht hatte.

Johannes kam als Erster zum Grab, fand es offen und sah hinein. An der Seite konnte er die Leinentüchter liegen sehen, mit denen Jesus umwickelt gewesen war. Seinen Leichnam sah er nicht, traute sich aber auch nicht, die Felsenhöhle zu betreten.

Dann kam Petrus. Er zögerte nicht lange, sondern ging gleich hinein. Jetzt wagte sich Johannes hinterher. Es war deutlich zu sehen: Die Steinbank war leer. Neben ihr lagen die Tücher. Hier das große und dort das Tuch, das um den Kopf gebunden war.

Jesus war nicht mehr da. Aber das musste natürlich nicht heißen, dass er wieder lebendig war. Vielleicht hatte jemand den Leichnam gestohlen.

An die Worte der heiligen Schriften und daran, dass Jesus selbst gesagt hatte, er werde auferstehen, daran dachten sie nicht.

Voll innerer Unruhe, mit Hoffnungen und Zweifel im Herzen kamen die beiden Jünger wieder aus der Höhle heraus und gingen langsam nach Hause.

Maria aus Magdala blieb vor dem Grab und weinte.

Nachdem Petrus und Johannes weggegangen waren, trat sie noch einmal näher, um in die Grabhöhle zu blicken.

Auf einmal waren da wieder die zwei Engel, die die anderen Frauen schon gesehen hatten. Einer saß am Kopfende der Steinbank und der andere am Fußende.

Maria weinte aber so heftig, dass sie die Gestalten nicht als Engel erkannte.

»Warum weinst du?«, sprachen die Männer sie an.

»Sie haben meinen Herrn weggenommen, und ich weiß nicht, wo sie ihn hingelegt haben!«, sagte sie.

Wie sehr hatte sie Jesus geliebt! So viel Gutes hatte er ihr getan. So oft hatte sie ihm zugehört; durch seine Worte war ihr geholfen worden.

Und nun dieses schreckliche Ende! Ihr geliebter Meister war tot, wie ein gemeiner Verbrecher am Kreuz umgebracht! Sie konnte sich ein Leben ohne ihn gar nicht vorstellen.

Nun wollte sie wenigstens noch ein Letztes tun: seinen toten Körper salben und an seinem Grab weinen. Aber selbst das war nicht möglich, denn er war nicht mehr da.

Weinend wandte sie sich ab, damit die beiden Männer sie nicht sehen sollten. Sie wollte mit ihrem Schmerz allein sein.

Da stand neben ihr noch ein anderer Mann.

Erst erschrak Maria. Dann dachte sie, es sei sicher der Gärtner, der hier nach dem Rechten sehen wollte.

Der Mann fragte: »Warum weinst du? Wen suchst du?«

Maria antwortete: »Hast du ihn weggetragen? Sag mir, wo du ihn hingelegt hast, dann will ich ihn holen.«

»Maria!«, sagte da der Mann.

In dem Moment durchzuckte es Maria: Dieser Mann ist Jesus, ihr Herr! Er ist vom Tod auferstanden! Erschrocken und froh zugleich sah sie zu ihm auf und rief: »Meister!«

Jesus – denn er war es wirklich – sagte: »Halte mich nicht fest, Maria! Ich gehe bald zu meinem Vater in den Himmel. Geh du zu meinen Brüdern und sage ihnen: Ich gehe zu meinem Vater und zu eurem Vater, zu meinem Gott und zu eurem Gott.«

Voller Freude lief Maria in die Stadt, um allen ihren Freunden zu erzählen, was sie erlebt hatte.

Johannes 20,3-18

Auf dem Weg nach Emmaus

Mit gesenkten Köpfen gingen die beiden Männer nebeneinander her. Sie schwiegen, weil sie so bedrückt waren.

Aber während der zwei Stunden, die sie brauchten, um zu Fuß von Jerusalem nach Emmaus zu laufen, kam langsam doch ein Gespräch zwischen ihnen auf. Sie mussten einfach darüber reden. Sie hatten das Gefühl, sie müssten sonst ersticken an all der Enttäuschung und der Hoffnungslosigkeit. Die beiden Männer waren Freunde von Jesus gewesen.

Da gesellte sich ein Wanderer zu ihnen, der anscheinend den gleichen Weg hatte.

Eine Weile ging er schweigend neben ihnen her, dann fragte er: »Worüber redet ihr denn die ganze Zeit? Und weshalb seid ihr so traurig?«

»Sag bloß, du weißt nicht, was in diesen Tagen in Jerusalem passiert ist!«, meinte einer der beiden Freunde, der Kleopas hieß. »Dann bist du aber der Einzige! Das ist doch in aller Munde!«

»Was ist denn passiert?«, fragte der Fremde.

»Nun, das mit Jesus«, antwortete einer der beiden, und abwechselnd erklärten sie: »Jesus, der Prophet aus Nazareth! Sie haben ihn am Kreuz getötet.«

»Dabei hat er gar nichts Schlechtes getan!«

»Nur Gutes!«

»Ja, geheilt und geholfen hat er. Aber das hat die Priester und die Pharisäer geärgert.«

»Vielleicht weil sie neidisch waren.«

»Ja, und da haben sie Pilatus überredet, ihn hinzurichten.«

»Und was das Schlimmste ist: Wir dachten, er würde König von Israel werden, er würde die Römer verjagen und unser Volk befreien.«

»Aber damit ist es nun aus.«

»Endgültig vorbei.«

»Das heißt, einige sagen, er sei wieder lebendig. Aber davon kann man wohl nicht viel halten. Wir werden uns damit abfinden müssen: Alles war umsonst. Auch Jesus konnte uns nicht retten.«

Verbittert schwiegen sie.

Da ergriff der Fremde das Wort. »Seid ihr denn wirklich unfähig, das zu begreifen, was in den heiligen Schriften steht? Sonst wüsstet ihr nämlich, dass es alles so kommen musste. Christus, der Sohn Gottes, musste leiden und sterben, um die Menschen von ihrer Schuld zu befreien. Und er sollte auch wieder lebendig werden und in die Herrlichkeit Gottes zurückkehren. So steht es an vielen Stellen bei Mose, in den Psalmen und bei den Propheten. Denkt doch zum Beispiel ...« – und dann erinnerte er sie an viele Verse in den heiligen Schriften.

Sie kannten die meisten davon, aber sie hatten sie nicht richtig verstanden, nicht daran geglaubt oder sie auch einfach vergessen.

Jetzt aber, als der Fremde ihnen alles erklärte, fiel es ihnen wie Schuppen von den Augen.

Tatsächlich! Es hatte so kommen müssen, wie es geschrieben stand! Warum hatten sie das nur nicht begriffen!

Während sie dem Fremden zuhörten, verflog ihre Traurigkeit immer mehr.

Sie hatten inzwischen beinahe schon ihr Heimatdorf Emmaus erreicht. Der Fremde wollte weitergehen, aber die beiden luden ihn ein: »Bleib doch bei uns, denn es ist Abend geworden. Du kannst mit uns essen und auch übernachten.«

Der Fremde nickte und folgte ihnen ins Haus. Als sie bei Tisch saßen, nahm er das Brot, dankte Gott dafür, brach es durch und gab jedem ein Stück.

So hatte es Jesus immer gemacht! Merkwürdig, dachten die beiden ... Auf einmal – blitzartig – wussten sie es: Vor ihnen saß Jesus! Sie hatten ihn nicht erkannt, aber nun gab es keinen Zweifel – er war es!

In diesem Moment war er plötzlich nicht mehr zu sehen.

Dass sie es nicht früher gemerkt hatten! Wo ihnen doch das Herz gebrannt hatte, als er ihnen die heiligen Schriften erklärte!

Obwohl Jesus jetzt nicht mehr bei ihnen saß, waren Kleopas und sein Freund nicht traurig. Jesus lebte!

Sie freuten sich so, dass sie sofort nach Jerusalem aufbrachen. Noch an diesem Abend wollten sie den anderen Jüngern davon erzählen.

Lukas 24,13-33

Jesus zeigt sich seinen Jüngern

Heftig klopften Kleopas und sein Freund an die Tür.

Es dauerte eine Weile, bis sie vorsichtig einen Spaltbreit geöffnet wurde. Ängstlich schaute einer der Jünger von Jesus heraus.

»Ihr seid es? Aber ihr wolltet doch nach Emmaus gehen!«

»Da waren wir auch!«, sagte Kleopas. »Aber wir haben etwas Großartiges erlebt, das wir euch unbedingt erzählen müssen. Nun lass uns schon herein!«

Die Tür öffnete sich ganz, und die beiden Freunde gingen hinein. In dem großen Raum waren fast alle Jünger von Jesus versammelt. Sie redeten durcheinander.

»Denkt euch«, sagte der, der sie hereingelassen hatte, »Petrus sagt, er hätte Jesus lebendig gesehen. Erst haben ja nur die Frauen behauptet, Jesus sei auferstanden, da hat es niemand geglaubt. Aber wenn Petrus es nun auch sagt ...«

»Wir haben ihn auch gesehen!«, rief Kleopas.

»Was?«

»Ihr auch?«

»Erzählt doch!«

Alle hielten im Reden inne, und die beiden Freunde konnten erzählen, was sie erlebt hatten.

Aber sie wurden nicht ganz fertig damit. Als sie fast am Schluss waren, merkten sie, dass ihre Zuhörer plötzlich mit vor Schreck geweiteten Augen an ihnen vorbeisahen.

Die beiden Erzähler drehten sich um.

Da stand Jesus. Jeder konnte sehen, dass er es war. Aber wie war er hereingekommen? Die Tür war doch fest verschlossen, weil die Freunde Angst vor den Priestern und Pharisäern hatten. Anscheinend war Jesus durch die verschlossene Tür hereingekommen.

Jetzt sprach er. »Friede sei mit euch!«

Durch den freundlichen Gruß ließen sich die Jünger aber nicht beruhigen. Sie konnten einfach nicht glauben, was sie da sahen und hörten. Sie meinten, diese Gestalt müsse ein Geist sein.

»Warum seid ihr so erschrocken?«, fragte Jesus. »Und warum denkt ihr solchen Unsinn? Ich bin kein Geist. Ein Geist hat nicht Knochen und Fleisch wie ich. Seht meine Hände und Füße. Ihr könnt noch die Wunden von den Nägeln sehen, mit denen ich ans Kreuz geschlagen worden bin.« Er zeigte ihnen Hände und Füße.

Aber einige waren immer noch nicht überzeugt.

Da sagte Jesus: »Habt ihr etwas zu essen?«

Jemand brachte ein gebratenes Stück Fisch und reichte es Jesus auf einem Teller. Der nahm es und aß es vor ihren Augen.

Da merkten auch die, die immer noch gezweifelt hatten, dass Jesus nicht als Geist erschienen war, sondern dass er wirklich lebendig vor ihnen stand.

»Vergesst nicht, was ich euch damals gesagt habe«, erinnerte sie Jesus. »Alles, was von mir in den heiligen Schriften steht, muss erfüllt werden. Ich musste getötet werden und wieder auferstehen.« Und dann sagte er ihnen auch, dass sie den Heiligen Geist empfangen und allen Menschen dann von Jesus erzählen sollten.

Als er das alles gesagt hatte, verließ Jesus sie wieder. Auf einmal war er nicht mehr da.

Einer der zwölf engsten Freunde von Jesus war nicht bei ihnen. Es war Thomas. Erst einen Tag nach diesem Erlebnis kam er wieder zu ihnen.

Seine Freunde erzählten ihm begeistert, dass sie Jesus gesehen hatten. Alles, was sie erlebt hatten und was er gesagt hatte, erzählten sie.

Aber Thomas schüttelte den Kopf. »Ich glaube euch nicht«, sagte er. »Ihr habt euch das nur eingebildet. Ich müsste selbst die Nagelwunden in seinen Händen anfassen, wenn ich das alles glauben sollte.« Die anderen versuchten, ihn zu überzeugen, aber Thomas schüttelte nur den Kopf. Es machte die anderen ein bisschen traurig, dass Thomas sich nicht mit ihnen freuen konnte.

Eine Woche blieb das so. Dann aber wurde auch Thomas überzeugt. Das kam so:

Sie saßen alle beisammen. Auf einmal war Jesus wieder da. »Friede sei mit euch!«, grüßte er. Dann ging er direkt auf Thomas zu und streckte ihm die Hände hin: »Hier sind meine Wunden, Thomas«, sagte er, »fass sie an! Du sollst nicht ungläubig sein, sondern Gott vertrauen.«

Thomas war so erstaunt, dass er nur stammeln konnte: »Mein Herr und mein Gott!«

Jesus sagte: »Du glaubst jetzt, weil du mich gesehen hast. Aber glücklich sind die, die glauben, auch wenn sie nicht sehen.«

Lukas 24,33-49 und Johannes 20,19-29

Ein neuer Anfang

Die Jünger wussten nun, dass Jesus lebte. Da gab es keinen Zweifel mehr.

Aber trotzdem war es nicht so wie früher. Denn ihr Meister war ja nicht mehr immer sichtbar bei ihnen. Was sollten sie also tun? Jesus wollte ihnen den Heiligen Geist senden, das hatte er versprochen. Aber sie konnten doch nicht untätig herumsitzen und auf ein Ereignis warten, von dem sie nicht wussten, wann es eintreffen würde.

»Kommt, wir wollen fischen gehen«, sagte Petrus. Das hielten auch die andern für eine gute Idee. Von irgendetwas mussten sie ja leben. Einige von ihnen waren Fischer, und die anderen wurden ihnen bei der Arbeit helfen. So konnten sie zusammenbleiben.

Gemeinsam gingen sie nach Galiläa. Am See Genezareth brachten sie Petrus' Boot in Ordnung und fuhren auf den See hinaus.

Es war schon Abend, aber das war gut so, denn nachts war die Aussicht auf einen guten Fang größer.

Aber so sehr sie sich auch mühten – sie fingen nichts. Immer wieder warfen sie das Netz weit hinaus und holten es ein. Kein noch so kleines Fischchen zappelte darin.

Thomas und Nathanael, die diese Arbeit nicht gewöhnt waren, stöhnten. Aber auch die geübten Fischer wurden müde. Und ärgerlich wurden sie alle.

Als die Nacht langsam zu Ende ging und im Osten ein heller Schimmer zu sehen war, sagte Petrus: »Es hat keinen Zweck mehr. Kommt, wir rudern ans Land!« Das taten sie auch.

Als sie nicht mehr weit vom Ufer entfernt waren, sahen sie dort im Dämmerlicht einen Mann stehen. Der legte die Hände an den Mund und rief ihnen zu: »Habt ihr nichts zu essen?«

Die Freunde sahen sich etwas erstaunt an, aber einer gab doch eine Antwort: »Nein, gar nichts!«

Der Mann am Ufer rief: »Dann werft euer Netz noch einmal aus! Da drüben, auf der rechten Seite eures Bootes!«

Die Männer schüttelten den Kopf über diesen seltsamen Fremden, der ihnen vorschreiben wollte, wie und wo sie fischen sollten. Aber sie taten, was er ihnen riet.

Da merkten sie es schon am Zug des Netzes: Das wurde ein großer Fang! Sie zogen das Netz zusammen und wollten es ins Boot heben.

Aber das ging nicht, es war zu schwer. Im Licht der gerade aufgehenden Sonne sahen sie die silbergrauen Leiber vieler Fische im Netz zappeln.

So sehr sie sich auch anstrengten – sie bekamen das Netz nicht über die Bordwand. »Macht nichts«, sagte Petrus schließlich. »Wir ziehen es hinter dem Boot her bis ans Ufer. Da können wir es leichter herausholen.«

Als er sich aufrichtete, sah er Johannes vorn im Schiff stehen und zum Ufer hinüberschauen. »Was ist, Johannes?«, fragte Petrus.

Johannes zeigte hinüber: »Es ist Jesus!«

Natürlich! Warum habe ich das nicht eher gemerkt!, dachte Petrus. Freude blitzte in seinen Augen. Sein geliebter Meister war da! Schnell raffte Petrus sein Obergewand auf, das er bei der anstrengenden Arbeit abgelegt hatte, warf es sich über und sprang ins Wasser. Es war hier nicht sehr tief, und er konnte darin waten. Schnell erreichte er das Ufer.

Da stand Jesus. Er hatte schon ein Feuer angezündet, auf dem er Fische braten wollte. Daneben lag Brot. Wie gut war ihr Meister zu ihnen! Er wusste, wie erschöpft sie waren, und wollte sie freundlich bewirten.

Jetzt kamen auch die anderen Jünger mit dem Boot. »Bringt von den Fischen, die ihr gefangen habt!«, sagte Jesus. Petrus half ziehen, und bald waren Netz und Fische an Land. Sie zählten ihren Fang: Hundertdreiundfünfzig Fische waren es.

Es war wunderschön, noch einmal so mit Jesus zusammen zu sein. Die Jünger saßen in einem Kreis im Sand, in der Mitte brannte das Feuer. Jesus teilte ihnen von dem Brot aus, das er mitgebracht hatte, und einige der Jünger brieten Fische an Stöcken und verteilten sie, wenn sie gar waren.

Keiner von den Jüngern wagte den Mann, der da bei ihnen saß, zu fragen, wer er sei. Aber alle wussten: Es ist Jesus.

Als sie satt waren, stand Jesus auf und sagte zu Petrus: »Komm, wir wollen ein bisschen am See entlanggehen.«

Petrus stand auf und folgte dem Meister. Die anderen blieben sitzen und unterhielten sich, einige schliefen ein, andere räumten auf und löschten das Feuer.

Petrus ging still neben Jesus her, immer am Ufer entlang. Da brach Jesus das Schweigen: »Simon, Sohn des Johannes, hast du mich lieber, als mich die anderen Jünger haben?«

Petrus dachte daran, wie er vorhin ins Wasser gesprungen war, um als Erster bei Jesus zu sein. »Ja, Herr«, antwortete er. Dann aber fiel ihm ein, wie er im Hof des Hohenpriesters behauptet hatte, Jesus nicht zu kennen. Er schämte sich und fügte hinzu: »Du weißt, dass ich dich lieb habe.«

Jesus nickte und sagte: »Weide meine Lämmer.«

Dann war es wieder still. Petrus überlegte: Die Lämmer von Jesus –

ob damit seine Freunde und Jünger gemeint waren? Er wagte aber nicht zu fragen.

Nach einiger Zeit fragte Jesus noch einmal: »Simon, Sohn des Johannes, hast du mich lieb?«

Petrus blickte ihn erstaunt an, dass er zweimal dasselbe fragte. Aber nein, dasselbe war es ja nicht. Jesus wollte nicht wissen, ob er ihn lieber hatte als die anderen, sondern nur, ob er ihn lieb hatte. Die Frage konnte er klar beantworten. »Ja, Herr, du weißt doch, dass ich dich lieb habe.«

»Dann weide meine Schafe!«, antwortete Jesus.

Sie gingen schweigend nebeneinander her. Die Sonne stieg langsam höher. Aber am Strand war kein Mensch, außer ihnen beiden und den Jüngern an der Feuerstelle.

Gerade kam Johannes aus dem Kreis der Freunde heraus und folgte den beiden. Er hätte wohl auch gern noch einmal allein mit Jesus gesprochen.

Nun sprach Jesus Petrus zum dritten Mal an: »Simon, Sohn des Johannes, hast du mich lieb – wie einen guten Freund?«

Petrus wurde traurig. Glaubte Jesus ihm noch nicht einmal, dass er ihn liebte wie irgendeinen anderen Freund? Warum fragte er ihn dreimal? Wollte er ihn vielleicht daran erinnern, dass er dreimal behauptet hatte, ihn nicht zu kennen? »Herr, du weißt doch alles«, sagte er. »Dann musst du doch auch wissen, dass ich dich wirklich lieb habe.«

Jesus sah ihm in die Augen und antwortete: »Weide meine Schafe!« Dann fuhr er fort: »Ich will dir etwas sagen, Petrus. Als du jünger warst, hast du selbst bestimmt, was du wolltest. Wenn du aber alt wirst, wird dich ein anderer führen. Er wird dich dahin führen, wo du gar nicht hin willst. Folge mir nur immer nach!«

Petrus verstand das nicht.

Erst viel später wurde seinen Freunden klar, was Jesus damit schon angedeutet hatte: dass er nämlich wegen seines Glaubens getötet werden sollte.

Petrus sah sich um. Johannes folgte ihnen noch. Es war Petrus klar: Sein Freund liebte Jesus genauso wie er. Und ob der Meister nicht sogar Johannes mehr liebte als ihn, Petrus? Er fragte: »Herr, was wird denn aus Johannes?«

Jesus sagte: »Das soll nicht dein Problem sein, Petrus. Wenn ich sagen würde, er soll am Leben bleiben, bis ich wiederkomme – sogar das ginge dich nichts an.«

Später, als Petrus das erzählte, entstand ein Gerücht. Viele glaubten: Johannes wird nicht sterben, bis Jesus wiederkommt. Aber das hatte Jesus nicht gesagt.

Petrus sollte die Herde, also die Gemeinde von Jesus, weiden, wie es ein guter Hirte tut.

Johannes 21,1-23

Jesus kehrt zu seinem Vater zurück

Es war einsam auf dem Ölberg. Jesus hatte seine Jünger an eine Stelle geführt, wo keine fremden Menschen vorbeikamen.

Drüben, auf der anderen Seite des Kidrontals, lag die Stadt Jerusalem. Das Gold des Tempeldaches blitzte in der Sonne.

Aber die Jünger hatten keine Augen für den schönen Blick auf die Stadt. Sie sahen nur zu Jesus. Sie waren so bekümmert, weil sie wussten, dass Jesus nun von ihnen fortgehen würde. Vierzig Tage waren seit Ostern vergangen. In dieser Zeit war er immer wieder einmal erschienen, hatte mit ihnen geredet und gegessen. Aber nun sollte das zu Ende sein.

»Seid nicht traurig«, sagte Jesus. »Ich gehe zwar zu meinem Vater in den Himmel, aber ich bin trotzdem bei euch. Selbst wenn ihr als meine Boten bis ans Ende der Welt geht, werde ich immer da sein. Das wird durch den Heiligen Geist geschehen. Ich habe es euch ja schon mehrmals gesagt: Wenn ich in den Himmel gehe, werde ich euch einen Tröster schicken.«

Die Jünger schauten ihren Meister verständnislos an.

Er versuchte, es ihnen genauer zu sagen: »Johannes hat mit Wasser getauft. Dadurch sollten die Menschen ganz neu werden. So ähnlich ist es mit dem Heiligen Geist. Er wird aus euch neue Menschen machen. Er wird euch die Kraft geben, meine Boten zu sein. Durch diesen Heiligen Geist bin ich selbst bei euch. Er bewirkt, dass ihr mich erkennen, verstehen und lieben könnt.«

»Was müssen wir denn tun, dass wir diesen Heiligen Geist empfangen?«, fragte einer der Jünger.

»Nichts!«, antwortete Jesus. »Bleibt nur in Jerusalem und wartet. Ich verspreche euch, ihr werdet nicht lange darauf warten müssen.«

Die Jünger fragten: »Herr, wenn so etwas Großartiges passieren soll – wird denn dann auch das Reich Israel wieder aufgerichtet? Werden die Feinde vertrieben, und wird unser Land frei?«

Jesus sagte: »Das wird erst später geschehen. Wann, das könnt ihr noch nicht wissen, das weiß Gott allein. Aber das ist für euch auch nicht wichtig. Ihr werdet Kraft von Gott bekommen, den Heiligen Geist, und werdet dann überall von mir erzählen. Erst hier in Jerusalem, dann im ganzen Land Israel und schließlich auf der ganzen Erde.«

Die Jünger wollten noch mehr fragen.

Aber ganz plötzlich war da eine Wolke, die Jesus einhüllte und ihn vor ihren Augen aufnahm.

Mit vor Staunen offenen Mündern starrten sie der Wolke nach in den Himmel. So etwas hatten sie nicht erwartet. Dass Jesus so sichtbar vor ihnen weggehoben wurde, um zu seinem Vater zurückzukehren! Nun war er bei ihm in der anderen, der unsichtbaren Welt.

Auf einmal standen zwei Männer neben ihnen, in strahlend weißen Gewändern. Es waren Engel. Sie sagten: »Ihr Männer von Galiläa, was steht ihr da und seht zum Himmel? Dieser Jesus, der eben aus eurer Mitte in den Himmel aufgehoben wurde, wird so wiederkommen, wie ihr ihn habt auffahren sehen.«

Da besannen sich die Jünger auf das, was Jesus ihnen zuletzt gesagt hatte, und kehrten nach Jerusalem zurück.

Schweigend gingen sie nebeneinander her. Sie waren so bewegt von dem, was geschehen war, dass sie gar nicht wussten, was sie dazu sagen sollten.

In der Stadt gingen sie in das Haus, wo sie sich meistens aufhielten. Dort stiegen sie in das Obergeschoss hinauf, setzten sich zusammen und begannen stockend über ihr Erlebnis zu sprechen.

In den folgenden Tagen kamen auch Maria, die Mutter von Jesus, seine Brüder und einige Frauen in dieses Haus. Gemeinsam beteten sie und bereiteten sich auf das vor, was nun kommen sollte.

Apostelgeschichte 1,4-14

Die gute Nachricht breitet sich aus

Gott schenkt den Heiligen Geist

Auf dem Platz vor dem Tempel war viel los. Heute war das Pfingstfest, und da waren viele Juden zu Besuch in Jerusalem. Fünfzig Tage nach dem Passafest feierten sie ihr Erntedankfest. Viele wollten Gott ein Opfer bringen oder wenigstens bei einem Gottesdienst dabei sein. Alle wollten auf den Tempelberg gehen, denn der Tempel war der Mittelpunkt für alle Juden, auch für die, die nicht im Land Israel wohnten.

In einer der Hallen versammelten sich alle, die mit Jesus befreundet gewesen waren. Sie beteten und sprachen miteinander. Auf einmal war in der Luft ein ganz seltsames Brausen wie von einem kräftigen Wind. Es wurde immer lauter und erfüllte die ganze Halle.

Plötzlich erschienen viele kleine Flammen, die sich herabsenkten und auf dem Kopf jedes Einzelnen zu sehen waren. Aber es brannte kein wirkliches Feuer, es war nur ein Zeichen für den Heiligen Geist.

Das Besondere an diesem Geschehen war aber nicht das, was man sehen konnte, sondern was in den Herzen der Menschen geschah. Sie wurden auf einmal alle so froh und lobten Gott mit lauter Stimme. Auf einmal war ihnen klar, wie reich Gott sie beschenkt hatte, wie viel Gutes Jesus gesagt und getan hatte, und dass er bei ihnen war, auch wenn sie ihn nicht sehen konnten. Ganz begeistert dankten sie Gott dafür.

Natürlich ging es ziemlich laut und fröhlich zu. Erst nach einer Weile merkten sie, dass sie Gott ja nicht nur in ihrer eigenen Sprache lobten, sondern in ganz anderen Sprachen, die sie gar nicht gelernt hatten. Das war eine besondere Fähigkeit, die ihnen Gott mit dem Heiligen Geist gegeben hatte. Als sie das entdeckten, wurden sie noch fröhlicher, und sie lobten den Vater im Himmel, und überhaupt – es war ein einziges Jubeln und Beten und Singen.

Das laute Brausen hatte viele Menschen angelockt, die gerade auf dem Platz waren. Neugierig kamen sie näher. Nun standen sie zu Tausenden herum und beobachteten staunend, was da mit diesen Leuten in der Halle passierte. Weil die Seite zum Hof hin offen war, konnten sie alles sehen.

Plötzlich geschah noch ein Wunder, das mit der Sprache zu tun hatte. Nicht nur, dass die Jünger in unbekannten Sprachen Gott lobten – die Menschen hörten auch ganz verschiedene Sprachen. Es waren ja Leute aus allen Gegenden der Welt da, und jeder sprach anders, nur mit Mühe konnten sie sich in der Sprache Israels verständigen. Nun aber hörten die Römer Latein, die Griechen

Griechisch, die Perser Persisch, die Afrikaner ihre afrikanische Sprache, die Araber Arabisch. Der gleiche Jünger, der sprach, konnte von zehn oder fünfzehn Leuten verstanden werden, die aus ganz verschiedenen Ländern kamen. Obwohl er nur in einer Sprache redete, hörte jeder seine eigene.

Da erschraken die Leute und fragten: »Wie ist so etwas nur möglich? Das kann doch gar nicht sein! Das ist ja ein Wunder!« Andere aber, die meinten, es gebe keine Wunder, lachten und sagten: »Die sind ja alle betrunken!«

Während sie so diskutierten, einige ratlos und verlegen, andere entsetzt, beobachteten sie, wie einer der Männer auf einen Stuhl stieg. Er hob die Hand zum Zeichen, dass er eine Rede halten wollte. Elf weitere Männer standen dicht um ihn herum, denn für Judas, der nicht mehr da war, hatten die Jünger einen anderen Mann, Matthias, gewählt. Als Stille eingekehrt war, begann der Mann mit lauter Stimme zu reden. Es war Petrus.

»Ihr Männer, ob ihr nun von weit her kommt oder in Jerusalem wohnt! Hört mir zu!«, begann er seine Rede. »Diese Leute sind nicht betrunken, wie ihr denkt. Es ist ja auch noch früh am Morgen. Vor langer Zeit hat der Prophet Joel von dem gesprochen, was heute geschehen ist: Der Geist Gottes ist uns geschenkt worden. Schon in den vergangenen Wochen hat sich vieles erfüllt, was in den heiligen Schriften angekündigt war. Auch alles, was mit Jesus von Nazareth geschehen ist, musste so kommen. Er hat durch viele Wunder bewiesen, dass er Gottes Sohn ist. Trotzdem habt ihr ihn mit Hilfe der Römer am Kreuz getötet. Aber Gott hat ihn wieder lebendig gemacht.

Das alles glauben wir nicht nur, weil schon David und die Propheten es vorausgesagt haben, sondern auch, weil wir es selbst erlebt haben. Wir haben ihn nach der Kreuzigung mit eigenen Augen gesehen und wissen, dass er lebt. Wir waren auch dabei, als er in den Himmel aufgehoben wurde. Nun hat er uns den Heiligen Geist gegeben. Das sollt ihr alle wissen: Diesen Jesus hat Gott zum Herrn über alles gemacht.«

Die Zuhörer merkten: Durch diesen Mann sprach Gott selbst zu ihnen. Sie waren überzeugt, dass das alles stimmte, erschraken und waren tief betroffen.

»Was sollen wir denn jetzt tun?«, fragten sie Petrus.

»Ändert euer Leben, und lasst euch taufen, zum Zeichen, dass ihr mit Gottes Hilfe neu anfangen wollt«, antwortete er, »dann werdet auch ihr den Heiligen Geist geschenkt bekommen. Denn was die Propheten gesagt haben, gilt auch für euch.«

Viele Tausende hatten zugehört, als Petrus sprach, und allein an diesem Tag ließen sich etwa dreitausend Menschen taufen. Sie bildeten zusammen mit den zwölf Aposteln und den Menschen, die mit ihnen in Jerusalem auf den Heiligen Geist gewartet hatten, die erste Gemeinde. (Apostel nannte man jetzt die Jünger, weil sie von Jesus als seine Mitarbeiter in die ganze Welt gesandt wurden.)

Zu dieser Gemeinde kamen täglich neue Menschen hinzu. Sie feierten miteinander nicht nur Gottesdienst, sondern aßen auch gemeinsam, feierten das Abendmahl und teilten alles, was sie besaßen.

Apostelgeschichte 2,1-47

Der Heilige Geist macht mutig

Eines Tages gingen Petrus und Johannes in den Tempel hinauf, um zu beten. Sie wollten durch eine Tür hineingehen, die besonders reich verziert war und die man darum »die schöne Tür« nannte.

Neben der Tür saß ein Bettler. Seine Freunde hatten ihn heute Morgen hierher getragen, denn er konnte selbst nicht gehen. Von Geburt an waren seine Beine gelähmt. Nun war er schon mehr als vierzig Jahre alt. Oft saß er hier an der schönen Tür und hoffte, etwas geschenkt zu bekommen. Leute, die zum Beten und Opfern in den Tempel gehen, sollten ja eher bereit sein, einem Armen etwas zu geben, als andere, dachte er.

Als Petrus und Johannes näher kamen, rief er, wie er es immer tat und ohne überhaupt aufzuschauen: »Eine Gabe bitte! Helft einem armen Gelähmten!«

Die beiden Apostel blieben vor ihm stehen. Petrus sagte: »Sieh uns an!«

Da hob der Bettler den Kopf. Er dachte, die beiden würden ihm sicher ein besonders großes Geldstück in seine Schale werfen, wenn sie wollten, dass er sie dabei ansah.

Aber das war ein Irrtum. Petrus sagte: »Wir können dir kein Silberstück und erst recht kein Goldstück geben, denn wir haben selbst nichts. Aber etwas ganz anderes haben wir, und das geben wir dir. Im Namen von Jesus Christus aus Nazareth, steh auf und geh!«

Dabei griff Petrus nach seiner Hand und zog ihn hoch. Und in diesem Moment wurden die Knochen und Muskeln an seinen Beinen fest. Er konnte stehen!

Erst traute er sich kaum allein zu stehen, und wollte die Hand von Petrus festhalten, weil er Angst hatte, er würde gleich wieder umfallen. Aber dann merkte er, dass er sich aus eigener Kraft auf den Beinen halten konnte. Dann wagte er einen Schritt. Noch einen. Und noch einen. Er konnte gehen! Immer sicherer wurde er.
Er sprang sogar!

Gott hatte ihn gesund gemacht! Ihm musste er danken! Als die beiden Apostel nun in den Tempel gingen, begleitete er sie. Ach nein, er begleitete sie eigentlich nicht, sondern sprang ihnen voraus und um sie herum. Er konnte seine Freude und seine neu gewonnene Kraft kaum bändigen. Dabei rief er laut »Halleluja« und lobte Gott.

Das erregte natürlich Aufsehen. Es kommt ja selten vor, dass ein erwachsener Mann wie ein ausgelassenes Kind herumspringt. Die Leute im Tempel drehten sich zu ihm um, manche grinsten, andere schüttelten die Köpfe.

Auf einmal rief einer: »Seht mal! Das ist doch der Gelähmte! Eben hat er noch vor der schönen Tür gesessen und gebettelt!«

Die Leute kamen näher und guckten genauer hin. Tatsächlich! Er war es! Es konnte gar keinen Zweifel geben!

»Gott hat mir geholfen, durch diese zwei Männer!«, freute sich der Mann, der eben noch gelähmt gewesen war.

Petrus und Johannes waren inzwischen in eine der Hallen am Rand des Tempelplatzes gegangen. Aber sie konnten nicht still beten. So viele Leute standen um sie herum und guckten neugierig.

Da wurde es Petrus zu viel. Er sah sich um und rief laut: »Was guckt ihr denn alle so? Ihr tut ja, als hätten wir diesen Lahmen gesund gemacht. Dabei hat Gott es getan! Er wollte damit zeigen, dass Jesus sein Sohn ist. Dieser Mann ist durch den gesund geworden, den ihr habt umbringen lassen. Als Pilatus ihn losgeben wollte, habt ihr geschrien: ›Kreuzige ihn!‹ Aber Gott hat ihn wieder lebendig gemacht. Ihr habt große Schuld auf euch geladen, aber wenn ihr umkehrt und um Vergebung bittet, dann wird Gott euch eure Schuld erlassen. Durch seinen Sohn will Gott euch helfen, neue Menschen zu werden.«

Während Petrus noch sprach, bemerkte er auf einmal, dass sich eine Gruppe von Männern durch die Menge zu ihm und Johannes vordrängte. Sie gehörten zu einer Art Polizei, die im Tempel für Ordnung und einen ruhigen Ablauf der Gottesdienste zu sorgen hatte.

»Ihr seid verhaftet«, sagte der Hauptmann der Gruppe, als er vor den beiden Aposteln stand. »Ihr sorgt für unerlaubten Aufruhr, wenn ihr behauptet, Jesus, den der Hohe Rat doch selbst zum Tode verurteilt hat, sei wieder lebendig. Wir haben Befehl, euch über Nacht gefangen zu halten, bis der Hohe Rat morgen tagt und über euch entscheidet.«

Einige der Zuhörer protestierten zwar, aber Petrus und Johannes wurden trotzdem in ein Gefängnis geführt, das sich nahe beim Tempel befand.

Die ganze Nacht mussten sie hier bleiben. Aber Angst hatten sie nicht. Sie wussten, dass Gott sie schützen würde. Und obwohl Petrus mitten in seiner Predigt unterbrochen worden war, kamen an diesem Tag fünftausend Männer zum Glauben an Jesus und noch mindestens genauso viele Frauen und Kinder.

Am nächsten Morgen kam die Polizei, holte Petrus und Johannes aus ihrer Zelle und brachte sie zum Hohen Rat, der unter dem Vorsitz von Kaiphas zusammengetreten war.

Da standen nun die beiden Apostel vor den wichtigsten und bekanntesten Männern von ganz Israel.

»In welchem Namen habt ihr den Gelähmten geheilt? Woher habt ihr die Kraft? Wer hat euch dazu beauftragt? Sprecht!«

Der Heilige Geist gab Petrus Mut, so dass er laut sagte: »Ihr verhört uns, weil wir diesem Menschen Gutes getan haben. Nun – ihr sollt wissen, dass wir das in der Kraft getan haben, die Jesus gibt. Ihr habt Jesus Christus von Nazareth gekreuzigt. Aber Gott hat ihn von den Toten auferweckt. Seine Kraft hat den Bettler geheilt. Durch keinen anderen als Jesus können wir Gottes Kinder werden. Kein anderer Name ist auf der ganzen Welt bekannt, durch den wir von unseren Sünden gerettet werden können.«

Die Hohenpriester ärgerten sich maßlos. Diese Leute wagten, ihnen zu sagen: Der, den sie verurteilt hatten, sei Gottes Sohn! Aber sie ärgerten sich nicht nur, sie wunderten sich auch. Diese beiden Männer waren doch ungebildete Fischer vom See Genezareth. Woher nahmen sie nur den Mut, vor dem Hohen Rat offen zu sagen, wovon sie überzeugt waren?

»Führt sie hinaus!«, befahl Kaiphas. »Wir wollen beraten.« Als sie unter sich waren, überlegten sie: So gern wir sie verurteilen würden – wir können es nicht. Es ist ja klar, dass sie diesen Mann gesund gemacht haben. Und wenn wir sie zu Unrecht bestrafen, ist alles Volk gegen uns. Also können wir ihnen nur befehlen, in Zukunft nicht mehr von Jesus zu reden.

Petrus und Johannes wurden wieder hereingebracht. Kaiphas sagte: »Wir werden großzügig über das hinwegsehen, was gestern vorgefallen ist. Aber in Zukunft wollen wir den Namen Jesus aus eurem Mund nicht mehr hören! Verstanden?«

Doch die beiden antworteten: »Sollen wir etwa euch mehr gehorchen als Gott? Er hat uns befohlen, von ihm zu reden. Wir können nicht schweigen von all dem, was wir gesehen und gehört haben.«

Die vornehmen Herren verwarnten die Apostel noch einmal und mussten sie dann doch laufen lassen, um nicht den Zorn der begeisterten Menge gegen sich zu haben. Ärgerlich beendeten sie die Sitzung.

Petrus und Johannes waren wieder frei und dankten Gott dafür.

Apostelgeschichte 3,1-4,22

Ein Engel

»Das kann ich einfach nicht durchgehen lassen!«, schimpfte der Hohepriester. »Wir haben diesen Leuten verboten, von Jesus zu reden, aber sie tun es trotzdem. Ganz ohne Hemmungen.« Seine Kollegen stimmten ihm zu: »Wenn du sie reden lässt, wird es sich herumsprechen, dass man ungestraft dein Gebot übertreten kann. Dann wird dir niemand mehr gehorchen!«

Wütend gab der Hohepriester den Befehl, die Apostel noch einmal ins Gefängnis zu sperren. Alle zwölf! Im Stadtgefängnis gab es eine Zelle, die dafür groß genug war. Dahin sollte der Hauptmann sie bringen.

Es dauerte nicht lange, da kam der Hauptmann wieder zurück. »Alles erledigt«, meldete er.

»Gab's keine Schwierigkeiten?«, fragte Kaiphas.

Der Soldat antwortete: »Keine. Sie zu finden war leicht, denn sie sind fast immer im Tempel. Und sie abzuführen war auch leicht, denn sie wehren sich nicht.«

»Gut. Hast du sie auch sicher verwahrt?«

Der Hauptmann nickte: »Das Gefängnis ist fest verschlossen. Und zusätzlich habe ich noch zuverlässige Wachen vor die Türe gestellt.«

Kaiphas sagte: »Dann bin ich zufrieden. Bring die Gefangenen morgen früh zu mir.«

Am nächsten Morgen war viel los im Palast des Hohenpriesters. Der Hohe Rat versammelte sich. Alle siebzig vornehmen Herren, die dazugehörten, waren erschienen.

Nach einiger Zeit des Wartens rief jemand: »Wann beginnt die Sitzung, Kaiphas? Du weißt, wir sind viel beschäftigte Leute!«

»Geduldet euch noch ein wenig!«, sagte der Hohepriester. »Der Hauptmann mit seiner Wache wird uns gleich die Gefangenen vorführen. Alle zwölf sind es diesmal. Wir müssen noch einmal über sie entscheiden.«

Da ging die Tür auf. Atemlos erschien der Hauptmann, bleich im Gesicht blieb er im Türrahmen stehen.

»Nun, was ist?«, fragte Kaiphas. »Wo sind die Gefangenen?«

»Weg«, stieß der bleiche Mann hervor.

»Weg?« Der Hohepriester sprang auf. »Was soll das heißen? Ich verlange eine Erklärung!«

»Die Gefangenen sind ... sind entflohen!«

»Dann hast du sie also nicht richtig bewachen lassen!«

»Doch, Herr. Die Türen waren heute Morgen immer noch verschlossen, so wie wir sie gestern Abend verlassen haben, und die Wachen standen immer noch davor, fest davon überzeugt, dass alles in Ordnung sei. Aber als ich in die Zelle kam, war sie leer.«

Totenstille breitete sich in dem Saal aus. Keiner der siebzig erfahrenen Männer konnte sich das erklären. Ganz heimlich dachten sich allerdings einige, ob nicht vielleicht doch Gott auf der Seite dieser Jesusleute sein könnte. Aber niemand wagte es auszusprechen.

Wenn sie gewusst hätten, was wirklich passiert war! Mitten in der Nacht hatte plötzlich ein Engel bei den Aposteln in der Zelle gestanden. Er hatte die Tür der Gefängniszelle geöffnet und war mit ihnen ins Freie gegangen, ohne dass die Wachen etwas gemerkt hatten.

Vor dem Gefängnis sagte der Engel: »Geht, wenn der Tag beginnt, wieder in den Tempel hinauf und

predigt weiter. Sagt es immer wieder, dass Jesus lebt.«

Das machte den Aposteln Mut. Kaum war es hell geworden, gingen sie zum Tempel und begannen wieder, von Jesus zu reden.

Erst waren es nur wenige, die zuhörten, weil es noch so früh war. Aber es wurden immer mehr.

Natürlich ahnten die Apostel, dass bald auch wieder die Tempelpolizei kommen würde. Sobald sie entdeckten, dass das Gefängnis leer war, würden sie sie suchen. Aber die Apostel wollten sich nicht verstecken. Der Engel hatte ihnen gesagt, sie sollten weiter von Jesus reden. Und außerdem freuten sie sich so über Jesus, dass sie einfach von ihm erzählen mussten. Angst hatten sie keine. Gott hatte ja bewiesen, dass er sie befreien konnte, wenn er wollte. Und wenn er es nicht wollte, waren sie auch bereit, für ihn zu leiden. So groß waren ihre Liebe und ihr Vertrauen zu Gott.

Apostelgeschichte 5,17-24

Stephanus

Vor den zwölf Aposteln erschien eine Gruppe von Leuten aus der Gemeinde. »Wir wollen uns beschweren!«, sagten sie.

Die Apostel sahen sie erstaunt an. »Beschweren?«

»Ja«, sagten sie. »Wir sind Juden, die aus Griechenland und anderen Ländern gekommen sind. Darum kennen wir hier nicht so viele Leute, die uns helfen, wenn jemand in Not ist. Wir haben einige Witwen, die bekommen nicht genug von dem Geld aus der gemeinsamen Kasse.«

Da bekamen die Apostel einen Schrecken. Ihre gemeinsame Kasse sollte doch gerade dazu da sein, dass alle genug hatten und alles gerecht zuging. Wenn sie nun ein Grund für Ungerechtigkeit würde, dann war das schlimm.

»Wir haben eben nicht genug Zeit, uns um alles zu kümmern«, sagte einer. Und ein anderer meinte: »Wir müssten mit allen in der Gemeinde reden, um früh genug zu merken, wo einer Sorgen hat, ehe ein Streit daraus wird.« Ein Dritter wandte ein: »Aber dann hätten wir keine Zeit mehr für das Gebet und die Predigt und all die Dinge, die uns eigentlich von Jesus aufgetragen sind.«

Sie berieten darüber und beteten, und dann kam ihnen eine Idee. Sie riefen die ganze Gemeinde zusammen und sagten: »Wir haben die Aufgabe, das Wort Gottes zu verkündigen, aber nicht, dafür zu sorgen, dass jeder Einzelne genug zu essen hat. Darum wollen wir sieben Männer einsetzen, die sich darum kümmern sollen. Sucht also unter euch Leute, die dafür begabt sind und die vom Heiligen Geist geleitet werden.«

Mit dieser Lösung waren alle einverstanden. Bald fanden sich sieben Männer, die zu den Aposteln gebracht

wurden. Die beteten mit ihnen, legten zum Segen die Hände auf ihren Kopf und wünschten ihnen alles Gute für ihre Aufgabe.

Einer der sieben war Stephanus. Er war ein kluger Mann, der sich nicht nur um die Armen kümmern, sondern auch Streitgespräche mit den Gegnern des neuen Glaubens führen konnte. Außerdem gab Gott ihm die Kraft, Kranke zu heilen.

Einmal predigte Stephanus in einer Synagoge. Da waren einige Leute, denen gefiel das überhaupt nicht. Sie hatten ihre eigene Lehre und hielten sie für die einzig richtige. Diese Menschen widersprachen Stephanus laut, so dass er seine Predigt unterbrechen musste, um ihnen zu antworten. Es entwickelte sich ein heftiges Streitgespräch. Alle anderen in der Synagoge verfolgten es gespannt.

Nun konnte Stephanus aber alles, was er sagte, mit dem belegen, was in den heiligen Schriften stand. Seine Gegner konnten das nicht. Um sich dennoch durchzusetzen, klagten sie Stephanus vor dem Hohen Rat an. Nun wussten sie natürlich, dass sie auch vor dem Hohen Rat nicht Recht bekommen würden, denn da war es ja nicht anders als in ihrem Streitgespräch. Darum bestellten sie einige Leute, die sollten etwas Falsches über Stephanus sagen, und gaben ihnen Geld dafür.

So kam es dann, dass Stephanus vor dem höchsten religiösen Gericht stand und sich verteidigen musste, weil er die Leute angeblich gegen das Gesetz und gegen den Tempel aufgehetzt hatte.

Aber Stephanus sagte nicht einfach: Das ist alles Lüge. Er fing an, eine lange Predigt zu halten. Weil es seine Verteidigungsrede war, mussten ihm alle zuhören. Erst fanden sie auch gar nichts Schlechtes an der Predigt, denn Stephanus erzählte einfach die Geschichte Gottes mit seinem Volk Israel. Aber dann merkten sie doch, worauf Stephanus hinauswollte: Von Abraham bis Salomo war das, was Gott sagen wollte, immer missverstanden worden.

»Ihr seid dickköpfig und taub für Gottes Wort!«, sagte Stephanus. »Ihr lehnt Jesus genauso ab, wie eure Vorfahren alle Propheten abgelehnt haben.«

Da knirschten die Zuhörer wütend mit den Zähnen. Eine Frechheit von diesem jungen Mann!

Aber was dann geschah, war noch ärgerlicher: Stephanus blickte nach oben und sagte: »Gott hat mir die Augen geöffnet, dass ich ihn im Himmel sehen kann, und Jesus steht an seiner rechten Seite.«

»Das ist Gotteslästerung!«, brüllten die Leute und hielten sich die Ohren zu, weil sie es nicht hören wollten. Außer sich vor Zorn stürmten sie auf Stephanus zu, schlugen ihn und schoben und zerrten ihn vor die Stadt. Dort stellten sie sich um ihn herum auf und warfen mit Steinen nach ihm, um ihn zu töten.

Anführer war dabei ein anderer junger Mann, der Saulus hieß. Er war zufrieden, dass hier ein wichtiger Mann der jungen Gemeinde ausgeschaltet wurde.

Stephanus aber betete laut: »Herr Jesus, nimm mich nun bei dir auf. Und vergib diesen Menschen die Schuld, die sie auf sich laden.« So hatte auch Jesus gebetet, als er am Kreuz hing. Stephanus war der erste Nachfolger von Jesus, der wegen seines Glaubens sterben musste.

Apostelgeschichte 6 und 7

Der Finanzminister aus Afrika

Eine prachtvolle Kutsche fuhr langsam durch die Wüste. Die wenigen Leute, die auf dieser Straße unterwegs waren, blickten erstaunt hinter der Kutsche her. So ein vornehmes Fahrzeug hatten sie lange nicht gesehen.

Was sie noch mehr wunderte: Unter dem Sonnendach saß ein reich gekleideter Mann, der wie ein Afrikaner aussah.

Der reiche Mann achtete nicht auf die Blicke der Wanderer. Er war es gewöhnt, dass die Leute ihm nachblickten. Außerdem war er in eine Schriftrolle vertieft.

In seiner Heimat Äthiopien war er ein wichtiger Mann – nämlich der Finanzminister. Für seine Königin musste er alles im Land regeln, was mit Geld zu tun hatte. Auch die Schätze der Königin verwaltete er. Sie vertraute ihm.

Natürlich war er als Finanzminister auch selbst ein reicher Mann, den viele beneideten.

Trotzdem war er nicht glücklich. Er merkte: Geld und Ansehen reichen nicht, um alle Fragen zu beantworten. Und es quälten ihn viele Fragen: Weshalb lebe ich überhaupt? Was ist, wenn ich sterbe? Wer nimmt mir meine Schuld? Wer liebt mich so, wie ich bin?

Der Finanzminister hatte gehört, dass Gott besonders zum Volk Israel geredet habe. Darum wollte er gern einmal nach Jerusalem, wo Gott im Tempel angebetet wurde. Er wollte ihn auch anbeten. Vielleicht würde er dann glücklich werden.

Er bat die Königin um Urlaub, setzte sich in seine Kutsche und fuhr viele Tage lang den weiten Weg nach Jerusalem. Aber dort wurde er enttäuscht. Weil er nicht zum Volk Israel gehörte, durfte er nicht in das Innere des Tempels. Und überhaupt – er verstand vieles nicht. Nun hatte er sich so viel Mühe gemacht und diese weite Reise unternommen – und war Gott doch nicht näher gekommen!

Um dennoch nicht vergeblich in Jerusalem gewesen zu sein, hatte er sich eine kostbare Schriftrolle gekauft. In ihr war alles zu lesen, was der Prophet Jesaja vor langer Zeit gesagt hatte.

Nun hatte er den Rückweg angetreten, saß in seiner Kutsche und las laut in dieser Schriftrolle. Wenn man

etwas Schwieriges in einer fremden Sprache liest, ist es ja oft leichter, man liest es sich laut vor. Aber wieder wurde er enttäuscht: Er verstand nichts.

Da war von einem die Rede, der freiwillig den Tod erleiden würde und dem viele angehören sollten. Was soll das bedeuten?, fragte sich der Minister.

In diesem Augenblick hörte er, wie ihn jemand ansprach: »Verstehst du auch, was du liest?«

Es war Philippus, einer von den sieben Männern, die in der Gemeinde für die Armen sorgen sollten. Gott hatte ihm gesagt, er solle hier an die Wüstenstraße kommen. Zwar hatte Philippus sich gewundert, denn in dieser Gegend kam nur selten ein Reisender vorbei, aber er war gegangen. Und nun hörte er, wie der vornehme, dunkelhäutige Mann laut in dem Jesaja-Buch las. Da wusste er, weshalb Gott ihn hergeschickt hatte.

»Ich verstehe überhaupt nichts«, sagte der Äthiopier. »Aber wenn du dich auskennst, dann fahre doch ein Stück mit mir und erkläre mir alles.«

Philippus stieg auf und setzte sich neben den Mann. Der gab dem Kutscher den Befehl weiterzufahren und fragte: »Von wem spricht der Prophet hier?«

»Von Jesus«, antwortete Philippus.

»Jesus? Wer ist das?«

Da fing Philippus an, ihm alles von Jesus zu erzählen: wie er Kranke geheilt, Wunder getan, vielen Menschen geholfen und von Gottes Reich erzählt hatte. Wie er dann aber von den Pharisäern und Priestern gehasst und schließlich mit Hilfe der Römer getötet wurde.

»Schade«, meinte der Afrikaner. »Ich hätte Jesus sehr gerne kennen gelernt.«

»Das kannst du!«, sagte Philippus. »Denn er ist wieder lebendig geworden!« Und er erzählte ihm von all dem, was sie erlebt hatten: von seiner Auferstehung, seiner Himmelfahrt und vom Heiligen Geist. Er erzählte ihm auch, dass die Freunde von Jesus sich taufen ließen, um zu zeigen, dass sie zu ihm gehörten.

»Das will ich auch!«, sagte ganz begeistert der Finanzminister.

Philippus antwortete: »Wenn du wirklich an Jesus glaubst, dann will ich dich gern taufen.«

Der Äthiopier nickte: »Ich glaube, dass Jesus Christus der Sohn Gottes ist.«

Als sie an einer Oase vorbeikamen, stiegen sie ab, und Philippus taufte ihn. Überglücklich war der Afrikaner. Als er sich bei Philippus bedanken wollte, war der schon verschwunden. Aber das machte nichts. Er wusste jetzt, dass Jesus immer bei ihm war. Fröhlich fuhr er nach Hause!

Apostelgeschichte 8,26-39

Saulus wird Christ

Der Hohepriester sah den jungen Mann an, der vor ihm stand. »Ich kenne dich irgendwoher«, sagte er.

»Ich bin Saulus«, antwortete der. »Ich komme nicht aus Jerusalem, sondern bin in Tarsus aufgewachsen. Aber vielleicht hast du von mir gehört, weil ich ein Schüler eines berühmten Gelehrten bin.«

»Nein, nein, ich habe dich schon irgendwo gesehen!«

»Neulich, als wir Stephanus gesteinigt haben, diesen Gotteslästerer ...«

»Richtig«, unterbrach der Hohepriester, »jetzt weiß ich's wieder. Du hast die Gruppe angeführt, die ihn vor die Stadt hinaustrieb und steinigte. Das hätte uns leicht Ärger mit den Römern einbringen können, denn eigentlich dürfen nur sie einen Menschen zum Tode verurteilen. Aber ich will nicht verschweigen, Saulus, dass mir dein Eifer für das Gesetz und gegen diese neue Lehre sehr sympathisch ist.«

»Eben dieser Eifer ist auch der Grund, weshalb ich hier bin, ehrwürdiger Hoherpriester. Du weißt, viele dieser Irrlehrer sind aus Jerusalem geflohen. Damit ist aber unserer Sache nicht gedient. Denn sie bauen nun ihre Gemeinden in anderen Städten und Ländern auf. Der Unsinn mit diesem Jesus, der angeblich Gottes Sohn und vom Tod auferstanden sein soll, dieser Unsinn verbreitet sich immer mehr.«

Der Hohepriester hob die Schultern: »Ich kann nichts dagegen tun.«

Saulus antwortete: »Aber ich. Gib mir Briefe an die Synagogen in allen umliegenden Städten. Darin befiehl, dass man mir alle diese Irrlehrer ausliefern soll. Ich bringe sie dann her, und du kannst sie verurteilen.«

»Das ist ein guter Gedanke!«, freute sich der Hohepriester. »Ich werde dir sogar Soldaten von der Tempelwache mitgeben, denn allein kannst du die Gefangenen ja nicht herbringen.«

Am nächsten Tag war Saulus schon früh unterwegs. Soldaten begleiteten ihn, und in seiner Tasche hatte er einen Brief des Hohenpriesters an die Vorsitzenden der Synagoge von Damaskus.

Damaskus, die große Stadt im Nordosten, hatte Saulus sich als erstes Ziel gewählt, weil es dort besonders viele Christen geben sollte. Er hatte gehört, dass die führenden Männer der Synagoge die neue Lehre von Jesus duldeten. Das durfte nicht sein!

Es war ein langer Weg. Aber Saulus scheute keine Strapazen. Er war sich ja sicher, mit dem, was er tat, Gott zu dienen! Endlich sah er mit den Soldaten Damaskus vor sich liegen.

Plötzlich war da ein ganz helles Licht um Saulus herum. Wie vom Blitz getroffen fiel Saulus zu Boden. Da hörte er eine laute Stimme: »Saulus! Saulus! Warum verfolgst du mich?«

Saulus war zu Tode erschrocken. Ohne den Kopf zu heben, fragte er: »Herr, wer bist du?«

Die Stimme antwortete: »Ich bin Jesus, den du verfolgst. Steh auf und geh in die Stadt! Dort wird man dir sagen, was du tun sollst.«

Dann war alles still.

Die Soldaten kamen heran und halfen Saulus hoch. »Was war das?«, fragten sie. »Wir haben eine Stimme gehört, aber niemanden gesehen.«

Aber Saulus konnte nicht antworten, so verwirrt war er. Und als er die Augen aufmachte, die er wegen des grellen Lichts geschlossen hatte – da sah er dennoch nichts. Er war blind.

Seine Begleiter merkten, wie hilflos ihr Anführer war, nahmen ihn bei der Hand und führten ihn nach Damaskus.

Drei Tage saß er dort im Haus eines Mannes, der Judas hieß. Er aß nichts, er trank nichts, und er konnte immer noch nichts sehen.

Doch dann bekam er Besuch. Es war Hananias, ein Mann aus der Gemeinde der Christen in Damaskus. Jesus hatte ihm gesagt, er solle in das Haus des Judas gehen. Dort sei Saulus von Tarsus und bete. Hananias konnte es kaum fassen. Er bekam Angst. Saulus war doch der Mann, der schon in Jerusalem die Christen verfolgt hatte und der sie jetzt auch in anderen Städten gefangen nehmen wollte! Aber Jesus sagte zu ihm: »Geh nur hin, Hananias. Ich habe mit Saulus viel vor. Er soll meinen Namen unter den Völkern bekannt machen, die nicht zu Israel gehören. Sogar den Königen soll er meine Botschaft bringen, aber auch dem Volk Israel. Er wird aber auch viel leiden müssen, weil er zu mir gehört.«

Da hatte Hananias keine Angst mehr.

Er ging in das Haus und traf dort tatsächlich auf Saulus. Er sagte zu ihm: »Ich bin Hananias und du, Saulus, bist nun mein Bruder, weil du auch an Jesus glaubst. Jesus, der dir auf dem Weg nach Damaskus erschienen ist, schickt mich zu dir. Du sollst wieder sehen können. Und du sollst mit dem Heiligen Geist erfüllt werden.« Dann segnete Hananias ihn.

Da fiel es Saulus wie Schuppen von den Augen, und er konnte wieder sehen. Er stand auf, umarmte Hananias dankbar und bat ihn, ihn zu taufen. So wurde Saulus in die Gemeinde der Christen aufgenommen.

Nach diesen drei Tagen hatte er nicht nur Hunger nach Brot, sondern auch nach dem Wort Gottes. Er ließ sich von denen, die schon länger Jesus nachfolgten, vieles erklären, was er wissen musste. Er ging in die Synagoge und las in den alten Schriften, um sich selbst zu überzeugen, dass in ihnen schon vieles über Jesus gesagt war, wenn man es nur richtig verstand.

Es dauerte nur wenige Tage, da wagte Saulus, auch öffentlich in der Synagoge von Jesus zu reden.

Die Juden wunderten sich sehr. Sie fragten: »Ist das nicht der, der von Jerusalem gekommen ist, um alle gefangen zu nehmen, die an Jesus glauben? Und nun sagt er selbst, dass Jesus Gottes Sohn ist! Das soll einer verstehen!«

Saulus kannte ja die heiligen Schriften sehr gut. Darum fiel es ihm auch nicht schwer, den Juden zu zeigen, dass Jesus der ist, der dem Volk Israel seit langer Zeit als Retter versprochen war.

Aber viele wollten trotzdem nichts von Jesus wissen. Sie wollten auch nicht, dass die Gemeinde wuchs. Am liebsten hätten sie Saulus getötet. Deshalb trafen sie sich heimlich und schmiedeten Mordpläne.

Irgendjemand, der den Christen freundlich gesinnt war, hörte davon und sagte es weiter. So erfuhr Saulus, dass er in Gefahr war, und hielt sich versteckt.

Gern wollte er nach Jerusalem zurückkehren. Aber die Feinde hatten Wachen an den Stadttoren aufgestellt. Er konnte Damaskus nicht verlassen.

Doch seine neuen Freunde wussten Rat. Mit mehreren Männern kamen sie in der Nacht zu Saulus und führten ihn an eine Stelle, von der aus man gut auf die Stadtmauer klettern konnte. Sie hatten ein dickes Seil und einen Korb bei sich. Ohne dass sie gesehen wurden, kletterten sie auf die Mauer. Saulus setzte sich in den Korb, und seine Freunde banden das Seil daran. Dann verabschiedeten sie sich, wünschten sich gegenseitig, dass Jesus immer mit ihnen sein möge, und beteten leise. Nun schauten sie sich noch einmal um, und als niemand zu sehen war, ließen die Männer Saulus am Seil hinunter.

Apostelgeschichte 9,1-25

Jakobus wird getötet, aber Petrus kommt frei

König Herodes war der Enkel des Herodes, der regiert hatte, als Jesus geboren wurde. Herodes war ein Feind der Christen. Er ließ viele misshandeln und ihnen ihr Eigentum wegnehmen.

Schließlich nahm er sogar Jakobus gefangen, den Bruder von Johannes, und ließ ihn mit dem Schwert töten.

Herodes merkte, dass er sich die Obersten in Israel zu Freunden machen konnte, wenn er die Christen bekämpfte. Deshalb ließ er auch Petrus gefangen nehmen. Weil aber gerade jüdische Festtage waren, ließ er ihn ins Gefängnis werfen, um ihn danach zu töten.

Wie ein Lauffeuer verbreitete sich die Nachricht in der Gemeinde. Alle kamen zusammen und beteten für Petrus. Ob Gott ihn retten würde? Oder ob er wie Jakobus sterben müsste?

Während die Gemeinde die ganze Nacht über betete, legte sich Petrus im Gefängnis schlafen. Auch er betete und wurde innerlich ganz ruhig. Er hatte keine Angst. Er wusste ja, dass er bei Gott geborgen war. Und wenn sie ihn töten sollten, wie seinen Freund Jakobus, dann würde er bei Jesus sein.

Allerdings lag Petrus ziemlich unbequem. Rechts und links von ihm lagen zwei Soldaten, die durch eiserne Ketten mit seinen Handgelenken verbunden waren. Er konnte nicht aufstehen, denn dann hätte er sie geweckt. Noch nicht einmal umdrehen konnte er sich.

Aber das war noch nicht alles. Vor der Zelle standen Wachen, die nicht schlafen durften. Und weiter am Ausgang noch einmal. Davor war eine eiserne Tür. Es war also wirklich unmöglich zu fliehen. Aber Petrus dachte auch gar nicht daran. Er schlief fest.

Auf einmal wurde er wach. Jemand hatte ihn angestoßen. Es wird wohl einer von den Soldaten gewesen sein, dachte Petrus und wollte weiterschlafen. Aber da beugte sich eine Gestalt über ihn und sagte leise: »Steh schnell auf!« Es war ein Engel!

In dem Moment spürte Petrus, wie die Ketten von seinen Händen abfielen. Er richtete sich auf.

Der Engel sagte: »Binde dein Gewand zusammen und zieh die Schuhe an!«

Petrus tat es wie im Traum. Er wusste gar nicht richtig, was hier eigentlich passierte.

»Wirf deinen Umhang um und folge mir!«, sagte der Engel. Die Soldaten schliefen fest.

Petrus folgte dem Engel durch die offene Tür, an den Wachen vorbei. Die waren zwar wach, aber sie bemerkten nichts. Dann kamen der Engel und Petrus zu der äußeren Wache. Da war es genauso. Völlig unbemerkt gingen sie an den Soldaten vorbei.

Das kam dem Apostel so merkwürdig vor, dass er sich fragte, ob er vielleicht alles nur träumte. Als dann das schwere eiserne Tor von selbst aufging

und sie unbehelligt auf die Straße treten konnten, wusste er nicht mehr, was er von alldem halten sollte.

Der Engel führte ihn in eine Seitengasse und war plötzlich verschwunden.

Da stand Petrus nun. Erst allmählich kam er zu sich. Nun weiß ich, dass Gott seinen Engel gesandt hat, um mich zu retten, dachte er.

Und jetzt? Hier konnte er ja nicht den Rest der Nacht stehen bleiben. Schnell ging er zu dem Haus, in dem sich die Apostel immer versammelten. Dort hatten sie auch mit Jesus das letzte Passamahl gefeiert.

Petrus klopfte an das Hoftor.

Nach einer Weile kam eine Dienerin, die Rhode hieß, und fragte, wer draußen stünde.

»Ich bin's, Petrus«, gab er zur Antwort.

Rhode erkannte seine Stimme und freute sich. So überrascht und aufgeregt war sie, dass sie ganz vergaß zu öffnen. Sie rannte ins Haus und erzählte allen, Petrus stünde draußen.

Die Apostel tippten sich an die Stirn, und die Hausherrin lächelte: »Ach Rhode, du spinnst wohl!«

»Doch, er ist es, ganz bestimmt!«, rief die Dienerin.

»Lasst uns mal nachsehen«, sagte einer, und sie gingen zum Tor. Da hörten sie es wieder klopfen, und eine bekannte Stimme sagte leise: »Nun lasst mich doch endlich hinein!«

Die Apostel öffneten, sahen Petrus und waren außer sich vor Freude. Der aber winkte, dass sie leise sein sollten. Er ging mit ihnen hinein und erzählte alles.

Bald aber musste er seine Freunde schon wieder verlassen. Wenn die Soldaten von Herodes ihn suchen sollten, würden sie in diesem Haus zuerst nachsehen. Noch in der Nacht ließ er Jerusalem hinter sich.

Die anderen aber blieben noch lange zusammen, dankten Gott und lobten ihn.

Apostelgeschichte 12,1-17

Markus macht eine große Reise

Markus freute sich. Ins Haus seiner Mutter kam wieder Besuch. Barnabas und Saulus waren da. Sie brachten Geld nach Jerusalem, das die Christen in Antiochia gesammelt hatten, um der Gemeinde hier zu helfen. In Jerusalem waren die Christen durch die Verfolgung nämlich in Not geraten.

Es war selbstverständlich, dass die beiden hier wohnten, denn Barnabas war Markus' Onkel. Markus, der eigentlich Johannes Markus hieß, war brennend interessiert an allem, was in der Welt passierte, und führte oft stundenlange Gespräche mit seinem Onkel und dem klugen Saulus, der sich jetzt Paulus nannte, das heißt: der Kleine.

Als die beiden wieder nach Antiochia reisen wollten, bat Markus, mit ihnen gehen zu dürfen. Paulus und Barnabas waren einverstanden, und auch seine Mutter stimmte zu.

Antiochia war viel größer als Jerusalem. Viele Händler aus aller Herren Länder kamen hierher. Johannes Markus fand das spannend. Noch spannender fand er es in der Gemeinde. So viele Leute gehörten dazu, von denen viele aus verschiedenen Orten kamen, eine andere Muttersprache hatten und früher an ganz unterschiedliche Götter geglaubt hatten. Nun aber gehörten sie alle zu Jesus Christus und hatten sich lieb wie Brüder und Schwestern.

Einmal kamen Barnabas und Paulus von einer Versammlung der Verantwortlichen in der Gemeinde nach Hause.

»Hör zu, Markus«, sagte Barnabas, »du musst wieder zurück zu deiner Mutter nach Jerusalem. Uns ist in der Gemeinde durch den Heiligen Geist klar geworden, dass Paulus und ich auf eine Reise gehen sollen. Gott will, dass wir nicht nur in Antiochia, sondern noch in vielen Städten seine frohe Botschaft verkündigen. Da kann ich nicht mehr auf dich aufpassen.«

Markus sprang begeistert auf. »Nehmt mich mit! Bitte! Ich kann zwar noch nicht predigen, aber ich kann euch ein bisschen helfen, mal ein Essen machen, die Kleider in Ordnung halten und so etwas. Ich kann euch bestimmt nützlich sein!«

Barnabas blickte fragend zu Paulus hinüber, und als der zögernd nickte, meinte er: »Gut, meinetwegen. Aber denk nur nicht, es wird einfach!«

Einige Tage später ging die Reise los. Sie beteten in der Gemeinde, dann verabschiedeten sie sich und wanderten an die Küste.

Johannes Markus war aufgeregt, denn er war noch nie mit einem Schiff gefahren. Im Hafen gingen sie an Bord eines Segelschiffes und fuhren auf das Mittelmeer hinaus, hinüber zu der großen Insel Zypern.

Spannend war die Reise, aber auch unbequem. An Land mussten die drei oft im Freien übernachten. Manchmal nahmen sie irgendwo eine Gelegenheitsarbeit an, um sich ein Essen zu verdienen. Nein, eine Urlaubsreise war es nicht.

Immer, wenn sie in eine Stadt kamen, fragten sie nach der Synagoge oder sonst einem Ort, wo sich Juden versammelten. Denen predigte Paulus dann, Jesus sei der, den die Propheten angekündigt hatten. Aber wenn sie die Möglichkeit hatten, zu Menschen zu predigen, die keine Juden waren, dann taten sie das auch.

Schließlich kamen sie auf Zypern in eine große Stadt, die Paphos hieß. Dort lebte der Vertreter des Kaisers, der die ganze Insel verwaltete. Der hörte von dieser neuen Lehre und ließ die drei zu sich kommen. Er interessierte sich dafür, wie man den Weg zu Gott finden konnte.

Als Paulus, Barnabas und Markus in den Palast kamen, war da ein Zauberer. Er ärgerte sich, dass die Apostel gekommen waren, um das Evangelium, die gute Nachricht von Jesus,

weiterzusagen. Er redete immer dazwischen, wenn Paulus sprach, und versuchte, den Vertreter des Kaisers davon abzuhalten, dem, was Paulus sagte, Glauben zu schenken.

Da wurde Paulus zornig. »Du bist voller List und Tücke!«, rief er. »Du verdrehst alles, sogar die Wahrheit Gottes. Zur Strafe sollst du eine Zeit lang blind sein!«

Im selben Augenblick konnte der Zauberer nichts mehr sehen und musste sich von einem Diener hinausführen lassen. Als der Vertreter des Kaisers das sah, glaubte er dem, was Paulus und Barnabas sagten, und ließ sich von ihnen alles erzählen, was er als Christ wissen musste.

Nach einiger Zeit fuhren die drei mit dem Schiff von Zypern wieder zum Festland hinüber. Sie kamen in eine Gegend, die früher Pamphylien hieß und die heute zur Türkei gehört. Hinter einem schmalen Küstenstreifen ragten hohe Berge auf. Man sagte Paulus und seinen Begleitern, das sei ein wildes Land, in dem Reisende oft überfallen würden.

Da bekam Markus es mit der Angst zu tun. Auch bis hierher war es schon nicht gerade eine Vergnügungsreise gewesen. Aber wenn sie jetzt auch noch um ihr Leben bangen mussten, wollte er nicht mehr mitmachen!

Barnabas sagte, er solle doch Gott vertrauen. Aber das schien Markus in diesem Augenblick unmöglich, und überhaupt, er war ja nur der Diener, und das gefiel ihm sowieso nicht mehr, und außerdem hatte er auch ein bisschen Heimweh ... kurz und gut: Sein Onkel Barnabas kaufte ihm eine Schiffskarte, mit der er wieder nach Jerusalem zurückreisen konnte. Paulus ärgerte sich, Barnabas war traurig, aber Markus war froh. Ein etwas schlechtes Gewissen hatte er trotzdem, weil er nicht durchgehalten hatte, als es schwierig wurde.

Später ist aus ihm ein zuverlässiger Mitarbeiter geworden. Und weil er oft selbst miterlebt hatte, was Jesus tat und sagte, schrieb er es alles auf, damit viele es lesen konnten. Die Schrift wurde dann ein Teil der Bibel und heißt Markusevangelium.

Apostelgeschichte 12,24-25 und 13,1-13

Paulus und Barnabas werden für Götter gehalten

Paulus und Barnabas zogen nun durch das Innere der Türkei, eine Gegend, die damals Lykaonien hieß. Die Menschen dort sprachen alle Griechisch, obwohl es nicht ihre Muttersprache war. Und sie kannten auch die Sagen der Griechen und erzählten sie ihren Kindern und Enkeln weiter.

Die Griechen stellten sich nämlich vor, es gäbe eine ganze Menge Götter. Der oberste von ihnen wurde Zeus genannt und hatte einen Boten bei sich mit Namen Hermes. Einmal, so hieß

es in einer Sage, sei Zeus mit Hermes auf die Erde gekommen. Keiner erkannte ihn aber. Er wurde überall abgewiesen, nur ein altes Ehepaar nahm ihn freundlich auf. Da belohnte der Gott Zeus die beiden Alten und bestrafte alle anderen.

Die Griechen waren für ihre Gastfreundschaft bekannt – vielleicht, weil sie dachten, die Fremden könnten ja verkleidete Götter sein.

Eines Tages verbreitete sich in Lystra, einer Stadt dieser Gegend, in Windeseile die Nachricht, die zwei fremden Männer, die seit Wochen in der Stadt waren, hätten einen Gelähmten gesund gemacht.

»Ihr kennt doch den Mann mit den verkrüppelten Füßen«, erzählte man sich, »der von Kindheit an nur sitzen kann. Zu ihm haben sie nur einen Satz gesagt, da sprang er auf und läuft seitdem umher.«

Jeder, der das hörte, dachte sofort an Zeus und Hermes. Das war es, worauf sie immer irgendwie gewartet hatten! Die Götter waren wiedergekommen!

Ein riesiger Volksauflauf entstand. Die Leute strömten von überall herbei und standen um Paulus und Barnabas herum. Die wussten gar nicht, was das bedeuten sollte. Es war ihnen fast schon unheimlich.

Dann fingen die Leute an zu rufen: »Die Götter sind da! Die Götter sind da!« Weil sie aber in ihrer Muttersprache riefen, konnten die beiden sie nicht verstehen.

Etwas beklommen beobachteten die zwei Missionare, wie die Menge auf sie zeigte, mal auf Barnabas, mal auf Paulus. Sie verstanden nicht, dass sie sich darüber unterhielten, wer wohl Zeus und wer Hermes sei. Der große, stattliche Barnabas musste wohl der Hauptgott sein, sagten die Leute, und der kleine Paulus, der so gut reden konnte und meistens das Wort führte, war sicher der Götterbote.

Dann wurde es noch merkwürdiger. Von dem Zeustempel draußen vor der Stadt kam ein richtiger Festzug heran. Der Zeuspriester im langen Gewand führte einen Zug von Stieren, die mit grünen Kränzen behängt waren. Verschiedene Instrumente begleiteten ihn mit Musik.

Die Menge wich auseinander. Direkt vor Paulus und Barnabas hielt der Zug. Leute begannen, Holz herbeizuschleppen und auf dem Platz aufzuschichten.

Jetzt erst begannen die beiden zu ahnen, was hier vorging. Paulus griff einen der Männer am Arm und rief: »Erkläre mir schnell auf Griechisch, was dieser Priester vorhat!«

Der Mann sah Paulus ehrfürchtig an und antwortete: »Opfern wollen sie! Dir, Hermes, und vor allem Zeus!« – und dabei zeigte er auf Barnabas.

Die beiden Missionare sahen sich einen Augenblick erstaunt an. Dann sprangen sie zu den Zeuspriestern, rissen das Feuerholz auseinander und schrien: »Nein, nein! Wir sind keine Götter! Wir sind Menschen wie ihr! Lasst das!«

Die Leute wollten sich aber von ihrem Vorhaben nicht abbringen lassen.

Paulus stieg auf einen Holzklotz und rief laut in die Menge: »Eure Götter gibt es gar nicht! Es gibt nur einen Gott, der Himmel und Erde gemacht hat! Er hat sich zwar bisher nur dem Volk Israel gezeigt, aber trotzdem allen Menschen viel Gutes getan.«

Es dauerte lange, bis die Menge sich zerstreute. Einige waren enttäuscht, andere ärgerlich, manche schämten sich auch ein bisschen, dass sie die Fremden für Götter gehalten hatten.

Paulus sprach immer weiter. Aber von dem Gott der Juden wollten die Leute nichts hören, auch nichts von Jesus. So gingen sie mürrisch fort.

Schließlich standen nur noch wenige Menschen bei den zwei Männern. Sie merkten, dass Paulus und Barnabas keine Götter waren. Aber sie waren Boten des einen, wahren Gottes, der seinen Sohn auf die Erde gesandt hatte. An diesen Jesus wollten einige nun glauben.

Apostelgeschichte 14,8-18

Die ersten Christen in Europa

»Es ist ja in Europa wie bei uns in Asien«, meinte Timotheus, Paulus' junger Begleiter auf einer anderen Reise. »Alle können Griechisch. Man kann sich überall verständigen.«

»Etwas ist ganz anders«, sagte Paulus. »Wir sind ja immer zuerst in die Synagoge gegangen. Erst wenn die Juden das Evangelium gehört hatten, haben wir zu den anderen gepredigt. Aber hier gibt es keine Synagoge.«

»Doch«, erwiderte Silas, »in vielen europäischen Städten gibt es auch

Synagogen. Vielleicht lebt hier in Philippi auch eine jüdische Gemeinde. Ich habe einmal gehört: Wenn sie keine Synagoge haben, versammeln sie sich oft im Freien vor der Stadt, meistens an einem Fluss oder einem Bach. Wenn wir uns am Sabbat umschauen, finden wir vielleicht so eine Gebetsstätte im Freien.« Die anderen hielten das für einen guten Vorschlag.

Am nächsten Sabbat, also am Samstag, gingen sie aus der Stadt hinaus an den Fluss, und tatsächlich – da saßen ein paar Frauen zusammen und beteten. Sie guckten erstaunt auf, als plötzlich vier Männer kamen, sich dazustellten und laut mitbeteten.

Als der Gottesdienst vorbei war, stellte Paulus sich und seine Begleiter vor. »Dies ist Silas aus Jerusalem. Jener Herr heißt Lukas und ist Arzt. Unser jüngster Begleiter ist Timotheus aus einer Stadt in Kleinasien. Ich komme auch von dort, ursprünglich aus Tarsus. Mein Name ist Paulus. Wir sind unterwegs, um allen Menschen eine wichtige Nachricht zu bringen. Gott liebt uns und hat seinen Sohn auf die Erde geschickt. Weil die Juden schon mehr von Gott gehört haben und aus ihren heiligen Schriften wissen, dass er den Erlöser schicken will, sagen wir ihnen immer zuerst davon. Wir denken, sie müssten es am ehesten verstehen. Darum sind wir zu euch gekommen.«

Eine vornehm gekleidete Frau stellte sich auch vor: »Ich gehöre eigentlich nicht zum Volk Israel, aber ich habe den jüdischen Glauben angenommen. Mein Name ist Lydia, und ich komme auch von der anderen Seite des Meeres. Ich habe mich aber hier in Philippi niedergelassen, weil ich mit Stoffen handele.« Dann stellte sie die anderen Frauen vor.

»Was du da über den Sohn Gottes gesagt hast, Paulus, das musst du uns näher erklären«, bat Lydia.

Es wurde ein langes Gespräch. Schließlich sagte Lydia: »Betet mit mir, damit Gott mich auch als sein Kind annimmt. Dann möchte ich gerne getauft werden.«

Nach ihrer Taufe lud Lydia die vier Missionare in ihr Haus ein. »Nun gehören wir doch gemeinsam zu Jesus. Macht mir die Freude und wohnt bei mir!«

Da zogen Paulus und seine Freunde in das große Haus von Lydia. Überall lagen dort Stoffe, die mit dem roten Farbstoff der Purpurschnecken gefärbt waren. Der Purpurstoff war in Europa sehr begehrt, und Lydia verdiente viel Geld mit dem Handel.

Aber die angenehme Zeit in diesem vornehmen Haus war für die vier Männer nur sehr kurz. Schon wenige Tage später wurden Paulus und Silas vor einen Richter geschleppt, denn es gab Leute, die sich darüber empörten, dass hier Juden den Griechen und Römern predigten.

Das Volk, das herumstand, während die beiden verhört wurden, brüllte: »Weg mit denen! Verprügelt sie!«

Der Richter hob die Hand.

Es wurde langsam still. Paulus und Silas dachten, sie dürften nun etwas zu ihrer Verteidigung sagen. Aber der Richter gab den Befehl: »Zieht ihnen die Kleider aus und verprügelt sie. Und dann werft sie ins Gefängnis!«

Paulus und Silas hatten keine Möglichkeit, sich zur Wehr zu setzen. Sie wurden mit Stöcken auf den nackten Rücken geschlagen, bis er geschwollen war und blutete.

Dann schleppte man die beiden ins Gefängnis, wo der Gefängnisaufseher den Befehl erhielt, die Gefangenen sorgfältig zu bewachen.

Der Aufseher war ein alter römischer Soldat, der nicht mehr in den Krieg ziehen konnte. Aber über das Gefängnis wachen konnte er noch. Besonders gut sogar. Er hatte bei den Soldaten gelernt, sehr streng und genau zu sein.

Er stieß die beiden die Treppe hinunter in eine finstere Zelle. Dort war auf dem Fußboden eine Vorrichtung aus Holz, in die man die Füße hineinstecken musste, bevor sie festgeschraubt wurden. Paulus und Silas konnten sich nicht mehr bewegen und erst recht nicht aufstehen. Dann verließ sie der Aufseher und verriegelte die Tür.

Paulus und Silas lagen auf dem dreckigen Boden, der Rücken tat ihnen weh, und sie wussten nicht, was der Richter weiter mit ihnen vorhatte.

Stunden lagen sie so da. Die Schmerzen wurden immer unerträglicher. Sollten sie schreien? Sollten sie Gott anklagen, weil er sie leiden ließ, obwohl sie alles für ihn einsetzten?

Nein, er selbst war jetzt hier bei ihnen in der Gefängniszelle, auch wenn sie ihn nicht sehen konnten. Er stärkte sie und gab ihnen Mut.

Paulus und Silas wurden so froh, dass sie sogar anfingen zu singen. Sie lobten Gott. Erst leise, dann immer lauter. Schließlich konnten es sogar die Gefangenen in den anderen Zellen hören. Sie trauten kaum ihren Ohren: Wie konnten nur Menschen im Gefängnis so fröhlich singen!

Plötzlich mischte sich in den Gesang noch ein anderer Ton: ein tiefes, dumpfes Grollen. Im nächsten Moment erzitterte alles. Ein Erdbeben! Das ganze Gebäude wackelte, stürzte aber glücklicherweise nicht ein.

Paulus und Silas merkten, dass die Steine des Zellenbodens sich so verschoben hatten, dass die Holzblöcke an ihren Füßen aufgesprungen waren. Auch die Türen, die nach draußen führten, standen offen.

Durch die Erschütterung war der Gefängniswärter aufgewacht. Er sprang aus dem Bett und sah sofort, dass die Türen nicht mehr verriegelt waren. »Jetzt sind alle Gefangenen geflohen!«, dachte er. »Dafür wird man mich hart bestrafen. Lieber nehme ich mir selbst das Leben.«

Als Paulus sah, dass der Gefängniswärter sich mit dem Schwert umbringen wollte, rief er: »Tu das nicht! Wir sind noch alle hier!«

Der Aufseher nahm eine Lampe und sprang in das Kellergeschoss hinunter. Das war ja kaum zu glauben!

Niemand war geflohen! Er sank vor Paulus und Silas auf die Knie nieder. Wenn der Gott dieser Männer ein Erdbeben schickte, um seine Boten zu befreien, musste es der wahre Gott sein. Und er, der Aufseher, hatte seine Boten gefangen gehalten!

»Ihr Herren, was muss ich tun, damit euer Gott mir vergibt? Wie kann ich gerettet werden?«

»Glaube an den Herrn Jesus Christus, dann wirst du gerettet!«, sagte Paulus.

»Kommt mit in meine Wohnung«, bat der Aufseher, »ihr müsst mir unbedingt mehr von Jesus Christus erzählen!«

Noch in derselben Nacht traf sich eine merkwürdige Gesellschaft im Haus des Gefängniswärters. Paulus und Silas lagen mit freiem Oberkörper auf Kissen. Der Hausherr und seine Frau säuberten ihren Rücken mit warmem Wasser, taten Heilkräuter darauf und verbanden sie. Kinder standen drum herum, die das Erdbeben aufgeschreckt hatte.

Aber von der Familie redete keiner ein Wort. Nur Paulus und Silas redeten. Sie erzählten von Jesus. Davon, dass Jesus nur Gutes getan hatte. Und dass man daran, wie er geredet und gehandelt hat, sehen könne, wie Gott ist, weil Jesus der Sohn Gottes ist. Sie berichteten, wie Jesus von den römischen Soldaten, wie der Gefängnisaufseher einer war, am Kreuz getötet wurde, obwohl er unschuldig war. Und dass sie, Paulus und Silas, sich darum nicht wunderten, wenn ihnen Unrecht geschehe. Warum sollte es ihnen besser gehen als ihrem Herrn!

Dann erklärten sie aber auch, dass Jesus starb, um die Sünden aller Menschen zu vergeben, auch die Sünden dieser Familie. Er nahm die Schuld am Kreuz auf sich, damit vor Gott alles wieder in Ordnung ist. Auch von seiner Auferstehung sprachen Paulus und Silas und vom Heiligen Geist, durch den Jesus immer bei denen ist, die an ihn glauben.

»Ich will auch zu Jesus gehören!«, sagte der Aufseher. »Ich will ihn bitten, dass er mich als sein Kind annimmt.«

»Wenn Gott auch die Frauen annimmt, möchte ich ihm auch dienen«, schloss sich seine Frau an.

Paulus sagte: »Aber natürlich gilt die gute Nachricht genauso den Frauen! Hier in eurer Stadt Philippi ist schon eine Frau Christin geworden. Und Kinder auch!«

Dann lud der Hausherr sie zu einem guten Essen ein. Sie hatten ja schon lange nichts mehr zu essen bekommen.

Aber als die Sonne aufging, hatten die beiden es eilig, ins Haus der Lydia zurückzukehren. Ihre Gastgeberin hatte zusammen mit Timotheus und Lukas in großer Sorge die Nacht verbracht. Und jetzt konnten Paulus und Silas ihnen nicht nur erzählen, dass Gott sie bewahrt hatte, sondern auch, dass die neue Gemeinde in Europa in dieser Nacht gewachsen war!

Apostelgeschichte 16,11-34

Der Schiffbruch

»Nun, was hast du herausgefunden?«, rief Hauptmann Julius dem Soldaten zu, der die Kaimauer entlang auf das Schiff zukam.

Der rief herüber: »Das Schiff fährt nach Rom, Hauptmann. Es ist ein Getreidefrachter aus Alexandria.«

»Gut«, sagte Julius. »Wir steigen um auf dieses Schiff. Holt die Gefangenen!«

Die Soldaten brachten eine Gruppe von Gefangenen. In ihrer Mitte war Paulus. In Jerusalem hatten Feinde ihn verklagt und sogar töten wollen. Aber die Römer hatten ihn geschützt und wollten ihn nach Rom bringen. Dort sollte der Kaiser entscheiden, ob er schuldig war.

Zwei Männer schlossen sich an, die keine Gefangenen waren, aber gern bei Paulus bleiben wollten: Lukas, der Arzt, und ein Freund mit Namen Aristarch.

Gemeinsam verließen sie das kleine Küstenschiff, das sie von Cäsarea hierher gebracht hatte, und gingen an Bord des anderen Schiffes. Es war Gesetz im Römischen Reich, dass die Soldaten des Kaisers von jedem Schiff aufgenommen werden mussten.

Der ganze Bauch des Segelschiffes war voll mit Weizen. Der wurde aus dem fruchtbaren Ägypten nach Rom gebracht, damit die vielen Menschen dort genug zu essen hatten.

Den Soldaten und ihren Gefangenen wurde ein Platz zugewiesen. Bald darauf löste das Schiff die Leinen, drehte das Segel in den Wind und fuhr los. Es war Herbst. Jeder Seemann wusste, dass man im Winter nicht mehr das Mittelmeer überqueren konnte. Die starken Stürme in dieser Jahreszeit waren für die hölzernen Segelschiffe viel zu gefährlich. Wenn man also nicht mehr rechtzeitig vor dem Winter an seinem Ziel ankam, musste man für einige Monate in einem geschützten Hafen bleiben.

Der Kapitän hoffte, noch möglichst weit an Rom heranzukommen. Aber es ging nur sehr langsam voran. Auf der Insel Kreta erreichten sie einen kleinen Hafen und überlegten, ob sie dort überwintern sollten.

»Bleibt hier, sonst wird es gefährlich, nicht nur für das Schiff und die Ladung, sondern auch für unser Leben!«, sagte Paulus.

Aber wer hört schon auf den Rat eines Gefangenen! Wenigstens den nächsten Hafen auf Kreta wollte der Kapitän noch ansteuern. Der sollte sich besser zum Überwintern eignen.

Als sie ihre Reise fortsetzten und an Kretas Küste entlangsegelten, brach von der Insel her ein starker Nordostwind los, der sie aufs offene Meer hinaustrieb.

Immer stärker wurde der Sturm, die Wellen brausten haushoch daher. Sie mussten das Segel einholen und konnten nicht mehr steuern. Wie ein Ball auf den Wellen tanzte das Schiff hinauf und hinunter. Nicht nur den Soldaten und den Gefangenen wurde angst und bange, auch den erfahrenen Seeleuten.

Die riesigen Wogen schlugen manchmal mit solcher Gewalt gegen das Schiff, dass es auseinander zu brechen drohte. Darum banden sie schwere, dicke Taue um das ganze Schiff, die es zusammenhalten sollten. Als der Sturm am nächsten Tag noch schlimmer wurde, warfen sie einen Teil der Ladung, kostbaren Weizen, ins Wasser, um das Schiff leichter zu machen. Das reichte aber noch nicht. Am nächsten Tag warfen sie alles Gerät über Bord, das sie nicht unbedingt brauchten.

Nun war das Schiff leichter. Aber die Wellen, die von der Seite an die Bordwand schlugen, über das Deck hinwegbrausten und jeden mitgenommen hätten, der sich nicht eisern festhielt, waren immer noch gefährlich. Viele Male wäre das Schiff fast umgekippt.

Niemand wusste, wie lange alles noch zusammenhalten würde. Niemand wusste auch, wo sie waren, denn sie sahen tage- und nächtelang weder die Sonne noch die Sterne. Niemand glaubte, dass sie aus diesem Sturm noch lebend herauskommen würden.

Niemand? Paulus trat an Deck und brüllte – denn er musste brüllen, um sich in dem Sturm verständlich zu machen: »Habt keine Angst! In dieser Nacht hat ein Engel zu mir gesprochen: Ich muss bis vor den Kaiser in Rom kommen. Und alle zweihundertsechsundsiebzig Mann auf diesem Schiff werden mit mir gerettet werden!«

Vierzehn Tage trieben sie so dahin. Eines Nachts sagten die Seeleute, sie könnten an den Wellen erkennen, dass Land in der Nähe sei. Sie warfen ein Gewicht an einem Seil ins Wasser und stellten fest, dass das Meer hier tatsächlich nicht mehr so tief war. Jetzt bekamen sie aber erst recht Angst. Denn wenn sie auf Klippen getrieben würden, müsste das Schiff zerbrechen. Deshalb warfen sie vier Anker aus, die es halten sollten, bis es Tag würde und sie etwas erkennen könnten.

Während sich alle sehnlich den Tag herbeiwünschten, beobachtete Paulus, wie die Seeleute sich heimlich in den hinteren Teil des Schiffes schlichen. Sie wollten ins Rettungsboot steigen und sich damit in Sicherheit bringen. Alle anderen wollten sie sich selbst überlassen.

Schnell rief Paulus den Hauptmann: »Wenn ihr zulasst, dass die Seeleute sich davonmachen, dann sind wir verloren. Denn wir verstehen nicht genug von der Seefahrt, um uns allein zu helfen!«

Da rannten die Soldaten des Hauptmanns schnell herbei und schlugen mit ihren Schwertern die Taue durch, die das Rettungsboot hielten. Es fiel hinunter und war im Nu fortgetrieben.

Als es langsam hell wurde, mahnte Paulus: »Ihr müsst unbedingt etwas essen! Seit vierzehn Tagen habt ihr nichts Richtiges mehr gegessen. Ihr braucht doch Kraft für das, was vor uns liegt!«

Aber die Männer waren vor Übelkeit und Angst nicht in der Lage, eine Mahlzeit zu sich zu nehmen.

Da nahm Paulus Brot, dankte Gott dafür vor ihnen allen und biss hinein. Das machte den anderen Mut, und sie begannen zu essen.

Nun konnten sie Land erkennen. Die Seeleute schnitten die Ankertaue durch, und das Schiff trieb auf das Ufer zu. Dabei lief es aber auf eine Sandbank auf. Der vordere Teil saß fest, und der hintere wurde bald von den Wellen zerschlagen.

Jetzt hatten die Soldaten Angst, die Gefangenen könnten fliehen. Deshalb wollten sie sie töten.

Aber Hauptmann Julius wollte Paulus retten, der ihn sehr beeindruckt hatte, und befahl, dass auch den Gefangenen die Möglichkeit gegeben werden sollte, sich selbst ans Ufer zu retten.

Alle sprangen ins Wasser. Die nicht schwimmen konnten, hielten sich an Brettern fest. Das Land war nun nicht mehr weit, und bald hatten sie alle festen Boden unter den Füßen – wie Gott es versprochen hatte.

Apostelgeschichte 27

Paulus kommt nach Rom

Leute standen am Ufer und schauten. Es hatte sich schnell herumgesprochen, dass da draußen ein Schiff gestrandet war. Aber sie hatten keine Möglichkeit, den Schiffbrüchigen zur Hilfe zu kommen. Das war aber auch nicht nötig. Immer mehr Menschen tauchten aus den dunklen Fluten auf, wurden auf das flache Ufer getrieben und krochen hinauf.

Die Bewohner der Insel halfen den durchnässten und geschwächten Männern auf die Beine.

»Wo sind wir hier?«, fragten sie. »Wir treiben schon zwei Wochen auf dem Meer und haben völlig die Orientierung verloren.«

»Ihr seid auf der Insel Melite«, wurde ihnen geantwortet. »Kommt, wärmt und trocknet euch erst einmal!«

Inzwischen hatte jemand ein Feuer angezündet. Es loderte hoch auf und strahlte viel Hitze ab. Das tat den Schiffbrüchigen gut. Sie setzten sich um das Feuer, und der Hauptmann begann zu zählen. Es dauerte eine Weile, dann stand es fest: Alle zweihundertsechsundsiebzig Mann waren gerettet worden!

»Legt Holz nach!«, befahlen die Soldaten den Gefangenen. Die liefen los und suchten in der Umgebung nach trockenem Reisig.

Auch Paulus kam mit einem Bündel Reisig zum Feuer zurück. Als er es gerade hineinwerfen wollte, schoss eine Schlange heraus und biss sich an seiner Hand fest.

Die Inselbewohner und die Soldaten, die das beobachteten, sprangen erschrocken auf. »Eine Giftschlange!«, schrie jemand. Und ein anderer murmelte: »Das muss ein Mörder sein, hinter dem die Göttin der Rache her ist! Gerade ist er dem wütenden Meer entkommen, da beißt ihn eine Giftschlange.«

Paulus machte eine heftige Handbewegung, und das Tier wurde ins Feuer geschleudert.

Alle starrten ihn an. Sie kannten diese Art Schlangen und wussten, dass sie sehr giftig waren. Gleich musste die Hand dick anschwellen, und dann würde der Mann tot umfallen.

Aber nichts dergleichen geschah. Lukas, der Arzt, sah sich die Hand an. Aber wenn es hier auf seine ärztliche Kunst angekommen wäre, hätte er Paulus auch nicht retten können.

Nach einer Weile schüttelten die Leute den Kopf. »Ich kann mir das überhaupt nicht erklären«, sagte einer. »Wir haben doch deutlich gesehen, dass die Schlange ihn gebissen hat.«

Jemand antwortete: »Es gibt nur eine Erklärung: Er muss ein Gott sein!«

Paulus schmunzelte und ging neues Holz holen. Er würde noch genug Gelegenheit haben, den Leuten auf Melite zu erklären, dass es nur einen Gott gibt.

Später kam ein vornehm gekleideter Herr an das Feuer und machte einen freundlichen Vorschlag.

»Mein Name ist Publius«, sagte er, »ich besitze hier in der Nähe ein großes Landgut. Ich möchte euch alle zu mir einladen. Ihr wisst ja sonst nicht, wohin, und in meinen Scheunen ist genug Platz. Da könnt ihr schlafen. Und um euer Essen werden wir uns auch kümmern. Wenigstens so lange, bis ihr ein richtiges Quartier gefunden habt.«

Die Schiffbrüchigen waren froh und nahmen das Angebot dankend an, der Hauptmann besprach mit Publius die Einzelheiten, und dann zogen sie alle los.

Als sie in dem Landgut ankamen, hörte Paulus, dass der Vater ihres Gastgebers schwer krank war. Er litt an der Ruhr und lag mit hohem Fieber im Bett.

»Darf ich zu ihm hineingehen?«, fragte Paulus.

Publius guckte ihn erstaunt an, aber der Hauptmann sagte: »Lass ihn zu ihm, Publius. Er ist ein erstaunlicher Mann. Vielleicht hilft er deinem Vater, und sein Begleiter ist Arzt.«

Als Paulus und Lukas bei dem Kranken waren, beteten sie und legten die Hände auf ihn.

Da wurde der alte Mann gesund. Das Fieber verließ ihn, und er stand auf.

Das erregte natürlich großes Aufsehen. Überall auf der Insel sprach man davon, und auch andere Kranke kamen zu Paulus und wollten geheilt werden. Niemanden schickte er fort, ohne ihm geholfen zu haben.

Drei Monate mussten sie warten, bis die Winterstürme nachließen und wieder Schiffe fahren konnten. Im Hafen von Melite hatte ein Schiff überwintert, das auch mit Getreide von Alexandria gekommen war. Das wurde nun fertig gemacht, um nach Rom zu fahren. Die Soldaten gingen mit ihren Gefangenen an Bord.

Nach einer Reihe von Tagen und einigen Zwischenaufenthalten kamen sie nach Rom.

Unter den Christen, die es dort schon gab, sprach es sich schnell herum, dass der bekannte Apostel gekommen sei. Sie besuchten ihn, und Paulus freute sich sehr.

Tatsächlich konnte Paulus Besuch empfangen, denn in Rom musste er nicht ins Gefängnis, sondern konnte in einer normalen Wohnung bleiben. Allerdings war immer ein Soldat bei ihm, der ihn bewachte. Aber das störte Paulus nicht. Im Gegenteil, er freute sich ja über jeden, mit dem er zusammenkam und dem er die gute Nachricht von Jesus Christus sagen konnte.

Apostelgeschichte 28

Das große Ziel

Konnte Paulus tatsächlich vor den Kaiser von Rom treten? Und wie sah diese Begegnung wohl aus?

Was wurde aus Barnabas und Johannes Markus? Und wo blieb Timotheus, wenn er Paulus nicht nach Rom begleitete?

Wir wissen es nicht. Denn der Bericht von Lukas, dem Arzt, der oft mit Paulus reiste, endet plötzlich.

Der Kaiser, der damals gerade in Rom herrschte, hieß Nero. Er hasste die Christen und ließ bald nach der Zeit, von der Lukas berichtet, viele von ihnen misshandeln und umbringen. Es scheint sicher zu sein, dass während dieser Christenverfolgung auch Paulus getötet wurde.

Von einem der Apostel wissen wir, dass er sehr alt wurde und noch mit neunzig Jahren zur Gemeinde in Ephesus gehörte. Es ist Johannes. Er wurde zwar auch verfolgt, weil er an Jesus glaubte. Aber er wurde nicht getötet, sondern auf eine einsame Insel im Mittelmeer geschickt, die Patmos heißt. Dort lebten fast nur Gefangene und Wachsoldaten.

In der großen Stille, die Johannes dort umgab, sprach Gott zu ihm. Er zeigte Johannes: Auch wenn überall die Christen verfolgt werden, Jesus ist König, und nichts in der Welt kann ihm aus den Händen gleiten!

In den Bildern, die Johannes vor seinem inneren Auge sah, zeigte Gott ihm auch das Ende der Weltgeschichte.

Johannes berichtete davon ganz am Ende der Bibel:

Ich sah einen großen, weißen Thron. Und ich sah Gott auf diesem Thron sitzen. Bei seinem Anblick vergingen der Himmel und die Erde. Ich sah alle Toten, ob sie in ihrem Leben bedeutende oder unbedeutende Menschen gewesen waren. Sie standen vor dem Thron.

Dann wurden Bücher geöffnet, in denen alle Taten der Menschen aufgeschrieben waren.

Und es wurde ein anderes Buch aufgeschlagen: das Buch des Lebens. In ihm standen die Namen der Menschen, die zu Jesus gehörten und die nun für alle Zeit bei Gott in seiner Herrlichkeit sein sollten.

Die Toten wurden gerichtet nach dem, was in den Büchern stand.

Dann sah ich einen neuen Himmel und eine neue Erde. Und ich sah Jerusalem als eine neue Stadt aus dem Himmel herabkommen.

Vom Thron her hörte ich eine laute Stimme, die rief: »Jetzt wohnt Gott bei den Menschen! Er wird alle Tränen von ihren Augen abwischen. Es wird keinen Tod mehr geben und keine Trauer.«

Und der auf dem Thron saß, sagte: »Ich mache alles neu.«

Offenbarung 20,11-12 und 21,1-5

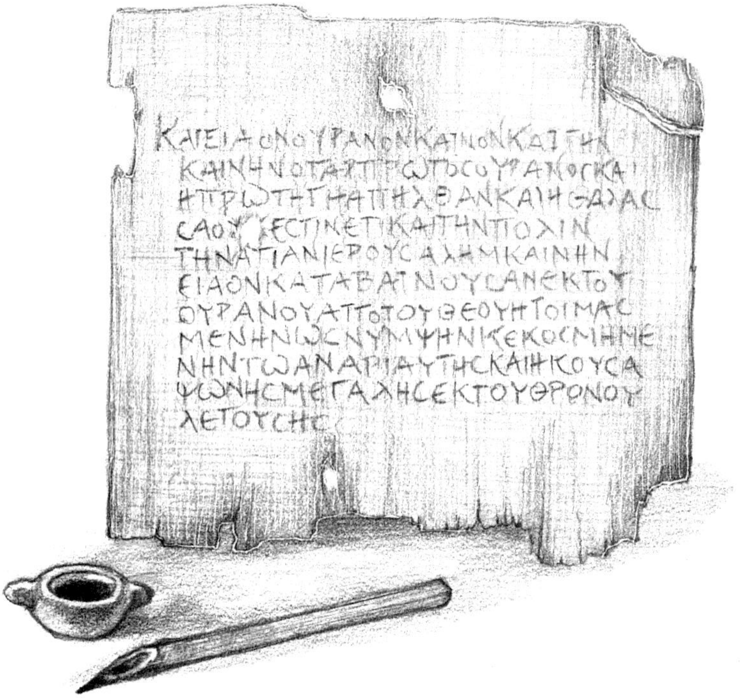